采购管理

（第4版）

主　编　李恒兴　鲍　钰
副主编　姜　波　刘阳威　刘　湛

北京理工大学出版社
BEIJING INSTITUTE OF TECHNOLOGY PRESS

内 容 简 介

本书在初步介绍采购功能作用的基础上,分析了传统采购与现代采购的特点和区别,并较为深入和系统地分析了订货点采购、JIT 采购、MRP 采购、供应链采购、招标采购、电子商务采购的基本原理、内涵、实施方式、优缺点及适用范围,为科学采购提供了一个可供选择的上佳途径。

本书不仅指出必须根据企业实际选择正确的采购方式,同时关注采购管理工作,对采购管理中的组织建设、需求与供应、供应商管理、成本管理、合同管理、产品质量管理、运输管理和信息管理等,从理论与实际结合的角度做了详尽论述。同时,本书还以一定篇幅,较为全面和系统地阐释了对国民经济和社会发展具有重大影响的政府采购和国际采购。本书虽为高职专用教材,但我们也深信,从事企业采购管理工作的人员读过此书,也定会获益匪浅。

版权专有　侵权必究

图书在版编目（CIP）数据

采购管理 / 李恒兴, 鲍钰主编. —4 版. —北京: 北京理工大学出版社, 2018.9
(2021.8 重印)

ISBN 978-7-5682-5956-9

Ⅰ.①采… Ⅱ.①李… ②鲍… Ⅲ.①采购管理-高等学校-教材 Ⅳ.①F253

中国版本图书馆 CIP 数据核字（2018）第 170007 号

出版发行 /	北京理工大学出版社有限责任公司	
社　　址 /	北京市海淀区中关村南大街 5 号	
邮　　编 /	100081	
电　　话 /	（010）68914775（总编室）	
	（010）82562903（教材售后服务热线）	
	（010）68944723（其他图书服务热线）	
网　　址 /	http：//www.bitpress.com.cn	
经　　销 /	全国各地新华书店	
印　　刷 /	三河市天利华印刷装订有限公司	
开　　本 /	787 毫米×1092 毫米　1/16	
印　　张 /	18	责任编辑 / 徐春英
字　　数 /	414 千字	文案编辑 / 徐春英
版　　次 /	2018 年 9 月第 4 版　2021 年 8 月第 4 次印刷	责任校对 / 黄拾三
定　　价 /	49.00 元	责任印制 / 李　洋

图书出现印装质量问题, 请拨打售后服务热线, 本社负责调换

第4版前言

企业作为国民经济的细胞，承担着为社会提供产品或服务的功能。企业通过提供产品或服务获得社会中的存在价值，从而得到社会的回报，企业则得以生存和发展。然而，企业为了形成自己的产品或服务，就必须不断地从市场上获得各种资源，这就需要采购及采购管理。采购是企业供、产、销三大基本职能之一，是获取利润的重要手段，它在企业产品开发、质量保证和供应链系统运作中起着十分重要的作用。

采购是企业总体战略的重要组成部分。为了实现企业战略目标，制定科学的采购战略策略是非常必要的，而科学的采购战略策略的制定，必须对有关采购经营管理活动的方方面面具有全面系统的了解，认识和掌握采购工作的规律。本书正是从这一目的出发，较为全面系统地介绍了采购管理理论、采购实践方面的相关知识。本书不仅是一本高校教学的好教材，而且对于从事采购管理工作的人员也定会有所裨益。

本书编写充分考虑应用型本科教育的特点，从应用型本科教育要培养具有一定理论水平，更要具有较强实际技能的实用型人才的目标出发，精选了对学生实现就业和终生发展极具价值的相关知识和基本技能方面的有关资料，力求从理论与实践、现实需要与长远发展相结合上体现应用型本科教育的特色。

本书是2014年7月第3版的修订版，本版遵循与时俱进的原则，考虑到知识的全面性和系统性，在原书部分章节加以浓缩的基础上，补充了采购运输管理和采购信息管理两章，使全书更具完整性。

全书共分17章。第1章采购管理概述、第2章采购组织、第3章需求与供应规则、第4章订货点采购、第5章JIT采购、第6章MRP采购、第7章供应链采购、第8章招标采购、第9章电子商务采购、第10章供应商管理、第11章采购成本管理、第12章采购合同管理、第13章采购产品质量管理、第14章运输管理、第15章采购信息管理、第16章政府采购、第17章国际采购。

本书由李恒兴、鲍钰担任主编，其中第1、12、13、14、15章由大连商务职业学院李恒兴编写；第2、8章由天津对外经济贸易职业学院鲍钰编写；第3、4章由天津对外经济贸易职业学院姜波编写；第5、6章由东北大学大连职业艺术学院刘阳威编写；第7章由东北大学大连职业艺术学院牟燕妮编写；第9章由大连商务职业学院于国庆编写；第10章由江西职业技术学院唐振武编写；第11章由大连商务职业学院潘晓玉编写；第16章由大连商务职业学院刘常宝编写；第17章由东北大学大连职业艺术学院刘湛编写。

本书在编写过程中参阅引用了国内外有关资料，由于篇幅所限，只列出了主要参考文献，在此向各位作者表示衷心感谢！

由于编者学识水平有限，书中不妥之处在所难免，敬请各位专家和读者不吝指正。

编　者

第1章　采购管理概述 (1)

1.1　采购管理的概念 (1)
1.1.1　购买与采购 (1)
1.1.2　采购管理 (2)

1.2　采购的分类 (3)
1.2.1　按采购的主体不同分类 (4)
1.2.2　按采购的科学化程度分类 (4)
1.2.3　按采购的范围分类 (5)
1.2.4　按采购的权限分类 (5)
1.2.5　按采购物资的形态分类 (7)
1.2.6　按采购的时间分类 (7)

1.3　采购的过程 (8)
思考题 (9)

第2章　采购组织 (10)

2.1　采购组织的组建及功能 (10)
2.1.1　采购组织的组建 (10)
2.1.2　采购组织的功能 (12)

2.2　采购组织的类型 (12)
2.2.1　分权式采购组织 (12)
2.2.2　集权式采购组织 (13)
2.2.3　混合式采购组织 (14)
2.2.4　跨职能采购小组 (15)

2.3　采购组织的团队建设 (15)
2.3.1　采购组织团队概念 (16)
2.3.2　采购组织团队建设主要措施 (16)
2.3.3　采购人员的工作职责 (17)

  2.3.4　采购人员的基本素质 ……………………………………………………………… (18)
  2.3.5　提高采购团队素质的途径 ……………………………………………………… (19)
 思考题 …………………………………………………………………………………………… (21)

第3章　需求与供应规划 …………………………………………………………………… (22)

 3.1　采购市场调查 ……………………………………………………………………………… (22)
  3.1.1　采购市场调查概述 ………………………………………………………………… (22)
  3.1.2　采购市场调查程序 ………………………………………………………………… (23)
  3.1.3　采购市场调查技术 ………………………………………………………………… (25)
 3.2　采购需求预测 ……………………………………………………………………………… (27)
  3.2.1　需求预测的分类及步骤 …………………………………………………………… (27)
  3.2.2　采购需求预测技术 ………………………………………………………………… (29)
 3.3　外包决策分析 ……………………………………………………………………………… (32)
  3.3.1　资源外包的动因分析 ……………………………………………………………… (32)
  3.3.2　资源外包的决策依据 ……………………………………………………………… (34)
  3.3.3　外包的风险分析 …………………………………………………………………… (35)
 3.4　采购战略的制定 …………………………………………………………………………… (36)
  3.4.1　采购战略概述 ……………………………………………………………………… (36)
  3.4.2　采购战略制定的依据 ……………………………………………………………… (37)
  3.4.3　采购战略的内容 …………………………………………………………………… (38)
 思考题 …………………………………………………………………………………………… (40)

第4章　订货点采购 …………………………………………………………………………… (41)

 4.1　订货点采购概述 …………………………………………………………………………… (41)
  4.1.1　库存概述 …………………………………………………………………………… (41)
  4.1.2　订货点采购技术 …………………………………………………………………… (42)
 4.2　定量订货法 ………………………………………………………………………………… (44)
  4.2.1　定量订货法的原理 ………………………………………………………………… (44)
  4.2.2　经济订货批量 ……………………………………………………………………… (44)
  4.2.3　定量订货法的适用范围 …………………………………………………………… (50)
 4.3　定期订货法 ………………………………………………………………………………… (50)
  4.3.1　定期订货法的原理 ………………………………………………………………… (50)
  4.3.2　定期订货法的应用 ………………………………………………………………… (51)
  4.3.3　定期订货法的适用范围 …………………………………………………………… (52)
 思考题 …………………………………………………………………………………………… (53)

第5章　JIT采购 ……………………………………………………………………………… (54)

 5.1　JIT采购的基本原理 ……………………………………………………………………… (54)
  5.1.1　JIT采购的产生 …………………………………………………………………… (54)
  5.1.2　JIT采购的原理 …………………………………………………………………… (55)
 5.2　JIT采购的特点与优点 …………………………………………………………………… (57)

5.2.1　JIT采购的特点 ……………………………………………………(57)
　　5.2.2　JIT采购的优点 ……………………………………………………(61)
　　5.2.3　JIT采购对供应链管理的意义 ……………………………………(62)
　5.3　看板管理 ………………………………………………………………(62)
　　5.3.1　看板管理 ……………………………………………………………(62)
　　5.3.2　对看板管理的分析 …………………………………………………(66)
　5.4　JIT采购的实施 ………………………………………………………(67)
　　5.4.1　JIT采购的实施条件 ………………………………………………(67)
　　5.4.2　JIT采购的实施步骤 ………………………………………………(68)
　　5.4.3　JIT采购实践分析 …………………………………………………(69)
　思考题 …………………………………………………………………………(72)

第6章　MRP采购 ……………………………………………………………(73)

　6.1　MRP的原理 …………………………………………………………(73)
　　6.1.1　MRP的提出 ………………………………………………………(73)
　　6.1.2　MRP的原理 ………………………………………………………(74)
　6.2　MRP系统的构成 ……………………………………………………(78)
　　6.2.1　MRP的输入 ………………………………………………………(78)
　　6.2.2　MRP的输出 ………………………………………………………(80)
　　6.2.3　MRP处理过程 ……………………………………………………(82)
　6.3　MRP采购的实施 ……………………………………………………(85)
　　6.3.1　采购计划的确定 ……………………………………………………(85)
　　6.3.2　MRP采购的注意事项 ……………………………………………(86)
　思考题 …………………………………………………………………………(86)

第7章　供应链采购 ……………………………………………………………(87)

　7.1　供应链概述 ……………………………………………………………(87)
　　7.1.1　供应链 …………………………………………………………………(87)
　　7.1.2　供应链管理 …………………………………………………………(88)
　7.2　供应链采购的原理和特点 ……………………………………………(90)
　　7.2.1　传统采购与供应链采购 ……………………………………………(90)
　　7.2.2　供应链采购的特点 …………………………………………………(92)
　7.3　供应链采购的运营 ……………………………………………………(93)
　　7.3.1　供应商选择及管理 …………………………………………………(93)
　　7.3.2　供应链采购管理的实施 ……………………………………………(96)
　思考题 …………………………………………………………………………(99)

第8章　招标采购 ……………………………………………………………(100)

　8.1　招标采购概述 …………………………………………………………(100)
　　8.1.1　招标采购的概念 ……………………………………………………(100)
　　8.1.2　招标采购的特点 ……………………………………………………(101)

    8.1.3　招标采购的方式 ………………………………………………………… (101)
    8.1.4　招标采购的适用范围 …………………………………………………… (103)
    8.1.5　招标采购的作用 ………………………………………………………… (104)
  8.2　招标采购的程序 ………………………………………………………………… (106)
    8.2.1　招标程序及方法 ………………………………………………………… (106)
    8.2.2　投标、开标程序及方法 ………………………………………………… (110)
    8.2.3　评标、决标程序及方法 ………………………………………………… (111)
  思考题 ………………………………………………………………………………… (115)

第9章　电子商务采购 ………………………………………………………………… (116)

  9.1　电子商务概述 …………………………………………………………………… (116)
    9.1.1　电子商务的定义 ………………………………………………………… (116)
    9.1.2　电子商务的历史发展 …………………………………………………… (117)
    9.1.3　电子商务的优势 ………………………………………………………… (119)
    9.1.4　电子商务的模式 ………………………………………………………… (120)
  9.2　电子商务采购概述 ……………………………………………………………… (121)
    9.2.1　电子商务采购的概念与发展历史 ………………………………………… (121)
    9.2.2　电子商务采购的优势 …………………………………………………… (121)
    9.2.3　电子商务采购模式 ……………………………………………………… (124)
  9.3　电子商务采购的实施 …………………………………………………………… (126)
    9.3.1　电子商务采购的系统程序 ……………………………………………… (126)
    9.3.2　企业实施电子商务采购的步骤 ………………………………………… (127)
  9.4　电子商务采购系统构成模型及案例 …………………………………………… (128)
    9.4.1　电子商务采购的内部模型 ……………………………………………… (128)
  思考题 ………………………………………………………………………………… (132)

第10章　供应商管理 …………………………………………………………………… (133)

  10.1　供应商管理概述 ……………………………………………………………… (133)
    10.1.1　供应商管理的重要性 ………………………………………………… (133)
    10.1.2　供应商管理的内容 …………………………………………………… (134)
    10.1.3　供应商管理的目标及战略 …………………………………………… (134)
  10.2　供应商调查 …………………………………………………………………… (135)
    10.2.1　初步供应商调查 ……………………………………………………… (135)
    10.2.2　资源市场调查 ………………………………………………………… (135)
    10.2.3　深入供应商调查 ……………………………………………………… (136)
  10.3　供应商开发 …………………………………………………………………… (137)
    10.3.1　供应商开发概论 ……………………………………………………… (137)
    10.3.2　供应商信息的来源 …………………………………………………… (137)
    10.3.3　开发供应商的步骤 …………………………………………………… (137)
  10.4　供应商的选择 ………………………………………………………………… (140)
    10.4.1　供应商选择概述 ……………………………………………………… (140)

10.4.2 集成化供应链管理环境下的供应商类型 ………………… (140)
10.4.3 供应商选择的标准 ………………………………………… (141)
10.5 供应商的考核与激励 ……………………………………………… (143)
10.5.1 供应商评估 …………………………………………………… (143)
10.5.2 供应商考核 …………………………………………………… (144)
10.5.3 供应商激励与控制 …………………………………………… (146)
思考题 ………………………………………………………………………… (147)

第 11 章 采购成本管理 ………………………………………………… (148)
11.1 采购成本管理概述 ………………………………………………… (148)
11.1.1 采购成本管理的意义 ………………………………………… (148)
11.1.2 采购成本的含义 ……………………………………………… (149)
11.1.3 采购成本的分类 ……………………………………………… (149)
11.2 采购成本分析 ……………………………………………………… (151)
11.2.1 采购成本分析概述 …………………………………………… (151)
11.2.2 采购成本分析的方法 ………………………………………… (153)
11.2.3 采购价格调查 ………………………………………………… (154)
11.2.4 运输成本分析 ………………………………………………… (156)
11.2.5 储存成本分析 ………………………………………………… (157)
11.3 采购成本控制 ……………………………………………………… (158)
11.3.1 采购成本控制的基础工作 …………………………………… (158)
11.3.2 采购成本控制的方法 ………………………………………… (159)
思考题 ………………………………………………………………………… (163)

第 12 章 采购合同管理 ………………………………………………… (164)
12.1 采购合同概述 ……………………………………………………… (164)
12.1.1 合同的概念 …………………………………………………… (164)
12.1.2 合同的特征 …………………………………………………… (164)
12.1.3 合同活动的基本原则 ………………………………………… (164)
12.1.4 合同的形式 …………………………………………………… (165)
12.2 合同的分类 ………………………………………………………… (166)
12.2.1 有名合同与无名合同 ………………………………………… (166)
12.2.2 双务合同与单务合同 ………………………………………… (166)
12.2.3 有偿合同与无偿合同 ………………………………………… (166)
12.2.4 诺成合同与实践合同 ………………………………………… (167)
12.2.5 要式合同与不要式合同 ……………………………………… (167)
12.3 合同的订立 ………………………………………………………… (167)
12.3.1 合同订立的一般程序 ………………………………………… (167)
12.3.2 合同成立的时间和地点 ……………………………………… (169)
12.4 采购合同的内容 …………………………………………………… (170)
12.4.1 采购合同的概念和特征 ……………………………………… (170)

12.4.2　采购合同的内容 …………………………………………………（170）
　12.5　采购合同的订立与履行 ……………………………………………………（176）
　　12.5.1　采购合同资格审查 ………………………………………………（176）
　　12.5.2　采购合同的订立 …………………………………………………（177）
　　12.5.3　采购合同的履行 …………………………………………………（177）
　12.6　采购合同的争议与索赔处理 ………………………………………………（179）
　　12.6.1　采购合同争议 ……………………………………………………（179）
　　12.6.2　索赔与理赔 ………………………………………………………（180）
　12.7　采购合同的变更、终止和解除 ……………………………………………（181）
　　12.7.1　合同的变更和终止 ………………………………………………（181）
　　12.7.2　合同解除 …………………………………………………………（181）
　12.8　仲裁与仲裁裁决的执行 ……………………………………………………（181）
　　12.8.1　仲裁 ………………………………………………………………（181）
　　12.8.2　仲裁裁决的执行 …………………………………………………（182）
　思考题 …………………………………………………………………………………（184）

第13章　采购产品质量管理 ……………………………………………………（185）

　13.1　产品与产品质量 ……………………………………………………………（185）
　　13.1.1　产品的定义和类别 ………………………………………………（185）
　　13.1.2　产品质量与产品质量管理 ………………………………………（186）
　13.2　产品品质定位标准 …………………………………………………………（188）
　　13.2.1　优良品质应具备的特性 …………………………………………（188）
　　13.2.2　品质的定位标准 …………………………………………………（188）
　13.3　质量管理的实施 ……………………………………………………………（189）
　　13.3.1　质量管理的事前规划 ……………………………………………（190）
　　13.3.2　质量管理的事中执行 ……………………………………………（192）
　　13.3.3　质量管理的事后考核 ……………………………………………（193）
　13.4　质量检验 ……………………………………………………………………（193）
　　13.4.1　质量检验的基本概念 ……………………………………………（193）
　　13.4.2　质量缺陷与不合格品管理 ………………………………………（198）
　思考题 …………………………………………………………………………………（201）

第14章　运输管理 …………………………………………………………………（202）

　14.1　铁路运输和公路运输 ………………………………………………………（202）
　　14.1.1　铁路运输 …………………………………………………………（202）
　　14.1.2　公路运输 …………………………………………………………（203）
　14.2　水路运输和航空运输 ………………………………………………………（205）
　　14.2.1　水路运输 …………………………………………………………（205）
　　14.2.2　航空运输 …………………………………………………………（207）
　14.3　多式联运和运输方式的选择 ………………………………………………（210）
　　14.3.1　多式联运 …………………………………………………………（210）

14.3.2 运输方式的选择 …… (211)
思考题 …… (212)

第15章 采购信息管理 …… (213)

15.1 物流信息系统概述 …… (213)
15.1.1 物流信息系统的含义 …… (213)
15.1.2 物流信息系统分类 …… (213)
15.1.3 物流信息系统功能 …… (214)
15.1.4 物流信息系统的特征和发展前景 …… (215)

15.2 物流条形码系统 …… (216)
15.2.1 条形码的基本知识 …… (216)
15.2.2 条形码数字含义及条形码的分类 …… (216)
15.2.3 条形码扫描器的工作原理及应用 …… (217)

15.3 射频识别系统 …… (218)
15.3.1 基本概念 …… (218)
15.3.2 射频识别系统构成 …… (218)
15.3.3 工作原理 …… (219)
15.3.4 工作频率 …… (219)
15.3.5 系统优势 …… (219)

15.4 全球卫星定位系统 …… (219)
15.4.1 GPS系统的组成 …… (220)
15.4.2 GPS定位原理 …… (220)
15.4.3 GPS特点 …… (220)
15.4.4 GPS功能 …… (220)

15.5 地理信息系统 …… (221)
15.5.1 地理信息系统的定义 …… (221)
15.5.2 地理信息系统的发展历程 …… (221)
15.5.3 地理信息系统的组成 …… (222)
15.5.4 地理信息系统的应用 …… (222)

思考题 …… (224)

第16章 政府采购 …… (225)

16.1 政府采购概述 …… (225)
16.1.1 政府采购的概念和特征 …… (225)
16.1.2 政府采购制度的功能和作用 …… (226)

16.2 政府采购制度和程序 …… (228)
16.2.1 政府采购基本制度 …… (228)
16.2.2 政府采购方式 …… (229)
16.2.3 政府采购程序 …… (229)

16.3 政府采购的法律制度 …… (232)
16.3.1 政府采购合同管理 …… (232)

    16.3.2 政府采购合同的违约责任约定 …………………………………… (232)
    16.3.3 政府采购救济 ……………………………………………………… (233)
  16.4 国外的集中采购机构 ……………………………………………………… (234)
    16.4.1 美国联邦政府集中采购机构——联邦事务服务总局
           （General Services Administration，简称 GSA） ………………… (235)
    16.4.2 加拿大联邦政府集中采购机构——加拿大公共工程政府服务部
           （Public Works and Government Services Canada，简称 PWGSC） … (235)
    16.4.3 韩国政府集中采购机构——采购厅 ……………………………… (236)
  16.5 中国中央政府及香港特别行政区政府的集中采购 ……………………… (236)
    16.5.1 我国的集中采购机构 ……………………………………………… (236)
    16.5.2 中国香港特别行政处政府集中采购机构——政府物流服务署 … (236)
  思考题 …………………………………………………………………………… (237)

第17章 国际采购 …………………………………………………………… (238)

  17.1 国际采购概述 ……………………………………………………………… (238)
    17.1.1 国际采购的背景及含义 …………………………………………… (238)
    17.1.2 国际采购的缘由、优势及发展障碍 ……………………………… (238)
  17.2 商品的名称、品质、数量与包装 ………………………………………… (239)
    17.2.1 商品的名称（Name of Commodity） …………………………… (240)
    17.2.2 商品的品质（Quality of Commodity） ………………………… (240)
    17.2.3 商品的数量 ………………………………………………………… (242)
    17.2.4 商品的包装 ………………………………………………………… (243)
  17.3 国际采购价格 ……………………………………………………………… (246)
    17.3.1 国际采购中的价格术语及解释 …………………………………… (246)
    17.3.2 国际采购商品的作价方法和币种选择 …………………………… (251)
    17.3.3 国际采购合同中的价格条款 ……………………………………… (252)
  17.4 运输与保险 ………………………………………………………………… (253)
    17.4.1 运输方式和运输单据 ……………………………………………… (253)
    17.4.2 国际货物运输保险 ………………………………………………… (257)
  17.5 检验、索赔、不可抗力与仲裁 …………………………………………… (263)
    17.5.1 检验 ………………………………………………………………… (263)
    17.5.2 索赔 ………………………………………………………………… (265)
    17.5.3 不可抗力 …………………………………………………………… (266)
    17.5.4 仲裁 ………………………………………………………………… (267)
  思考题 …………………………………………………………………………… (268)

参考文献 ………………………………………………………………………… (269)

第1章 采购管理概述

本章重点

本章主要介绍了采购管理的概念、采购的分类、采购管理的目标、采购的过程、采购的进货过程管理、采购的资金跟踪管理和采购控制。

1.1 采购管理的概念

采购活动是人类经济活动的基本环节,无论是生产领域还是流通领域,都离不开采购活动。生产领域离开采购活动,企业无法获得生产所需要的原材料、零部件和其他辅助材料,就无法组织生产;流通领域,没有采购活动,就无货可售,流通即告终止;其他部门,如科学、教育、文化、卫生、体育及一切社会部门运行的物资支持,同样都离不开采购活动,采购在整个经济和社会生活中,起着十分重要的作用,所以必须加强采购管理。而对采购管理、采购管理的目标、采购管理的作用、采购管理的规则、采购管理的实施等问题进行较深入的讨论,研究其内在规律,用于指导采购实践,则具有重要的现实意义。

1.1.1 购买与采购

购买与采购虽然词义相近,但还是有差别的。

1. 购买

与采购词义最接近的词汇是购买。购买通常是指需求的主体,用自身的劳动收益,通过货币交换,获取衣、食、住、行、用等生活资料。购买有以下四个特点:

(1) 购买的主体通常是家庭或个人;
(2) 购买的物品,就独立的购买个体而言,数量不多,品种有限;
(3) 物品供应商到用户的距离一般不是很远;
(4) 购买从筹划开始至实施到完成,相对比较简单易行;
(5) 购买的风险,无论是自然风险还是社会风险都不是很大。

2. 采购

采购与购买的含义不同。采购是指需求的主体,从众多的备选客体中,有选择地通过合同方式，有偿取得所需要的物资、工程或服务。不难看出，采购有两层含义：一层是"采"，就是要有选择；二层是"购"，就是通过商品交易的手段，将选中对象的所有权，从其所有者手中，转移到自己手中。采购区别于购买的不同点在于：

（1）采购的主体通常是企业、事业单位、政府部门、军队或其他社会团体；
（2）采购的客体不仅仅是生活资料，更多的是生产资料；
（3）采购的品种、规格繁多，金额巨大；
（4）采购从策划至实施到任务的完成，整个过程十分复杂；
（5）采购的过程实际是商流、物流、信息流、资金流综合运行的过程；
（6）采购，尤其是国际采购存在一定的社会风险和自然风险。

由于采购具有更大的社会意义，所以本书重点讨论采购的管理。

1.1.2 采购管理

1. 采购管理的概念

所谓采购管理，就是为保障企业物资供应，对采购活动进行计划、组织、协调和控制的活动，保证采购计划完成。它不仅面向全体采购人员，而且面向企业组织的其他人员（进行有关采购的协调配合工作），其任务是调动整个企业的资源，满足企业的物资供应，确保企业经营战略目标的实现。

采购管理和采购并不完全是一回事，两者之间既有区别又有联系。采购是按采购订单规定指标，去资源市场完成采购任务，它本身也有自己的管理工作，即采购的具体业务管理，如与供应商谈判、签订合同、组织进货等。如果对这些工作的管理称为采购管理的话，只能是狭义的采购管理。本书所讨论的采购管理，不仅包含了具体采购过程中的业务管理，而且涵盖了与采购业务有关的其他方面的管理，是广义的采购管理。

2. 采购管理的主要方面

采购管理的内容概括起来包括三个方面：一是与采购需求有关的企业内部管理；二是企业外部市场和供应商的管理；三是采购过程本身的管理。

1）采购需求管理

企业采购计划的形成主要来自生产部门。生产部门根据年度生产计划，提出该年度的原材料、零部件、辅助材料等的需求计划；其次是销售部门根据年度销售情况，提出的本厂生产的成品需求计划；此外，还有固定资产管理部门提出的设备添置、维修需求计划及技术、科研开发部门提出的新产品开发需求计划、后勤保障等部门提出的物资保障需求计划。采购管理要对这些计划进行审查、汇总，并就采购的品种、规格、数量、质量、进货时间等，与各部门研究协商，综合平衡，编制出切实可行的采购计划。

2）市场和供应商管理

市场是提供资源的外部环境。采购管理要了解外部资源市场是买方市场还是卖方市场，是垄断市场还是竞争市场，是卖方完全垄断的市场还是垄断竞争的市场，又或是寡头垄断的竞争市场。不但要了解地区市场、国内市场，还要了解国际市场，针对不同的市场采取不同的应对策略。

毫无疑问，良好的供应商群体，是实现采购目标的基础。为此，必须下大力气做好供应商管理工作。其中的必要环节，包括供应商调查、供应商的审核认证、供应商的选择、供应商的使用、供应商的考核、供应商的激励与控制，必要时终止与供应商的合作等。

3) 具体采购业务的管理

采购管理系统是企业管理系统的一个重要子系统，是企业战略管理的重要组成部分。管理群体一般由中层管理人员组成。这些管理人员，当然对采购有关的事务负有管理责任，更重要的是要对具体的采购业务实施管理。具体采购业务，包括采购谈判、签订合同、安排催货、组织运输、验收入库、支付货款等一系列工作。管理人员除了指挥业务人员尽职尽责做好本职工作外，还要取得企业内部各部门、外部供应商等有关部门的支持与配合。唯有如此，才能确保采购任务的完成。

3. 采购管理的目标

采购管理的总目标是确保企业生产经营中的物资供应，具体有以下四点：

1) 确保供应物资的质量

质量是产品的生命。唯有质量合格的原材料、外协件，才能生产出合格的产品。如果原材料、外协件不合格，入库前作退货处理，将造成采购过程中的人力、财力的浪费；如果制造出成品以后推向市场，因质量问题造成退货，会进一步增加生产过程中各种资源的浪费。此外，由于产品的质量问题，会损害消费者的利益，进而影响企业的声誉，不利于企业的长远发展。当然，外购产品的质量也不可要求过高，只要合格、够用就可以了。否则，会增加产品的质量成本。

2) 确保供应物资的供货时间

目前，企业为了加速资金周转，减少资金占用时间，备料的提前期大大缩短。通常根据市场的需求组织生产，安排原材料供应，对于到货准时性的要求越来越高。时间上的延误，将影响企业的生产经营，产生不利的经济后果。

3) 确保供应物资的数量

企业生产经营中总需要准备一定的原材料、产成品。但是，这种准备不是愈多愈好，也不是愈少愈好，应维持在适当的水平上。库存量过大，一段时间内生产消耗用不完的话，必然会造成原材料的积压，不仅占用了资金，减缓了流动资金的周转速度，而且长期积压还会导致物资报废。当然，库存量亦不能过低。库存量过低，往往发生原材料供不应求，停工待料，影响企业生产经营，这也是必须避免的。

4) 采购应实现合理的价格

采购价格是影响采购成本的重要因素。因此，采购中能以适当的价格完成采购任务，是采购管理的主要目标之一。在全球范围内的工业产品成本构成中，采购的原材料及零部件成本占企业总成本的30%~90%，平均在60%左右。因此，采购物资的价格在总成本中的地位举足轻重。价格高了，增加了产品的总成本，产品在市场上就失去了竞争力；价格低了，供应商利润空间太小，缺乏合作热情，或无利可图而停止供货。两者都是不可取的。

1.2 采购的分类

依据不同的划分标准可以对采购进行不同的分类。针对不同的类别，实施不同的采购策略。

1.2.1 按采购的主体不同分类

（1）企业采购；
（2）政府采购；
（3）事业单位采购；
（4）军队采购；
（5）其他社会团体采购。

在这些采购主体中，需要进行深入研究的是企业采购和政府采购，因为这两类采购占了全社会采购总额的绝大部分，对社会经济生活影响巨大。

1.2.2 按采购的科学化程度分类

1. 传统采购

所谓传统采购就是议价采购。即采购者根据采购品种、数量、质量等方面的要求，货比三家，通过谈判，最后达成一致，得以成交的采购形式。传统采购方式主要包括询价采购、比价采购、议价采购。

（1）询价采购。询价采购是采购人员询问信用可靠的厂商，将采购条件讲明，通过电话或寄发询价单的方式，询问价格，经过比较后，现价采购。

（2）比价采购。采购人员请数家厂商报价，经过比较后，决定向哪家采购。

（3）议价采购。采购人员与厂家谈判，讨价还价，谈定价格后决定购货。

实际采购中，很少是以一种方式单独进行的，通常是几种方式结合起来进行采购。

2. 科学采购

所谓科学采购，就是在科学理论的指导下，采用科学的方法和现代科技手段实施的采购。科学采购根据指导理论和采取的方式方法的不同，可划分为订货点采购、JIT采购、MRP采购、供应链采购、招标采购和电子商务采购。

1）订货点采购

订货点采购已有半个世纪的历史，无论从理论上还是实践上都比较成熟。订货点采购的原理是，当库存降低到一定水平时，按规定的量组织订货。订货点采购还可细分为定量订货法、定期订货法。订货点采购在现实中有着广泛应用。

2）JIT采购

JIT采购是由JIT生产发展而来的，有时又把它称为准时制供应、零库存供应。JIT采购的基本思想是：追求零库存，彻底"杜绝一切浪费"。具体做法是：在需要的时候，将合适的品种、合适的数量、合适的质量的物料送达合适的地点。这种即时送达，要做到既不早又不晚，既不多又不少，既保证需要又不增加库存。

3）MRP采购

MRP采购是一种解决相关需求的采购方式，主要应用于生产企业的物料采购。生产企业的主产品，有时又被称为主机，是由许多部件构成的，部件是由组件构成的，而组件又是由零件构成的。这种从主机到零件的树形图构成了主产品结构文件。在MRP计算机系统中，输入主产品数量、主产品结构文件和载明库存量的库存文件，系统就可输出何时采购，采购多少原材料、零部件的指导文件。按此文件采购，既可满足生产需求，又能实现最小量库存。

4）供应链采购

供应链采购就是在供应链条件下的采购。这是供应方积极主动向采购方提供其所需物料的采购。在供应链的条件下，供应方遵循供应链的宗旨，在利益共享原则的基础上，依据采购方提供的信息，及时满足采购方对原材料和产成品的需求。

5）招标采购

招标采购一般是大宗物品和工程的采购。采购方为了寻求最好的供应商，通过发布标书的形式，向特定或非特定的潜在供应商提出采购物资或工程的条件。由于众多的供应商参与竞标，采购方可以在更广泛的范围内寻求最优合作伙伴，达到价格最低、服务最优。

6）电子商务采购

电子商务采购是在计算机技术、通信技术和网络技术高度发展条件下的科学采购方式。这种采购方式，可以在全球范围内，寻求最好的供应商，而且速度快、费用低、操作简单，效率高。这种采购方式通常适于标准或不太复杂产品的采购。

1.2.3 按采购的范围分类

1. 国内采购

所谓国内采购，是指企业以本币向国内供应商采购所需物资的活动。例如，国内机械制造企业向国内钢铁企业采购钢材；国内服装厂向国内纺织厂采购布料等。国内采购主要指在国内市场采购，但采购的物资并不一定是本国生产的。例如，外资企业在中国境内生产的产品，国外企业生产在中国市场上销售的产品。这些产品的采购都是以本币支付货款。

2. 国际采购

所谓国际采购，是指国内企业直接向国外企业采购。当国外材料价格低，品质高，性能好，综合成本低时，可考虑国际采购。国际采购一般直接向国外企业咨询，同国外企业谈判采购，或者向国外生产企业设在本地或国内的代理商咨询采购。国际采购的范围很广，包括高新技术产品、成套技术设备、必须进口的原材料等。

国际采购的优点：一是可以弥补国内资源的不足，解决我国不能生产的高新技术产品和原材料；二是某些产品，我国虽然能够生产，但质量上还存在一定不足，而进口产品在性能、质量上更有保证；三是进口一些物资，利用汇率的变动，可以获利。

国际采购的不足：一是交易过程复杂，影响交易效率；二是需要较高库存，加大了存储的费用；三是路途遥远，无法满足急需；四是发生纠纷时，追索困难。

1.2.4 按采购的权限分类

1. 集中采购

所谓集中采购，是指由企业的采购部门全权负责企业的采购工作。即企业生产所需的物资，都由一个部门负责，其他部门，包括分厂、分公司均无采购职权。

1）集中采购的优点

（1）降低订货费用。集中采购，可以减少订货次数，从而减少订货费用；

（2）获得供应商的批量价格优惠；

（3）可统一组织供应，合理配置资源，最大限度降低库存。

2）集中采购的不足

（1）采购过程复杂，时效性差。要将下属各单位的需求集中起来，到实地采购，再将采购到的物资分发到需求单位，要增加多道手续，往往还要增加多道运输环节，费时、费力，增加采购成本。

（2）非共用性的物资实行集中采购，难以获得价格优惠。对于一个大的企业，通常生产多种产品，需要许多种不同的原材料和零部件，勉强实行集中采购，往往不能达到批量优惠的目的。

（3）采购与使用分离，缺乏激励因素，采购绩效差。由于实行集中采购，采购者与使用者相分离，导致采购成本的高低、质量的好坏、对未来生产经营带来何种影响，都不与采购者产生直接的经济利害关系，采购者从而对采购绩效关心度下降。从采购的实践看，集中采购更容易出现品种规格不对路、价格偏高、供货不及时等问题，影响企业效益。

3）集中采购的适用范围

（1）集团实施的采购活动。作为大的企业集团，生产的产品多为系列产品，虽然产品规格型号多达千百种，但许多原材料、零部件是通用的。实行集中采购，可以充分享用集中采购带来的好处。

（2）跨国公司的采购。随着经济的发展，企业经济实力的增强，不少企业走出国门，纷纷在国外不同地域投资建厂。由于区域经济发展的不平衡，原材料、零部件在价格上会产生不同程度的差异。实行跨国跨地区集中采购，不仅可以享受批量采购带来的优惠，更能获得价差所带来的产品成本优势。

（3）不同企业之间的联合采购。同城企业或邻近地区的企业，在产品相同或相近的情况下，在采购相同原材料或零部件时，为了共同的利益，可以实施联合采购。尤其在企业规模比较小的情况下，更有必要。

（4）商贸企业的联合采购。随着经济的发展，人们生活水平的提高，连锁零售企业蓬勃发展。不仅美国的沃尔玛、法国的家乐福等零售连锁企业登陆我国，迅速拓展，就是本土的连锁零售企业，也在以每年20%左右的速度增长。毫无疑义，这些为数众多的企业连锁店，更应以联合采购的形式组织进货。

2. 分散采购

所谓分散采购，是指按照需要，由单位设立的部门自行组织采购，以满足生产经营的需要。

1）分散采购的优点

（1）针对性强。生产企业或商贸企业，可以针对企业自身的需求，采购规格品种最合适，价格最合理的原材料、零部件或产成品。

（2）决策快，效率高。分散采购，减少了集中汇总、层层审批的烦琐程序，可以很快做出采购决策，并立即组织实施，减少了时间上的延迟，提高了工作效率。

（3）有利于激励机制的贯彻实施。分散采购的采购人员，为本企业的职工，其收益与企业的经营成果密切相关，采购绩效如何不仅关系到企业的经济效益，也关系到职工的切身利益，所以，采购人员能从自身的利益出发，努力做好采购工作。而且企业直接管理职工，可根据采购工作的业绩，给予奖励或惩罚，则进一步调动了采购人员的积极性。

2) 分散采购的实施范围
(1) 分散采购适用于小批量价格低的物资采购；
(2) 市场资源有保证，运输费用低的物资采购；
(3) 各基层单位具有检测能力的物资采购；
(4) 产品研制开发阶段所需的物资采购；
(5) 分散采购成本低于集中采购时成本的物资采购。

1.2.5 按采购物资的形态分类

1. 有形商品的采购

有形商品包括原材料、能源、辅助材料、零部件、半成品、成品及非生产用的低值易耗品等。

(1) 原材料。指构成产品本体部分的物料。
(2) 能源。指煤炭、燃油等产生热量的物资，有时也被归为原料类。
(3) 辅助材料。指虽不构成产品实体，却是产品生产过程中不可缺少的物料，如清洗剂、润滑油、包装物等。
(4) 半成品。指已经经过初步加工，尚需进一步加工的物料。
(5) 零部件。指已经完成全部加工过程，只待组装的物料。
(6) 成品。指具有一定的独立功能，可以对外销售的产品。成品有时是相对的，如在供应链条件下，某上游企业的成品，对下游企业而言，很可能仅仅是零部件或半成品，甚至是原材料。

2. 无形商品的采购

无形商品主要指技术和咨询服务。

(1) 技术。此处所讲的技术是指制造某种产品、应用某种生产工艺或提供某种服务的技能知识。
(2) 服务。此处所讲的服务包括从清洁服务、雇用临时劳务人员到聘请专业公司的设计服务，包括安装服务、培训服务、维修服务和某些特殊服务。

3. 工程采购

工程指地面上下新建、扩建、改建、修建、拆建、修缮或翻新构造物及其所属设备、自然环境的行为，包括建造房屋、兴修水利、承建交通设施、铺设下水道等项目。

1.2.6 按采购的时间分类

企业的物资采购，按照供应商与采购商之间交易时间的长短不同，一般分为以下两类：

1. 长期合同采购

长期合同采购是供应商和采购商为了在较长期间内维持稳定的供需关系，通过合同的形式，将这种较长期间的供求关系固定下来的采购形式。长期合同的有效时间通常在一年以上。在合同期内，采购方承诺在供应方采购其所需产品，供应方承担保证采购方在品种、规格、数量等方面的需要。

1) 长期合同采购的优点
(1) 有利于增强双方的理解和信任，建立稳定的供需关系；

（2）有利于降低双方洽谈价格的费用；

（3）有明确的法律保障，维护了双方的利益。

2）长期合同采购的缺点

（1）价格调整困难。如果市场价格发生变化，双方要求调整价格都很困难。

（2）数量调整困难。由于受到合同条款的约束，采购方在采购数量的调整上有难度。

（3）采购人员容易形成依赖思想，缺乏创新意识。

（4）合同期内采购商即使有了更好的供应渠道，也难于做出新的选择。

3）长期合同采购的适用范围

长期合同采购，供需关系稳定，主要适用于采购方需求量大，且需要连续不断的供货的物资多为企业所需要的主要原材料、燃料、动力及配套设备等，如炼油厂长期需要的石油、化工厂长期需要的煤炭等。

2. 短期合同采购

短期合同采购指采购商和供应商为满足生产经营活动的需要实施的一次性交易的采购。

1）短期合同采购的优点

短期合同采购双方之间具有很大的灵活性，采购的品种、规格、型号、数量等，可以随时做出调整，并能够根据情况的变化调整供应商。

2）短期合同采购的缺点

短期合同采购由于供需关系不稳定，会出现交易中断、价格波动频繁及服务质量下降等方面的不足。

3）短期合同采购的适用范围

（1）非持续消耗的物品，如机械设备、运输车辆、家庭耐用消费品等补缺产品。

（2）由于供求关系的变化，长期合同供货不能满足需要，需要短期合同供货予以补充。

（3）价格波动大的产品的采购。无论是采购商还是供应商，对于价格波动大的产品都不希望签订长期合同，从而避免利益受损。

（4）质量不稳定的产品。对于质量不稳定的产品，如农副产品、试生产的产品等，通常也是一次性采购。

1.3 采购的过程

采购的过程大体分为9步，如图1-1所示。

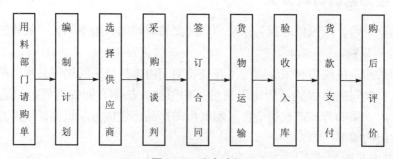

图1-1 采购过程

（1）用料部门申报材料需求。用料单须有用料的详细说明，如物料的名称、规格、型号、数量、交货日期及其他特殊要求。

（2）汇总申报单形成采购计划。采购部门对申报采购的物料，根据需要与可能，汇总平衡后，做出采购决策，包括：品种决策，即物料的品种、规格、型号及功能等；数量决策，即计划期内应当采购的数量；批量决策，即每次进货的批量是多少；时间决策，即每批物料进货的时间；采购方式决策，即采用何种方式采购，是集中采购还是分散采购，是传统采购方式采购还是现代采购方式采购，是国内采购还是国外采购，最后形成采购计划。

（3）选择供应商。供应商选择是采购的基本环节，优秀的供应商群体是采购目标实现的基础。要通过供应商的调查、供应商的审核认证、供应商的考核，选择优秀的供应商作为合作伙伴。供应商选择将在第 10 章予以阐述。

（4）采购谈判。无论采取何种采购方式，都离不开与供应商的谈判。谈判要坚持正确的原则，要讲究谈判策略，大宗货物的采购谈判要由有经验的谈判者承担。谈判关乎采购的全局，不可有任何闪失。

（5）签订合同。谈判的成果、供需双方的权利义务及所达成的其他共识，要通过合同的形式确立下来，以提供法律上的保障。

（6）货物的运输。货物的运输通常由供应商组织，有时由采购方自行组织。在采购方自行组织的情况下，有多种运输方式可供选择，如公路运输、铁路运输、水路运输、航空运货、联合运输等。究竟选择何种运输方式，要依据货物的性质、运费的高低、时间的急缓、货损的大小、运输的安全等进行综合考虑，做出正确决策。

（7）货物验收入库。货物验收入库是采购业务操作的最后一个环节，也是一个关键性环节。验收包括品种、规格、质量、数量等方面的内容。对验收中发现的问题要依照规定妥善处理。不合格品不得入库，更不能进入生产过程。否则，不仅造成人力、财力资源的巨大浪费，一旦生产成品进入市场，还会损害消费者的利益，有损企业的形象，不利企业的长远发展。

（8）货款的支付。货物检查合格入库后，必须按合同的规定及时支付货款。货款结算的方式有支票、汇票、本票、异地托收承付、委托银行收款和信用卡支付等多种。市场经济要讲究诚信，不讲诚信的企业，必将被市场淘汰。

（9）购后评价。购后评价有两方面内容：一方面是对采购绩效做总结，发扬优点，克服不足，进一步提高采购质量；另一方面是对采购人员的表现做总结，表扬先进，找出差距，做好今后工作。

思考题

1. 采购管理的目标是什么？
2. 采购是如何分类的？
3. 简述采购的步骤。

第 2 章

采购组织

本章重点

理解采购组织的组建及功能,掌握采购组织的基本类型,了解采购部门的团队建设。

采购组织,是指为了完成企业的采购任务,保证生产经营活动顺利进行,由采购人员按照一定的规则组建的一种采购团队。采购组织是一个基于整个企业的,负责为整个企业所有采购过程提供支持的中心组织,在企业中具有举足轻重的作用,无论生产企业还是流通商贸企业,都需要建立一支高效的采购团队,通过降低采购成本,保证企业生产经营活动的正常进行。

2.1 采购组织的组建及功能

建立一个高效率的采购组织机构和组建一支高素质的工作团队,可以帮助企业有效地控制采购成本,以尽可能便宜的价格获得符合企业需要的产品。随着企业与市场联系越来越紧密,采购组织的工作状况直接影响整个企业的运作流程与竞争优势,因此任何企业或机构都非常注重采购组织的建立。

2.1.1 采购组织的组建

采购组织的组建,就是将采购组织应负责的各项功能整合起来,并以分工方式建立不同的部门加以执行。建立采购管理组织,需根据企业的具体情况,深入分析采购管理的职能、任务和内容,根据采购组织的组建原则,设立采购组织相应的职能、岗位、责任和权利,选择配置合适的人员,组织一个采购管理组织。具体步骤为:

1. 确定采购组织的结构

采购部门的组织结构随着企业的经济类型、经营规模的不同而有所区别。以采购为主要功能的采购部门可以有以下四种组织结构形式。

(1) 产品结构式:是指将企业所需采购的产品分为若干类,每一个或几个采购人员分成一组,负责采购其中的一类或几类商品的组织形式。按产品结构如按主原料、一般物料、机器设备、零部件、工程发包、维护和保养等类别，将采购工作分由不同的人员办理。运用这种结构形式可使采购人员对其经办的项目非常专业和精通，能够做到熟能生巧、触类旁通。这种形式适合于所需采购的商品较多、专业性较强、商品间关联较少的企业。

（2）区域结构式：是指将企业采购的目标市场划分为若干个区域，每一个采购人员负责一个区域的全部采购业务。一般是依照物品采购来源进行区域的划分，如国内采购部、国外采购部。这种组织形式便于明确工作任务和绩效考核，有利于调动员工的积极性并与供应商建立良好的人际关系，也适合于交易对象及工作环境差异性大的企业。

（3）顾客结构式：是指将企业的采购目标市场按顾客的属性进行分类，每一个采购人员负责同一类顾客。这种组织形式可使员工较为深入地了解顾客的供应情况及存在的问题，通常适用于同类顾客较为集中的企业。

（4）综合式：这种组织形式综合考虑了上述三种因素的重要程度和关联状况。稍具规模的企业在采购量较大，而且作业过程复杂、交货期长等情况下可以选择此种结构形式。

2. 为采购组织设定岗位，配置适当的人员

在根据企业具体特点选定了部门组织结构形式后，根据采购具体的管理职能和组织结构，设定各个岗位，并进行部门人员的选择。岗位设置包括每一个岗位责任和权利的设置。一般来讲，采购部门的人员包括：

（1）总经理：是采购部门的最高领导，主要向运营副总裁负责，负责从提供服务到行政管理的各个阶段，并统管整个采购部门的运作。总经理必须在最大限度地运用资产的同时，努力降低采购部门的成本，保证满足企业供应的需要。

（2）采购科长：受总经理的直接领导，主要负责安排本科室的具体工作，并制定本科室的中、短期计划，帮助办事人员协调部门内部的工作，对内部人员实行控制和管理。

（3）助理：是科长的助手，辅助科长开展日常工作，协助科长根据具体需要制定中、长期计划，协助科长进行具体工作的安排、下属人员的监督和管理，并就与科室相关的档案资料进行整理和管理。

（4）采购人员：是在科长直接领导下的日常工作的具体执行者。主要是按照部门和各科室制定的计划来进行工作。

3. 确定采购部门人员的数量

在确定采购人员职能后，就需要确定采购部门的人员数量。采购部门在确定一个采购经理后，其余的部门成员数量应视具体情况而定。如果涉及的工作量大，且难度较大时，成员的数量可相对多一些；如果涉及的工作量不大，且任务较轻时，成员的数量可相对少一些。通常情况下，采购部门的成员数量以能满足工作的需要为标准，太多则容易增加成本，造成浪费；太少又易造成工作的延误，难以满足工作要求。

4. 明确采购部门的职责

采购部门的职责包括一些与采购工作直接或间接相关的活动，具体包括下列内容：

（1）物料来源的开发与价格调查；

（2）请购单内容的审查；

（3）交货的稽催与协调；

（4）物料的退货与索赔；

（5）采购计划与预算的编制；

（6）采购制度、流程、表单等的设计与改善；
（7）对供应商的选择、评价和管理；
（8）国外采购的处理。

明确了组织结构的构成，然后选定采购组织人员，确定人员数量，明确其职责，采购部门就算构建完毕，可以进入运作阶段了。

2.1.2 采购组织的功能

采购组织主要有以下四项功能：

1. 凝聚功能

凝聚功能，是采购组织凝聚力的表现。凝聚力来自于目标的科学性与可行性。采购组织要发挥其凝聚功能，就必须做到以下三点：

（1）明确采购目标及任务；
（2）建立良好的人际关系与群体意识；
（3）发挥采购组织中领导的导向作用。

2. 协调功能

协调功能，是指正确处理采购组织中复杂的分工协作关系。这种协作功能主要包括以下两方面：

（1）组织内部的纵向、横向关系的协调，使之密切协作，和谐一致；
（2）组织与环境关系的协调，采购组织能够依据采购环境的变化，调整采购策略，以提高对市场环境变化的适应能力和应变能力。

3. 制约功能

制约功能主要表现在：采购组织是由一定的采购人员构成的，每一成员承担着相应的职能，同时，也有相应的权利、义务和责任。通过这种权利、义务和责任组成的结构系统，对组织的每一成员的行为起到制约作用。

4. 激励功能

激励功能，是指在一个有效的采购组织中，应该创造一种良好的环境，充分激励每一个采购人员的积极性、创造性和主动性。采购组织应高度重视采购人员在采购中的作用，通过物质和精神的激励，使其潜能得到最大限度的发挥，以提高采购组织的工作效率，确保采购任务的完成。

2.2 采购组织的类型

采购组织的基本类型有分权式采购组织、集权式采购组织、混合式采购组织和跨职能型采购小组。

2.2.1 分权式采购组织

分权式采购组织属于平行式管理组织。物料采购作业，采用分散平行的体系。企业把与采购相关的职责与工作分别授予不同的部门来执行（见图2-1）。

分权式采购组织的特点：

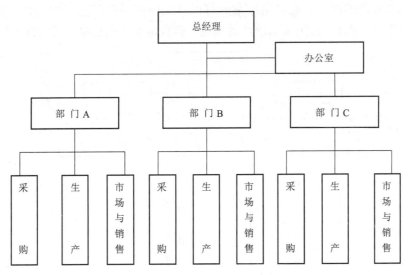

图 2-1 分权型采购组织架构示意图

1. 优点

(1) 紧急采购时可争取时效,能够机动配合生产需要,及时提供最佳服务。

(2) 有利于地区性物资的采购,仓储管理方便,占用库存空间小,占用资金少。

(3) 采购手续简便,过程较短,如有问题能够快速直接反馈。

2. 缺点

(1) 权力分散,无法获得集权式采购的价格折扣,难以培养专业人才。

(2) 对供应商的政策可能不一致,可能出现多部门与同一个供应商就同一种产品进行谈判,结果达成了不同的采购条件。

(3) 决策层面低,易产生暗箱操作。

(4) 作业分散,手续重复,致使成本增加。

3. 分权式采购组织适用条件

(1) 小批量采购。

(2) 采购价值较低。

(3) 市场资源有保证。

(4) 距离总部较远(如异国异地供应)。

(5) 研发实验物品的采购。

2.2.2 集权式采购组织

集权式采购组织,是指所有生产或经营的物料、商品集中进行采购与供应,即将采购相关的职责或工作集中授予一个部门来执行。这是为了建立综合的物料管理体系,而设立的管理责任一元化的组织机构。此种物料管理体系通常包括生产(包括生产计划、生产过程)、采购(包括采购事务、跟查)及仓储(包括收发料、进出货、仓储、运送)等方面的管理功能。公司上层设有一个中心采购部门,其中完成的工作主要有:公司的采购专家在战略和战术层次上的运作;产品规格的集中制定;供应商选择的决策;与供应商之间的合同准备和洽谈(见图 2-2)。例如,通用汽车公司(欧洲)和大众汽车公司采购组织就是采购业务集中到一个相当高程度的例子,通过集中采购可以从供应商处得到更好的条件(在价格、成本以及服务和质量方面),促进采购的产品和供应商供货运作向标准化的方向发展。

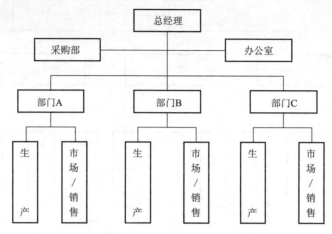

图 2-2 集权式采购组织架构示意图

1. 优点

(1) 减少作业费用,获得价格折扣、运输等方面的多种优惠,形成规模效益,降低采购和物料成本;

(2) 采购功能集中,便于人员分工,提高效率,培养专业人才;

(3) 易于稳定与供应商的关系,实现成效最佳的长期合作;

(4) 公开采购、集体决策,实行阳光操作,可有效防止腐败;

(5) 便于实行采购程序标准化,减少分散采购的重复作业。

2. 缺点

(1) 手续较多,过程较长;

(2) 专业性强,责任重大。

3. 集权式采购组织适用条件

(1) 大宗和批量物品的采购;

(2) 价格较高的物品;

(3) 关键的零部件;

(4) 保密性强的物品;

(5) 易出现问题的物品;

(6) 定期采购的物品;

(7) 连锁经营、特殊经营的物品。

2.2.3 混合式采购组织

混合式采购组织吸收了集权式采购和分权式采购的优点,一个健全的采购组织应该是决策集中,执行分散,集权与分权协调运用,最终在集权与分权的采购中建立一种有效的平衡。

混合式采购组织的架构为:总公司设有采购部门,所属的各工厂也分设采购部门(见图2-3)。政策性、技术性采购,大量采购或向国外采购等仍由总公司统筹采购,除此以外的零星采购、地区性或紧急采购，则可由分权式采购部门自行办理。

企业在推行集中采购时，可将部分作业合理分散执行，例如，一些小额、小批量或地区性的采购，要给下属企业较大的执行权，这样不但可以提高效率，还可以降低采购成本。

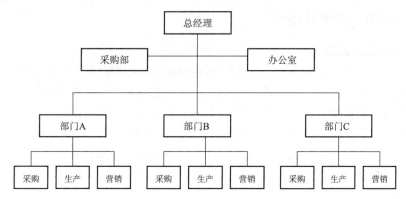

图 2-3　混合式采购组织架构示意图

2.2.4　跨职能采购小组

跨职能采购小组是采购中相对较新的组织形式，这种采购组织的构建与赋予它的职能有直接的关系。采购小组各种业务的实施都有其行政管理或上下层关系，而不是必须完全听命于需求或委托单位。否则采购小组便无法完成企业所交付的任务。

例如，以 IBM 公司的采购小组为例。IBM 的新采购组织采用了一个与供应商的单一联系点（商品小组），由这一商品小组为整个组织提供对全部部件需求的整合。合同的订立是在公司层次上集中进行的，然而，在所有情况下采购业务活动都是分散的。采购部件和其他与生产相关的货物是通过分布在全球的采购经理组织的。这些经理对某些部件组合的采购、物料供应和供应商政策负责。他们向首席采购官（CPO）和他们自己的经营单位经理汇报。经营单位经理在讨论采购和供应商问题以及制定决策的各种公司业务委员会上与 CPO 会晤。CPO 单独与每一个经营单位经理进行沟通，以使公司的采购战略与单独的部门和经营单位的需要相匹配。这保证了组织中的采购和供应商政策得到彻底的整合。IBM 通过这种方法将其巨大的采购力量和最大的灵活性结合在一起。

对于与生产相关的物料采购，IBM 追求的是全球范围内的统一采购程序。供应商选择和挑选遵循统一的模式。他们越来越集中于对主要供应商的选择和与他们签订合同，这些供应商以世界级的水平提供产品和服务并且在全球存在。这导致了更低的价格和成本水平、更好的质量、更短的交货周期，并因此实现了更低的库存。这种方法实现了更少的供应商和逐渐增加的相互联系，因为采购总额被分配给更少的供应商，因此可以更多地关注价值链中与单个供应商的关系，并可以发展以绩效的持续改善为基础的关系。

2.3　采购组织的团队建设

随着社会分工愈来愈细的现实，个人已经无法单独完成一个具体的项目，而团队的力量又超越团队成员力量的简单相加，也就是达到人们经常所说的"1+1>2"的效果，所以在当今群雄割据的市场经济中,越来越多的企业已经认识到团队建设对企业发展壮大所产生的深远影响,并开始着手实施企业的团队建设。调查发现,世界500强企业里有80%以上的企业都拥有卓越的领导团队。事实证明,团队正成为中国企业发展的重要组织形式。

2.3.1 采购组织团队概念

1. 采购组织团队概念

团队是由一些具有共同信念的人,为达到共同目的而组织起来的群体组织,通过成员沟通与交流,保持目标、方法、手段的高度一致,从而能够充分发挥各成员的主观能动性,运用集体智慧将整个团队的人力、物力、财力集中于某一方向,创造出优良业绩的工作单元。

企业要成功地完成采购任务就需要建设一个高效的采购组织团队,所谓采购组织的团队,就是让员工适当打破原有的部门界限,将知识与技能互补的人员组成一个团队。该团队对公司的总体目标负责,以团队任务为导向,直接面对供应商是一个具有相对独立的决策权和执行权的联合体。

采购组织的团队建设要目标明确、责任清楚、畅所欲言、共同决策、全体参与、自觉协作、团队成功至上,有意识地在采购组织中开发有效工作小组,相互信任、相互支持、目标一致、技能互补,共同完成某一采购任务,这也是采购组织获得成功的切实保障。

2. 采购组织团队分类

采购组织的团队一般可分为两类:一类是项目采购团队,成员主要是来自公司各单位的专业人员,为完成某一特定采购项目而组织在一起,他们要解决的采购项目可能是某一产品的小项目,也可能是提升企业综合竞争力的工程、产品或服务的大项目,通常项目完成后,团队即告解散;另一类是采购工作团队,如采购部或采购科。这些团队通常是长期性的,主要从事日常经营工作。

3. 采购团队的特征

第一,共同的明确的采购目标。共同的目标是采购团队存在的基础。每一个团队都有一个非常清楚的目标,如为采购一个新产品、采购一项新工程等。第二,职能部门共享。采购团队组织可能由不同部门、不同技能的员工构成,员工一旦进入团队后,这些成员就不再受原职能部门左右,而是有权在现场做出决定,直接面对相关群体。第三,角色适当分工。团队的成员必须有清晰的角色定位和分工。团队成员应清楚地了解自己的定位与责任。第四,信息沟通顺畅。团队成员通过深入、密切的沟通与交流,在确定目标、制定和执行工作计划以及培训计划等方面取得一致意见。第五,成员知识互补。团队成员总体专业知识和技能全面,规模适中,素质与技能互补性强。

2.3.2 采购组织团队建设主要措施

采购组织目标的完成通常需要团队整体的配合与协作。正如比尔·盖茨所说的:"团队合作是企业成功的保证,不重视团队合作的企业是无法取得成功的。"为此,企业采购组织必须考虑建立一种能够把完成任务所需的各种人才聚集在一起的机制,把每个成员的知识结构、技术技能、工作经验和年龄性别按比例地配置,达到合理地互补,这些决定了团队的基本要素。企业采购组织团队建设的主要措施如下:

1. 明晰的共同目标

在采购团队中,不同职位的成员目标也是不一致的。不同角色由于地位和看问题的角度不同，对企业的目标和期望值会有很大的区别。因为目标的不一致，导致其动力也会不一样。如何在采购团队内部建立明确的共同目标，有效激发从业人员工作动力，关键是管理者如何理解一般员工的需求，帮助他们树立共同的奋斗目标，劲往一处使，使得组织的努力形成合力。加强对员工的教育、合理设计员工的职业生涯、增加员工的未来收益等方法，都可以使员工的个人利益与企业整体利益紧密联系在一起。

2. 明晰的人员分工和角色认知

员工有了共同目标，通过正确分工，在工作过程中加强沟通和协调，就能形成一个团结奋进的团队，发挥最大的力量。每个属于团队的成员都要在团队中扮演某种角色，并按照角色的规范和要求去行动。任何一个进入团队的人，首先是建立和适应团队的角色意识，尽快掌握角色规范。莎士比亚说："世界是一个大舞台，所有男人和女人不过是舞台上的演员。"可以这样说，所有的团队成员都是演员，每个人都扮演一种角色。试想，如果成员对角色和分工都不认同，怎么会有积极性呢？

1）采取职位说明来对角色分工进行细致的说明

职位说明不仅能够使工作效率提升，也能够使员工本身和周围的同事明白他的工作性质，更重要的是，员工能学会在自己的职位范围内找事情做，而不会干等着上级指派工作给他们。

2）培养员工的归属感

在员工清楚自己角色的基础上，为了企业的未来，从长远的角度来看，应尽力吸引住员工，留住员工的心，增强员工的归属感。积极帮助员工进行职业生涯规划，让员工更好地规划自己，规划自己的人生方向，这也是在帮助企业规划自己的人才。只有员工能更好地开发自己的潜能，实现自我价值，才能为采购队伍带来更多的价值。此外，为了防止职工达到职业高原——"高原缺氧死亡症"，应举办职工职业培训班，提高员工的技能。并注意加强员工的素质教育以及实施岗位轮换制等，这对于员工更好地扮演自己的角色以及留住员工的心也会起到一定的作用。

2.3.3 采购人员的工作职责

一般来讲，部门人员的职责与其在企业中所处的岗位必然相关，不同职位层次具有不同的职责。

1. 采购主管的工作职责

（1）新商品供应商的寻找、资料收集及开发工作；

（2）对新供应商质量体系状况进行评估，以保证供应商的优良性的；

（3）与供应商的比价、议价谈判工作；

（4）对原供应商提供的价格、品质、交货量的审核工作，以确定原供应商的稳定供货能力；

（5）及时跟踪掌握市场价格行情变化，降低采购成本；

（6）采购计划的制定，商品订购及交货期控制；

（7）采购部门员工的管理培训工作；

（8）与供应商以及销售部门的沟通协调等。

2. 采购主管助理的工作职责

（1）协助主管进行商品采购渠道的搜集；

（2）制定采购计划；
（3）市场行情的调查分析与统计；
（4）供应商评估数据的统计与分析；
（5）采购人员的培训工作；
（6）有关采购文件的编写工作。

3. 采购员的工作职责

（1）订购单的下达；
（2）货物交货期的控制；
（3）商品市场行情的调查；
（4）验收货物的品质和数量；
（5）与供应商就有关交货期、交货地点等方面的沟通协调。

4. 采购文员的工作职责

（1）各种采购单据与报表的收集、整理与统计；
（2）采购品质记录的保管与维护；
（3）采购事务的传达。

2.3.4 采购人员的基本素质

高素质的采购团队能使供应管理具有高效率，并能在追求降低成本的同时，科学地判断和预防采购风险。采购人员应必须具备一定的基本素质，主要包括职业素质和职业道德。

1. 职业素质

1）采购专业知识

不同的采购项目，涉及的专业范围广，采购人员必须熟悉相关的专业知识，如现代物流管理、仓储管理等知识，掌握相关方面的专业技能，要善于开动脑筋，有针对性地学习国内外先进的采购工作经验，以弥补自身专业技能的不足。

2）采购理论知识

采购涵盖的内容多，采购人员要有一定的理论素养，对采购的基本理论要有所了解，如供应商的选择、评估、管理与考核，物料计划、库存控制等，掌握一套经过实践验证的、行之有效的理论体系。

3）采购业务知识

采购业务知识主要是指采购的操作知识，包括采购计划和预算的制定、采购的过程、订单的处理等一套完备的方式和程序，采购人员只有掌握了采购的方式和程序，才能熟悉采购的工作方法和工作技能，不断提高工作水平。

4）其他相关知识

采购要涉及商贸、法律、财经、建筑工程、机电设备、网络等方面的知识，采购人员不仅要了解而且要熟练掌握预算管理、招投标、采购合同、商务谈判、市场调查及货物、工程和服务采购领域等方面的有关知识，有较高的文化知识，还要具备系统的管理知识和现代科技知识，对日新月异的知识经济、飞速发展的信息技术等应做到心中有数。同时，还应掌握经济知识、财务会计知识、商品知识、计算机及其网络知识、外语知识、世界贸易知识等。

2. 职业道德

1）爱岗敬业

爱岗敬业是从业人员做好任何一项工作的基础，也是采购人员首先应当具备的最基本的职业道德。采购人员只有热爱本职工作，并在本职岗位上尽心尽力、尽职尽责、吃苦耐劳、兢兢业业、认真钻研采购业务，才能干好所从事的采购工作。

2）诚实守信

诚实守信是采购工作人员做好采购工作的根本前提，是做人、做事的基本准则。具体来说，采购从业人员只有具备了言行一致，做老实人、说老实话、办老实事、不弄虚作假、不欺上瞒下，严格遵守和兑现自己做出的承诺，才能在具体的采购工作中严格履行自己的权利和义务，也才能自觉地避免各种欺诈、串通、隐瞒等不法行为的滋生，切实保障各有关方面的正当权益。

3）廉洁自律

采购从业人员清正廉洁，自觉构筑思想防线，是遏止和抵制各种违法乱纪行为的重要前提。采购从业人员一旦跨越了廉洁自律的思想防线，势必经受不住来自于各个方面的腐蚀和侵扰，从而做出收受贿赂、贪污、挪用、假公济私等不良之举。因此，必须要求采购人员自我约束、自我规范、自我控制，努力提高自己的思想觉悟，树立高尚道德情操，自觉增强抵制不正之风的能力。

4）客观公正

客观公正，要求采购人员必须要公平正直，没有偏袒。工作中既不得掺杂个人的主观意愿，也不被他人的意见所左右。表现在实际工作中，要求采购人员严格按照规定的条件和程序实施操作，对所有的供应商都一视同仁，不得有任何歧视性的条件和行为。在具体的评标活动中，更是要严格按照统一的评标规则和标准确定中标或成交的供应商，不得有任何主观倾向，以切实维护各供应商的切身利益等。

5）坚持原则

坚持原则要求采购人员在其采购活动中，严格依照规定的操作程序和法定依据操作，依法办事，不被自己主观意志或他人施加的影响所转移。采购人员一旦丧失了应有的原则立场，必定会产生各种暗箱操作、徇私舞弊、收受贿赂等不法行为，其结果必定会严重侵犯他人的正当权益，牺牲国家和社会的公共利益。因此，坚持原则是每位采购人员必须具备的基本素质。

6）优质服务

为供应商营造一个宽松、和谐的服务环境，缓解他们的竞争压力，并与供应商建立良好的关系，这是采购工作人员做好采购工作、完成采购任务的基本条件。采购人员对供应商应当一视同仁，做到态度温和、语言文明、尊重事实、谦虚谨慎、团结协作。在实际工作中，必须以理服人，不以貌取人，不以势压人；在矛盾面前，尊重事实，心平气和地解释和沟通。只有这样才能圆满完成采购任务。

2.3.5 提高采购团队素质的途径

1. 采购人员的绩效考核

采购人员绩效管理的最根本的目的是保证企业在一定时期经营目标的实现和员工个人工

作能力的不断提高,取得"双赢"的结果。

1) 质量绩效

质量绩效指供应商的质量水平以及供应商所提供的产品或服务的质量表现,它包括供应商质量体系、物料质量水平等方面,可通过验收记录及生产记录来判断。

2) 数量绩效

数量绩效包括储存费用指标:现有存货利息及保管费用与正常存货水准利息及保管费用之差;呆料、废料处理损失指标:处理呆料、废料的收入与其取得成本的差额。存货积压越多,利息及保管的费用越高,呆料、废料处理的损失越大,显示采购人员的数量绩效越差。

3) 时间绩效

时间绩效主要是考核采购人员处理订单的效率。延迟交货,固然可能形成缺货现象,但是提早交货,也可能导致买方负担不必要的存货成本或提前付款的利息费用。

4) 价格绩效

价格绩效是企业最重视及最常见的衡量标准。通过价格指标可以衡量采购人员的议价能力。

5) 采购效率

采购效率是主要用来衡量采购人员工作效果的指标,具体指标包括:采购金额、采购金额与销货收入的百分比、采购完成率、错误采购次数、订单处理的时间等。企业通常在年末利用这些指标考核采购人员的采购效率。

2. 采购人员的培训

1) 进行员工培训需求分析

对员工培训进行需求分析,是有效实施培训的前提条件。不同层次的员工有不同的培训需求。

2) 确定员工培训内容

(1) 采购专业课程,包括:

① 供应商管理,包括供应商管理流程、供应商考察与审核、合同与协议、供应绩效考核与改进、供应市场调研与分析等内容。通过学习了解供应商管理的基本概念、流程、工具,学会供应商审核、考评及绩效指标衡量的基本方法。

② 原材料的采购,包括所需材料的市场与品牌,收集、组织、分析市场信息,问价与谈判,供应风险分析等内容。

③ 采购与环境,包括环境管理体系、相关环保法规与标准、环保管理体系与采购和供应商的关系等内容。通过学习了解环保的基本要求、环保管理体系、环保管理体系与采购和供应商的关系等。

(2) 与采购相关的个人素质和技能,包括:

① 沟通协调能力。具备超强的沟通能力,是现代社会中个人取得成功的关键,对于采购人员来说更是如此。沟通,永远都是一门学问。只有掌握了这门学问,才能更有效地与企业的相关部门、供应商进行沟通,提升工作效率和业绩。

② 解决问题能力。培训采购人员要善于独立思考,不断地提出问题、解决问题,要善于总结和研究自己的思维方法,善于去伪存真,抓住问题的本质。

思考题

1. 如何组建一个精干高效的采购组织?
2. 采购组织的功能有哪些?
3. 采购组织的基本类型有哪些?它们有哪些优点和缺点?
4. 如何进行采购组织团队建设?

第 3 章

需求与供应规划

本章重点

本章主要介绍采购市场调查和采购市场预测的相关基本知识，以及企业在当今竞争激烈的市场环境中如何通过对各种因素的分析，做出采购决策，并且选择、制定合适的采购战略。本章重点内容包括采购市场调查和预测的相关技术以及步骤，做出采购决策以及制定采购战略的依据，从而学会对企业的需求与供应进行规划。

3.1 采购市场调查

3.1.1 采购市场调查概述

1. 采购市场调查的定义

市场调查是社会调查的一个方面，它是以市场及与市场相联系的一切方面为对象，了解其历史、现状及影响其发展变化的各个因素的活动。市场调查有两层含义：一是指以市场为对象的调查研究活动或调查工作过程，它是一种经济调查；二是指研究和阐述市场调查理论和方法的一门科学，它是市场调查实践经验的科学总结，是了解市场、认识市场的有效方法和手段。通常所说的市场调查指前一种含义。

采购市场调查，是指企业以采购市场为对象，运用科学的方法，有系统有目的地搜集采购市场信息，记录、整理、分析采购市场情况，了解采购市场的现状及其发展趋势，为采购市场预测提供客观的、正确的资料。

2. 采购市场调查的作用

采购市场调查是企业及管理部门科学预测和正确决策的前提和基础，在企业经营管理中具有十分重要的作用。

（1）采购市场调查是企业进行经营决策的基础。现代企业经营的重心在决策，而信息是企业经营决策的前提。只有通过市场调查，准确、及时地收集市场信息，并进行科学的加工处理，才能做出正确的决策，减少经营失误，把风险降低到最小限度。

（2）采购市场调查是调整和矫正采购计划的重要依据。通过市场调查可以了解采购市场情况，检查企业采购计划是否正确，在哪些方面还存在不足甚至失误；可以认识客观环境是否发生变化，出现了哪些新问题和新情况，为企业提供修改和矫正计划的依据。

(3) 采购市场调查是改善企业经营管理的重要工具。在市场经济条件下，企业经营的好坏和经济效益的高低是通过市场来检验的。采购市场调查是企业经营管理活动的出发点，也是了解和认识市场的一种有效方法。通过采购市场调查，取得企业经营活动所需的第一手资料，就可以制定正确的采购策略，取得较好的采购效益。

3. 采购市场调查的方法

采购市场调查的方法，是指市场调查人员在实施调查过程中搜集各种信息资料所采用的具体方法。合理地选择采购市场调查方法，是采购市场调查中的重要环节，调查方法选择是否合适，对调查结果有一定的影响。采购市场调查的具体方法有询问法、观察法、实验法三大类。

1) 询问法

询问法是指调查者用被调查者愿意接受的方式向其提出问题，得到回答，获得所需要的资料。询问法又分为以下三种方法：

(1) 问卷调查法。问卷调查法的基本做法是根据调查目的，在制定好调查提纲的基础上，制定出简明易填写的调查问卷，并将设计好的问卷交给或邮寄给被调查者，请其自行填答后交回或寄回。

(2) 面谈调查法。面谈调查法的基本做法是走出去或请进来，由调查人员直接与调查对象见面，当面询问或举行座谈会，互相启发，从而了解历史和现状，搜集信息，取得数据。

(3) 电话调查法。电话调查法的基本做法是调查人员根据抽样规定或样本范围，用电话询问对方的意见，由调查人员自己来完成问卷的方法。

2) 观察法

观察法是调查人员在现场对调查对象进行直接观察记录，取得第一手资料的一种调查方法。这种调查方式的基本做法是：调查人员直接到市场，对被调查的现实情况和数量进行观察与记录，并辅之以照相、录像、录音等手段，往往被调查者并没有感觉到正在被调查。

3) 实验法

实验法是把调查对象置于一定的条件下，通过实验了解其发展趋势的一种调查方法。它用于在给定的实验条件下，在一定范围内观察经济现象中自变量与因变量之间的变动关系，并做出相应的分析判断，为企业预测和决策提供依据。

3.1.2 采购市场调查程序

采购市场调查既是一项经济工作，又是一项科学实验，具有很强的科学性。为了保证市场调查的准确性，必须遵循一定的科学程序。采购市场调查一般可分为三个阶段共七个步骤来进行，其基本程序如图 3-1 所示。

1) 确定采购市场调查目标

调查之前，要先确定调查的目的、范围和要求，如调查什么问题、解决什么问题、以谁作为调查对象等。只有调查目标明确，才能有的放矢。

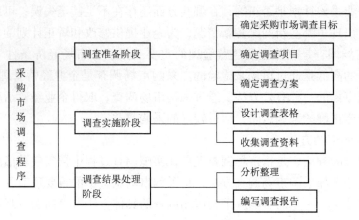

图 3-1 采购市场调查程序

2）确定调查项目

在认真研究调查目标的价值、资料获得难易程度和所需费用多少的基础上，经过对比分析后，确定具体的调查项目。

3）确定调查方案

根据调查项目的要求，确定具体的调查方案。确定调查方案包括调查方法、调查对象、调查地点、调查时间、调查次数：

（1）调查方法：采用什么方法进行调查；

（2）调查对象：由谁提供资料；

（3）调查地点：在什么地方进行调查；

（4）调查时间：什么时候调查最合适；

（5）调查次数：一次调查还是多次调查。

4）设计调查表格

调查表格或问卷设计的好坏，直接关系到调查内容的质量。为此，在调查过程中，为了有针对性地收集有关数据或文字资料，事先必须根据调查主题的要求，确定有关指标，设计各种不同的统计表格和问卷。调查表格和问卷的设计，必须问题具体、重点突出，使被调查者乐于合作，能准确地记录和反映被调查者回答的事项，而且便于统计资料的整理。

5）收集调查资料

调查资料的收集是市场调查工作的重点。在一般情况下，企业采购市场调查收集的资料通常分为两种：一种是第一手资料，又称为原始资料；另一种是第二手资料，也叫间接资料，它是其他机关或个人搜集而且经过加工整理的现成资料，如政府公报、有关单位的海报等。

6）分析整理

通过市场调查所得的大量信息资料，往往是零星分散的，某些资料甚至是片面不真实的，不能系统而集中地说明问题。这就需要系统地加以整理分析，严格筛选，去粗取精，去伪存真，以保证资料系统完整和真实可靠。对资料的分析整理主要包括以下内容：

（1）检查、核实与核对；

（2）分类编号；

（3）统计计算；

（4）分析并得出结论。

7）编写调查报告

在综合分析的基础上，做出结论，提出建议，写成调查报告供决策者参考。采购市场调查报告的内容包括：

（1）引言，包括标题和前言；

（2）报告主体，包括调查目的、详细的解释方法、调查结果的描述分析、调查结论与结论摘要、意见与建议等；

（3）附件，包括样本的分配、图表及附录。

3.1.3 采购市场调查技术

1. 调查表设计技术

1）调查表的构成

一张完善的调查表通常由以下四部分组成：

（1）被调查者的基本情况，包括被调查者的姓名、性别、年龄、职业、工作单位等，列入这些项目是为了便于对调查资料进行分类和具体分析。

（2）调查内容。它是调查表中最主要的组成部分，是指所需调查内容的具体项目，如采购什么、采购多少、什么时间采购等。

（3）调查表填写说明，包括填表目的要求，调查项目的含义，调查时间及注意事项等的说明，目的在于取得被调查者的合作，明确填表的要求和方法。

（4）调查表编号。有些调查表还应加以编号，以便分类归档，或由计算机处理。

2）调查表的设计步骤

设计调查表，一般可采用以下步骤：

（1）根据调查目的要求，拟定调查提纲。调查提纲是调查人员事先准备好的，要向被调查者提出的问题。这些问题的类型一般有是非题、选择题、问卷题、顺位题和评定题五种。

（2）根据调查提纲的要求，确定调查表的形式，开列调查项目清单，编写提出的命题。

（3）按照调查表各个构成部分的要求，设计调查表格。

（4）将初步设计的调查表进行实验性调查，然后做必要的修改，以确定最终的调查表。

3）设计调查表应注意的五个问题

（1）确定调查的问题与项目，要把调查需要和是否可能结合起来考虑。

（2）调查提纲的拟定要根据调查内容和调查对象的不同特点，灵活应用。

（3）调查中使用的命题用语要通俗易懂，简明扼要。

（4）调查表的排列格式要清晰明朗，顺理成章，有助于被调查者回答问题。

（5）在调查表的设计过程中，要反复检查修改，发现问题，及时纠正。

2. 询问调查技术

1）自由回答法

自由回答法是指调查人员根据调查主题提出问题，由被调查者自由回答，不受任何约束来回答的方法。例如："你们单位一般在什么时候采购原料？"这种询问法，气氛活跃回答自由，有利于被调查者回答和思考问题。

2）二项选择法

二项选择法又称是非法、真伪法，是指所提的问题只允许在两个答案中选择一个的提问方法。例如："你们单位从什么地方采购原料？① 陕西；② 山东。"这种提问，其优点是可以得到明确的答复，而且时间较快，易于统计；缺点是不能表示意见的深度和广度。

3）多项选择法

多项选择法是指调查人员事先对所提出的问题，拟定若干个答案，供被调查者从中选择一个或数个。例如："你们单位采购物资的方式是：① 随时采购（   ）；② 定时采购（   ）；③ 现货采购（   ）；④ 期货合同采购（   ）。"被调查者可将选择的答案在括号中打√号。这种方法可以避免是非题强制选择的缺点，也便于统计。但被选择的答案不宜过多，否则，被调查者难以选择，也不便于归类整理。

4）顺位法

顺位法是指在多项选择的基础上，由被调查者根据自己的认识程度，对所列答案定出先后顺序。例如："根据你单位采购要求，请排出采购因素考虑的先后顺序：① 价格（   ）；② 距离（   ）；③ 质量（   ）；④ 服务（   ）"。采用这种方法，答案不宜过多，顺位确定要以调查目的而定。

5）评定法

评定法是指要求被调查者表示自己对某个问题的认识程度。例如："你认为本单位采购的物资质量怎样？① 优（   ）；② 良（   ）；③ 一般（   ）。请根据你单位的看法在（   ）打√号。"利用这种方法拟定问题时，要注意无关的问题不要列入，所拟问题要在被调查者能够答复的范围内，还要注意询问时的措辞和语气。

3. 抽样调查技术

所谓抽样调查，就是根据一定的原则，从调查对象的总体中抽出一部分样本进行调查，从而推断总体情况的方法。采用抽样调查，必须解决三个问题：一是合理确定抽样方法；二是合理确定样本的大小；三是判断抽样调查的误差。抽样调查可分为随机抽样和非随机抽样两大类。

1）随机抽样

随机抽样是指在总体中按随机原则抽取一定数量的样本进行观察，用所得的样本数据推断总体情况。随机抽样常用的方法有以下三种：

（1）简单随机抽样。简单随机抽样也称纯随机抽样，就是在总体单位中不进行分组、排队，排除任何有目的的选择，完全按随机原则抽样选取调查单位。在采购市场调查中，通常采用抽签法或随机数字表法抽选调查单位。前者是将总体中的每一个体逐一编排号码，然后随机抽取，直到抽足预先规定的样本数目为止；后者是利用预先编号的随机数字表来抽选样本单位。随机数字表是含有一系列组别数字的表格，它是利用特别的摇码机器，在 0～9 的数字中，按照每组数字位数的要求，自动地随机摇出一定数目的号码编成，以备查用。

（2）分类随机抽样。分类随机抽样也称分层随机抽样，就是将总体中所有单位按主要特征进行分类，然后在各类中再用随机抽样方法抽取样本单位。

（3）分群随机抽样。分群随机抽样是将总体先分为若干群体，再从各群体中随机抽取样本，其抽取的样本不是一个而是一群，所以称为分群随机抽样。

2）非随机抽样

非随机抽样是指不按随机原则，而是按照调查者主观设立的某个标准，抽选样本单位。非随机抽样常用的方法有以下三种：

（1）任意抽样。任意抽样是根据调查者方便与否，随机抽选调查单位的一种抽样方法。这种方法简便易行，调查费用也少；但抽取的样本偏差大，结果不够准确，因此，在正式调查中很少使用。

（2）判断抽样。判断抽样是根据调查者的主观判断选定调查单位的一种抽样方法。判断抽样有两种做法：一种是由专家判断决定所选样本，一般选取"多数型"或"平均型"的样本为调查单位；另一种是利用统计判断来选取样本，即利用调查对象的全面统计资料，按照一定标准选取样本。这种方法能适应某些特殊需要，调查的回收率较高，但容易出现因主观判断失误而造成的抽样偏差。

（3）配额抽样。配额抽样是在调查总体中按分类控制特性，先确定样本分配数额，然后由调查人员在规定的分配数额范围内，主观判断调查单位的一种抽样方式。配额抽样可分为独立控制和相互控制两种。前者是指只对某种特定的样本数目加以规定，而不规定必须同时具有两种或两种以上特性的样本数额；后者是指各种特性之间有连带关系，每个样本的数目都有所规定，并按特性配额所规定的样本数，制成一个交叉控制表。通过此表，调查人员能够确定如何分配，使抽选的样本满足各种特性配额。

3.2 采购需求预测

3.2.1 需求预测的分类及步骤

1. 需求预测的定义及作用

预测是指对尚未发生的事件或已发生的事件的未来前景所做的推测或判断。所谓采购市场的需求预测，就是指在采购市场调查所取得的各种信息的基础上，根据市场过去和现在的需求状况以及影响采购市场需求变化的各因素之间的关系，经过分析研究，运用科学的方法和手段，对未来一定时期内采购市场的变化趋势和影响因素所做的估计和推断。商业企业根据未来的市场需求，决定购进产品的品种、数量和进货的时间；生产企业同样要依据市场预测决定未来生产的品种、数量和时间，并据此制定未来的采购计划。

（1）采购市场需求预测是企业采购决策的前提。决策是企业采购活动的核心，没有对未来发展趋势的预测，决策只能是盲目的，只有在科学预测的基础上做出的决策，才能靠得住、行得通。

（2）采购市场需求预测是企业编制采购计划的依据。企业采购计划是对未来行动的部署，采购市场预测是对企业采购市场未来发展趋势的陈述，有了预测，才能更好地进行计划，部署行动，使计划适应采购市场环境的变化。

（3）采购市场需求预测是企业增强竞争能力和提高经营管理水平的重要手段。

2. 采购需求预测的分类

对不同的市场需求情况进行预测时，预测结果的准确性和可靠性与预测期限有关，因而按照预测期限的长短可以分为以下四类。

1）长期预测

长期预测期限一般为五年或五年以上，主要是根据企业的长远发展战略和市场的需求发展趋势进行预测和分析。长期预测由于预测期较长，不确定的因素较多，因而预测结果和实际情况之间的误差也较大。一般来讲，它只能对预测对象作一个大概的、粗略的描述。例如，经济发展形势的预测、图形准时化方式所带来的后果等。

2）中期预测

中期预测期限一般为一年至三年，主要是围绕企业的经营战略、新产品的研究与开发等方面进行预测。中期预测由于预测期不长，不确定的因素较少，相关数据资料也比较完整，因而预测的结果比较准确，能够避免长期预测所带来的某些局限性。例如，对新产品的市场需求进行预测、企业所需原材料的可得性等。

3）短期预测

短期预测期限一般以月为时间单位，大致为三个月至一年，主要是确定某种产品季度或年度的市场需求量，从而调节企业自身的生产能力。例如，编制生产计划表、组织短期货源等。

4）近期预测

近期预测期限一般以周、旬作为时间单位，主要是对企业内部的各个环节进行预测，确定物料或零部件的需求量，以保持生产过程的连续性和稳定性，近期预测的目标一般比较明确，不确定的因素较少，因而可预见性较强，预测的结果一般也比较准确。例如，预测某段时间内生产某种产品所需的零部件数量、确定生产批量的大小和批次等。

对于企业的决策者来说，究竟采用哪一种类型的预测，应当根据企业经营决策的需要以及预测目标的内容、性质、特点和具体要求而定。

3. 采购需求预测的程序

采购市场需求预测是一个比较复杂的系统分析过程，为了保证预测结果的正确性、可靠性，就必须采取科学的态度，遵循正确的程序。采购市场需求预测的程序如图 3-2 所示。

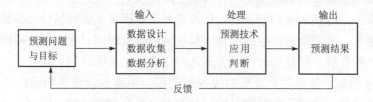

图 3-2　采购市场需求预测程序

1）确定预测目标

由于预测的目标、对象、期限不同，预测所采用的分析方法，收集的资料也就不同。因此，采购市场需求预测首先要明确规定预测的目标，即预测要达到什么要求，解决什么问题，预测的对象是什么，预测的范围、时间等。

2）拟定预测计划

预测计划是预测目标的具体化，即要具体地规定预测的精度要求、工作日程、参加人员及分工等。

3）收集资料分析数据

预测要广泛收集影响预测对象未来发展的企业可控与不可控的一切资料，即内部与外部环境的历史与现状的资料。对资料要加以整理、分析，剔除由于偶然因素造成的不正常情况的资料。

4）选择预测方法，建立预测模型

随着科学技术的飞速发展，预测方法已有一百多种。预测方法不同，适应范围和预测精度也各有不同。因此，应根据预测的目的范围、预测期的长短、精度要求以及数据资料的占有情况，选择不同的预测方法。选择的原则是误差小，时间快，方法简，费用省。

5）估计预测误差

预测误差在所难免。误差大小可用平均绝对误差（MAD）来表示，其计算公式如下：

$$\text{MAD} = \frac{\sum[\text{实际值}(D_i) - \text{预测值}(F_i)]}{\text{期数}(n)}$$

式中：$i=1, 2, 3, \cdots, n$。

为了避免预测误差过大，要对预测值的可信度进行估计，分析各种因素的变化对预测可能产生的影响，并对预测值进行必要的修正。

6）提出预测报告和策略性建议，追踪检查预测结果

通过数学模型计算而得到的预测值，不可能把影响采购市场预测的全部因素考虑进去；即使有些因素已经考虑，但各种因素影响程度的估算也会有偏差；再加之预测人员的素质对预测结果也会有影响。

预测结果仅仅是企业确定市场采购量变化的起点。若发现预测与实际不符，应立即进行修改调整，并分析产生误差的原因，修正预测模型，提高以后的预测精度。

3.2.2 采购需求预测技术

要进行科学的市场需求预测，除了必须明确采购需求预测的有关概念以外，更重要的是必须掌握进行采购需求预测的技术与方法。一般将采购需求预测技术分为定性预测方法和定量预测方法两种。

1. 定性预测方法

定性预测方法是指预测人员通过对所掌握的采购市场情况的数据资料分析，根据自身的实践经验、主观分析以及直觉判断，对有关市场需求指标的变化趋势或未来结果进行预测的方法。定性预测方法主要有以下四种：

1）德尔菲法

德尔菲法（Delphi Method）又称专家意见法，它是由美国兰德公司在20世纪40年代末期提出来的。这种方法主要是利用有关方面专家的专业知识，相对市场变化的敏感洞察力，在对过去发生的事件和历史信息资料进行综合分析的基础上得出预测结论。按照这种方法的程序，须请有关专家以匿名方式对预测项目做出答复，然后把这些答案综合整理，再反馈给这些专家，而后将从专家所得的意见进行整理并再次反馈，如此反复多次，直到得出趋于一致的结论，以代表多数专家的意见。

在使用德尔菲法进行预测时，专家的选择非常重要，所选的专家必须具有代表性，精通预测对象的各个方面，专家人数一般控制在10~50人为宜。

德尔菲法主要靠专家的主观判断，如果专家选得不合适，预测结果就难以保证准确。它经常用于长期的和新产品的销售预测、利润预测以及技术预测等。这种方法的优点是专家们以匿名方式无约束地发表意见，能够避免别人尤其是权威人士意见影响，反映各位专家的真实看法，得出较为可靠的预测。缺点是该方法要经过多次的征询与反馈，程序繁杂，时间较长，不利于及时做出预测。

2）类比法

类比预测法（Analogy Method）又叫比较类推法，分为纵向类推预测方法和横向类推预测方法两种。这种方法一般把预测目标同其他类似事物加以对比分析，推断预测目标未来发展变化趋势，得出预测的结论。

纵向类推预测是一种通过将当前的采购市场需求情况和历史上曾经发生过的类似情况进行比较，来预测市场未来情况的方法。

横向类推预测是指在同一时期内，对某一地区某项产品的市场情况与其他地区市场情况进行比较，然后预测这个地区的未来市场情况。

3）用户调查法

用户调查法是指调查者向采购企业进行直接调查，分析他们采购量的变化趋势，预测某种物资在未来一定时期的采购量。用户调查法可以采用全面调查法、抽样调查法、典型调查法。全面调查法所需要的时间长，费用高，实行起来困难大；而采用抽样调查法或典型调查法，可以根据少数用户或重点用户的情况，推断出全部用户的情况。这样做既省时间，又省费用，而且预测结果也相对比较准确。

4）经验判断法

经验判断法是指依靠熟悉业务的有经验和具备综合分析能力的人员来进行预测的方法。在采购市场的预测中，常用的经验判断法有以下三种：

（1）经理人员评判法。这种方法是指把一些经理人员集中起来，座谈研究市场的前景。由于他们都主管项业务，对市场情况和发展方向比较清楚，经过座谈，相互启发，相互补充，能做出比较切合实际的判断。

（2）采购人员意见综合法。企业召集直接从事市场采购工作的有关人员，对市场进行预测。由于他们对自己负责的区域及联系部门是熟悉的，因此他们的估计是比较可信的，这些直接从事市场工作的有关人员，尽管他们只看到一个局部，但他们所做的短期预测还是比较准确的，然而此法用于中长期预测是有一定困难的。

（3）意见汇总法。这种方法是汇总企业采购所属各个部门的预测意见，然后加以分析判断，确定本企业预测结果的一种方法。

2. 定量预测方法

定量预测方法是建立在对数据资料的大量、准确和系统的占有基础之上，然后应用数学模型和统计方法对有关预测指标的变化趋势和未来结果进行预测的方法。它的优点是科学理论较强，逻辑推理缜密，预测的结果也较有说服力；但预测花费的成本较高，而且需要较高的理论基础，因而应用起来受到的限制较多。定量预测方法一般包括时间序列预测法和回归预测法。

1）时间序列预测法

时间序列预测法（Time Series Method）就是从纷繁复杂的历史数据中，分析探索出预测对象的发展变化规律，作为预测的依据。在分析事物变化的特点时，首先将某变量的数据按时间顺序排列，再根据时间序列中数值变化的基本类型，选取适当的数学模型去描述它们的变化情况，最后利用这个数学模型，根据过去的需求变化规律向未来延伸，进行预测。时间序列预测最基本的方法有算术平均法、移动平均法、加权移动平均法和指数平滑法。

（1）算术平均法。这是一种按时间序列进行预测的方法，其方法是把过去各个时期的实际采购量进行算术平均，以其平均数值作为下一时期的预测采购量。其主要用于企业采购量的预测，用公式表示如下：

$$\overline{X} = \frac{X_1 + X_2 + \cdots + X_n}{N}$$

式中，$\overline{X}$——平均采购量；

N——时期数；

X_1，X_2，…，X_n——以前各时期的采购量。

（2）移动平均法。移动平均法就是从时间序列的第一项数值开始，选取一定的项数求得序列的平均数，这样就可以得到一个时期的预测值。然后逐项移动，边移动边平均。在进行一次新预测时，必须加进一个新数据并剔除一个最早的数据。这样进行下去，就可以得到一个由移动平均数组成的新的时间序列。用公式表示如下：

$$X_i = \frac{X_{i-n} + X_{i-n+1} + \cdots + X_{i-1}}{N}$$

式中，X_i——第 i 期的采购量；

N——选取区间的时期数；

X_{i-n}，X_{i-n+1}，…，X_{i-1}——选取区间的各期采购量。

在简单移动平均法中，将构成移动平均的各期数据都看做具有相同的作用。具体操作是将最近几个时期的数据综合起来，它们的平均数就是下一个时期的预测数。其中预测期数 N 的选择对预测结果的准确性有很大的影响，因而在预测时选取一个适当的预测期数十分重要。一般来讲，移动平均期越长，对随机变动的平滑效果越好，因此预测的结果也就越准确。它的优点是可以将原来数据中的随机因素加以过滤，消除数值的起伏波动，同时在一定程度上也反映了市场需求发展变化的趋势。它的缺点主要是需要大量的历史数据，成本较高。

移动平均法主要适用于如下的情况：数据的变化没有明显的上升或下降的趋势，比较平稳，没有受到明显的季节性变化的影响。

（3）加权移动平均法。它是将预测期相邻若干期的实际值，根据其距离预测期的远近，按照近大远小的原则，分别以实际值乘以在平均值中的权数，以加权平均值作为预期预测值的预测方法。使用时，给予选取区间内所有各期权重数之和等于1。用公式表示如下：

$$X_i = X_{i-n}a_1 + X_{i-n+1}a_2 + \cdots + X_{i-1} \times a_n$$

式中，X_i——第 i 期的采购量；

a_1，a_2，…，a_n——选取区间各时期权重，其中 $a_1+a_2+\cdots+a_n=1$；

X_{i-n}，X_{i-n+1}，…，X_{i-1}——选取区间的各期采购量。

（4）指数平滑法。所谓指数平滑法，是利用过去的数据资料，使用平滑指数来进行预测的一种方法。通过平滑系数的加权平均作用，对反映变量历次变化情况的时间序列进行大致修订，消除随机波动的影响，以便预测变量的未来趋势。对最近期的数据观察值赋予最大的权重，而不是给所有的数据以同等的重要性，因为最近的观察值已经包括了最多的未来的信息。相对移动平均法而言，指数平滑法很大程度上减少了对历史数据存储量的需求。应用指数平滑法进行预测时，基本公式表示如下：

$$X_i = \alpha \times D_{i-1} + (1 - \alpha) \times F_{i-1}$$

式中，X_i——第 i 期的采购量；
　　　α——平滑常数，$0 \leq \alpha < 1$；
　　　i——预测时期；
　　　D_{i-1}——第 $i-1$ 期的实际量；
　　　F_{i-1}——第 $i-1$ 期的预测量。

当时期 i 结束时，就可以知道这个时期内实际的发生量（D_i），而且在计算时期 i 刚开始时曾经计算出一个预测量（F_i），这样就可以计算出下一个时期的预测量。

指数平滑法主要适用于下列情况：除了随机性的上升或下降外，数据的变化一般比较平稳；数据的变化没有明显的上升或下降的趋势；没有受到明显的季节性变化的影响。

2）回归预测法

回归预测法建立在事物变化的因果关系基础上，研究两个以上变量之间的关系，所以又叫因果分析法。如果预测基于一个单一因素，只涉及两个变量，叫做一元回归分析；如果使用一个以上的因素，就称为多元回归分析。

回归预测法的步骤如下：

（1）通过对历史资料和现实调查资料的分析，找出变量之间的因果关系，确定预测目标以及因变量和自变量。因变量即预测的内容，自变量就是引起预测目标变化的各种影响因素。

（2）根据变量之间的因果关系模型，选择数学模型，并建立预测模型。

（3）对预测模型进行检验，测定误差，确定预测值。

一元回归分析法是处理两个变量之间线性相关关系的一种方法，它描述一个自变量 X 与另一个因变量 Y 之间的相关关系。一元回归分析法的公式为：

$$Y_i = a + bX$$

式中，Y_i——因变量，即在时间段 i 的预测值；
　　　X——自变量，即引起因变量 Y_i 变化的某种影响因素；
　　　a，b——回归系数。

回归预测法是一种十分有用的预测方法，能够有效地考虑外部因素和事件，因此，回归预测技术更适合于长期预测或总量预测。例如，它常被用来做出年度的或全国的销售预测。其主要的不足在于：想要做出可靠的预测，就需要大量的数据资料。

3.3　外包决策分析

在越来越多的现代企业由"纵向一体化"向"横向一体化"转变的过程中，企业由自制转向外包。但是，资源外包在给企业带来利益的同时，也使企业面临许多风险。因此，企业在实施资源外包之前，必须进行决策分析。

3.3.1　资源外包的动因分析

"资源外包"（Outsourcing）一词是哈默和普拉哈拉德在《企业的核心竞争能力》一书

中首先使用的。从战略角度,将外包归结于增强核心竞争能力,利用外部资源来完成传统上本来一贯由内部人员和资源完成的业务的一种战略安排。组织将次要的非核心的一些功能转移给在某一方面更专业更有效的服务提供者,它与简单的分包不同,它以核心竞争能力为中心,重新构建了企业的结构和外部关系。下面从一个组织的外部环境和内部经营两个方面来分析其寻求外包的原因。

从公司的外部环境来看,企业外包主要有以下三方面原因:首先,日益加剧的市场竞争迫使公司不断地寻求新的发展战略,以缓解由竞争带来的生存危机;其次,社会分工细化,各个经营组织的专业化程度空前提高,为业务外包提供了可能;再次,世界经济的一体化使得跨国公司的规模越来越大,经营的地域跨度也越来越大,在不同的国家合理地利用当地资源提高本公司的运作效率也是许多公司选择外包的一个外部动因。

从公司的内部经营来看,进行外包的具体原因主要包括:

(1) 可以获得更好的管理。当公司发现内部某一职能部门的管理水平低下,将其外包不失为一个有效的办法。但是,应该注意,公司应对管理水平低下的原因做出考察,公司只有在自己努力的范围内难以获得良好管理的情况下才能考虑外包。外包不能成为逃避管理责任的一种借口。

(2) 可以获得更好的技术。公司内部某职能部门的技术缺乏,并将会影响到该部门的发展时,可以选择外包,比如工程技术和计算机服务就时常被外包,由专门的技术服务供应商来提供。

(3) 避免不必要的投资。如果公司某项职能的效率低下是由于缺乏投资造成的,而此项投资的数目较大,公司又不想为此投入大量的资金,则可考虑外包,比如公司可将其比较落后的运输队伍卖给供应商,由供应商来提供运输服务。

(4) 控制超负荷运营状况。有些公司内部的某项职能在一年中总会出现几次超负荷运转的情况,过量的工作使得公司的经营效率下降,为了应付暂时的过量现象,公司投入大批的人力和物力显然是不经济的,此时可以将超量部分的工作外包出去,这样可以获得较为满意的成本效应。比如处理销售旺季的客户服务业务,外包就是一个很好的选择。

(5) 提高公司经营的灵活性。当一种职能的成本与其工作量的大小成正比时,将其外包可以节省固定成本(设备、固定的人员、维修等),企业只需要按实际工作量向供应商支付费用,这样就把固定成本变成了变动成本。

(6) 改善公司的财务比率,并增加现金流入。外包经常会涉及公司的资产向供应商那里转移,供应商购买这些资产后,由公司租用,这样会给公司带来可观的现金流入。同时,对于公司的经营业绩非常重要的某些比率,通过外包可以得到改善。比如外包时将公司的一部分资产出售给供应商,这种做法对于维修、制造、客户服务等部门资产占用过大的公司而言,可以有效地提高其资产收益率。另外,外包可能会涉及较大规模的裁员(比如,外包生产部门和销售部门),这样就有助于提高公司的人均收益。

(7) 增强公司的市场信誉。一个小的公司可以利用与著名的供应商合作来提高自身的知名度,告诉潜在的客户可以完全放心公司产品或服务的质量,可以对公司完全信任。这对于某些公司来说其实是一种市场策略,相当于在为自己做免费的广告。当然这就要求公司所找的供应商必须是在该领域非常著名的,这样才可能利用其无形的声誉。

(8) 降低成本。公司面面俱到、事必躬亲必然会带来较高的成本,而由供应商来做这些工作，可以发挥其规模经济效应，使双方成本均有所下降。

（9）改善经营业绩。公司发现某部门经营效率低下，成本膨胀，可以对该部门进行改革，外包可以作为改革的一个选择方案，同时也允许内部人员对该部门未来的经营做出承诺。通常在这种状况下，管理层进行改革重组的决心会极大地震动公司内部，如果内部人员的承诺是有竞争力的，则该部门可以保留，否则，就将其外包。这时外包成为一种激励内部能量的措施。

以上分别从组织的外部环境和内部经营策略两方面分析了一个组织决定业务外包的主要动因，但具体到每个组织还会有一些更具体的原因，比如在公司的人事竞争中一些经理为了打败自己的竞争对手可能会提出将某部门外包，或者公司决策层与供应商之间的某种默契也会导致某部门的外包。当然，这些动因并不具有普遍性。

总之，通过外包可以使企业重新进行市场定位，专注于企业自身核心能力的培养，并降低运作成本，获取并借鉴工艺技术与诀窍，缩短产品开发和生产周期，提高经营效率，增强市场应变能力。

3.3.2 资源外包的决策依据

"制造还是外包"的决策对企业的经济状况，甚至企业的生存都至关重要。对"制造还是外包"进行的每一次分析都要对许多因素加以考虑，决策必须建立在许多经营因素的综合效果上，所有相关因素都倾向于同一决策结果的情况很少发生。决策前的分析应包括以下因素，见表3-1。

表3-1 资源外包决策应考虑的主要因素

战略	企业是追求自给自足，还是利用外部资源
成本	外包对固定成本投资的影响
	外包对可变成本的影响
	外包对企业长期生产带来的影响
质量	企业对产品质量的需求与市场所提供产品质量的比较
数量	企业的需求量是否引起供应商的兴趣
专业知识	企业与供应商在专业知识、技能和生产方法等方面的比较
设计或生产流程的秘密性	企业是否对设计或生产流程等商业机密进行充分的保护
劳动力	企业员工是否掌握产品生产的劳动技能
	企业能否对员工进行有效的管理
生产能力	企业有无足够的生产能力
闲置资源	企业是否存在可利用的闲置资源

1）战略

"自制还是外包"，这是企业在决策时面临的最基本问题。大公司也不可能完全实现自给自足。企业越追求自给自足，规模越大，管理任务也越复杂，越多元化。在这种情况下，管理层完全有可能由于管理对象过于庞杂分散而无法有效管理。因此，现代企业趋向于弱化那些不属于自己核心能力的功能，将它们实行资源外包，并与供应商建立合作伙伴关系，其目的是要保证商业利益的最大化，以团队合作优于竞争为原则。

2）成本

在对"自制还是外包"决策的成本因素进行彻底分析时，要将固定成本和可变成本分开。所有的相关成本，不论是直接或间接的、近期或预期的变动，都要计人这两类成本中。对成本进行客观的估测时，还要考虑到外包对长期生产带来的改良效果。

3）质量

管理人员必须考虑自己生产的产品与购买的产品在质量上是否有重大差别，以及某种质量的产品是否容易买到。还有一种可能是产品所需的质量低于市面上普通的质量水平，这时企业就应该自己生产了。

4）数量

决定自己制造的最常见的一个原因是，需求量太小，供应商不感兴趣。对独特的非标准化产品，如果需求量小，很难找到合适的供应商，企业也许会觉得自己是迫不得已才自行制造的，但是规划设计、准备工具、安装调试和购买原材料的成本会很高。而加大购买量或寻找合适的替代品可能在成本上会划算得多。

5）专业知识

专业供应商会在某一方面具备专业知识、技能和生产方法，同时在开发与研制新产品上投入巨资。而企业培养这种专门技能不仅成本上极不合算，而且费时太久。

6）设计或生产流程的保密性

有时企业决定自行生产某部件是因为可以得到额外的工业保护，特别当该部件是关键部分。但是，产品一旦出售，企业对设计侵权的防范就力不从心了。所以还是以选择外包为上策。倘若企业能经常开发出专利生产流程，则可决定自行生产而不是外包。

7）劳动力

不论生产何种新产品，可能都需要企业员工掌握新的劳动技能。而招聘、培训员工需要一定的时间和成本。但这个问题可通过外包轻而易举地转嫁给供应商。

8）生产能力

如果生产产品所需的投资巨大，小企业除外包外往往别无选择。成熟一些的企业通常会比新公司更愿意尝试将目前需要购买的部件归入到生产一体化中去。新企业一般总是致力于提高产出，很少有剩余资本和生产能力去生产零部件。成熟企业的情况则恰恰相反：他们拥有剩余的物力、财力和人力，因此，通过生产目前需购买的部件增加利润的能力也更强。

9）对闲置资源的利用

行业不景气时，企业就面临着设备、劳动力和管理人员闲置问题。通过生产原先需要购进的部件，可令闲置设备重新运转，留住熟练工人，并将经营成本分摊到更大的产量中去。

3.3.3 外包的风险分析

资源外包在给企业带来竞争优势的同时，也使企业面对许多风险。因此，企业在实施资源外包之前，必须进行外包的风险分析。外包的风险主要包括以下六个方面。

1）培育了未来竞争者，易丧失核心竞争优势

实施外包战略，由于不可避免的自身核心技术或市场知识外泄，企业的竞争优势将会弱化甚至消失。外包形成战略联盟的必要前提是企业拥有竞争对手和合作伙伴无法模仿的竞争优势并且企业能与合作伙伴平起平坐甚至占据绝对优势。因此，当企业的竞争优势完全丧失后，联盟也将可能会解体，这时只能受别人支配，失去话语权。企业极有可能在竞争中处于十分不利的位置。

2）可能被外包商收购或兼并

由于核心技术或市场知识外泄，也有可能使合作伙伴获得了企业的核心资源，造成养虎为患的结局；导致企业可能被外包商兼并，甚至被外包商抛弃后失去生存能力而破产。

3）盟友间不可避免的矛盾

如果外包战略联盟组织存在数个"同床异梦"的成员企业，那么他们有可能在资源外包的联盟中将技术创新和管理创新的发展方向向有利于自身的方向引导，致使联盟的发展与预期的目标相差甚远，从而使企业蒙受损失。

4）文化差异可能导致合作失败

当两个或两个以上具有不同文化背景的企业进行合作时，便会产生一定程度的文化交汇。如果彼此之间文化差异较大，便容易在日常沟通过程中产生文化摩擦现象。这种文化摩擦常常表现为企业组织和员工行为相互之间的冲突。而且当这种文化冲突无法协调时，将导致企业蒙受损失。

5）协调合作关系的成本过高

企业实施外包战略，存在着管理伙伴关系所花费的协调成本过高的问题，包括协商过程中所花费的人力、物力等有形成本以及妥协成本等无形成本。

6）知识产权纠纷问题

实施外包战略，特别是技术开发外包，由外包者所开发技术的专利、版权的归属问题是由双方协议达成而非法律规定，这就给错误和陷阱留下了很大的空间。一般地讲，花了钱的公司希望保留对知识产权的控制。因此对于谁保留什么的问题，要非常谨慎。否则，很容易产生法律纠纷。

3.4 采购战略的制定

3.4.1 采购战略概述

1. 采购战略的含义

战略本来是一个军事术语，其原意是指为实现战争目的而对军事力量进行的全局性部署和指挥。这一概念之所以被众多的企业管理人员所接受，说明了战争与竞争这两种人类社会的对抗行为有许多相似之处。

战略是为实现长期具体的目标而制定的一种行动计划。战略的重点应放在成功所需的关键因素和为确保未来而应现在采取的行动上。20世纪90年代以来，降低成本，不断实现增值，提高企业在全球的竞争力成为企业经营的重点。现在，企业的最高管理部门已经认识到把长远采购工作纳入到公司整体长远战略中去的必要性。越来越多的公司从战略高度来考虑

采购和供应职能，因此，有越来越多的采购部门参与到企业战略决策中来。

2. 采购战略的分类

企业一般采用的采购战略可分为以下五个大类：

1）保证供应战略

制定该战略的目的是保证将来的供应需求，至少是在质量和数量上能得以满足。

2）降低成本战略

制定该战略的目的是减少采购成本，或减少采购和使用的总成本——生命周期成本。随着环境和技术的变化，通过改变物料、货源、采购方法和与供应商的关系来降低企业总的运营成本是可行的。

3）供应支持战略

制定该战略的目的是使采购企业能最大可能地了解供应商的生产能力及其他情况。例如，在买卖双方之间可能需要有较好的信息交流系统，及时沟通情况的变化，保证供应商的库存和生产目标与采购企业的需求相一致。采购企业还需要与供应商建立较好的关系，从而促进相互间的信息交流，确保质量及设计水平的进一步提高。

4）环境变化战略

制定该战略的目的是把握整个环境（经济、社会、技术、组织、人力、法律及法规等）的转变，从而使其成为该采购企业的长期优势。

5）竞争优势战略

制定该战略的目的在于利用市场机会和自身实力使企业获得明显的竞争优势。

3.4.2 采购战略制定的依据

在制定采购战略之前，必须先进行采购市场研究和采购组织内部分析。

1. 采购市场研究

采购市场研究是指系统地收集、分类以及分析所有影响公司获取货物和服务的相关因素的数据，旨在满足现在和未来公司的需求，使其能够为获得最优回报做出贡献。主要包括三部分内容：

1）原料、货物和服务

了解市场供求状况，目标是实现节约或降低与采购相关的成本，同时旨在减少公司寻找替代供应来源的风险。

2）供应商

与供应商有关的研究涉及与供应商之间的长期关系。在这里要提出的问题是"供应商是否能够继续满足未来市场需求与技术的要求"。

3）系统的程序

优秀的采购信息系统对所有采购方都至关重要，因而应持续努力改善信息的供应。信息和通信技术的发展为此提供了极大的可能，但须在采购方需求的基础上加以引导。与此相关，采购研究还应注重采购方和供应商之间关系的管理程序的简化。

2. 采购组织内部分析

采购组织内部分析包括以下四个方面：

1）产品（或服务）采购金额占企业经营总成本或总收入的百分比

图 3-3 采购产品组合

2) 采购对达成企业目标的机会或威胁

将以上两个因素进行组合,可以创造一个二维的四象限矩阵,用于展示产品类别,如图 3-3 所示。不同类别的产品,应采用不同的采购战略。

(1) 常规项目采购。如果采购的货物采购支出水平低,标准化程度高,采购风险低,具有多个供应商且服务较容易获得,这种物品的采购就是常规项目的采购。例如,办公用品、标准化轴承等物品的采购。常规项目采购的管理重点是减少管理精力并降低成本。

(2) 瓶颈项目采购。如果采购的货物采购支出水平低,企业采购成本少,但是该货物只有少数供应商能够提供,而且是非标准化产品,这种物品的采购就是瓶颈项目的采购。例如机械产品中价值低但是技术含量很高的非标准化螺栓、垫片,或者是具有专利保护的某些物品的采购。瓶颈项目采购的管理重点是降低风险。

(3) 杠杆项目采购。如果采购的货物采购支出水平高,采购成本高,但是该货物有较多的供应商能够提供,是标准化产品,这种物品的采购就是杠杆项目的采购。例如,企业建筑厂房的项目采购,购买汽车等设备的采购。杠杆项目采购的管理重点是降低成本。

(4) 关键项目采购。如果采购的货物采购支出水平高,采购成本高,并且能够提供该货物的供应商数量很少,是非标准化产品,这种物品的采购就是关键项目的采购。例如,计算机中 CPU 的采购,构成企业产品核心零部件的采购。关键项目采购的管理重点是在降低风险的同时,降低成本。

3) 所采购产品或服务的性质

所采购产品或服务的性质对采购战略的制定产生重要的影响。例如,产品或服务的技术性、复杂性、稀缺性会影响组织是否采购以及是否自己采购的决定;产品(服务)价格的波动性会影响采购时间及采购数量;采购物品的自然属性,如可储存性也会影响采购时间和数量;此外,有些特殊的产品或服务还需要通过特殊的方式进行采购,如大型基础设施、公用事业等关系到社会公共利益、公众安全的项目,全部或部分使用国有资金投资或者国家融资的项目,使用国际组织或国外政府贷款、援助资金的项目必须通过招标方式采购。

4) 胜任采购工作所应具备的条件

这些条件包括采购所需的设备、技术、人员、资格等。当采购组织不具备这些条件时,往往不能有效采购甚至不能采购。例如,建设单位不具备自行招标采购的资格时,须委托具有相应资质的招标代理机构办理招标事宜。随着采购的国际化和计算机化,对采购组织的硬件和软件设施都提出了更高的要求。例如,在一个完整的计算机采购系统中应包括采购资料库、管理系统、采购作业系统、决策支援系统及 MRP 系统等。

3.4.3 采购战略的内容

综合采购战略由多个分战略组成,每一分战略都是为实现某一特定目的,利用所有可得到的信息而制定的。综合采购战略主要包括选择供应商策略、货物品质策略、采购价格策略、采购时间策略、采购数量策略。

1. 选择供应商策略

供应商是企业的战略资源。一个好的供应商除了拥有足够的生产能力外,还必须对采购企业做好全面优质的供货工作。供应商的选择、评价、合作是企业采购战略的重要内容。有关供应商的管理,我们将在第 10 章中学习。

不同类别的产品,应选择不同类型的供应商。对于图 3-3 中不同的产品组合,可以根据供应商与企业采购业务关系的重要程度对供应商进行如下分类,见图 3-4。

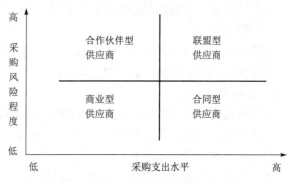

图 3-4 供应商类型

1) 商业型供应商

对于价值低、标准化程度高的常规项目采购,企业可以很方便地选择和更换供应商,这些供应商被称为"商业型供应商"。

2) 合作伙伴型供应商

对于价值低、非标准化的、只有少数供应商能够提供的瓶颈项目采购,成本不是企业首要考虑的因素。为了降低风险,企业要考虑与供应商建立长期稳定的合作伙伴关系,在长期合作中实现双赢。这些供应商被称为"合作伙伴型供应商"。

3) 合同型供应商

对于价值高、标准化程度高的杠杆项目采购,企业虽然可以很方便地选择和更换供应商,但是为了降低采购成本,企业一般与供应商签订较长期限的合同,双方关注在一定合同期限内的较长期合作,这些供应商被称为"合同型供应商"。

4) 联盟型供应商

对于价值高又非标准化的关键项目采购,企业既要关注降低采购风险,又要降低采购成本,企业一般与供应商构成战略联盟,实现强强联合的战略,这些供应商被称为"联盟型供应商"。

2. 货物品质策略

所谓货物品质是指在一定生产标准范围内,满足买方使用需求目的的属性。采购企业在决定采购某种货物时,必须对该种货物的品质有全面的了解,才能获得满意的货物。货物品质的构成要素一般包括:

1) 材料

材料是货物品质优劣的最直接因素,采购商在生产之前就应该根据产品要求选用相应材料,避免因材料差异造成品质高低,导致不必要的需求与采购的矛盾。

2) 功能

功能是货物的最基本要素。一般情况下,企业在采购前,必须认真描述货物功能的表现形式,然后选择相应供应商。

3) 寿命

货物品质的高低与其寿命有一定的联系。一般而言,寿命长短与货物使用频率成反比。

寿命周期的确定应考虑技术创新、品质材料、生产水平、市场消费需求等因素。

4）稳定性

货物品质的稳定性包括内在稳定性和外观稳定性。内在稳定性包括货物所有功能表现情况，外观稳定性包括货物的形状结构、颜色搭配等。采购方往往根据各自需要向供应商提出具体要求。

5）安全性

安全性表现在消费者最终使用产品时安全可靠，同时不对环境造成污染。

6）流行性

货物的流行是消费者需求的直接体现。由于市场快速发展变化，以及科学技术的不断创新，企业往往选择新材料、新工艺、新款式作为采购对象，以满足市场流行性的需求。

3. 采购价格策略

采购价格通常是指货物的成本和采购过程中所耗用的各种费用总和。采购价格直接影响采购企业的经营利润与资金利润。所以，对采购价格的管理具有重要作用。

采购价格的组成包括直接采购成本、采购过程成本、验收成本、运输及搬运成本、货物成本等。企业应该不断降低采购价格。降低采购价格的基本途径有：

（1）积极寻找多家货物供应商；

（2）合理使用采购方式及方法；

（3）对原有货物设计进行重新修正或改进；

（4）寻找原有货物的替代品；

（5）选择合理的运输方式；

（6）加强采购过程标准化管理；

（7）运用现代化计算机网络技术。

4. 采购时间策略

采购时间是指从采购货物到检验入库完毕所花费的时间。一般包括：处理订购单时间、供应商制造货物时间或提供货物时间、运输交货时间、检验入库时间等。

为了适应现代企业多品种、少批量的生产模式，最有效的采购是 JIT 准时采购。JIT 采购知识见第 5 章。

5. 采购数量策略

采购数量过多会增加占用资金和库存成本，采购数量太少又存在缺货风险，降低企业的客户服务水平。关于采购数量确定方面的知识将在第 4 章中学习。

思考题

1. 采购市场调查的方法有哪些？如何进行采购市场调查？
2. 常用的采购市场调查技术有哪几种？
3. 采购市场预测的程序是什么？常用的采购市场预测技术有哪些？
4. 企业制定外包决策时经常考虑的因素有哪些？
5. 采购战略的内容包括哪些？

第4章 订货点采购

本章重点

本章主要介绍适用于独立需求的两种库存管理技术——定量订货法和定期订货法的原理及其应用。本章重点内容包括订货点采购技术的原理及其分类，经济订货批量EOQ的计算及应用，定期订货法的计算及应用。

4.1 订货点采购概述

库存控制要通过采购来实现。订货点采购是独立需求的库存控制系统中最常用的方法，包括定量订货法和定期订货法。本章主要介绍这两种订货点采购方法的相关知识及其应用。

4.1.1 库存概述

1. 库存的含义

所谓库存（Inventory），是指处于某段时间内持有的存货（可看见、可称量和可计算的有形资产）。库存里的物资叫存货，是储存作为今后按预定的目的使用而暂时处于闲置或非生产状态的物料。存货可以为消耗品、原材料、在制品和成品。

消耗品是指组织在正常运营中消耗掉的但不构成成品的库存物品，典型的消耗品，如铅笔、纸张、灯泡、打印机墨盒以及各种设备维修用品。原材料是指参与到生产过程中将转变为成品的投入物。家具制造厂商的典型的原材料是木材、染色剂、胶、螺丝钉、油漆等。在制品是指处于生产过程中已部分完工的制品，有时又称为半成品。成品是指可以直接出售、分配、使用或储存的最终产品。

库存设置的目的有两个：一是为了以原材料的储备来对抗由不确定性因素造成的原材料短缺，保持生产的连续性；二是存储产品，应付不确定性的市场波动，快速满足顾客需求。由于库存不当会严重影响企业的生产运营以及顾客服务，因此如何建立适当的库存标准，既降低库存成本，又不影响正常生产和对客户的服务，成为库存管理的重心。

2. 库存的作用

在现实经济生活中，商品的流通并不是始终处于运动状态，作为储存表现形态的库存是商品流通的暂时停滞，是物流的必要环节，其存在的必要性具体表现在以下四个方面：

1）调节供需矛盾

不同产品（商品）的生产和消费情况是各不相同的。有些产品的生产时间相对集中，而消费则是均衡的；有些产品生产是均衡的，而消费则是不均衡的。比如粮食作物集中在秋季收获，但粮食的消费在一年之中是均衡消费的；清凉饮料和啤酒等产品一年四季都在生产，但其消费在夏季相对比较集中。这表明，供给与需求之间，生产与消费之间，在一定程度上存在着时间上的差别。为了维持正常的生产秩序和消费秩序，尽可能地消除供给与需求之间、生产与消费之间这种时间上的不协调性，可借助库存的调节作用。它能很好地平衡供给与需求关系、生产与消费关系，起到缓冲供需矛盾的作用。

2）调节市场波动

长时期的市场供求关系表现可能比较平衡，但由于原材料数量的变化，或者货物价格的变化，或者市场政策的变化都会导致供求关系由平衡转向不平衡，这就要求企业能够保持适当库存量以避免市场震荡。在某一时期内，如季节、节假日，市场供求关系也可能会失去平衡，这主要是由于市场需求量骤然上升，生产供给能力一时跟不上，因而需要库存数量缓冲或减少市场需求对生产的压力，同样要求企业要有充足的库存货源迅速满足市场需求。

3）实现企业规模经济

一个理想的企业如果要实现大规模生产和经营活动，必须具备采购、生产制造、销售等系统，并使这一系统有效运作，拥有适当的库存是十分必要的。这是因为规模经济能够降低采购成本、运输成本、制造成本，最终降低产品成本，提高企业市场竞争能力并树立企业信誉和品牌。

4）降低缺货物流成本

对于生产企业而言，保持合理的原材料和产成品库存，可以避免因供应商原材料供应不及时发生的缺货物流成本，也可以降低或避免因销售商需求波动而增加的缺货物流成本。

4.1.2　订货点采购技术

1. 独立需求与相关需求

20世纪60年代中期，美国生产与库存管理学会的一批专家发现，在工业企业，特别是机械、电子等生产制造业中，为进行产品生产所需要物料的消耗具有如下特点：

（1）各种物料在消耗使用上彼此之间存在着先后主从的依存关系。后续工序的用料及其用量和用时由前道工序的主项目决定，所以其需求类型具有非独立性质，称为非独立需求，也叫相关需求。与相关需求相对应，企业生产的最终产品（包括外销零部件的需求），主要由外界市场决定，称为独立需求。

（2）在需求相对稳定的环境下，独立需求的原材料、零部件在生产中是每日连续均衡消耗；而相关需求的原材料、零部件等库存项目是按照产品生产进度定期、分阶段、成批投入生产使用。

对于独立需求和相关需求两种不同的需求，要求有不同的库存控制策略和库存控制系统。适用于独立需求的库存控制系统，称为订货点法，它是以经常性地维持一定的库存水平并不断补充为特征的，连续检查和定期检查是这种系统的两种基本控制策略。连续检查是基于物资数量的订货策略,称为定量订货法;而定期检查是基于时间的订货策略,称为定期订货法。

适用于相关需求的库存控制系统有 MRP 和 JIT 系统,有关这两种库存控制系统的相关知识,我们将在随后章节中学习。

2. 订货点采购的原理

库存控制方法的核心是订货,即合理采购,降低订货成本。在现代物流系统中订货方式多种多样,订货点采购是早期在需求相对稳定的环境下,独立需求的物料库存控制技术中最常用的方法。

订货点采购,既是一种采购策略,又是一种库存控制策略,因为库存的控制水平是通过采购的订货策略来实现的。订货点采购的基本思想,就是通过对采购订货时间、数量、操作方法等进行规范化控制,达到控制订货、进货过程,进而来控制库存的基本思想,从而达到对整个库存水平进行控制的目的。

订货点采购的基本内容包括三个方面:

(1) 如何(How)订货,即确定订货的方法;

(2) 什么时候(When)订货,即确定订货点;

(3) 每次订货订多少(How many),即确定订货数量。

3. 订货点采购的分类

订货点采购技术,包括定量订货控制法和定期订货控制法两种。它们各自运行的机制不同,定量订货法是基于物资数量的订货策略,而定期订货是基于时间的订货策略。

1) 定量订货控制法

企业在实际生产或经营过程中往往会出现因订货货物未及时到达而影响企业正常生产经营活动,为了预防不利因素的出现,企业采用先期订货,保证货物被正常使用。在这一思想指导下,定量订货法便应运而生。

所谓定量订货控制法(Fixed Quantity System,FQS),也叫订购点控制法,是指当库存量下降到预定的最低库存数量(即订货点)时,按规定数量进行订货补充的一种库存管理方式。

定量订货控制法的原则是实现库存费用和采购费用总和最低。一般来说,库存量达到订货点时即为采购时机,采购批量为经济订货批量。这个方法是通过"经济订货量"和"订货点"两个量来控制库存量大小的。

定量订货法特点是:订货点不变,订购批量不变,而订货间隔期不定。

一般认为,库存管理 ABC 分类法中 B 类、C 类采用定量订货法控制。

2) 定期订货控制法

企业由于受到生产,或经营目标,或市场因素的影响,往往在先前确定订货时间,这样在一个生产或经营周期内基本确定订货数量,从而形成相对稳定的订货间隔期,定期订货法随之产生。

所谓定期库存控制法(Fixed Interval System,FIS),也叫固定订购周期法,是指按预先确定的订货间隔期间进行订货补充的一种库存管理方式。

定期库存控制法的原则与定量订货控制原则相同,即订货费用和采购费用总量最低。一般这种方法的采购为定期采购,以固定的订货间隔时间和最高库存量为基础,以每次实际盘存的库存量与预定的最高库存量之差为订货量。它是通过订货周期、最高安全库存量和每次订货量来控制库存的。

定期库存控制法的特点是：订货间隔期不变，订购货物量不定。

一般认为，库存管理 ABC 分类法中，A 类商品采用定期订货法控制。

4.2 定量订货法

4.2.1 定量订货法的原理

定量订货法是指当库存货物量下降到某一库存数量（订货点）时，按限定数量（以经济订货批量计算）组织货物补充的一种库存管理制度。

企业认为，库存货物消耗到订货点时，便采取订货并发出订货单，经过到货时间延续，库存货物量又陡然上升，循环往复，促使生产或经营连续不断。该方法的关键在于计算出订购点时的库存量和订购批量。对某种商品来说，当订购点和订购量确定后，就可以利用永续盘点法实现库存的自动控制。

订货点的计算公式如下：

$$订货点 = 日需求率（平均每天耗用量）\times 供货周期$$

上述公式表明，企业每天货物耗用量为均匀或固定不变，并且到货间隔期可预知，那么该公式成立。但是企业经济活动经常会出现一些不可预测性，如每天耗用货物量和到货间隔期出现变化，在这种情况下，往往就要考虑安全库存这一概念。所谓安全库存就是为了预防临时用量增大或到货间隔期延长而多储备库存量。其计算公式如下：

$$安全库存 = (统计每天最大耗用量 - 平均每天正常耗用量) \times 供货周期$$

根据考虑安全库存这一因素，对订货点公式进行修正，其修正后的订货点计算公式如下：

$$订货点 = 日需求率（平均每天耗用量）\times 供货周期 + 安全库存$$

确定了订货点后，就必须考虑订货量，订货量的确定可参照经济订货批量来进行。经济订货批量我们在后面要专门学习。

定量订货控制法事先确定了经济订货批量和订货点，一般适用于常年销售、销售量比较稳定的商品。其优点是：每次订货前的库存盘点，有助于及时了解和掌握库存的现状；每次订货数量比较固定，操作方法简便。

4.2.2 经济订货批量

库存量的大小对企业的库存数量（含在制品库存、成品库存）和水平有很大影响，因此，对企业库存量进行合理的控制是库存控制的重要内容。经济订货批量就是通过平衡采购进货成本和保管仓储成本，确定一个最佳的订货数量来实现最低总库存成本的一种方法。

经济订购批量模型，又称为整批间隔进货模型或 EOQ 模型（Economic Order Quantity），由于储存策略是使用储存总费用最小的经济原则来确定订货批量，故称为经济订货批量。

1. 库存成本的构成

因为经济订货批量与库存成本有关，所以在学习计算经济订货批量之前，要先分析库存成本的构成。

货物储存量的大小是受很多客观因素影响的。常见的因素有购入成本、订货/生产准备成本、储存成本、缺货成本等。因此影响库存的成本主要有四大要素：

1）购入成本（Purchase Cost）

某项物品的购入成本有两种含义：一是单位购入价格，即物品购自外部，应包括购价加上运费；二是单位生产成本，即物品是由内部生产，应包括直接人工费、直接材料费和工厂管理费用。所以，某项物品的购入成本包括单位购入价格或单位生产成本。单位成本始终要以进入库存时的成本来计算。对于外购物品来说，单位成本应包括购价加上运费；对于自制物品来说，单位成本则应包括直接人工费、直接材料费和工厂管理费用等。

2）订购/生产准备成本（Order/Setup Cost）

订购/生产准备成本是指向外部的供应商发出采购订单的成本或指内部的生产准备成本。向外部供应商发出采购订单的成本，包括提出请购单、分析卖主、填写采购订货单、来料验收、跟踪订货以及完成交易所必需的业务等各项费用。生产准备成本是指外购转为自产的情况下，为生产从前订购的物品而调整整个生产流程的成本，通常包括准备工作命令单、安排作业、生产前准备和质量验收等费用。订购/生产准备成本与订货批量无关，只与订购次数有关。

3）储存成本（Holding Cost）

存货储存成本，通常也叫作持有成本，是指商品从入库到出库的整个期间所发生的成本，由多方面组成，主要包括资本成本、税金、保险、搬运、储存、损耗、陈旧和变质等项费用。资本成本反映推动的盈利能力或机会成本，如果资金投入其他方面，就会要求取得投资报偿，因此，资本成本就是计算这种可能获得的报偿的费用。储存成本通常的值域为库存投资额的20%~40%。存货储存成本与订货批量有关。

4）缺货成本（Stockout Cost）

缺货成本，又称亏空成本，是由于外部和内部中断供应所产生的。缺货成本取决于对缺货的反应。外部短缺可导致延期交货、当前利润损失（潜在销售量的损失）、未来利润损失（商誉的损失）。内部短缺导致生产损失（人员和机器的闲置）、完工日期的延误。

库存控制的目的，就是通过合理的库存成本，使库存投资最少，对用户的服务水平最高和保证企业有效率地经营。

2. 理想的经济订货量的计算

理想的经济订货量模型指不考虑缺货、数量折扣以及其他因素影响时的经济订货批量，适用于整批间隔进货，不允许缺货的储存问题。该模型假设如下：

(1) 需求量确定并已知，整个周期内的需求是均衡的；
(2) 供货周期固定并已知；
(3) 集中到货，而不是陆续入库；
(4) 不允许缺货，能满足所有需求；
(5) 购买价格或运输费率等是固定的，并与订购的数量、时间无关；
(6) 没有在途库存；
(7) 仅有一种商品库存，或虽有多种库存，但各不相关；
(8) 资金可用性无限制。

前四条假设密切相关，是确定性条件成立的基本前提。在每一相关时间间隔（每天、每周、每月或每年）的需求是已知的并与时间呈线性关系，库存消耗的速率是固定的；补充库存所需的时间是已知的，即订货周期是固定的。这表明在原有库存用完之前所订商品刚好到达，因此，不需要考虑缺货情况及缺货损失。对于价格固定的假设表明没有价格折扣，而且价格相对稳定；无库存假设意味着商品以买方工厂交货价为基础购买（购买价格包含运费）并以卖方工厂交货价（买方负责运输）出售。这表明企业在购货时直到收到所买商品才拥有所有权，在销货时商品所有权在商品离开工厂或装运点就转移了。做出这些假设，企业就不用负责在途商品，即没有在途存货储存成本。许多企业库存有多种商品，单项物品的假设并没有脱离现实，可以对每一项重要的库存商品单独做决策。但由于没有考虑各种商品之间的相互作用，所以和现实会有一定的差距。资金的可用性在一些情况下是非常重要的，如果对库存的资金有某些限制，可作为批量模型的一个约束条件。

在以上假设前提下，库存成本与订货批量关系，如图4-1所示。

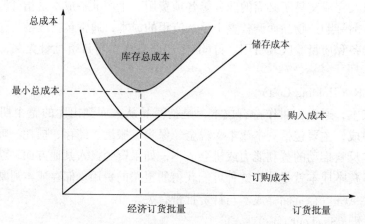

图4-1 库存成本与订货批量的关系图

总之，理想的EOQ模型假设需求率不变，前置时间不变，单价不变，每次订货的订购成本不变，单位储存成本不变，且每批订货瞬间到达，故无须持有存货。其模型见图4-2。

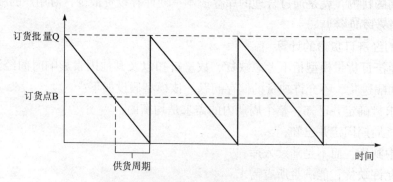

图4-2 理想的经济订货批量模型图

在理想的EOQ模型中，单项物品库存的年总成本由购入成本、订购/生产准备成本、储存成本、缺货成本四部分组成，可用下述公式来表述：

$$年总成本 = 购入成本 + 订购成本 + 储存成本 + 缺货成本$$

因为不允许缺货，则有：

$$年总成本 = 购入成本 + 订购成本 + 储存成本$$

不难计算，年购入成本为单位物品的购入成本与年需求量的乘积，即 RP；年订购成本为每次订货的订购成本与年订货次数的乘积；全年订货次数为年需求量与订货批量的商，即年订购成本为 $C(R/Q)$；年储存成本为每单位物品每年的储存成本与年库存数量的乘积，不难发现年平均库存数量为 $Q/2$，即年储存成本为 $H(Q/2)$，如果 H 用价格的百分比表示，则有 $H=PF$，这时年储存成本为 $PF(Q/2)$。所以，年总成本 TC 为：

$$TC = RP + C(R/Q) + H(Q/2) = RP + C(R/Q) + PF(Q/2)$$

式中，R——年需求量，以单位计；

P——单位物品的购入成本，元/单位；

C——每次订货的订购成本，元/次；

$H=PF$——每单位物品每年的储存成本，元/年；

Q——订货批量，以单位记；

F——以单位成本系数表示的年储存成本；

TC——年库存总成本。

为获得经济批量（EOQ），求年总成本关于批量 Q 的一阶导数，并令其等于零。解得最低成本批量 Q_0 为：

$$Q_0 = \sqrt{\frac{2CR}{H}} = \sqrt{\frac{2CR}{PF}}$$

若供货周期 L 以日表示，则订货点 B 为：

$$B = 日需求率 \times L = R/年工作日 \times L$$

按经济订货批量订货时的最低年库存总成本为：

$$TC_0 = RP + HQ_0 = RP + \sqrt{2CRH}$$

从经济订货批量公式可以看出，EOQ 导致单价高的物品通常按较少的数量订购（用节约的库存投资补偿增加的订购费用）；单价低的物品按较大的数量订货（库存投资较少，并可避免多次重复订购的费用）。

例 4-1 某物品以每件 25 元购入，外购的订购成本为每次 5 元，该物品的年需求量为 2 500 件，储存成本为价格的 10%，订货周期为 3 天，求该物品的订购批量和订货点（全年工作日按 250 日计算）。

解： 经济订货批量：

$$Q_0 = \sqrt{\frac{2CR}{PF}} = \sqrt{\frac{2 \times 5 \times 2\,500}{0.1 \times 25}} = 100(件)$$

订货点：

$$B = R/年工作日 \times L = (2\,500/250) \times 3 = 30(件)$$

3. 有安全库存的经济订货批量的计算

安全库存也叫保险存货，是一种额外持有的库存，它作为预防由于自然界或环境的随机干扰而造成的缺货。用来补偿在补充供应的前置时间内实际需求量超过期望需求量或前置时间超过期望前置时间所产生的需求。安全库存对公司的成本有双重的影响：降低缺货成本却又增加储存成本。

在企业中,预测、估计不太准确或供应商未能按时供货的情况随时可能发生。用户对缺货(供应不足)情况的反应可能导致延迟交货或订单被取消。在延迟交货的情况下,一般公司会采取加急订货来取得物品,或者在下一批订购的物品到达时才供应用户。延迟交货引起加急费、手续费、频繁的附加运输费和包装费的增加,甚至订单被取消。在订单被取消的情况下,会失去用户,货物供应可能由竞争对手取而代之。订单被取消的缺货成本包括销售利润损失和难以估量的商誉损失。因此,当企业面临下列情况,要保持一定的安全库存。

(1) 缺货成本或服务水平要求较高;
(2) 储存成本较低;
(3) 需求量的波动较大;
(4) 前置时间较长;
(5) 前置时间的波动较大。

考虑安全库存情况的经济订货批量模型,见图4-3。

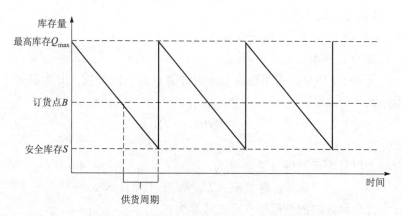

图4-3 有安全库存的经济订货批量模型

有安全库存时的经济订货批量 Q_0 计算公式与理想的经济订货批量相同。但是订货点 B 发生了变化,要在理想经济订货批量的订货点的基础上增加安全库存的数量 S,即:

$$B = 日需求率 \times L + S = R/年工作日 \times L + S$$

式中,S——安全库存。

例4-2 某公司为了降低库存成本,采用了订购点控制某种商品的库存。该商品的年需求量为1 000单位,订购成本为10美元,每年每单位商品的持有成本为0.5美元,试计算该公司每次订购的最佳数量为多少,如果安全库存天数为3天,供货周期为4天,则该公司的订购点为多少(年工作日按360天计算)?

解:经济订货批量:

$$Q_0 = \sqrt{\frac{2CR}{H}} = \sqrt{\frac{2 \times 1\,000 \times 10}{0.5}} = 200 \text{(单位)}$$

订货点:

$$S = 1\,000/360 \times 3 \approx 9 \text{(单位)}$$

$$B = 日需求率 \times L + S = 1\,000/360 \times 4 + 9 \approx 20 \text{(单位)}$$

4. 有价格折扣的经济订货批量的计算

上述 EOQ 模型是建立在许多假设条件基础上的一种简单模型。但实际情况中,并非如此理想,往往存在许多复杂性。企业采购决策中经常遇到的一种情况就是供应商为了吸引客户一次购买更多的货物规定了数量上的价格优惠政策。

在有价格折扣的情况下,各项成本是不连续的,尽管目标函数仍是最小库存总成本,但却无法通过求导得到。通常采用以下步骤确定最佳订货批量。

首先,按不同价格分别计算经济批量,并确定该经济批量是否有效。如果该经济批量大于相应价格起点的经济订货量,则有效;否则无效。无效时,以相应价格起点的最小订货量作为该区间的有效经济订货批量。

其次,计算以每一有效经济批量订货的年库存总成本。

最后,比较以上计算出的各项年库存总成本,选取总成本最小的订货量,即为最佳经济订货批量。

例 4-3 某企业制造某工业产品,每年需采购零件为 10 000 只,每次订购成本为 100 元,购买单件价格为 16 元。为促进销售,一次购买 520 只(包含 520 只)以上,可享受价格折扣 10%,若一次购买 800 只(包含 800 只)以上,享受折扣 20%,其中单位储存成本为价格的 50%,求企业的最佳订购批量。

解: 根据题意,确定价格折扣区间,如表 4-1 所列。

表 4-1 多重折扣点与价格

折扣点	$0<Q<520$	$520 \leqslant Q<800$	$800 \leqslant Q$
折扣价格	16	$16 \times 0.9 = 14.4$	$16 \times 0.8 = 12.8$

(1) 计算各区间的有效经济订货批量

$P=16$, $\quad Q_0 = \sqrt{\dfrac{2CR}{H}} = \sqrt{\dfrac{2 \times 10\ 000 \times 100}{16 \times 50\%}} = 500$(单位)

$Q_0 = 500$,符合 $0<Q<520$,有效

$P=14.4$, $\quad Q_0 = \sqrt{\dfrac{2CR}{H}} = \sqrt{\dfrac{2 \times 10\ 000 \times 100}{14.4 \times 50\%}} = 527$(单位)

$Q_0 = 527$,符合 $520 \leqslant Q<800$,有效

$P=12.8$, $\quad Q_0 = \sqrt{\dfrac{2CR}{H}} = \sqrt{\dfrac{2 \times 10\ 000 \times 100}{12.8 \times 50\%}} = 559$(单位)

$Q_0 = 559$,不符合 $800 \leqslant Q$,无效,取 $Q_0 = 800$

(2) 计算以每一有效经济批量订货的年库存总成本

$P=16$, $\quad TC_0 = RP + \sqrt{2CRH} = 10\ 000 \times 16 + \sqrt{2 \times 10\ 000 \times 100 \times 16 \times 50\%}$
$\quad\quad\quad\quad = 164\ 000$(元)

$P=14.4$, $\quad TC_0 = RP + \sqrt{2CRH} = 10\ 000 \times 14.4 + \sqrt{2 \times 10\ 000 \times 100 \times 14.4 \times 50\%}$
$\quad\quad\quad\quad = 147\ 794.73$(元)

$P=12.8$, $\quad TC_0 = RP + C \times (R/Q) + H \times (Q/2)$
$\quad\quad\quad\quad = 10\ 000 \times 12.8 + 100 \times (10\ 000/800) + (12.8 \times 0.5) \times (800/2)$
$\quad\quad\quad\quad = 131\ 810$(元)

(3) 确定最佳经济订购批量

根据最小库存成本原则，选择最佳订货批量为 800 只。

4.2.3 定量订货法的适用范围

1. 定量订货法的优点和缺点

定量订货法具有以下优点：

（1）管理简便，订购时间和订购量不受人为判断的影响，保证库存管理的准确性；

（2）由于订购量一定，便于安排库内的作业活动，节约理货费用；

（3）便于按经济订购批量订购，节约库存总成本，提高经济效益。

定量订货法具有以下缺点：

（1）要随时掌握库存动态，严格控制订货点库存，占用了一定的人力和物力；

（2）订货时间不能预先确定，对于人员、资金、工作业务的计划安排不利；

（3）受单一品种订货的限制，对于实行多品种联合订货采用此方法时还需灵活掌握处理。

2. 定量订货法的适用范围

定量订货法适用于以下各种物品的采购：

（1）单价比较便宜，而且不便于少量订购的物品，如螺栓、螺母等在库存管理 ABC 分类法中属于 C 类的物资；

（2）需求预测比较困难的物品；

（3）品种数量多，库存管理事务量大的物品；

（4）消费量计算复杂的物品以及通用性强、需求总量比较稳定的物品等。

4.3 定期订货法

4.3.1 定期订货法的原理

定期订货法是指按预先确定的相对不变的订货间隔期进行订货，补充库存量的一种库存管理方法。

定期订货法的原理是：库存货物耗用至某一预先指定的订货时间（不发生任何缺货损失，保证生产或经营的连续性），便开始订货并发出订货单，直至完成进货。待到下一期订货时间，循环往复，始终保持订货间隔期不变，而每次订货数量是变化的。一般都是事先依据对商品需求量的预测，确定一个比较恰当的最高安全库存量，在每个周期将要结束时，对库存进行盘点，决定订购量。

定期库存控制法的原则与定量订货控制原则相同，即订货费用和采购费用总量最低。采用定期订货法订货，关键是需要确定订货间隔期、最高安全库存和每次订货量。

最优订货间隔期的计算公式如下：

$$订货间隔期 = 经济订货批量 / 年需求量$$

最高安全库存的计算公式如下：

最高安全库存 = 日需求率（平均每天耗用量）×（供货周期+订购间隔时间）+安全库存量

订购货物量的计算公式如下：

订货量=最高库存量-现有库存量-订货未到量+顾客延迟购买量

定期订货方式适用于零售、销售量不稳定或品种数量多的商品。其优点是：订货间隔期间确定，可同时采购多种货物，从而降低订单处理成本和运输成本；根据盘存量确定订货量，可降低采购风险。

4.3.2 定期订货法的应用

与定量订货方法相比，定期订货法不必严格跟踪库存水平，减少了库存登记费用和盘点次数。价值较低的商品可以大批量购买，也不必关心日常的库存量，只要定期补充库存就可以了。食品店就经常使用这种方法，有些食品每天进货，有些每周进一次，另一些可能每月才进货一次。定期订货法的模型，见图4-4。

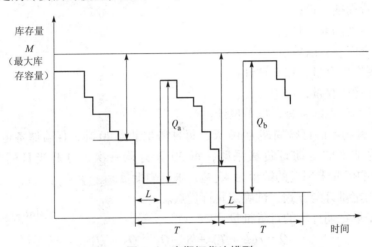

图4-4　定期订货法模型

T—订货间隔期；L—供货周期；M—最高安全库存

1. 订货间隔期的确定

根据前面经济订货批量的学习，某货物全年的订货次数 n，计算公式如下：

$$n = \frac{R}{Q_0}$$

订货间隔期 T 如果用年来表示，则为订货次数的倒数，其计算公式如下：

$$T = \frac{Q_0}{R}$$

式中，R——年需求量，以单位计；

Q_0——经济订货批量，以单位计；

n——全年订货次数，次/年；

T——订货间隔期，年/次。

2. 最大库存量和每次订货批量的确定

定期订货法需考虑的第二个关键问题是计算最大安全库存水平 M。这一水平是自动确定每次订货批量的基础。

最高库存量应满足三个方面的要求：订货间隔期的要求、供货周期的要求和安全库存的要求。计算公式如下：
$$M = r(L + T) + S$$
式中，M——最高库存量，以单位计；
　　　r——日需求率，单位/日；
　　　L——供货周期，日；
　　　T——订货间隔期，日；
　　　S——安全库存，以单位计。

最大库存量确定后，每次的订货量也随之确定。每次的订货量 Q 的计算公式如下：
$$Q = r(L + T) + S - Q_1 - Q_2 + Q_3$$
式中，Q——每次的订货批量，以单位计；
　　　r——日需求率，单位/日；
　　　L——供货周期，日；
　　　T——订货间隔期，日；
　　　S——安全库存，以单位计；
　　　Q_1——现有库存量，以单位计；
　　　Q_2——在途库存量，以单位计；
　　　Q_3——顾客延迟购买量，以单位计。

例 4-4　某种物料的订购周期为 10 天，每日需要量为 20 吨，保险储备定额为 200 吨。

（1）如果企业采取定期订货法采购，每 30 天订购一次，订购当日的现有库存量为 450 吨，已经订购但尚未到货的数量为 45 吨，求订购批量。

（2）若采用定量订购方式，试确定其订货点。

解：（1）采取定期订货的订货批量：
$$Q = r(L + T) + S - Q_1 - Q_2 + Q_3$$
$$= 20 \times (10 + 30) + 200 - 450 - 45 = 505(吨)$$

（2）采取定量订货的订货点：
$$B = 日需求率 \times L + S = 20 \times 10 + 200 = 400(吨)$$

4.3.3　定期订货法的适用范围

1. 定期订货法的优点和缺点

定期订货法具有以下优点：

（1）订货间隔区间确定，减少了库存登记费用和盘点次数，减少了工作量，提高了效率；

（2）多种货物可同时采购，降低订单处理成本及运输成本；

（3）库存管理的计划性强，有利于工作计划的安排，实行计划管理。

定期订货法具有以下缺点：

（1）遇有突发性大量需求，易造成缺货。因此，需设定较高的库存水平；

（2）每次订货的批量不固定，无法制定出经济订货批量，因而运营成本较高，经济性较差。只适用于在库存管理 ABC 分类法中的 A 类物资，即重点物资的库存控制。

2. 定量订货法的适用范围

（1）消费金额高，需要实施严格管理的重要物品。

（2）根据市场的状况和经营方针，需要经常调整生产或采购数量的物品。
（3）需求量变动幅度大，而且变动量有周期性，可以对需求量做出正确判断的物品。
（4）建筑工程原材料、出口产品原材料等可以确定的物品。
（5）设计变更风险大的物品。
（6）多种商品采购可以节省费用的情况。
（7）同一品种物品分散保管，同一品种向多家供货商订购，批量订购分期入库等订购、保管、入库不规则的物品。
（8）需要定期制造的物品等。

思考题

1. 什么是独立需求与相关需求？订货点采购的原理是什么？分哪些种类？
2. 什么是定量订货法，其原理是什么？
3. 定量订货法适用的范围是什么？
4. 什么是定期订货法，其原理是什么？
5. 定期订货法适用的范围是什么？

第 5 章

JIT 采购

本章重点

本章从供应链的角度对 JIT 采购进行比较系统的讲解,再对 JIT 采购的基本原理、特点和优点进行介绍,并在 5.4 节重点阐述 JIT 采购的实际应用。通过本章学习,应了解 JIT 生产的产生原因,JIT 采购对供应链管理的意义以及看板的含义;掌握 JIT 采购的特点和优点、看板管理实施方法,JIT 采购的实施条件、步骤和分析方法。

5.1 JIT 采购的基本原理

JIT(Just In Time)采购,又叫准时制采购,是准时制生产系统的重要组成部分。JIT 系统是近 40 年来由日本企业首创的一种新的生产管理系统,最早使用这一系统的公司是全球知名的丰田汽车公司。JIT 系统是指企业在生产自动化、管理信息化的情况下,合理规划并大大简化采购、生产及销售过程,使原材料从进厂到产成品出厂进入市场能够紧密衔接,尽可能减少库存,从而达到降低生产成本,全面提高产品质量、劳动生产率和综合经济效益目的的一种先进生产系统。JIT 采购是 JIT 系统得以顺利运行的重要内容,是 JIT 系统循环的起点,推行 JIT 采购是实施 JIT 生产经营的必然要求和前提条件。

5.1.1 JIT 采购的产生

JIT 的产生源于 1973 年爆发的全球石油危机及由此所引起的日益严重的自然资源短缺,这对当时靠进口原材料发展经济的日本冲击最大。生产企业为提高产品利润,增强公司竞争力,在原材料成本难以降低的情况下,只能从物流过程寻找利润源,降低由采购、库存、运输等过程所产生的费用。基于这种情况,日本丰田汽车公司的创始人丰田喜一郎最早在汽车生产中提倡"非常准时"的管理方法。之后经过丰田汽车公司的副总经理大野耐一反复多次的分阶段试验,逐步形成一套完整的管理体系,也就是人们常说的"丰田生产方式",即 JIT 生产方式。它的基本思想是"彻底杜绝浪费";"只在需要的时候,按需要的量,生产所需要的产品"。

丰田汽车的零组件管理方式叫作及时化(Just In Time),又叫做"看板方式",即把当前所需装配的必要量视为一个单位,从而在盛装这个单位的箱子上面贴以明信片大小的传票,传票上记载何时生产、生产多少、运往何处等作业指示。装配工厂在零组件用尽时,将空箱送往零组件工厂。零组件工厂则根据看板上的指示,生产并装入指定品种、指定数量的产品,并在指定的时间送到指定的地点。丰田汽车工厂采用这种作业方式,使库存下降到通常的 1/5。

实施看板方式要采用一种逆向管理模式,并且要使生产秩序有条不紊。丰田汽车的装配工作,并不是一种预测生产,而是销售公司订货多少就生产多少。以此为前提,每一个工序按照看板的指示先向前一道工序一次索取零组件,然后向后一道工序送达。这就要求每一道工序生产作业的平稳化,否则其他工序的生产计划就无法进行。看板方式的经营,不是使生产过多,而是按计划生产所需的东西。

JIT 的应用促进了日本企业的崛起,这引起西方企业界的普遍关注。因此,自 20 世纪 80 年代以来,西方经济发达国家十分重视对 JIT 的研究和应用,并将它用到生产管理、物流管理等方面。有关资料显示,1987 年,已有 25%的美国企业应用 JIT 技术,到现在,绝大多数美国企业仍在应用 JIT。因为 JIT 已从最初的一种减少库存水平的方法,发展成为一种内涵丰富,包括特定知识、原则、技术和方法的管理哲学。

现在越来越多的人把这种管理思想运用到各个领域,形成各个领域的准时制管理方法。因此,除了 JIT 生产之外,又逐渐出现了 JIT 采购、JIT 运输、JIT 储存以及 JIT 预测等新的应用领域。实际上,现在 JIT 应用已经形成了一个庞大的应用体系。

JIT 采购和 JIT 生产一样,不但能够最好地满足用户的需求,而且可以最大限度地消除库存、最大限度地消除浪费。要进行 JIT 生产必须有 JIT 供应,因此 JIT 采购是 JIT 生产管理模式的必然要求。

5.1.2 JIT 采购的原理

传统的采购都是一种基于库存的采购,采购的目的都是为了填充库存,以一定的库存来应对用户的需求。虽然这种采购也极力进行库存控制,但是由于机制问题,其压缩库存的能力是有限的。特别是在需求急剧变化的情况下,常常导致既有高库存,又出现缺货的局面。高库存增加了成本,缺货则直接影响生产,降低服务水平。

对于生产来说,库存是一把双刃剑。它既是生产的条件,又是生产的负担。一方面,库存作为生产的条件,为生产提供物资准备。生产一开始,就需要成套的原材料,这些原材料很难及时地从远方的供应商手中得到,所以生产企业就要储备一定量的原材料库存。而且,供应商离得越远,企业生产所需的原材料库存量就越高。从这一点看,库存是生产所必需的,是生产正常进行的前提条件。为了保证生产的正常进行,必须维持一定的库存量。另一方面,库存又占用一定的资金、设备和资源,这就增加了生产成本,成为生产的负担。而且库存量越高,则需要花费的保管费用也就越高,企业生产的负担也就越重。同时,过多的库存也会掩盖企业生产管理中的很多弊端。

为此,人们在采购中一直不断努力,试图寻找一种既能保证企业生产的物资需要,又能使企业库存最小化的方法。20 世纪 90 年代,受 JIT 生产管理思想的启发,JIT 采购应运而生。

JIT 采购模式要求全过程各阶段都要具有高水平、高质量的良好的供应商关系以及对最终产品需求的准确预测。JIT 采购意味着在必要时供应必要的物料，不要过量采购。超过所需要最少量的任何物料都将被看成是浪费，因为在现在不需要的事务上投入的精力和资源都不能在现在被使用。这种思想与传统的那种依靠额外物料投放以防出现工作失误的做法形成鲜明的对比，这种采购方式的最终目标是消除浪费，获取利润，从根本上提高生产率。

JIT 采购方法体现了 JIT 的哲理。其 JIT 的主要特点是拉动作业，只有在下道工序有需求时才开始按需用量生产，按日产批量采购和投产，把库存降到最低限度。在库存记录上采取反冲的方法，以减少记录库存的事务处理工作量，从而达到在原材料、在制品及产成品保持最小库存的情况下进行大批量生产的目的。"准时化"是基于"任何工序只有在需要的时候，按需要的量生产所需的产品或提供所需服务"的逻辑，准时生产需要生产的产品。理论上讲，当有一件产品卖出时，市场就从系统终端（如总装线）拉动一个产品，于是形成对生产线的订货、采购。

JIT 采购实质上是一种执行策略，它需要 MRP（材料需要计划）的计划功能、BOM（材料清单）、库存记录等基础文件。如果说 MRP 计划的执行采用订单形式，JIT 采购则采用均衡生产的日产计划、采购计划和看板形式。实施 JIT 采购必须要用到工业工程的许多技术与方法。JIT 采购与 MRP 采购对待需求的不同之处可以表示为："仅仅"在需要的时间和地点，"恰好"按需要的数量，"及时"生产需要的合格产品。也就是说，JIT 采购的批量规则为"不多不少不早不晚地满足需求"，同时，在质量、设备、人员等多方面保证条件的前提下（避免返工，避免停工、应付缺勤），最大限度地降低或取消安全库存。

JIT 采购策略体现了供应链管理的协调性、同步性和集成性，供应链管理需要 JIT 采购来保证供应链的整体同步化运作。

JIT 采购的基本原理是以需定供。即供方根据需方的要求（或称看板），按照需方需求的品种、规格、质量、数量、时间、地点等要求，将物品配送到指定的地点。不多送，也不少送；不早送，也不晚送；所送品种要个个保证质量，不能有任何废品。

JIT 采购的原理虽简单，但内涵却很丰富：

（1）品种配置上，保证品种有效性，拒绝不需要的品种。即用户需要什么，就送什么，品种规格要完全符合用户需要。

（2）数量配置上，保证数量有效性，拒绝多余的数量。即用户需要多少，就送多少，不少送，也不多送。

（3）时间配置上，保证所需时间，拒绝不按时的供应。即用户什么时候需要，就什么时候送货，不晚送，也不早送，非常准时。

（4）质量配置上，保证产品质量，拒绝次品和废品。即用户需要什么质量，就送什么质量，产品质量符合用户需要。

（5）地点配置上，保证送货上门的准确性。即用户在什么地点需要，就送到什么地点。

（6）准时制采购是一种直接面向需求的采购模式。它的采购送货是直接送到需求点上的。

JIT 采购既能很好地满足用户的需求，又能使用户的库存量最小。用户不需要设立库存，只要在货架上或生产线旁边设置临时存放点存放少量的物料，一天销售完毕或生产完毕，这些临时存放就消失，库存完全为零，真正实现了零库存。

JIT 采购的目的主要是保证供货能够保质保量地完成。为了达到这样的目标，JIT 采购包含四个要素，即供应商、采购数量、供货质量和货物运输。

1. 供应商

传统的采购模式一般是多头采购，供应商的数目相对较多。从理论上讲，选择少量供应商比多个供应商好。一方面，管理供应商比较方便，也有利于降低采购成本；另一方面，有利于供需之间建立长期稳定的合作关系，质量上也比较容易保证。

在选择过程中，应选择距离较近的供应商，并与供应商保持长期的合作关系，积极帮助合作的供应商，使其具备价格竞争优势，降低自己的成本。

2. 采购数量

小批量采购是 JIT 采购的基本特征。JIT 采购和传统的采购模式的主要不同之处在于，JIT 生产需要减少生产批量，直至实现"一个流"生产，因此采购的物资也应采用小批量办法。

当然，小批量采购自然会增加运输次数和成本。对供应商来说，这是很为难的事情，特别是供应商在国外，这种远距离的情形下，实施 JIT 采购的难度就更大了。解决的办法可以通过混合运输、代理运输等方式，或尽量使供应商靠近用户等。

3. 供货质量

如果货物的质量达不到要求，就会给 JIT 的生产方式带来很大的影响，因为供货商是按照采购企业所需要的数量来制造的，在有废品的情况下只有重新生产，但这会大大延误后面的工序，所以一定要保证质量。企业可以采取的措施是，帮助供货商改进质量，使其产品满足质量要求，鼓励供货商使用工序控制图等方法提高产品质量而不是批量抽样检查。

4. 货物运输

JIT 采购的一个重要特点是要求交货准时，这是实施 JIT 生产的前提条件。交货准时取决于供应商的运输条件。在采购管理中，运输问题是一个很重要的问题，它决定准时交货的可能性。特别是全球的供应链系统，运输过程长，而且可能要先后经过几种不同的运输工具，需要中转运输等，因此要进行有效地运输筹划和管理，使运输过程准确无误。

综上所述，JIT 采购是一种先进的采购模式。它的基本思想是：把合适的数量、合适的质量的物品，在合适的时间供应到合适的地点，最好地满足用户的需求。

5.2　JIT 采购的特点与优点

采购管理是物流管理的重点内容之一，它在供应链的原材料或半成品生产企业之间架起一座合作交流的桥梁，沟通生产需求与物资供应的联系。为使供应链系统能够实现无缝连接，并提高供应链企业的同步化运作效率，就必须加强采购管理。

在供应链管理模式下，采购工作要做到五个恰当：恰当的数量、恰当的时间、恰当的地点、恰当的价格、恰当的来源。这正好与 JIT 采购的基本思想相一致。所以在供应链管理模式下，供应链企业间多采用 JIT 采购模式。与传统的采购模式相比，JIT 采购关于物资采购的一种全新的思路，有其显著的特点。

5.2.1　JIT 采购的特点

1. 传统采购模式

传统采购的重点放在如何和供应商进行商业交易的活动上，特点是比较重视交易过程中供应商的价格比较，通过供应商的多头竞争，从中选择价格最低的作为合作者。虽然质量、交货期也是采购中需要考虑的重要因素，但在传统的采购模式下，质量、交货期等都是通过事后把关的办法进行控制，如到货验收等，交易过程的重点放在价格的谈判上。因此在供应商与采购部门之间经常要进行报价、询价、还价等来回地谈判，并且多头进行，最后从多个供应商中选择一个价格最低的供应商签订合同，订单才决定下来。传统采购模式的主要特点表现在以下四个方面：

1）传统采购过程是典型的非信息对称博弈过程

选择供应商在传统的采购活动中是一个首要的任务。在采购过程中，采购一方为了能够从多个竞争性的供应商中选择一个最佳的供应商，往往会保留私有信息，因为，如果给供应商提供的信息越多，供应商的竞争筹码就越大，这样对采购一方不利。因此采购一方会尽量保留私有信息，而供应商也在和其他的供应商竞争中隐瞒自己的信息。这样，采购、供应双方都不进行有效的信息沟通，这就是非信息对称的博弈过程。

2）验收检查是采购部门的一个重要的事后把关工作，质量控制的难度大

质量与交货期是采购一方要考虑的另外两个重要因素，但是在传统采购模式下，要有效控制质量和交货期只能通过事后把关的办法。因为采购一方很难参与供应商的生产组织过程和有关质量控制活动，相互的工作是不透明的，因此需要通过各种有关标准如国际标准、国家标准等，进行检查验收。缺乏合作的质量控制会导致采购部门对采购物品质量控制的难度增加。

3）供需关系是临时的或短时期的合作关系，而且竞争多于合作

在传统的采购模式中，供应与需求之间的关系是临时性或者短时性的合作，而且竞争多于合作。由于缺乏合作与协调，在采购过程中各种抱怨或扯皮的事情比较多，很多时间都消耗在解决日常的问题上，没有更多的时间用来做长期性预测与计划工作，供应与需求之间这种缺乏合作的氛围增加了许多运作中的不确定性。

4）响应用户需求的能力迟钝

由于供应与采购双方在信息的沟通方面缺乏及时的信息反馈，在市场需求发生变化的情况下，采购方也不能改变与供应方已签订的订货合同，因此采购方在需求减少时，库存会增加，需求增加时则可能出现供不应求的情况。如果重新订货，需要增加谈判过程，供需之间对用户需求不能快速做出同步反应，降低了应对市场变化的能力。

2. JIT 采购的特点

在传统的采购模式中，采购的目的是为了补充库存，即为库存采购。随着全球经济一体化的形成，市场竞争更加激烈，竞争方式已由原来企业与企业之间的竞争，转变为供应链与供应链之间的竞争。因此，在供应链管理的环境下，采购将由库存采购向以订单驱动方式进行，以适应新的市场经济。制造订单的需求是在用户需求订单的驱动下产生的，这种 JIT（准时生产）的订单方式，可以使得供应链系统能准时响应用户的需求，同时也能较大地降低库存成本。归结起来，JIT 采购与传统采购在采购批量、供应商选择、产品说明、包装、信息交流等多个方面都存在着很多的不同之处。其区别如表 5-1 所列。

表 5-1　JIT 采购与传统采购的区别

项　目	JIT 采购	传统采购
采购批量	小批量，送货频率高	大批量、送货频率低
供应商选择	长期合作、单源供应	短期合作、多源供应
供应商评价	质量、交货期、价格	质量、价格、交货期
检查工作	逐渐减少、最后消除	收货、点货、质量验收
协商内容	长期合作关系、质量和合理价格	获得最低价格
运　输	准时送货、买方负责安排	较低成本、卖方安排
文书工作	文书工作少、需要的是有能力改变交货时间和质量	文书量大、改变交货期和质量的采购单多
产品说明	供应商变革、强调性能、宽松要求	买方关心设计、供应商没有创新
包　装	小、标准化容器包装	普通包装、无特别说明
信息交流	快速、可靠	一般要求

从表 5-1 中可以看出，准时采购与传统采购方式的区别主要表现在以下五个方面：

1) 采用较少的供应商，甚至单源供应

传统的采购模式一般是多头采购，供应商的数目相对较多。从理论上讲，采用单源供应比多源供应好。单源供应指的是对某一种原材料或外购件只是从一个供应商那里采购；或者说，对某一种原材料或外购件的需求，仅由一个供应商供货。而对 JIT 采购来说，最理想的供应商的数目是：对每一种原材料或外购件，只有一个供应商。一方面，管理供应商比较方便，也有利于降低采购成本；另一方面，有利于供需之间建立长期稳定的合作关系，质量比较有保证。当然，采用单源供应也有风险，比如供应商可能因意外原因中断交货，以及供应商缺乏竞争意识等。不过，单源供应仍是 JIT 采购的基本特征之一。

在实际工作中，许多企业也不是很愿意成为单一供应商的。原因很简单，一方面，供应商是独立性较强的市场竞争者，不愿意把自己的成本数据披露给用户；另一方面，供应商也不愿意成为企业所需原材料的零部件的库存点。企业实施准时化采购，目的是减少库存，库存成本原先是在用户一边，现在转移给了供应商。因此企业必须意识到供应商的这种忧虑。

2) 对供应商的选择标准不同

由于 JIT 采购采取单源供应，因而对供应商的合理选择就显得尤其重要。可以说，能否选择到合格的供应商是 JIT 采购能否成功实施的关键。合格的供应商具有较好的技术、设备条件和较高的管理水平，可以保证采购的原材料或外购件的质量，保证准时按量供货。

在传统的采购模式中，供应商是通过价格竞争而选择的，供应商与用户的关系是短期的合作关系，当发现供应商不合适时，可以通过市场竞标的方式重新选择供应商。但在准时化采购模式中，由于供应商和用户是长期的合作关系，供应商的合作能力将影响企业的长期经济利益，因此对供应商的要求就比较高。

在选择供应商时，需要对供应商进行综合的评估，而对供应商的评价必须依据一定的标准，这些标准应包括产品质量、交货期、价格、技术、能力、应变能力、批量柔性、交货期与价格均衡、价格与批量均衡、地理位置等。在 JIT 采购模式下，评价供应商时价格不是主要的因素。在大多数的情况下，其他标准较好的供应商，其价格也可能较低；即使不是这样，双方建立起互利合作关系后，企业可以帮助供应商找到减少成本的方法，从而使价格降低。更进一步，当双方建立了良好的合作关系后，很多工作可以简化以致消除，如订货、修改订单、点数统计、品质检验等，从而消除浪费。

实施 JIT 采购后，企业的原材料和外购件的库存很少甚至为零。因此为了保证企业生产经营的顺利进行，质量是 JIT 采购模式下评价供应商最重要的标准，这种质量不单指产品的质量，还包括工作质量、交货质量、技术质量等多方面的内容。为此，供应商必须参与制造商的产品设计过程，制造商也应该帮助供应商提高技术能力和管理水平。高质量的供应商有利于建立长期的合作关系。

3）对交货可靠性的要求不同

由于 JIT 采购消除了原材料和外购件的缓冲库存，供应商的失误和送货的延迟必将导致企业生产线的停工待料。因此交货的可靠性是实施 JIT 采购的前提条件。

交货准时取决于供应商的生产能力与运输条件存在一些不可预料的因素，如恶劣的气候条件、交通堵塞、运输工具和运输条件等，作为供应商来说，要使交货准时，可从以下三个方面着手：

（1）不断改进企业的生产条件，提高生产的可靠性和稳定性，减少延迟交货或误点现象。作为准时化供应链管理的一部分，供应商同样应该采用准时化的生产管理模式，以提高生产过程的准时性。

（2）为了提高交货准时性，运输问题不可忽视。在采购管理中，运输问题是一个很重要的问题，它决定准时交货的可能性。特别是全球的供应链系统，运输过程长，而且可能要先后经过不同的运输工具，需要中转运输等，因此要进行有效的运输筹划与管理，使运输过程准确无误。

（3）为了保证交货的可靠性，对原材料和外购件的包装也提出了特定的要求。良好的包装不仅可以减少装货、卸货对人力的需求，而且使原材料或外购件的运输和接收更为便利。最理想的情况是，对每一种原材料或外购件，采用标准规格而且可重复使用的容器包装。既可提高运输效率，又能保证交货的准时性。

4）对信息交流的需求不同

准时化采购要求供应与需求双方信息高度共享，保证供应与需求信息的准确性和实时性。由于双方的战略合作关系，企业在生产计划、库存、质量等各方面的信息都可以及时进行交流，以便在出现问题时能够及时处理。只有供需双方进行可靠而快速的双向信息交流，才能保证所需的原材料和外购件的准时按量供应。同时，充分的信息交流可以增强供应商的应变能力。所以，实施 JIT 采购，就要求供应商和制造商之间进行有效的信息交换。信息交换的内容包括生产作业计划、产品设计、工程数据、质量、成本、交货期等；信息交换的手段包括电报、电传、信函、卫星通信等。现代信息技术的发展，如 EDI、E-mail 等，为有效的信息交换提供了强有力的支持。

5）制定采购批量的策略不同

小批量采购是准时化采购的一个基本特征。准时化采购和传统采购模式的另一个重要不同之处在于，准时化生产需要减少生产批量，直至实现"一个流生产"，因此采购的物资也应采用小批量办法。从另外一个角度看，由于企业生产对原材料和外购件的需求是不确定的，而 JIT 采购又旨在消除原材料和外购件的库存，为了保证准时、按质按量供应所需的原材料或外购件，采购必须是小批量的。当然，小批量采购自然增加运输次数和成本，对供应商来说，这是很为难的事情，特别是供应商在国外等远距离的情形下，实施 JIT 采购的难度就更大。解决这一问题的方法有四种：一是使供应商的地理位置靠近制造商，如日本汽车制造商扩展到哪里，其供应商就跟到哪里；二是供应商在企业附近建立临时仓库，实质上只是将负担转嫁给了供应商，而未从根本上解决问题；三是有一个专门的承包运输商或第三方物流企业负责送货，按照事先达成的协议，搜集分布在不同地方的供应商的小批量物料，准时按量送到企业的生产线上；四是让一个供应商负责供应多种原材料和外购件。

5.2.2　JIT 采购的优点

依据 JIT 采购的原理，一个企业中的所有活动只有当需要进行的时候开始接受服务，才是最合算的。即只有在需要的时候，把需要的品质和数量的物资提供到所需要的地点，才是最节省、最有效率的。因此，JIT 采购是一种最节省、最有效率的采购模式。

传统采购为了保证企业生产经营的正常进行和应付物资采购过程中的各种不确定性（市场价格变化、物资短缺、运输条件约束等），常常产生大量的原材料或外购件库存。而 JIT 则认为，过高的库存不仅增加了库存成本，而且还将许多生产上、管理上的矛盾掩盖起来，使问题得不到及时解决，日积月累，小问题就可能成了大问题，严重地影响企业的生产效率。因此，JIT 采购也可以通过不断减少原材料和外购件的库存来暴露生产过程中隐藏的问题，从解决深层次的问题上来提高生产效率。

JIT 采购是一种理想的物资采购方式。它设置了一个最高标准，一种极限目标，即原材料或外购件的库存为零、缺陷为零。同时，为了尽可能地实现这样的目标，JIT 采购提供了一个不断改进的有效途径：即降低原材料和外购件库存——暴露物资采购问题——采取措施解决问题——进一步降低原材料和外购件库存。

在企业物资采购过程中，存在大量的不增加产品价值的活动，如订货、修改订单、售货、装卸、开票、质量检验、点数、入库以及转运等，把大量时间、精力、资金花在这些活动上也是一种浪费。JIT 采购模式由于大大精简了采购作业流程，因此也就消除了这些浪费，最大限度地提高了工作效率。

要进一步地减少并最终消除原材料或外购件库存，不仅取决于企业内部，而且取决于供应商的管理水平。JIT 采购模式不仅对企业内部的科学管理提出了严格的要求，而且也对供应商的管理水平提出了更高、更严格的要求。JIT 采购不仅是一种采购的方式，也是一种科学管理模式。JIT 采购模式的运作，客观上将在企业和供应商中形成一种科学管理模式。这将大大提高企业和供应商的科学管理水平。

只有当企业需要什么样的物资，就能够给什么样的物资；什么时间要就能什么时间供应，需要多少就能供给多少时，企业的原材料和外购件库存才能降到最低水平。从这个意义上讲，JIT 采购最能适应市场需求的变化，使企业能够具有真正的柔性。

总之，JIT 采购是关于物资采购的一种全新的思路，企业实施 JIT 采购具有重要的意义。根据资料统计，JIT 采购在以下五个方面取得了令人满意的效果。

（1）供应商同采购方建立了战略合作伙伴关系，双方基于以前签订的长期协议进行订单的下达和跟踪，不需要再次询价报价，同时可以降低采购价格。

由于供应商和制造商的密切合作以及内部规模效益与长期订货，再加上消除了采购过程中的一些浪费（如订货手续、装卸环节、检验手续等），就使得购买的原材料和外购件价格降低。例如,生产复印机的美国施乐(Xerox)公司,通过实施 JIT 采购策略,使其采购物资的价格下降了 40%~50%。

(2) 在同步供应链计划的协调下,制造计划、采购计划、供应计划能够同步进行,缩短了企业响应市场需求的时间。

(3) 采购物资直接进入制造部门,减少了采购部门的库存占用和相关费用。

根据国外一些实施 JIT 采购策略企业的测算,JIT 采购可以使原材料和外购件的库存降低 40%~85%。原材料和外购件库存的降低,有利于减少流动资金的占用,加速资金周转,同时也有利于节省原材料和外购件库存占用的空间,从而降低库存成本。

(4) 进行企业和供应商之间的外部协同,提高了供应商的应变能力。

(5) 提高采购物资的质量。

一般来说,实施 JIT 采购,可以使购买的原材料和外购件的质量提高。而且,原材料和外购件质量的提高,又会使质量成本的降低。据统计,推行 JIT 采购可使质量成本降低 26%~63%。

此外,推行 JIT 采购策略,不但缩短了交货时间,节约了采购过程所需资源(包括人力、资金、设备等),而且提高了企业的劳动生产率,增强了企业的市场竞争力。

5.2.3 JIT 采购对供应链管理的意义

JIT 采购对于供应链管理思想的贯彻实施有重要的意义。从前一节的论述中可以看到,供应链环境下的采购模式和传统采购模式的不同之处,在于采用订单驱动的方式。订单驱动使供应与需求双方都围绕订单运作,也就实现了准时化、同步化运作。要实现同步化运作,采购模式就必须是并行的,当采购部门产生一个订单时,供应商即开始着手物资的准备工作。与此同时,采购部门编制详细的采购计划,制造部门也进行生产的准备过程,当采购部门把详细的采购单提供给供应商时,供应商就能很快地将物资在较短的时间内交给企业。当企业需求发生改变时,制造订单又驱动采购订单发生改变,这样一种快速的改变过程,如果没有准时的采购方法,供应链企业将很难适应这种多变的市场需求,因此,JIT 采购增加了供应链的柔性和敏捷性。

综上所述,JIT 采购策略体现了供应链管理的协调性、同步性和集成性,供应链管理需要 JIT 采购来保证供应链的整体同步化运作。

5.3 看板管理

实现 JIT 生产中最重要的管理工具是看板(Kanban)。看板是用来控制生产现场的生产排程工具。具体而言,就是一张卡片,卡片的形式随不同的企业而有差别。看板上的信息通常包括:零件号码、产品名称、制造编号、容器形式、容器容量、看板编号、移送地点和零件外观等。

5.3.1 看板管理

1. 看板管理的原理

所谓看板就是一张信息卡片,又称为要货指令。在看板上记录着商品号、商品名称、供应商和需求点（取货地、送货地）、生产或要货数量、所用工位器具的型号、该看板的周转张数等，以此作为取货、运输、生产的凭证和信息指令。由需求方向供货方发出看板，就是向供应商发出什么时间把什么品种、什么规格、多少数量，从什么地方送什么地方等指令。看板可以用不同的材料做成，可以用纸片、塑封纸片、塑料片，甚至金属片都可以。上面有孔，可以挂在看板牌上，也可以放在看板袋里。

看板管理的任务是协调地管理全公司的生产活动，它也是一个调控将必须的产品，在必要的时候，按必需的数量制造出来的一个管理信息系统。看板系统是 JIT 生产的核心内容之一。它可以在一条生产线内实现，也可在一个公司（或企业）内实现，因此不仅仅应用在制造过程，也可应用在生产过程的各个环节。使用最多的看板有两种：传送看板（即拿取看板）和生产看板（订货看板）。它们一般都做成 10 cm×20 cm 的尺寸，传送看板标明后一道工序向前一道工序拿取工件的种类和数量，而生产看板则标明前一道工序应生产的工件的种类和数量，如图 5-1 和图 5-2 所示。

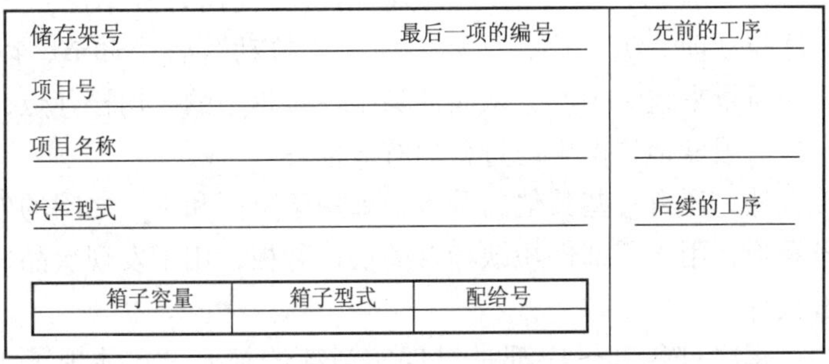

储存架号
最后一项的编号
先前的工序
项目号
项目名称
汽车型式
后续的工序
箱子容量
箱子型式
配给号

图 5-1　传送看板

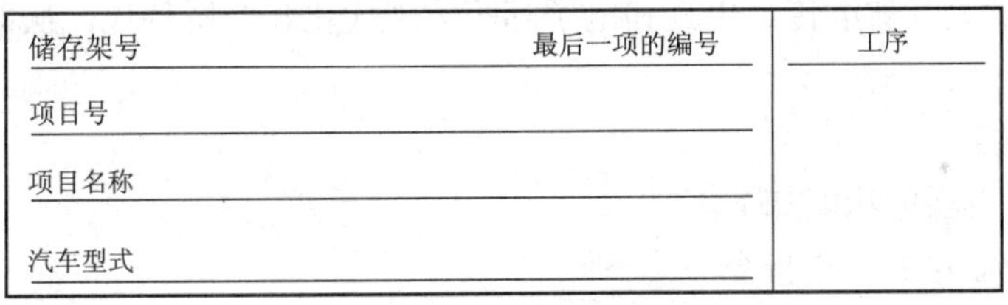

储存架号
最后一项的编号
工序
项目号
项目名称
汽车型式

图 5-2　生产看板

看板的工作过程如图 5-3 所示。

Ⅰ甲
第Ⅰ道工序
Ⅰ乙
Ⅱ甲
第Ⅱ道工序
Ⅱ乙
Ⅲ甲
第Ⅲ道工序
原材料供应单位
订货单位
零件加工工序
部件装配工序
产品装配工序

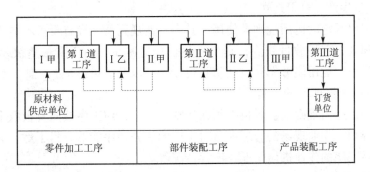

图 5-3　看板的工作过程

图 5-3 表示一个由三道工序组成的生产流程，即零件加工工序、部件装配工序及产品装配工序。每道工序前后设有甲和乙两个存件箱，甲箱存放前工序已制成的、为本工序准备的在制品或零部件，乙箱则存放本工序已加工完成、以备下道工序随时提用的在制品或零部件，实线表示零部件的传送过程，虚线表示看板的传送过程。当产品装配工序Ⅲ的工人Ⅲ从Ⅲ甲箱中取出一个部件后，即从部件上取下附在上面的传送看板并到前一道工序（即部件装配工序Ⅱ）的Ⅱ乙箱中提取一个装配好的部件，将该传送看板附于其上，并将原先附在上面的生产看板取下交予工序Ⅱ的工人，工序Ⅱ的工人拿到生产看板即开始生产，此时，他将从工序Ⅱ甲箱中拿取零件准备进行部件装配，而将附在零件上的传送看板取下并到前一道工序（即零件加工工序Ⅰ）的Ⅰ乙箱中提取一个加工好的零件，附上该传送看板，放入工序Ⅱ甲箱中，同时，将换下的生产看板交予工序Ⅰ的工人。工序Ⅱ的工人完成部件的装配后，要将生产看板附在其上并放入Ⅱ乙箱中。生产看板如同生产指令，工人拿到后即开始生产。

很显然，这是一种"拉动式"的生产，即以销售（面向订货单位）为整个企业工作的起点，从后一道工序拉动前一道工序，一环一环地"拉动"各个环节，以市场需要的产品品种、数量、时间和质量来组织生产，从而消除生产过程中的一切松弛点，实现产品无多余库存以至零库存，最大限度地提高生产过程的有效性。

除以上两种看板外，还有一些其他的看板，如用于工厂和工厂之间的外协看板；用于标明生产批量的信号看板；用于零部件短缺场合的快捷看板；用于发现次品、机器故障等特殊突发事件的紧急看板等。

在看板供应中，每次订货和供应都是对现实消耗的补充。它体现了 JIT 采购的基本原则。这种模式简单实用，是 JIT 采购最有效的管理工具。随着计算机通信技术的发展，传统的纸质看板卡片已大多被电传、传真和电子邮箱等现代化媒介所替代，从而使得看板供应更为迅速和准确。

2. 看板的功能

JIT 模式下，看板的功能如下。

1）生产以及运送的工作指令

看板中记载着生产量、时间、方法、顺序以及运送量、运送时间、运送目的地、放置场所、搬运工具等信息，从装配工序逐次向前工序追溯，在装配线将所使用的零部件上所带的看板取下，以此再去前工序领取。"后工序领取"以及"JIT 生产"就是这样通过看板来实现的。

2）防止过量生产和过量运送

看板必须按照既定的运用规则来使用。其中一条规则是，没有看板不能生产，也不能运送。根据这一规则，看板数量减少，则生产量也相应减少。由于看板所表示的只是必要的量，因此通过看板的运用能够做到自动防止过量生产以及适量运送。

3）进行"目视管理"的工具

看板的另一条运用规则是：看板必须在实物上存放，前工序按照看板取下的顺序进行生产。根据这一规则，作业现场的管理人员对生产的优先顺序能够一目了然，易于管理。通过看板就可知道后工序的作业进展情况、库存情况等。

4）改善的工具

在 JIT 生产模式中，通过不断减少看板数量来减少在制品的中间储存。在一般情况下，如果在制品库存较高，即使设备出现故障，不良品数目增加也不会影响到后一道工序的生产，所以容易把这些问题掩盖起来。而且即使存在人员过剩，也不易察觉。根据看板的运用规则之一就是不能把不良品送往后工序，一旦后工序所需得不到满足，就会全线停工，由此产生问题的原因立即显现，迫使相关人员必须立即采取措施来解决问题。这样，通过必要的举措不仅使问题得到了解决，也使生产线的"体质"不断增强，带来了生产率的提高。

JIT 生产模式的目标是要最终实现无库存生产系统的构建，而看板提供了一个朝着这个方向迈进的工具。

3. 看板管理实施的八个步骤

一般来说，看板管理实施起来，需要经过以下八个步骤，通过这些步骤，使产品在一个流的生产线上由原材料直到加工成成品。看板以后工序为起点，按照下面各个步骤使用。

（1）后工序的搬运工把所需数量的领取看板和空托盘装到叉车或台车上，走向前工序的零部件存放场。这时，领取看板必须是在领取看板箱中积存到事先规定好的一定数量的时候，或者规定好时间定期去领取。

（2）如果后工序的搬运工在存放场 A 领取零部件，就取下附在托盘内零部件上的生产指示看板（每副托盘里都附有一枚看板），并将这些看板放入看板接收箱。搬运工还要把空托盘放到前工序的人员指定的场所。

（3）搬运工在取下每一枚生产指示看板时，同时都换另一枚领取看板附上。因此，在交换两种看板的时候，要注意仔细核对领取看板和同物品的生产指示看板是否相符。

（4）在后工序，作业一开始，就必须把领取看板放入领取看板箱。

（5）在前工序，生产了一定时间或者一定数量的零部件时，必须将生产指示看板从接收箱中收集起来，按照在存放场 A 摘下的顺序，放入生产指示看板箱。

（6）按放入指示看板箱的生产指示看板的顺序生产零部件。

（7）在进行加工时，这些零部件和它的看板作为一对东西转移。

（8）在这个工序零部件加工完成后，将这些零部件和生产指示看板一起放到存放场，以便后工序的搬运工随时领取。

这样的两种看板的连锁运作，必须不间断地存在于各种各样的前工序中。结果，各工序在必须的时候，仅按必需的数量领取必需的物品，全部工序自然就实现了 JIT 生产。这样的看板连锁运作，在实现各工序在循环时间内生产一个单位产品的生产线同步化方面发挥作用。

看板管理可以说是 JIT 生产模式中最独特的部分，因此也有人将 JIT 生产模式称为"看板方式"。但是严格地讲，这种概念并不正确。日本筑波大学的门田安弘教授曾指出："丰田生产方式是一个完整的生产技术综合体，而看板管理仅仅是实现 JIT 生产的工具之一。把看板管理等同于丰田生产方式是一种非常错误的认识。"

因为如前所述，JIT 生产模式的本质，是一种生产管理技术，而看板只不过是一种管理工具。决不能把 JIT 生产模式与看板模式等同起来。看板管理只有在工序一体化、生产均衡化、生产同步化的前提下，才有可能运用。如果错误地认为 JIT 生产模式就是看板模式，不对现有的生产管理方法作任何变动就单纯地引进看板模式，是不会起到任何作用的。所以，在引进 JIT 生产模式以及看板模式时，最重要的是对现存的生产系统进行全面改组。

5.3.2 对看板管理的分析

看板管理是通过后工序从前工序领取零部件的"拉动方式"而闻名的模式。因为只通过看板向最终装配线正确地通知所需零部件的领取时间和数量，最终装配线就到前工序去，将装配产品所必需的零部件，在必须的时候，领取所必需的数量。此后，前工序开始生产被后工序取走的那部分零部件。这样一来，各个零部件制造工序以从它的前工序领取所必需的零件或材料，按顺序向前依次运行。因此，在每个月份中，就没有必要同时向所有的工序下达生产计划了。在产品的生产过程中，如果有必要变更生产计划，只将变更传达到最终装配线就可以了。

而在通常的生产管理模式下，为了生产一个产品，必须向所有工序提出各种各样的生产计划来满足要求。也就是说，不仅向最终装配线提供计划，对零部件制造工序也提供同样的计划。这种利用前工序向后工序供应零部件的方法，就是"押入方式"，这种方式很难迅速应对因需求变化而引起的形势变化。因此，为了应对需求的变化，只有准备足够的库存，从而造成大量人力和时间的浪费。

看板管理的优点很多，但必须遵循一定的规则，否则还不如通常的管理。在这里着重对照前面的步骤，分析看板管理必须遵循的三点规则：

（1）后工序必须在适当的时候，按必需的数量从前工序领取必需的物品；前工序仅按被领走的数量生产被后工序领取的物品。

因为前工序是根据后工序的看板指示数量来进行生产的，所以后工序必须按提供的数量来领取。严格遵守这个规则，所有的生产工序之间就保持了同步生产，如果某个工序出现了问题，虽然所有的工序都有可能停止，但是至少保持了各工序之间的平衡。

这种后工序向前工序索要零件的"拉动"方式，其特点是生产计划只下达到装配线上，然后依工序层层向前推进，这对于想引进看板模式的我国企业是一个严峻的考验。为了实行这个规则，工厂的最高经营者必须让全体员工服从，还必须做出将迄今为止的生产、搬运、交货的流向完全逆转过来的重大决策。

（2）不合格品绝对不能送到后工序。如果在后工序发现不合格品，由于后工序一点库存也没有，只好停工，将这些不合格品送回前工序。这样，由于后工序停止运转，整个生产线陷于瘫痪，何处出现故障，一目了然。这里所说的不合格品，除了质量不合格外，还包括不良作业，即没有完全标准化，在手工作业、作业顺序、作业时间上还残留着无效作业的成分。这种无效作业容易引发不合格品的产生，所以，必须彻底消除这些不良作业，实现产品的顺畅流转。在日本丰田公司，普通工序间是没有检验员的，就是这个道理。但这并不是说所有作业人员都不会生产出不合格品来。实际上，一旦生产出不合格品来，由于员工的素质高，都会想方设法加以弥补，不让其往下流转。另外，对于解决不了的问题，可以寻求团队协作解决，这被认为是精益生产特有的长处。

（3）看板必须适应小幅度的需求变化。在一般的企业里，没有顺利处理突然而且不可预测的需求变化的手段。普通的管理方式是由中心部门制定生产计划，并将计划同时通知各个生产工序，然而，为应对突然的需求变化，进行生产计划的修改，到将计划再通知到各工序，需要7～10天的时间。在"押入方式"下，各种工序面对突如其来的、大幅度的需求量调整，往往导致生产失去原有的均衡性。

在看板管理方式下，面对市场需求的变化，管理人员不把每个月的详细生产计划同时下达到各个工序，只有最终装配线接收当天的产品投入顺序计划表。管理人员根据市场需求的变化，在最终装配线上通过看板进行微调。例如，在事前制定的 1 月份的生产计划中，每天必须生产 100 个单位的产品，但是到了 1 月 10 日，就判断出了 2 月份必须每天生产 120 个单位的产品。在这种情况下，从 1 月 11 日开始就每天生产 105 个或 107 个单位的产品，以应对事态的变化。对于作业人员来说，因为有足够的时间应对产品数量的变化，不易出现不适应现象。而对于整个生产线来说，容易实现均衡生产。如果市场需求变化的幅度在 10% 左右，可以保持现有的生产线步调而无需重新调整。

看板管理起源于日本丰田公司，起源于一个汽车制造企业，它有自己的一套完整的理念和规则，本节分析的只是看板管理的某几个方面。我国的企业在 JIT 方面才刚刚起步，借鉴这种看板技术的时候，必须从软硬件两方面全盘考虑，改革现有的企业管理模式，实施起来才能体现出其巨大的优越性。

5.4　JIT 采购的实施

5.4.1　JIT 采购的实施条件

成功实施 JIT 采购策略，需要具备一定的前提条件，这些条件包括：

1. 供应商和企业的距离越近越好

供应商和企业的空间距离越近越好。如果太远，操作不方便，发挥不了 JIT 采购的优越性，很难实现零库存。

2. 制造商和供应商建立互利合作的战略伙伴关系

JIT 采购策略的推行，有赖于制造商和供应商之间建立起长期的、互利合作的新型关系，相互信任，相互支持，共同获益。

3. 注重基础工作的准备

良好的交通运输和通信条件是实施 JIT 采购策略的重要保证，企业间通过共同认可的工具、包装和设施设备的采用对 JIT 采购的推行也至关重要。所以，要想成功实施 JIT 采购策略，制造商和供应商都应注重基础工作的准备。

4. 强调供应商的参与

JIT 采购不只是企业物资采购部门的事，也离不开供应商的积极参与。供应商的参与，不仅体现在准时、按质按量供应制造商所需的原材料和外购件上，还体现在积极参与制造商的产品开发设计过程中。与此同时，制造商有义务帮助供应商改进产品质量，提高劳动生产率，降低供货成本。

5. 建立实施 JIT 采购策略的组织

企业领导必须从战略高度来认识 JIT 采购的意义，并建立相应的组织来保证该采购策略的成功实施。这一组织的构成，不仅应有企业的物资采购部门，还应包括产品设计部门、生产部门、质量部门、财务部门等。其任务是：提出实施方案，具体组织实施，对实施效果进行评价，并进行连续不断的改进。

6. 制造商向供应商提供综合的稳定的生产计划和作业数据

综合的、稳定的生产计划和作业数据可以使供应商及早准备，精心安排其生产，确保准时、按质按量交货。否则，供应商就不得不求助于缓冲库存，从而增加其供货成本。有些供应商在制造商工厂附近建立仓库以满足制造商的 JIT 采购要求，实质上这不是真正的 JIT 采购，而只是负担的转移。

7. 注重教育与培训

通过教育和培训，使制造商和供应商充分认识到实施 JIT 采购的意义，并使他们掌握 JIT 采购的技术和标准，以便对 JIT 采购进行不断的改进。

8. 加强信息技术的应用

JIT 采购是建立在有效信息交换的基础上的，信息技术的应用可以保证制造商和供应商之间的信息交换。因此，制造商和供应商都必须加强对信息技术，特别是电子数据交换（EDI）技术的应用投资，以更加有效地推行 JIT 采购策略。

5.4.2 JIT 采购的实施步骤

1. JIT 采购方法

前面分析了 JIT 采购的特点和优点，从中可以看到，JIT 采购方法和传统采购方法的一些显著差别，要实施准时化采购法，以下四点是十分重要的：

（1）选择最佳的供应商，并对供应商进行有效的管理是 JIT 采购成功的基石；

（2）供应商与用户的紧密合作是 JIT 采购成功的钥匙；

（3）卓有成效的采购过程质量控制是 JIT 采购成功的保证；

（4）看板管理是 JIT 采购最实用和有效的手段。

2. JIT 采购的步骤

想要成功实施 JIT 采购策略，除了要具备一定的前提条件外，还必须遵循一定的科学实施步骤。在实施 JIT 采购时，大体上可参考以下八个步骤。

1）创建准时化采购班组

世界一流企业的专业采购人员有三个责任：寻找货源，商定价格，发展与供应商的协作关系并不断改进。因此专业化的高素质采购队伍对实施 JIT 采购至关重要。JIT 采购班组除了采购部门的有关人员之外，还要有本企业以及供应商企业的生产管理人员、技术人员、搬运人员等共同参加。JIT 采购班组的作用就是全面处理 JIT 采购有关事宜，即制定 JIT 采购的操作规程，协调企业内部各有关部门的运作，协调企业之间的运作。为此，首先应成立两个班组，一个是专门处理供应商事务的班组，该班组的任务是认定和评估供应商的信誉、能力，或与供应商谈判签订准时化订货合同，向供应商发放免检签证等，同时要负责供应商的培训与教育。另外一个班组是专门从事消除采购过程中浪费的班组。这些班组人员对 JIT 采购的方法应有充分的了解和认识，必要时需进行培训，如果这些人员本身对 JIT 采购的认识和了解都不彻底，就不可能指望供应商的合作了。

2）制定计划，确保 JIT 采购策略有计划、有步骤地实施

要制定采购策略，改进当前的采购模式，减少供应商的数量，正确评价供应商，向供应商发放签证等内容。在这个过程中，要与供应商一起商定 JIT 采购的目标和有关措施，保持经常性的信息沟通。

3）精选少数供应商，建立伙伴关系

供应商和制造商之间互利的伙伴关系，意味着双方之间充满了一种紧密合作、主动交

流、相互信赖的和谐气氛，共同承担长期协作的义务。在这种关系的基础上，发展共同的目标，分享共同的利益。

当然，这种互利的伙伴关系的建立需要经过长期的工作，要求双方有坚定的决心和奉献精神；同时，一个企业只能选择少数几个最佳供应商作为合作对象，抓住一切机会加强与他们之间的业务关系。

选择供应商应从以下几个方面考虑：产品质量、供货情况、应变能力、地理位置、企业规模、财务状况、技术能力、价格及与其他供应商的可替代性等。

4）进行试点工作

先从某种产品或某条生产线试点开始，进行零部件或原材料的准时化供应试点。在试点过程中，取得企业各个部门的支持是很重要的，特别是生产部门的支持。通过试点，总结经验，为正式实施 JIT 采购打下基础。

5）搞好供应商的培训，确定共同目标

JIT 采购是供需双方共同的业务活动，单靠采购部门的努力是不够的，需要供应商的配合。只有供应商也对 JIT 采购的策略和运作方法有了认识和理解，才能获得供应商的支持和配合，因此需要对供应商进行教育培训。通过培训，双方取得一致的目标，相互之间就能够很好地协调，做好采购的准时化工作。

6）向供应商颁发产品免检合格证书

在实施 JIT 采购策略时，核发免检证书是非常关键的一步。颁发免检证书的前提是供应商的产品百分之百的合格。为此，核发免检证书时，要求供应商提供最新的、正确的、完整的产品质量文件，包括设计蓝图、规格、检验程序以及其他必要的关键资料。

有些企业在核发免检证书的初始阶段，只发放单件产品的免检证，但是最终目的还是为了发放供应商的免检证，并完全免除采购物资中常规产品的进货检查。达到这个目标后，就只需对尚未获得免检证的新产品和新零件进行进货检查，直到它们也达到免检要求为止。最后，所有采购的物资就可以从卸货点直接运至生产线使用。

7）实现配合 JIT 生产的交货方式

向供应商采购的原材料和外购件，其目标是实现这样的交货方式：当正好需要某物资时，该物资就运抵卸货月台，并随之直接运至生产线，生产拉动物资的需要，并在制造产品时使用该物资。JIT 采购的最终目标是实现企业的生产准时化，为此，要实现从预测的交货方式向准时化适时交货方式转变。

8）继续改进，扩大成果

JIT 采购是一个不断完善和改进的过程，需要在实施过程中不断总结经验教训，从降低运输成本，提高交货的准确性和产品的质量，降低供应商库存等各个方面进行改进，不断提高 JIT 采购的运作绩效。

5.4.3 JIT 采购实践分析

为了对 JIT 采购的目的、意义和影响 JIT 采购的相关因素有一个初步的了解，美国加利佛尼亚州立大学的研究生做了一次对汽车、电子、机械等企业的经营者 JIT 采购的效果问卷调查，共调查了 67 家美国公司。这些公司有大有小，其中包括著名的 3COM 公司、惠普公司、苹果计算机公司等。这些公司有的是制造商，有的是分销商，有的是服务商，调查的对象为公司的采购与物料管理经理。调查的有关内容分别见表 5-2 至表 5-5。

表 5-2 JIT 采购成功的关键因素

问题	肯定回答/%
和供应商的相互关系	51.5
管理的措施	31.8
适当的计划	30.3
部门协调	25.8
进货质量	19.7
长期的合同协议	16.7
采购的物品类型	13.6
特殊的政策与惯例	10.6

表 5-3 JIT 采购解决的问题

问题	肯定回答/%
空间减少	44.8
成本减少	34.5
改进企业服务	34.5
及时交货	34.5
缺货问题	17.2
改进资金流	17.2
提前期减少	10.3

表 5-4 影响 JIT 采购实施的因素

问题	肯定回答/%
缺乏供应商的支持	23.6
部门之间协调性差	20.0
缺乏对供应商的鼓励	18.2
采购物品的类型	16.4
进货物品质量差	12.7
特殊政策与惯例	7.1

表 5-5 与供应商有关的 JIT 采购问题

问题	肯定回答/%
很难找到好的供应商	35.6
供应商不可靠	31.1

续表

问题	肯定回答/%
供应商距离太远	26.7
供应商太多	24.4
供应商不想频繁交货	17.8

从以上调查报告不难看出以下几个方面的结论：

(1) JIT 采购成功的关键是与供应商的关系，而最困难的问题也是缺乏供应商的支持。供应链管理所倡导的战略伙伴关系为实施 JIT 采购提供了基础性条件，因此在供应链环境下实施 JIT 采购比传统管理模式下实施 JIT 采购更加具有现实意义和可能性。

(2) 难找到"好"的合作伙伴是影响 JIT 采购的第二个重要因素，如何选择合适的供应商就成了影响 JIT 采购的重要条件。在传统采购模式下，企业之间的关系不稳定，具有风险性，影响了合作目标的实现。供应链管理模式下的企业是协作性战略伙伴，因此为 JIT 采购奠定了基础。

(3) 缺乏对供应商的激励是影响 JIT 采购实施的另一个因素。要成功地实施 JIT 采购，必须建立一套有效的供应商激励机制，使供应商和企业一起分享 JIT 采购的好处。

(4) JIT 采购不单是采购部门的事情，企业的各部门都应为实施 JIT 采购创造有利的条件，为实施 JIT 采购共同努力。

这是国外企业实施 JIT 采购的情况，我国的采购情况如何呢？图 5-4 是 1998 年，我国企业采购管理现状的调查结果，图中显示了不同的企业供应商的供货准时率情况。有 17.96% 的企业认为供应商供货很准时，27.96% 的企业认为供应商供货准时，38.57% 的企业认为供应商供货比较准时，13.68% 的企业认为供应商供货不准时，1.83% 的企业认为供应商供货很不准时。大部分企业对供应商的供货准时情况反映较好，只有少数企业认为供应商供货不准时。

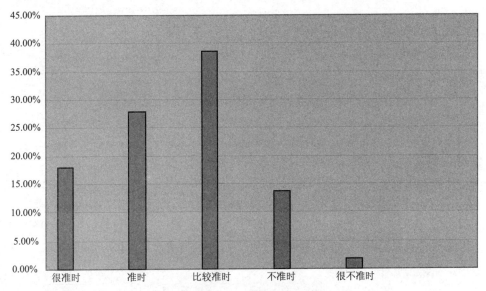

图 5-4 我国企业供应商供货准时率

虽然我国企业从交货准时情况评价还不错,但从总体来看,我国企业实施 JIT 采购的数量还不太多,水平还不够高,有待于进一步加强。

实施 JIT 采购,效益非常好,操作简便,但是基础工作要求高,对人员的素质、管理水平要求高。所以要开展 JIT 采购,需要从基础工作抓起,逐步创造条件,争取早日开展 JIT 采购。

思考题

1. JIT 采购的原理是什么?
2. JIT 采购模式与传统的采购模式相比,有哪些特点?
3. JIT 采购模式的优点有哪些?
4. 看板管理的原理是什么?
5. 试述实施看板管理的步骤。
6. 实施 JIT 采购的条件有哪些?
7. 试述实施 JIT 采购的步骤。

第 6 章

MRP 采购

本章重点

本章与生产系统相结合对 MRP 系统做了较为详细的介绍，主要研究如何利用 MRP 制定采购计划的方法。通过本章的学习，了解 MRP 系统的产生与发展；掌握 MRP 系统的几个主要的概念和输入/输出；了解 MRP 系统的处理过程；学会如何运用 MRP 制定物料采购计划；掌握 MRP 采购的特点。

6.1 MRP 的原理

6.1.1 MRP 的提出

企业生产系统是一个复杂而庞大的系统。一个产品，有成千上万个零部件，这些零部件按一定的时间进度、一定的比例关系—装配成一个个完整的产品。装配生产线一旦运转起来，各个零部件只要有一个不能及时到位，产品就无法装配。因此从产品到零部件，再到原材料，从总装车间到各个分装车间，再到各个仓库，整个企业的生产需要有一个庞大、精确的计划。这个庞大的计划包括生产计划和采购计划两部分。通过这两个计划才能把不同空间、不同时间的零部件有条不紊地进行生产和装配，按时按量地组织到总装配线上来，最后装配成合格的产品。

生产装配过程中所需的零部件不一定都是自己生产的，有相当一部分要从外面企业采购进来。由于品种多而杂，靠人工制定采购计划，不但工作量大，需要许多人参与做计划，而且由于计划人员多，相互之间协调难度大，常常顾此失彼，采购了这个产品，忘了那个，有的产品重复采购，有的产品没人采购。造成有的产品严重库存积压，有的产品却又缺货，既花费了很高的库存成本，又影响了装配线的正常运转。

传统的订货点方法在处理制造过程中的供需矛盾，有很大的盲目性，会造成大量的原材料及在制品库存。传统的订货点方法和 MRP 一样，也是要解决订什么，订多少，何时提出订货三个问题，但它是靠维持一定量的库存来保证需要。

传统订货点方法对需求的情况不了解，盲目地维持一定量的库存，造成高库存与低服务水平,进而造成很大浪费。服务水平越高则库存也越高,而且服务水平达到95%以上时,再要提高服务水平,库存量上升很快。从理论上讲,服务水平接近100%,则库存量必然趋于无穷大。另外,采用订货点方法的条件是需求均匀。但是,在制造过程中形成的需求一般都是非均匀的:不需要的时候为零,一旦需要就是一批。采用订货点方法加剧了这种需求的不均匀性,平均库存水平几乎提高一倍,因而占用更多的资金。

订货点方法是用于处理独立需求问题的,它不能令人满意地解决生产系统内发生的相关需求问题。而且,订货点方法不适用于订货型生产(MTO)企业。于是,人们提出了MRP。它可以精确地确定对零部件、毛坯和原材料的需求数量与时间,消除了盲目性,实现了低库存与高服务水平的并存。

MRP实质上是生产企业用来制定物料需求计划、进行生产管理的一个应用软件。它不但可以制定出企业的物料投产计划,还可以用来制定外购件的采购计划,非常适合在加工、制造、装配企业中使用,配合使用计算机,可以迅速制定出比较详细复杂的生产计划和采购计划。因此很多大型企业均采用了MRP系统,并且一般都能够获得比较好的效果。

6.1.2　MRP的原理

MRP(Material Requirements Planning)中文通常翻译为"物料需求计划",其含义是:利用物料清单、库存数据和主生产计划计算物料需求的一套技术。其基本任务是:① 从最终产品的生产计划(独立需求)导出相关物料(原材料、零部件等)的需求量和需求时间(相关需求);② 根据物料的需求时间和生产(订货)周期来确定其开始生产(订货)的时间。

MRP应用的目的之一是进行库存的控制和管理。按需求的类型可以将库存问题分为两种:独立需求库存和相关需求库存。独立需求库存是指将要被消费者消费或使用的制成品的库存,如自行车生产企业的自行车的库存。制成品需求的波动受市场条件的影响,而不受其他库存品的影响。这类库存问题往往建立在外部需求预测的基础上,通过一些库存模型的分析,制定相应的库存政策来对库存进行管理,如什么时候订货、订多少,如何对库存品进行分类等。相关需求库存是指将被用来制造最终产品的材料或零部件的库存。自行车生产企业为了生产自行车要保持很多原材料或零部件的库存,如车把、车梁、车轮、车轴、车条等。这些物料的需求不需要预测,只有通过相互之间的关系来进行计算。这里自行车被称为父项,车轮被称为子项。

20世纪60年代随着计算机应用的普及和推广,人们可以应用计算机制定生产计划,美国生产管理和计算机应用专家Oliver W. Wight和George W. Plosh首先提出了MRP,IBM公司则首先在计算机上实现了MRP处理。最初MRP只被看成一种比库存订货点法更好的库存管理方法,现在普遍认为它是一种计划技术,即建立和维护订单的有效到货日期的方法,它是闭环MRP的基础。

MRP的基本内容是编制零件的生产计划和采购计划。然而,要正确编制零件计划,首先必须落实产品的出产进度计划,用MRP Ⅱ的术语就是主生产计划(Master Production Schedule,MPS),这是MRP展开的依据。MRP还需要知道产品的零件结构,即物料清单(Bill of Material,BOM),才能把主生产计划展开成零件计划;同时,必须知道库存数量才能准确计算出零件的采购数量。因此,基本MRP的依据是:① 主生产计划(MPS);② 物料清单（BOM）；③库存信息。它们之间的逻辑流程关系见图 6-1。

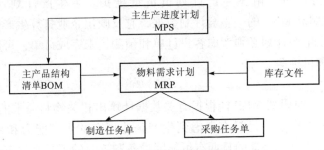

图 6-1　MRP 逻辑原理图

为了更好地理解 MRP 的概念，有必要把概念中提到的几个名词解释一下。

1. 物料清单

物料清单（Bill of Material，BOM）是构成父项装配件的所有子装配件、零件及原材料清单，其中包括子项的数量。在某些工业领域，可能称为"配方""要素表"或其他名称。以自行车为例，其物料清单结构见图 6-2。

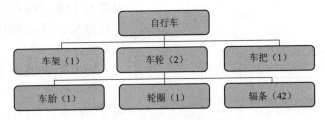

图 6-2　自行车的物料清单

从这个物料清单可以看出，一辆自行车，需要车架 1 件、车轮 2 个、车把 1 套，车轮又需要车胎 1 套、轮圈 1 件、辐条 42 根。我们可以利用 BOM 清楚地知道一个产品零部件的构成及数量。当然，这并不是我们最终所要的 BOM。为了便于计算机识别，必须把产品结构图转换成规范的数据格式，这种用规范的数据格式来描述产品结构的文件就是物料清单。它必须说明组件（部件）中各种物料需求的数量和相互之间的组成结构关系。表 6-1 就是一张简单的与自行车产品结构相对应的物料清单。

表 6-1　自行车产品的物料清单

层次	物料号	物料名称	单位	数量	类型	成品率	ABC 码	生效日期	失效日期	提前期
0	GB950	自行车	辆	1	M	1.0	A	950101	971231	2
1	GB120	车架	件	1	M	1.0	A	950101	971231	3
1	CL120	车轮	个	2	M	1.0	A	000000	999999	2
2	LG300	轮圈	件	1	B	1.0	A	950101	971231	5
2	GB890	轮胎	套	1	B	1.0	B	000000	999999	7
2	GBA30	辐条	根	42	B	0.9	B	950101	971231	4
1	113000	车把	套	1	B	1.0	A	000000	999999	4
注：类型中"M"为自制件，"B"为外购件。										

2. 主生产计划

预先建立的一份计划，由主生产计划员负责维护。主生产计划（Master Production Schedule，MPS）是驱动 MRP 的一整套计划数据，它反映出企业打算生产什么，什么时候生产以及生产多少。主生产计划必须考虑客户订单和预测，未完成订单，可用物料的数量，现有能力，管理方针和目标等。

3. 闭环 MRP

20 世纪 60 年代，时段式 MRP 能根据有关数据计算出相关物料需求的准确时间与数量，但它还不够完善，其主要缺陷是没有考虑到生产企业现有的生产能力和采购相关条件的约束。因此，计算出来的物料需求的日期有可能因设备和工时的不足而没有能力生产，或者因原料的不足而无法生产。同时，它也缺乏根据计划实施情况的反馈信息对计划进行调整的功能。

正是为了解决以上问题，MRP 系统在 20 世纪 70 年代发展为闭环 MRP（Closed Loop MRP）系统。闭环 MRP 系统除了物料需求计划外，还将生产能力需求计划、车间作业计划和采购作业计划也全部纳入 MRP，形成一个封闭的系统。

MRP 系统的正常运行，需要有一个现实可行的主生产计划。它除了要反映市场需求和合同订单外，还必须满足企业的生产能力约束条件。因此，除了要编制资源需求计划外，还要制定能力需求计划（CRP），同各个工作中心的能力进行平衡。只有在采取了措施，并做到能力与资源均满足负荷需求时，才能开始执行计划。

而要保证实现计划，就要控制计划，执行 MRP 时要用派工单来控制加工的优先级，用采购单来控制采购的优先级。这样，基本 MRP 系统进一步发展，把能力需求计划和执行及控制计划的功能也包括进来，形成一个环形回路，称为闭环 MRP，如图 6-3 所示。因此，闭环 MRP 成为一个完整的生产计划与控制系统。

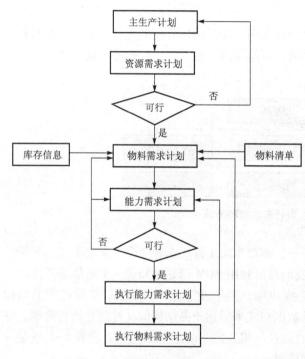

图 6-3　闭环 MRP 逻辑流程图

4. 制造资源计划

制造资源计划（Manufacturing Resource Planning，MRPⅡ）是对于制定企业的所有资源进行有效计划的一种方法。MRPⅡ包括许多相互联系的功能：经营规划、生产规划、主生产计划、物料需求计划、能力需求计划以及有关能力和物料的执行支持系统。这些系统的输出与各种财务报告集成在一起。制造资源计划是闭环 MRP 的直接发展和延伸。MRPⅡ也称为基于网络计划的管理系统。

5. 能力需求计划

1) 资源需求计划与能力需求计划（Capacity Requirements Planning，CRP）

在闭环 MRP 系统中，把关键工作中心的负荷平衡称为资源需求计划，或称为粗能力计划，它的计划对象为独立需求件，主要面向的是主生产计划；把全部工作中心的负荷平衡称为能力需求计划，或称为详细能力计划，而它的计划对象为相关需求件，主要面向的是车间。由于 MRP 和 MPS 之间存在内在的联系，所以资源需求计划与能力需求计划之间也是一脉相承的，而后者正是在前者的基础上进行计算的。

2) 能力需求计划的依据

（1）工作中心：它是各种生产或加工能力单元和成本计算单元的统称。对工作中心，都统一用工时来量化其能力的大小。

（2）工作日历：是用于编制计划的特殊形式的日历，它是由普通日历除去每周双休日、假日、停工和其他不生产的日子，并将日期表示为顺序形式而形成的。

（3）工艺路线：是一种反映制造某项物料加工方法及加工次序的文件。它说明加工和装配的工序顺序、每道工序使用的工作中心、各项时间定额、外协工序的时间和费用等。

（4）由 MRP 输出的零部件作业计划。

3) 能力需求计划的计算逻辑

闭环 MRP 的基本目标是满足客户和市场的需求，因此在编制计划时，总是先不考虑能力约束而优先保证计划需求，然后再进行能力计划。经过多次反复运算，调整核实，才转入下一个阶段。能力需求计划的运算过程就是把物料需求计划定单换算成能力需求数量，生成能力需求报表。这个过程可用图 6-4 来表示。

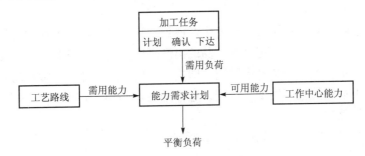

图 6-4 能力需求报表生成过程

当然，在计划时段中也有可能出现能力需求超负荷或低负荷的情况。闭环 MRP 能力计划通常是通过报表的形式（直方图是常用工具）向计划人员报告之，但是并不进行能力负荷的自动平衡，这个工作由计划人员人工完成。

MRP 系统的建立首先是在假定已有了主生产计划，并且主生产计划是可行的前提之下，这也就意味着在已经考虑了生产能力是可能实现的情况下，有足够的生产设备和人力来保证生产计划的实现。对于已定的主生产计划应该生产些什么，属于 MRP 系统功能的管辖范围，而工厂生产能力有多大，能生产些什么，则属于制定主生产计划的范围，对此，MRP 系统就显得无能为力了，这也是 MRP 系统欠缺的一面。

其次，MRP 系统的建立是假设物料采购计划是可行的，即认为有足够的供货能力和运输能力来保证完成物料的采购计划。而实际上，有些物料由于市场紧俏，供货不足或者运输工作紧张而无法按时、按量满足物料采购计划，这样，MRP 系统的输出将只是设想而无法使之实现。因此，用 MRP 方法所计算出来的物料需求的日期有可能因设备工时的不足而没有能力生产，或者因原料的不足而无法生产。

要解决以上问题，在实际使用 MRP 系统时，往往要预先编制一套生产计划，计算出所需要的生产能力，然后把这个生产能力与实际生产能力进行比较，发现不平衡时，调整生产能力或生产计划，经过反复的人工试算，得到正式的生产计划。在实际使用 MRP 系统时，对于物料采购计划不能实现的部分，也可依靠人工进行调整与落实。

6.2　MRP 系统的构成

6.2.1　MRP 的输入

MRP 的输入有三个文件：

1. 主生产进度计划

主生产进度计划（Master Production Schedule，MPS）一般是指主产品的一个产出时间进度表。主产品是指企业生产的用以满足市场需要的最终产品，一般是整机或具有独立使用价值的零件、部件、配件等。它们一般是独立需求产品，靠市场的订货合同、订货单或市场预测来确定其未来一段时间（一般是一年）的总需求量，包括需求数量、需求时间等。这些资料再根据企业生产能力状况经过综合调配平衡，把它们具体分配到各个时间单位中去，这就是主产品出产进度计划。这个主产品出产进度计划是 MRP 系统最主要的输入信息，也是 MRP 系统运行的主要依据。

主产品出产进度计划来自企业的年度生产计划。年度生产计划覆盖的时间长度一般是一年，在 MRP 中用 52 周来表示。但是主产品的出产进度计划可以不是一年，要根据具体的主产品的出产时间来定。但有一个基本原则，即主产品出产进度计划所覆盖的时间长度要不少于其组成零部件中最长的生产周期。否则，这样的主产品出产进度计划不能进行 MRP 系统的运行，因此是无效的。

例如，有一个产品的出产计划如表 6-2 所列。

表 6-2　产品 A 的出产进度表

时期/周	1	2	3	4	5	6	7	8
产量/（件/周）	25	15	20		60		15	

2. 主产品结构文件

主产品结构文件（Bill of Materials，BOM）不简单的是一个物料清单，它还提供了主产品的结构层次、所有各层零部件的品种数量和装配关系。一般用一个自上而下的结构树表示。每一层都对应一定的级别，最上层是 0 级，即主产品级，0 级的下一层是 1 级，对应主产品的一级零部件，这样一级一级往下分解，一直分解到最末一级 n 级，一般是最初级的原材料或者外购零配件。每一层各个方框都表示三个参数：

（1）组成零部件名。

（2）组成零部件的数量。指构成相连上层单位产品所需要的本零部件的数量。

（3）相应的提前期。所谓提前期包括生产提前期和订货提前期。所谓生产提前期，是指从发出投产任务单到产品生产出来所花的时间；而订货提前期是指从发出订货到所订货物采购到货入库所花的时间。提前期的时间单位要和系统的时间单位一致，也以"周"为单位。有了这个提前期，就可以由零部件的需要时间而推算出投产时间或采购时间。

例如，图 6-5 给出了主产品 A 的结构图。它由两个部件 B 和 1 个零件 C 装配而成，而部件 B 又由一个外购件 D 和一个零件 C 装配而成。A，B，C，D 的提前期分别是 1，1，3，1 周，也就是说，装配一个 A 要 1 周时间（装配任务要提前一周下达），装配一个 B 要提前 1 周下达任务单，生产一个 C 要提前 3 周下达任务单，而采购一个 D 要提前 1 周发出订货单。A 产品结构分成 3 层，A 为 0 层（$n=0$）；B，C 为 1 层（$n=1$）；D，C 为 2 层（$n=2$）。

图 6-5 所画的结构树虽然没有错，而且可以直观地看出主产品的结构层次。但是根据这个结构树，同样的零件 C 在不同的层次上要分别计算一次，容易造成混乱和重复计算，给计算机运行带来麻烦。所以为了计算的方便，常常把在几个层次上都有的同样的零部件，都统一取其最低的层次号，画到它所在的最低层上，如图 6-6 中所示的 C 零件。这也是画出主产品结构图的小技巧。

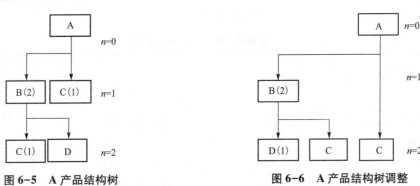

图 6-5　A 产品结构树　　　　　　图 6-6　A 产品结构树调整

3. 库存文件

库存文件也叫库存状态文件。它包含有各个品种在系统运行前的期初库存量的静态资料，但它主要提供并记录 MRP 运行过程中实际库存量的动态变化过程。由于库存量的变化是与系统的需求量、到货量等各种资料变化相联系的，所以库存文件实际上提供和记录各种物料的各种参数随时间的变化。这些参数有：

1）库存量

库存量是指每周库存物资的数量，包括现有库存量和未来各周的计划库存量。在开始运行 MRP 之前，仓库中可能还有库存量，叫做现有库存量，也叫本期期初库存量。MRP 运行是在期初库存量的基础上进行的，所以各个品种的期初库存量作为系统运行的重要参数必须要输入到系统中。由于在一周中，随着物资消耗和物资供应的进行，库存量是变化的，所以周初库存量和周末库存量是不同的。因此规定这里记录的库存量都是周末库存量。它在数值上表示为

$$库存量 = 本周周初库存量 + 本周到货量 - 本周需求量$$
$$= 上周周末库存量 + 本周计划到货量 - 本周需求量$$

库存量是满足各周需求量的物资资源。在有些情况下，为了防止意外情况造成的延误，还对某些关键物资设立了安全库存量，以减少因紧急情况而造成的缺货。在考虑安全库存的

情况下，库存量中还应包含安全库存量。

2）计划到货量

计划到货量是指在本期 MRP 计划之前已经购进在途、或者生产在产，预计要在本次 MRP 计划期的某个时间到达的货物数量。它们会在给定时间点实际到货入库，并且可以用来满足本次 MRP 计划期内的生产和装配需求。它们也可以是临时订货、计划外到货或者物资调剂等得到的货物，但不包括根据这次 MRP 运行结果产生的生产任务单生产出来的产品或根据采购订货单采购回来的外购品。这些产品由下面的"计划接收订货"来记录。

3）总需求量

总需求量是指主产品及其零部件在每一周的需求量，其中主产品的总需求量与主生产进度计划一致，而主产品的零部件的总需求量则可根据主产品出产进度计划和主产品的结构文件推算而得出。

总需求量中，除了生产装配需要用品外，还可以包括一些维护用品，如润滑油、油漆等。既可以为相关需求，也可以为独立需求，合起来记录在总需求量中。

MRP 输入完毕后，MRP 系统会自动计算出各周的库存量、净需求量、计划接受订货量和计划发出订货量，形成如表 6-3 所示的库存文件。

表 6-3 A 产品的库存文件

项目：A（0级）提前期：1		周次							
		1	2	3	4	5	6	7	8
总需求量		25	15	20		60		15	
计划到货量		10		15		40		50	
现有库存量	20	5	-10	-15	-15	-35	-35	0	0
净需求量		0	10	5	0	20	0	0	0
计划接受订货			10	5		20			
计划发出订货		10	5		20				

以上三个文件是 MRP 的主要输入文件。除此之外，为运行 MRP 还需要有一些基础性的输入，包括物料编码、提前期、安全库存量等。

6.2.2 MRP 的输出

MRP 输出，包括了主产品及其零部件在各周的净需求量、计划订货接受量和计划订货发出量三个文件。

1. 净需求量

净需求量，是指系统需要外界在给定的时间提供的给定物料的数量。这是物资资源配置最需要回答的问题，即到底生产系统需要什么物资、需要多少、什么时候需要。而净需求量文件则很好地回答了这些问题。不是所有零部件每周都有净需求量，只有发生缺货的周，即计划库存小于 0 才可能发生净需求量。净需求量的计算方法是：

（1）当本周计划库存量大于 0 时，因为不缺货，所以净需求量为 0；

（2）当本周计划库存量小于 0 时，又分成两种情况：

① 当本周计划库存量小于 0、而上周的计划库存量大于等于 0 时，则本周净需求量就等于本周的缺货量，即本周计划库存量的绝对值；

② 当本周计划库存量小于 0、而上周计划库存量也小于 0 时，则本周净需求量就等于本周的缺货量与上周的缺货量之差，即本周计划库存量与上周计划库存量之差的绝对值。

所以，MRP 在实际运行中，不是所有的负库存量都有净需求量的。求净需求量可以这样简单地确定：在现有库存量一栏中第一个出现的负库存量的周，其净需求量就等于其负库存量的绝对值；在其后连续出现负库存量的各周中，各周的净需求量等于其本周的负库存量与前一周负库存量之差的绝对值。

2. 计划接受订货量

它是指为满足净需求量的要求，应该计划从外界接受订货的数量和时间。它告诉人们，为了保证某种物资在某个时间的净需求量得到满足，提供的供应物资最迟应当在什么时候到达、到达多少。这个参数除了用于记录满足净需求量的数量和时间外，还为后面的参数"计划发出订货"服务，是"计划发出订货"的参照点（两者数量完全相同，时间上相差一个提前期）。计划接受订货的时间和数量与净需求量完全相同。

3. 计划发出订货量

它是指发出采购订货单进行采购，发出生产任务单进行生产的数量和时间。其中发出订货的数量，等于"计划接受订货"的数量，也等于同周的"净需求量"的数量；计划发出订货的时间是考虑生产或订货提前期，为了保证"计划接受订货"或者"净需求量"在需要的时刻及时得到供应，而提前一个提前期得到的一个时间。即

$$计划发出订货时间 = 计划接受订货时间 - 生产(或采购)提前期$$
$$= 净需求量时间 - 生产(或采购)提前期$$

因为 MRP 输出的参数是直接由 MRP 输入的库存文件参数计算出来的，所以为直观起见，总是把 MRP 输出与 MRP 库存文件连在一起，边计算边输出结果。例如，表 6-3 就列出了某产品的 MRP 运行结果。其运行过程如下：

首先根据 MRP 输入的库存文件计算出 A 产品各周的库存量。

$$本周库存量 = 上周库存 + 本周计划到货订货 - 本周总需求$$

然后 MRP 系统就计算和输出各周的净需求量。只有那些库存量为负数的周才有净需求量。净需求量的计算方法是：第一次出现的负库存量（-10）的周（第 2 周）的净需求量就等于其负库存量的绝对值（10），紧接在后面的负库存量的周（第 3 周）的净需求量就等于本周的负库存量（-15）减去上一周的负库存量（-10）所得结果的绝对值（5）。同样算出第 5 周净需求量为 20，第 4、6、7、8 周的净需求量为 0。

接着 MRP 系统就计算和输出计划接受订货量，它在数量和时间上都与净需求量相同，如表 6-3 所示，第 2 周接受 10，第 3 周接受 5。计划接受订货量满足净需求量，而计划到货量满足部分总需求量。二者结合起来，就完全满足了总需求量。

最后 MRP 系统就计算和输出计划发出订货量，它是把计划接受订货量（或净需求量）在时间上提前一个提前期（这里是 1 周）、订货数量不变而形成的，如表 6-3 所示，第 1 周发出 10 个的订货单，第 2 周发出 5 个的订货单。这就是 MRP 最后处理的结果。它最后给出的是发出的一系列订货单和订货计划表。

6.2.3 MRP 处理过程

MRP 整个处理过程可以用图 6-7 所示的流程图表示。整个过程可以分成以下几步：

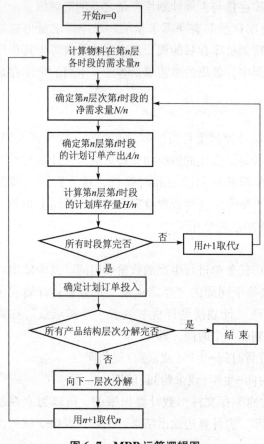

图 6-7 MRP 运算逻辑图

1）准备

在运行 MRP 之前，要做好以下几个方面的准备工作：

确定时间单位，确定计划期的长短。一般计划期可以取 1 年，时间单位取为周，则计划期就是 52 周。当然时间单位也可以取天、计划期可以取任意的天数。在这里，取时间单位为周，计划期长度为 M 周。

（1）确定物料编码，包括主产品和零部件的编码。

（2）确认主产品出产进度计划 MPS，它被表示成主产品各周的出产量。

（3）确认主产品的结构文件 BOM，它被表示成具有层级结构的树形图。由主产品（0 级）开始，逐层分解成零部件，直到最后分解到最低层（设为 n 级）——初级原材料或外购件零配件为止。每个组成零部件都要标明零部件名、单个上层零部件所包含本层零部件的数量和本层零部件的生产（或采购）提前期。每一层都要标明层号（也叫层级码）。

除了主产品（一般为独立需求）及其零部件（一般为相关需求）外，还有些辅助生产用品、维护、维修用品等需求外购的用品，可以作为独立需求按实际需求量直接列入 BOM 的最低层，参与共同的物料需求计划。

（4）准备好主产品及其所有零部件的库存文件，特别是各自的期初库存量、计划到货量。有些物资，尤其是长距离、难订货的物资还要考虑安全库存量、订货批量和订货点等。

2）逐级处理

首先从层级码等于 0 的主产品开始，依次取各级层级码的各个零部件，进行如下处理：

（1）输入提前期 L、期初库存量 H_0（有些物资还要输入订货点 Q_k、订货批量 Q_0、安全库存量 Q_s 等）。

（2）对于每一个时间单位 t（周），输入并计算下列参数：

① 输入或计算出进度计划 $G(t)$；

② 输入计划到货量 $S(t)$；

③ 计算库存量 $H(t)$：$H(t) = H(t-1) + S(t) - G(t)$；

④ 求出净需求量 $N(t)$：

当 $H(t)<0$、而 $H(t-1)<0$ 时，$N(t)=|H(t)-H(t-1)|$；

当 $H(t)<0$、而 $H(t-1)\geq 0$ 时，$N(t)=|H(t)|$；

当 $H(t)\geq 0$、而 $H(t-1)<0$ 时，$N(t)=0$

⑤ 计算计划接受订货量 $P(t)=N(t)$；

⑥ 计算并输出计划发出订货量 $R(t-L):R(t-L)=P(t)$。

（3）输出计划发出订货量 $R(t-L)$。这是每一零部件发出的订货单，包括订货数量、订货时间，既包括交各车间加工制造的生产任务单，也包括交采购部门采购的采购订货单。它们按时间整理起来就是一个物料订货计划，也就是一个物料需求计划。

下面结合实例说明 MRP 的运算逻辑步骤。

例：以表 6-2 作为主产品出产进度计划 MPS，图 6-5 作为主产品文件 BOM，表 6-3 作为库存文件的 A 产品为例计算。时间单位为周，计划期长 8 周。其中相同的零部件取其最低层级码，构造新的结构图，如图 6-6 所示。

先从层级码为 0 的主产品 A 算起。其提前期为 1 周，期初库存量为 20。根据其 $G(t)$、$S(t)$ 进行 MRP 运算的结果见表 6-4。

表 6-4 A 产品的订货计划表

项目：A（0级）	周次							
提前期：1	1	2	3	4	5	6	7	8
计划发出订货	10	5		20				

再算层级码为 1 的部件 B。一个主产品 A 由 2 个部件 B 和 1 个零件 C 构成。B 的期初库存量为 10，提前期为 1 周。

根据表 6-4，A 产品在第 1、2 和 4 周计划发出生产订货任务单，分别订 10、5、20 个 A 产品、也就是要在 1、2、4 周分别要 20、10、40 个 B 部件。由于 B 的期初库存量只有 10，而第 1 周总需要量为 20，且订货提前期要 1 周，所以来不及按正常订货满足，只有采取紧急订货，实现第 1 周计划到货量 10，来满足第 1 周总需要量。计算出第 2、4 周的净需要量分别为 10 和 40。第 1、3 周分别计划发出订货量 10 和 40。计算结果见表 6-5。

表 6-5 B 部件的 MRP 运行结果

项目：B（1级）		周次							
提前期：1		1	2	3	4	5	6	7	8
总需求量		20	10		40				
计划到货量		10							
库存量	10	0	-10	-10	-50				
净需要量			10		40				
计划接受订货			10		40				
计划发出订货		10		40					

算完第 1 级，再算第 2 级（层级码 $n=2$）。第 2 级有一个外购件 D 和一个零件 C。一个

B由一个D和一个C构成。D的提前期为1周。期初库存量为5，第1周计划到货量10，同样计算得表6-6。第2周发出采购订货单35件。

再算第二级的另一个零件C。其期初库存量为0、提前期为3周。第1周计划到货量70。一个A由一个C、一个B由一个C构成。由表6-5知，第1、3周分别需要B部件10件和40件，因此需要C也为10和40件。又由表6-4知，A产品第1、2、4周分别发出订货10、5、20件，因而需要C也为10、5、20件。这样C的总需求量合起来为：第1周20，第2周5，第3周40，第4周20。计算的结果如表6-7所示。第1周就要发出C零件的生产订货任务单15件。

表6-6 D外购件的MRP运行结果

项目：D（2级）		周次						
提前期：1		1	2	3	4	5	6	7	8
总需求量		10		40					
计划到货量		10							
库存量	5	5	5	−35	−35	−35	−35	−35	−35
净需要量				35					
计划接受订货				35					
计划发出订货			35						

表6-7 C零件的MRP运行结果

项目：C（2级）		周次						
提前期：3		1	2	3	4	5	6	7	8
总需求量		20	5	40	20				
计划到货量		70							
库存量	0	50	45	5	−15	−15	−15	−15	−15
净需要量					15				
计划接受订货					15				
计划发出订货		15							

根据以上的运行，可以得出为按计划出产产品A而需要的物料订货计划，或者物料需求计划，如表6-8所示。

表6-8 出产A产品所需要的物料订货计划

物料	周次							
	1	2	3	4	5	6	7	8
B	10		40					
C	15							
D		35						

需要说明的是，企业生存在一个动态的市场环境中，市场需求的变化、客户订货数量的增减、临时紧急订货的发生等，往往迫使企业不得不对主生产计划做出调整，所有这些都意味着每种物料的需求数量和需求时间也要随之改变。

6.3 MRP 采购的实施

6.3.1 采购计划的确定

在上一节中，通过 MRP 系统的运行结果，确定了所需物料的计划发出订货的订货量和订货时间。这就是订货计划，也就是采购计划。经过一个采购提前期，采购回来的物资刚好可以赶上这一周的需求。但是在实际的生活中，执行这样的采购计划可能会有一定的困难。这主要是因为没有一个固定的订货批量，订货量时大时小，无论是包装还是运输，都不太方便，有些甚至不能实现。因为供应商的商品通常都是整箱整包地包装好的，一般不拆开零卖，要买就买一个包装单元。也就是说，采购的数量要受到供应商包装单元的制约。同时，运输要受到运输单元的制约。所以采购数量最好是一个整数，是包装单元的整数倍，采购数量应当按固定订货批量进行采购，这样就要使用固定订货批量处理的 MRP 计算模型。

按固定订货批量处理的 MRP 计算模型的原理见表 6-9。

表 6-9 采购计划的确定计算表

项目：E（1级） 订货点：60 订货批量：150 提前期：3 周		周次						
		1	2	3	4	5	6	7	8
总需求量		60	40	60	40	60	40	60	40
计划到货量			150						
订货后库存量	100	40	150	90	50	140	100	40	150
计划接受订货						150			150
计划发出订货			150			150			

在表 6-9 中，产品 E 设定了固定订货批量 150，订货点为 60，订货提前期为 3 周。它在第 2 周有一个 150 的在途到货，计划期前库存量 100。根据各周需求量的情况可以计算出各周的订货后库存量。所谓订货后库存量，是指把本周计划订货到货量考虑进来，用于销售之后还剩下的库存量，即

本周订货后库存量=上周订货后库存量+本周在途库存量+
本周计划接受订货量-本周需求量

其中，本周计划接受订货量是这样确定的：判断上周的订货后库存量加上本周的计划在途到货量再减去本周需求量，是否小于等于 0。如果小于等于 0，则就把计划接受订货量等于一个订货批量，否则计划接受订货量就等于 0。例如，表 6-9 中的第 5 周，因为第 4 周的订货后库存量 50 加上第 5 周的计划在途到货量 0 再减去第 5 周的需求量 60，等于-10，小于 0，

所以取第5周的计划接受到货量为一个订货批量150。同理，第8周的计划接受到货量也为一个订货批量150，而其余各周的计划接受到货量为0。

求出了计划接受到货量后，就可以得出计划发出订货量。计划发出订货量由计划接受到货量提前一个订货提前期而得到。例如，第5周有一个150的计划接受订货量，把它提前一个订货提前期3周，即在第2周就有一个150的计划发出订货量。这意味着，应当在第2周就发出采购一个批量150，经过一个订货提前期，即到第5周，这个150的订货批量就能运进仓库，从而满足第5周的需求量。同理，对应第8周的计划接受订货量150，应该在第5周发出一个150的计划发出订货量。所以，表6-9的最后一行，实际上就是得出的采购计划。

本例是定量不定期，当然，也可以是定期不定量，如果由MRP确定的计划订货量十分稳定，可以采取定期定量的采购。

6.3.2　MRP采购的注意事项

一般的采购活动都有以下几个步骤：资源的调查；供应商认证；询价及洽商；生成请购单；采购单跟踪；验收入库；结算。

实施MRP采购除了上述这些步骤外，还必须有一定的基础条件。最为重要的基础条件有两点：一是企业实施了MRP管理系统，二是企业有良好的供应商管理。

如果企业没有实施MRP系统，就谈不上进行MRP采购；不运行MRP系统，物料的需求计划就不可能由相关需求转换成独立需求；没有MRP系统生成的计划订货量，MRP采购就失去了依据。如果手工计算，那计算量可想而知，对于复杂产品的物料相关需求靠手工计算根本就是不可能的。若仍采用订货点方法进行采购，必然造成零部件配不齐或者原材料的大量库存，占用大量的流动资金。因此，可以说MRP系统与MRP采购是相辅相成的，如果企业采用了MRP系统，则它对需要购买的物料必然实行MRP采购管理，这样才能使MRP系统良好地运行；而企业若实行MRP采购管理，则必然是企业实行了MRP采购，否则MRP采购如同空中楼阁，失去了基础。

实施MRP采购管理必须要有良好的供应商管理作为基础。在MRP采购中，购货的时间性要求比较严格。如果没有严格的时间要求，那么MRP采购也就失去了意义。如果没有良好的供应商管理，不能与供应商建立起稳定的客户关系，则供货的时间性要求就很难保证。

除了上面的这些基础条件外，MRP采购同一般采购管理还有一点不同，就是物料采购确定或者物料到达后，需要及时更新数据库。这里不仅仅包括库存记录，还有在途物料、已发订货单和计划到货量。这些数据都要添加到MRP系统中，作为下次运行MRP系统的基础数据。

思考题

1. 简述MRP采购的原理。
2. 说明MRP的输入、输出文件。
3. 简述MRP处理过程。

第7章 供应链采购

本章重点

掌握供应链的含义、供应链管理的基本思想；供应链采购与传统采购的区别，供应链采购的特点；供应商选择的影响因素及选择的步骤；供应链采购具体实施过程。

7.1 供应链概述

随着经济全球化的发展，市场竞争更加激烈，社会分工更加细密，任何企业都不可能单独有效地完成与企业核心产品相关的所有业务。因此，企业必须依靠上下游企业的协同合作，才能拥有有效资源，在竞争中取胜，这必然使企业在管理企业内部事务，关注内部价值链的同时，更加注重外部关系。供应链就是价值链理论从企业内部延伸到企业外部的产物。对于什么是供应链，目前许多学者从不同的角度给出了不同的定义。

7.1.1 供应链

1. 供应链的概念

早期的观点认为，供应链是制造企业中的一个内部过程，它是指把从企业外部采购的原材料和零部件，通过生产转换和销售等活动，再传递到零售商和用户的一个过程。传统的供应链概念局限于企业的内部操作层面上，注重企业的自身资源利用目标。

随着供应链的发展，许多学者越来越注重其与其他企业的联系，注重供应链企业的外部环境，认为它应是一个"通过链中不同企业的制造、组装、分销、零售等过程将原材料转换成产品，再到最终用户的转换过程"，这是更大范围、更为系统的概念。

最近，供应链的概念更加注重围绕核心企业的网络关系，通过核心企业，将上下游企业连成一个链条，达到合作互惠的目的。可见，供应链是围绕核心企业，通过对信息流、物流、资金流的控制，从采购原材料开始，制成中间产品以及最终产品，最后由销售网络把产品送到消费者手中的将供应商、制造商、分销商、零售商、直到最终用户连成一个整体的功能网链结构，它是在多个存在关联交易的企业基础上形成的范围更广的虚拟企业结构模式。供应链不仅是一条联结供应商到用户的物流链、信息链、资金链，还是一条增值链。物料在供应链上因加工、包装、运输等过程而发生增值,从而给关联企业带来收益。这样对供应链概念的理解就显得尤为重要:首先,要明确供应链的结构是一种网链结构。供应链中的企业之间通过物流、资金流和信息流联结成一个网链,每个企业都是这个网链中的一个节点,每个节点既是供方又是需方,节点之间则形成供需关系。其次,供应链还是一种增值链。没有增值,供应链就没有存在的必要,所有形式的供应链都是通过承担不同职能的企业进行资源转换和组合,将原材料加工成在产品或产成品,然后"分送"到用户手中,通过相关企业的分工合作来提高企业运营效率,获得更大的效益。最后强调的是,它是面向用户需求的。在供应链的运作过程中,用户的需求信息引导着供应链中的物流和资金流。

2. 供应链的结构

根据供应链的概念,从其组成来看,参与供应链的基本实体主要有供应商以及上游供应商、制造商、配送中心或分销商、零售商、用户等,在供应链系统的实际运行中,必有一个企业处于核心地位。该企业起着对供应链上的信息流、资金流和物流的调度及协调中心的作用。从这个角度出发,供应链系统的结构可以具体地表示为图7-1。

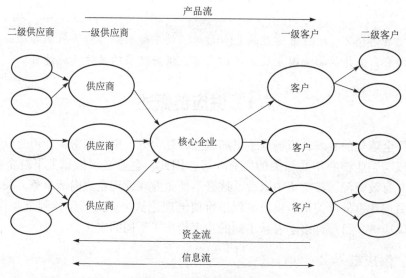

图7-1 供应链结构图

供应链的宗旨是实现供应链整体效益最大化,最好地满足用户需要,供应链上各企业共赢。它的着眼点不是在某个企业,而是企业之间,是整个供应链中的所有企业,强调企业之间业务的协调。

7.1.2 供应链管理

由于经济的发展,市场竞争的激烈,致使企业需要面临外部环境变化带来的不确定性,其中包括市场因素(顾客对产品、产量、质量、交货期的需求和供应方面)和企业经营目标(新产品、市场扩展等)的变化。这些变化增加了企业管理的复杂性,企业要想在这种严峻的竞争中生存下去,必须具有强有力的处理环境变化和由环境引起的不确定性的能力,因而形成了供应链管理思想。

供应链管理是一种集成的管理思想和方法,它包括供应链中从供应商到最终用户这一物流过程的计划和控制等职能，通过对前馈的信息流和反馈的物料流及信息流，将供应商、制造商、分销商、零售商，直到最终用户连成一个整体的管理模式。从供应链管理思想产生的过程中可以看出供应链管理思想的精髓，主要体现在以下 7 个方面：

1. "横向一体化"的管理思想

利用企业外部资源快速响应市场需求，本企业只抓自己核心竞争力的业务，而将非核心业务委托或外包给合作伙伴企业。例如，福特汽车公司的 Festiva 车型就是由美国设计，在日本的马自达公司生产发动机，由韩国的制造厂生产其他零件和装配，最后再到美国市场销售。这种强调企业核心竞争力的管理思想也是当今人们谈论的共同话题，为此，每一个企业要清楚地辨别本企业的核心业务。

2. 非核心业务都采取外包的方式分散给业务伙伴，与业务伙伴结成战略联盟关系

实施这种策略最主要的目的是控制和降低成本，提高公司的核心业务能力和蓄积形成世界级企业的能量；供应链管理还可以把风险分散给其他业务合作伙伴，加速企业重构优势，利用企业未拥有的资源，把企业难以管理或掌控的辅助业务外包给专业性强的企业来管理，从而节约资金。

3. 供应链企业间形成的是一种合作性竞争

合作性竞争可以从两个层面理解：一是过去的竞争对手相互结盟，共同开发新技术，成果共享；二是将过去由本企业生产的非核心零部件外包给供应商，双方合作共同参与竞争，充分体现出核心竞争力的互补效应。

4. 以顾客满意度作为目标的服务化管理

对下游企业来说，供应链上游企业的功能不是简单地提供物料，而是要以最低的成本提供最好的服务。简单地以制造商和供应商之间的关系来说，传统的企业管理仅仅把供应商作为一个原材料的提供商，往往是短期的合作，甚至是一次性的合作关系，因此比较关注成交的价格问题；而对于供应链上的两个企业，从供应商的角度考虑，制造商是其长期客户，他们之间的利益关系是紧密相连的，供应商不但要在原材料供应上做到交货准时、服务周到等，还要站在制造商的立场上充分考虑市场的需求状况，以及产品的开发等；同样对于制造商来讲，供应商是其重要合作伙伴，可以通过信息的共享来控制自身的库存，增强企业应对市场变化的敏捷性。所以二者之间利益是共同的，因此要保证服务质量。

5. 供应链追求物流、信息流、资金流、工作流和组织流的集成

这几个流在企业日常经营中都会发生，但过去是间歇性或间断性的，因而影响企业间的协调，最终导致整体竞争力下降。供应链管理则强调这几个流必须集成起来，只有跨企业流程实现集成化，才能实现供应链企业协调运作的目标。

6. 借助信息技术实现目标管理

现代信息技术的应用是信息管理的先决条件。供应链企业之间通过现代信息技术的应用，实现相互之间的实时信息交流，排除沟通障碍，协调运作，达成双赢目标。同时，通过信息共享，促成供应链的所有成员密切合作，共同抵御市场风险，增强供应链企业的整体竞争力。

7. 更加关注物流企业的参与

在供应链管理环境下，物流的作用特别重要，因为缩短物流周期比缩短制造周期更为关键。供应链管理强调的是一种从整体上响应最终用户的协调性，没有物流企业的参与是不可想象的。

7.2 供应链采购的原理和特点

从工业生产诞生之日起,就有了采购。在 200 多年漫长岁月里的企业采购,我们称之为传统采购。只是进入 20 世纪 90 年代以后,企业间的竞争由单打独斗逐渐发展为群体间的供应链竞争,传统采购才逐渐演变和发展为供应链采购。

7.2.1 传统采购与供应链采购

1. 传统采购模式

传统采购的重点放在如何和供应商进行商业交易的活动上,比较重视交易过程中供应商的价格比较,通过供应商的多头竞争,从中选择价格最低的作为合作者。主要表现在:

1)传统采购过程是典型的非信息对称博弈过程

在采购过程中,采购一方为了能够从多个竞争性的供应商中选择一个最佳的供应商,往往会保留私有信息,因为如果给供应商提供的信息越多,供应商的竞争筹码就越大,这样对采购一方不利,因此采购一方尽量保留私有信息,而供应商也在和其他的供应商竞争中隐瞒自己的信息。这样,采购、供应双方都不进行有效的信息沟通,属于非信息对称的博弈过程。

2)传统采购把验收检查作为质量把关手段,质量控制难度大

质量与交货期是采购方要考虑的另外两个重要因素,但是在传统的采购模式下,要有效控制质量和交货期只能通过事后把关的办法解决,由于采购方很难参与供应商的生产组织过程和有关质量控制活动,加之供应商的相关工作缺乏透明度,导致采购方很难控制进货质量。

3)供需关系是临时的或短时期的合作关系,而且竞争多于合作

在传统的采购模式下,供应与需求之间的关系是临时性的,或者短时性的合作,而且竞争多于合作。由于缺乏合作与协调,采购过程中各种抱怨和扯皮的事情比较多,没有更多的时间用来做好长期性预测与计划工作,在供应与需求之间这种缺乏合作的氛围中增加了彼此运作中的不确定性。

4)对用户需求的响应迟钝

由于供应与采购双方在信息的沟通方面缺乏及时的信息反馈,在市场需求发生变化的情况下,采购方也不能及时改变同供应方已签订的合同,采购方在市场需求减少时库存增加,市场需求增加时,物料供不应求,如果重新订货又要再进行谈判。因此,供需双方不能对用户的需求迅速做出响应,往往丧失了大好的市场机会。

2. 基于供应链的采购

供应链采购是指在供应链机制下,成员企业之间的采购模式。在供应链机制下,采购者把自己的需求规律信息(如库存信息等)及时地传递给供应商,供应商根据产品的消耗情况及时地进行小批量库存补充,既能保证采购方满足生产的需要,又使采购方库存量最小。

3. 供应链采购与传统采购模式的差异

供应链采购与传统的采购相比,物资供需关系没变,采购的概念没变,但是,由于供应链各个企业之间是一种战略伙伴关系,采购是在一种友好合作的环境中进行,所以采购的观

念和采购的操作都发生了很大变化。其差异主要体现在：

1）由为库存采购到为订单采购的转变

在传统的采购模式中，采购的目的很简单，就是为了补充库存，即为库存而采购。采购部门并不关心企业的生产过程，不了解生产的进度和产品需求的变化，因此采购过程缺乏主动性，采购部门制定的采购计划很难适应制造需求的变化。供应链采购是需要多少就采购多少，什么时候需要什么时候采购。采购回来的货物直接送需求点。供应链采购在这一点上，与 JIT 采购相同，是以订单驱动方式进行的，制造订单的产生是在企业需求订单的驱动下产生的，然后，制造订单驱动采购订单，采购订单再驱动供应商，使供应链系统得以准时响应企业的需求，从而降低了库存成本，提高了物流的速度和库存周转率。

2）由单纯的物质管理向全方位的外部资源管理转变

现代供应链理论认为，不但企业内部的人财物是企业的资源，企业外部的人财物包括供应商也都是企业应该和可以利用的资源，因此，需方企业不仅关注对供应商的物的管理，更加关注对供应商的全方位管理。具体表现在以下几个方面：

（1）需方与供应商建立一种长期的、互惠互利合作关系。这种合作关系保证了供需双方能够有合作的诚意以及参与需要双方共同解决问题的积极性。

（2）需方提供信息反馈和教育培训支持。需方及时把供应商的产品质量问题反馈给供应商，以便供应商及时改进，同时，为解决个性化产品的质量问题，需方提供有关技术培训工作，使供应商能够按照要求提供合格的产品和服务。

（3）需方参与供应商的产品设计和产品质量控制过程。

（4）需方参与协调供应商的生产计划。

（5）需方与供应商建立一种有不同层次的供应商网络，并通过逐步减少供应商的数量，强化与供应商的合作伙伴关系。

对供应商而言，要想更好地对外部资源进行管理，同样需要其配合和支持，提供相应的协作：帮助拓展用户，保证高质量的售后服务；对下游企业的问题做出快速反应，及时报告所发现的可能影响用户服务的内部问题；不断改进产品和服务质量。

3）由一般买卖关系向战略合作伙伴关系的转变

在传统采购模式中，供应商与需求企业之间是一种简单的买卖关系，致使一些固有的弊端，长期无法得到解决。而供应链采购则不同，通过双方的共同努力，可以有效解决很多传统采购难以解决的问题。

（1）解决库存问题。在传统采购模式下，各企业无法共享库存信息，因此，各企业都各自独立地采用订货点技术进行库存决策，不可避免地产生库存与生产的不协调，要么超储积压，要么供不应求。为了确保生产的顺利进行，超额储存是大多数企业的常态，库存成了企业的沉重负担。但在供应链采购模式下，供需双方是一种合作伙伴关系，且通过数据共享，供方按需提供原材料和零部件，确保需方的库存控制在合理的水平上。

（2）解决风险问题。传统采购模式由需求方自己承担风险，而在供应链采购模式下，由于供需双方是一种战略性合作关系，双方可以通过友好协商化解和共同承担这些意外事件带来的风险，如运输过程的风险、信用的风险、产品质量的风险等。

（3）合作伙伴关系可以为双方共同解决相关问题提供便利的条件，不必再为日常琐事消耗时间与精力，而将工作的重心放在企业的长远发展和重要决策上。

(4) 降低采购成本问题。由于双方是合作伙伴关系，能够做到信息的共享，避免了由于信息不对称导致的错误，从而节约了采购成本。

(5) 战略性的伙伴关系消除了供应过程的组织障碍。

7.2.2 供应链采购的特点

从传统采购与供应链采购的不同之处，可以看出供应链采购的特点。

1. 从采购性质上看

1) 供应链采购是一种基于需求的采购

该种形式的采购，需要依据生产或销售的需要，需要多少就采购多少，什么时候需要什么就时候采购。采购回来的货物直接送需求点使用。供应链采购在这一点上，与 JIT 采购相同，而与传统采购截然不同。传统采购是将采购回来的货物直接进入库存，因此是基于库存的采购。

2) 供应链采购是一种供应商主动型采购

在传统的采购模式下，供应商和采购方没有根本的利益关系，采购方作为单独的一个经济个体出现，需要自己采购，再组织生产，这样一来，就必须靠自己主动承担全部采购任务，势必要主动寻找供应商，这样要花费很多时间去调查供应商、调查产品、调查价格，然后选择供应商，再和供应商洽谈，签订合同，然后还要联系进货，再进行质量检查，而供应商处于一种被动地位。但在供应链采购模式下，由于供应链的采购者的需求信息随时都传送给供应商，所有供应商能够随时掌握企业需求信息，能够根据需求状况、变化趋势及时调整生产计划，及时补充货物，主动跟踪企业需求，主动适时适量地满足企业需要。由于双方是一种合作的利益共同体，如果需求方的产品质量不好，造成产品滞销积压，供应商自己也会遭受损失，所以供应商会主动关心产品质量，自觉把好质量关，保证需求方的产品质量。

3) 供应链采购是一种合作型采购

供应链采购中的供需双方为了产品能在市场上占有一席之地，获得更大的经济效益，分别从不同的角度互相配合、互相帮助，在采购上也是相互协调配合，提高采购工作效率，最大限度地降低采购成本，最好地保证供应。

2. 供应链采购是在基于友好合作的环境下进行的

供应链采购是在友好合作的环境下进行的，而传统采购则是在基于利益互斥，对抗性竞争环境下进行的，由于采购环境的根本不同，导致了许多观念上、操作上的不同，从而有了各自的优点和缺点，而供应链采购的友好合作环境是供应链采购的根本特征也是它最大的优点。

3. 供应链采购过程中实现了企业之间信息的连通和共享

在供应链采购过程中，供应商能随时掌握用户的需求信息，掌握企业需求变化的情况，能够根据企业需求和需求变化情况，主动调整自己的生产计划和送货计划。供应链各个企业可以通过计算机网络进行信息沟通，利用计算机很方便地进行业务协调，进行相互之间的业务处理活动，可以通过网络直接发出订单等。当然，信息传输、信息共享，首先要求每个企业内部的业务数据要信息化、电子化。因此供应链采购的基础就是要实现企业的信息化、企业间的信息共享，也就是要建立企业内部网络 Intranet、企业外部网络 Extranet，并和 Internet 连通，构建起企业管理信息系统。

4. 供应链采购是由供应商管理库存

供应链采购中的用户没有库存，即零库存，由供应商对其库存进行管理，意味着用户无须设库存、无须关心库存。这对双方都有一定的优越性：第一，用户零库存，可以大大节省费用、降低成本、专心致志地搞好其核心业务，发挥核心竞争力，提高效率；第二，供应商掌握库存自主权，可以根据需求变动情况，适时地调整生产计划和送货计划，既可以避免盲目生产造成的浪费，也可以避免库存积压造成的成本上升。同时，由于双方的责任和利益是紧密相连的，从而更加强了供应商的责任心，自觉提高了企业的服务水平，双方共同获益。

5. 供应链采购是由供应商负责连续小批量多频次的送货

供应商送货的目的是直接满足企业需要，随时按需送货，既不早送，也不多送。供应商采取连续小批量多频次的送货机制，可以大大降低库存，甚至实现零库存。而传统采购是大批量少批次地订货进货，虽然采购成本相对低些，但因库存量大，会增加库存费用，尤其市场需求的高度不确定性，可能导致销售不畅，造成产品积压风险。

6. 供应链采购活动中双方是一种战略联盟的合作关系

在供应链采购中，买方和卖方企业是一种友好合作的战略伙伴关系，互相协调、互相配合、互相支持，有利于各方面工作的顺利开展，提高工作效率、实现双赢。而传统采购中双方是互相防备，互相封锁信息，相互不信任、少有配合，甚至相互伤害，工作效率相对较低。

7. 供应链采购在货检贯穿所购产品生产检验的全过程

供应链采购方式中，供方支持采购方参与本企业产品出厂前的生产和验收过程，配合需方提前严把质量关，防患质量问题于未然。而且由于供需双方是供应链上的利益共同体，所以能努力做到自我约束，确保出厂产品质量，尽力争取获得免检待遇，从而供需双方均节约了检验费用、降低了成本、保证了质量。但传统采购则截然不同。

7.3 供应链采购的运营

7.3.1 供应商选择及管理

前已述及，在当今的市场上，企业间的竞争，说到底是供应链之间的竞争，竞争海洋中的强势供应链之所以能够战胜竞争对手，不仅仅是因为供应链的科学运作，更重要的是因为它的节点企业都是优质的供应商。就采购而言，同样如此，要想按时获得优质的原材料和零部件，必须取得优质供应商的支持和配合。所以需方在选择供应商时，要慎之又慎，全面考察，努力选择优秀的供应商为我所用。

1. 供应商选择的考虑因素

供应商的选择会受到各种政治、经济和其他因素的影响，其中主要有以下几个方面：

1）价格因素

主要是指供应商所供给的原材料、初级产品或消费品组成部分的价格，供应商的产品价格决定了需方产品的出厂和销售价格以及整条供应链的投入产出比，对生产商和销售商的利润率产生相当程度的影响。

2）质量因素

就加工制造业而言，主要是指供应商所供给的原材料、初级产品的质量。产品质量是供应链生存之本,产品的使用价值是以产品质量为基础的。供应商所供产品的质量是需方产品质量的基础,没有优质的原材料和半成品,企业就无法生产出优质产品。因此,供应商提供的产品的质量水平,也是选择供应商的重要考虑因素。

3) 交货提前期因素

对于供应链来说,市场是外在系统,它的变化或波动都会引起供应链的变化或波动,市场的不稳定性会导致供应链各级库存的波动,由于交货提前期的存在,必然造成供应链各级库存变化的滞后性和库存的逐级放大效应,交货提前期越短,库存量波动越小,供应链上各企业对市场反应的灵敏度就越高。

4) 交货准时性因素

交货准时性是指按照订货方所要求的时间和地点,供应商将指定产品准时送到指定地点。如果供应商的交货准时性较低,必定会影响生产计划和销售计划的实现。

5) 品种柔性因素

企业生产的产品品种必须多样化,以适应不同消费者的不同个性化需求,达到保有或扩大市场占有率、获取更高利润的目的。因此,供应商应具备较高的多品种的初级产品的生产能力,为需方产品品种多样化提供支持。

6) 设计能力因素

产品持续更新是企业生存和发展之本,企业推出新产品不完全取决于本企业的产品研发设计能力,往往还需要供应商提供新的原材料和零部件,因此要求供应商具备相应的研发设计能力。

7) 特殊工艺加工能力因素

几乎每种产品都具有其独特性,没有独特性的产品的市场生存力较差。产品的独特性要求特殊的生产加工工艺。

8) 其他考虑因素

如该企业的历史长短、企业规模、市场声誉、管理能力、地理位置等也都是重要的参考因素。

2. 供应商选择的步骤

供应商在供应链中担负着重要的角色,供应商的选择机制是多样化的。因此企业的决策者选择供应商时要因地制宜,对企业所处的内外环境进行详细的分析,根据企业的长期发展战略和核心竞争力,选择适应本企业或本行业的供应商。

1) 分析企业所处的内外环境

企业是社会大系统的一部分,必然受到各种经济的、政治的、文化的和市场的因素影响。作为企业的决策者在选择供应商时,建立基于信任、合作、开放性交流的供应链长期合作关系,必须首先分析其内外环境。企业的内在环境主要包括企业文化、企业的发展阶段、企业的核心竞争力、企业的管理水平、企业的组织架构、企业的技术特性、企业生产的产品的市场状况及企业的决策制度和程序等。企业在不同时期处于不同的发展阶段,在每一阶段所面对的可选供应商是不同的。企业外在环境主要包括政府的有关政策、传统文化、技术的变革、经济的全球化水平、市场的开放程度、产业竞争行为和竞争程度等。对企业所处内外环境的分析是确立供应链合作的必要环节,在调查了解分析内外环境的过程中,对潜在供应商的基本状况也会有所了解,从而为供应商的选择创造了有利条件。

2）制定供应商选择规划

供应商的选择是关系企业未来生存发展的重大举措，因此，供应商选择必须从战略的高度确立供应商选择标准。该标准必须与企业的整体和长远目标相适应，要为企业提高核心能力和市场竞争力服务。不同的行业和企业对供应商的要求和选择是不同的，所以应该在体现科学性、灵活性、稳定性和特殊性的基础上制定供应商选择规划。企业在制定规划时不仅要确立目标和标准等原则性问题，还要确定供应商选择时机及具体的实施细则。

3）建立供应商选择和实施的团队组织

供应商选择虽然是企业发展过程中的暂时性举措，但它却关乎企业的长远发展，必须予以高度重视，应当建立一个由多方人员组成的团队承担此项任务。团队组织是以合作性和时效性为基础，团队组织的成员来自管理、采购、质量、生产、市场和技术等与供应链有合作关系的企业内的部门，以及市场调研、咨询等与供应商选择有关的企业外的公司或部门。该团队组织上实行团队管理方式，并得到企业高层的支持。团队组织在完成供应商的选择和实施任务后就自行解散，组织成员则回到各自的部门或企业。

4）市场调研和数据的采集

市场调研和数据采集是供应商选择的起始环节，市场调研和数据采集的正确与否是供应商选择机制的有效和准确实施之关键。市场调研和数据采集的人员必须具备这方面的专业知识，同时具有全局观念。市场调研和数据采集任务非常繁杂，要求工作人员在工作中认真细致，严格按照规划要求进行市场调研和数据采集。市场调研和数据采集的对象必须是具有一定规模的企业的决策者和符合本企业或本行业要求的供应商或潜在的供应商。市场调研和数据采集小组首先根据企业的具体要求和具体环境，按照供应商选择模型设计可行的调研问卷，采用切实可行的调研方式和程序对选择的调研对象进行调研，并将调研数据归类整理。

5）数据分析和模型参数的确定

数据分析和模型参数的确定是供应商选择的核心环节。决定着供应商选择的正确性和未来供应链合作关系运行的有效性。数据分析和模型参数确定人员必须具有敏锐的洞察力，较强的数学分析能力和对模型的理解力。经过市场调研所采集的数据，有些数据是不合理的，而有些数据则会给分析结果带来负作用。因此，首先应该对采集的数据进行筛选，去除伪数据，然后再进行数据分析，确定模型参数。

6）在现有的供应商和潜在的供应商中选择企业要求的供应商

在现有的供应商和潜在的供应商中选择企业所要求的供应商是供应商选择的最后环节，根据现有的供应商和潜在的供应商具有的特性，利用所得到的模型参数，对现有的供应商和潜在的供应商进行排序，从中选择最为优质的供应商。

7）建立供应链合作关系

建立供应链合作关系也是不可忽视的重要环节。供应链合作关系可以分为内化模式和合同模式。作为企业的决策者应该根据企业的具体状况和市场竞争态势，选择有效的供应链合作关系。在与供应商合作过程中，由于市场需求的变化，企业的产品出现较大幅度的调整，或技术含量有了较大幅度的提升，有的供应商不能适应变化了的市场形势，可以结束与原有供应商的合作，选择新的合适的供应商。

3. 供应商管理

由于供应商与企业之间建立的是一种长期的、双赢的合作关系，因此对供应商的管理就应集中在如何和供应商建立双赢关系以及维护和保持双赢关系上。

1）信息交流与共享机制

信息交流有助于减少投机行为，有助于促进重要生产信息的自由流动，这就需要加强供应商与制造商之间的信息交流。经常进行有关成本、作业计划、质量控制信息的交流与沟通，保持信息的一致性和准确性；制造商在产品设计阶段让供应商参与进来，实施并执行计划；在供应商与制造商之间建立一种基于团队的工作小组，解决双方共同关心的问题；经常互访；使用电子数据交换（EDI）和互联网技术进行快速的数据传输。

2）供应商的激励机制

要保持长期的双赢关系，对供应商的激励非常重要，没有有效的激励机制，就不可能维持良好的供应关系。在激励机制的设计上，要体现公平、一致的原则。

3）合理的供应商评价方法和手段

要进行供应商的激励，就必须对供应商的业绩进行评价，使供应商不断改进工作。没有合理的评价方法，就不可能对供应商的合作效果进行评价，这将大大挫伤供应商的合作积极性和合作的稳定性。对供应商的评价要抓住主要指标或问题，通过评价，把结果反馈给供应商，和供应商一起共同探讨问题产生的根源，并采取相应的措施予以改进。

7.3.2 供应链采购管理的实施

1. 供应链采购的目标

在供应链管理模式下，采购工作要做到"五个恰当"：

（1）恰当的数量。实现采购的经济批量，既不积压又不造成短缺。

（2）恰当的时间。实现及时化采购，既不能提前，给库存带来压力，也不能滞后，给生产带来压力。

（3）恰当的地点。实现最佳的物流效率，尽可能节约采购成本。

（4）恰当的价格。达到采购价格的合理性，价格过高造成浪费，价格过低则可能造成质量难以保证。

（5）恰当的来源。力争实现供需双方间的合作与协调，达到双赢的结果。

2. 供应链采购基本要求

从以上的分析可以看出，供应链采购是一种理想采购方式。但是要实施供应链采购，却不是一件容易的事情。可以说，供应链采购，是对传统采购方式的一场革命，无论是在观念上还是在做法上都发生了革命性的变化。具体地说，要实现以下几个变化：

（1）为需要而采购。要实现供应链采购就要下力气改变原有的为库存而采购的观念，转变为需求而采购。采购回来的物资直接用来满足直接的需求，不是放到仓库里，而是放到消费点进行使用消费。这样做，采购回来的物资直接反映真实的需求。为了真实的需求而采购，最大限度地提高了采购的效率，还充分排除了生产、采购活动中的不合理性、造成浪费和低效率的根基，使各个环节合理化、效率化。

（2）充分利用外部资源。供应链采购的实质，就是充分利用企业外部资源、利用供应商的作用来实现企业采购工作。让供应商对自己的产品负责，对物资供应负责，企业可以实现无采购操作的采购。这就大大节省了烦琐、费力的采购实务工作，既降低了成本，又提高了效率，实现了"双赢"。

（3）建立战略伙伴关系。建立友好合作关系，需要做大量的工作，包括一些基础工作。例如，建立信息系统、实现信息共享，信息沟通，实现责任共担、利益共享等，要落实到经常性的工作中去。要采取实际步骤，切切实实地实现"双赢"。

（4）从买方主动型向卖方主动型转变。实行供应链采购，需要供应商转变成主动型，由供应商主动供应物资。采购本身对供需双方都有利：买方获得物资，保证生产；卖方销售货物，获得利润。所以既然买方可以主动，卖方当然也完全可以主动。这两个主动比较起来，卖方的主动更富有效率和效益。因为它不但为买方节省了采购业务，而且也为供方自己调整生产计划取得了主动，实现了最大的节约，真正实现了供需双方的"双赢"。买方要转变观念，卖方也要转变观念，才能实现供应链采购。

3. 供应链采购方式

供应链采购方式主要有供应商管理库存和连续补货。

1）供应商管理库存

供应商管理库存（VMI），是供应商对下游客户的库存进行管理与控制。这样做的好处是，下游生产企业可以免除库房建设的投资，节约了库房管理的人工成本，同时，生产所需物料也有充分保证。对于供应商而言，能够对数个用户的需求进行合理调剂，也减少了自身的库存总量。该种运作方式，要求下游企业实时向供应商提供生产计划、生产进度和销售情况，同时供应商对库存的品种和数量做到精准掌控，确保下游企业生产和销售的物料需要。

2）连续补货

连续补货（CRP）是供应链节点企业之间，在信息共享机制的支持下，上下游企业之间小批量、快速、连续供应物料和产品，以满足消费者需求的供应链运作形式。在由原材料供应商、生产商、销售商和最终用户组成的供应链中，由于实现了信息共享，各节点企业都能实时掌握市场的波动和用户需求的变化情况。依据这种变化，原材料和零部件供应商小批量、快速、不间断地组织物料的供应，生产企业快速地组织产品的生产，并将产品快速送达销售企业，销售商迅速满足消费者的个性化需求。由于是小批量供货，可实现节点企业库存最小化，从而降低了库存成本。小批量快速供货，不但可以降低库存，更可按需组织生产，迅速满足变化了的市场需求，提升了供应链的市场竞争力，使供应链上的所有企业受益。

案例分析　　　　**沃尔玛公司采购战略**

几十年来，沃尔玛一直恪守薄利多销的经营战略。沃尔玛之所以能够做到天天低价是因为它比竞争对手成本低，商品周转快。沃尔玛绕开中间商，直接从工厂进货。早在20世纪80年代，沃尔玛就采取了一项政策，要求从交易中排除制造商的销售代理，直接向制造商订货，同时将采购价降低2%～6%，大约相当于销售代理的佣金数额。统一订购的商品送到配送中心后，配送中心根据每个分店的需求对商品就地筛选、重新打包。这种类似网络出售商"零库存"的做法使沃尔玛每年都可以节省数以百万美元计的仓储费用。灵活高效的物流配送系统是沃尔玛达到最大销售量和低成本存货周转的核心。整个公司销售商品的85%由这些配送中心供应，而其竞争对手只有50%～65%的商品集中配送。

检视沃尔玛整个产业链，其物流配送是世界上最先进的一张零售大网，它的海量数据甚至使它专门租用一颗卫星来中转。但是它的采购却一直是采用外包形式，交给太平洋资源进出口公司独家承担,在沃尔玛的飞速发展时期,这让沃尔玛节省了不少资源。但是,这都是建立在数据通信发达和供应商规模较大的基础上的。沃尔玛投资4亿美元由休斯公司发射了一颗商用卫星,实现了全球联网,全球4 000多家门店通过全球网络可在1小时之内对每种商品的库存、上架、销售量全部盘点一遍,并发布货车司机更新的路况信息,指出车辆进货的最佳路线。

沃尔玛领先于竞争对手原因在于,先行对零售信息系统进行了非常积极的投资:最早使用计算机跟踪存货(1969年),全面实现S.K.U.单品级库存控制(1974年),最早使用条形码(1980年),最早使用CM品类管理软件(1984年),最早使用无线扫描枪(1988年),最早与宝洁公司(Procter&Gamble)等大供应商实现VMIECR产销合作(1989年)。在信息技术的支持下,沃尔玛能够以最低的成本、最优质的服务、最快速的管理反应进行全球运作。尽管信息技术并不是沃尔玛取得成功的充分条件,但它却是沃尔玛成功的必要条件。这些投资都使得沃尔玛可以显著降低成本,大幅度提高资本生产率和劳动生产率。

从20世纪70年代开始,沃尔玛着手建立配送中心,当时,它应用了两项最新的物流技术:交叉作业(Cross-docking)和电子数据交换(Electronic Data Interchange,EDI)。供应商将货物运到配送中心,配送中心根据每个店面的需求量对货物进行重新打包。沃尔玛的价格标签和同一产品码(UPC,Universal Product Code)条形码早已在供货商那里贴好,服装类商品都已经挂在衣架上。货物在配送中心的一侧作业完成后被运送到另一侧准备送到各个店面。也就是说,货物从"配"区运到了"送"区。配送中心配备激光制导的传送带,有几英里长。货物成箱地被送上传送带,在运送过程中,激光扫描货物箱上条形码,这样,这些货物箱就能够在庞大的配送中心找到将要装运自己的卡车。由于不用在配送中心存货,这样沃尔玛每年都能节省百万美元的费用。

20世纪80年代初,沃尔玛开始利用电子交换系统与供应商建立自动订货系统,该系统又称为无纸贸易系统。通过网络系统,向供应商提供商业软件,发出采购指令、获取收据和装运清单等,同时,也让供应商及时准确地把握其商品的销售情况。沃尔玛还利用更先进的快速反应系统代替采购指令,真正实现了自动订货。该系统利用条形码扫描和卫星通信,与供应商每日交换商品销售、运输和订货信息。凭借先进的电子信息手段沃尔玛做到了商店的销售与配送保持同步,配送中心与供应商运转一致,提高了工作效率,降低了成本。沃尔玛每周都有对顾客期望和反映的调查,管理人员根据计算机信息系统收集信息,以及通过直接调查收集到的顾客期望即时更新商品的组合,组织采购,改进商品陈列摆放,营造舒适的购物环境。

20世纪90年代,沃尔玛提出了新的零售业配送理论,开创了零售业的工业化运作新阶段:集中管理的配送中心向各商店提供货源,而不是直接将货品运送到商店。其独特的配送体系,大大降低了成本,加速了存货周转,形成了沃尔玛的核心竞争力。20世纪90年代初,沃尔玛就在公司总部建立了庞大的数据中心,全集团的所有店铺、配送中心和经营的所有商品、每天发生的一切与经营有关的购销调存等内容的详细信息,都通过主干网和通信卫星传送到数据中心。任何一家沃尔玛商店都具有自己的终端,并通过卫星与总部相连,在商场设有专门负责派货的部门。沃尔玛每销售一件商品,都会即时通过与收款机相连的计算机记录下来,每天都能清楚地知道实际销售情况,管理人员根据数据中心的信息对日常运营与企业战略做出分析和决策。

沃尔玛的数据中心已与 6 000 多家供应商建立了联系，从而实现了快速反应的供应链管理库存 VMI。厂商通过这套系统可以进入沃尔玛的计算机配销系统和数据中心，直接从 POS 得到其供应商品的流通动态状况，如不同店铺及不同商品的销售统计数据、沃尔玛各仓库的存货和调配状况、销售预测、电子邮件与付款通知等，以此作为安排生产、供货和送货的依据。生产厂商和供应商都可以通过这个系统查阅沃尔玛产销计划。这套信息系统为生产商和沃尔玛双方都带来了巨大的利益。

在沃尔玛公司与宝洁的合作中，沃尔玛一直在销售宝洁公司的产品，如"帮宝适"等妇幼商品，它们有保质期，而且体积极大，却经常因库存不足而影响销售，但有时又会因库存过多而增加库存管理的难度，且占用公司流动资金。为解决库存控制的难题，沃尔玛公司提出与宝洁公司合作，大胆向宝洁公司提供销售信息，将沃尔玛配送中心、各商场货架上的库存情况及全部的销售资料数据，通过跨企业的计算机网络直接传送给宝洁公司。宝洁公司随时掌握产品的销售动态，在适当的时间将适当数量的商品送到沃尔玛公司的配送中心。这样，由于沃尔玛的价格标签和 PUS 条形码早已经在宝洁公司贴好，因此不用在配送中心存储，沃尔玛公司的配送中心立即根据宝洁公司独立打包的各商品上的标识，将商品送到各商场货架。因此，沃尔玛公司明显简化了库存管理，每年可节省大量费用。

思考：
1. 沃尔玛公司成功的采购的战略先进在什么地方？
2. 试从现代供应链管理角度阐述沃尔玛的采购是如何实施的。

思考题

1. 什么是供应链？
2. 供应链管理的基本思想是什么？
3. 传统采购与供应链采购的区别是什么？
4. 供应链采购的特点是什么？
5. 供应商选择的影响因素及其选择的步骤是什么？
6. 供应链采购的目标及基本要求是什么？
7. 试结合实际，谈谈如何使供应链采购的实施能更加合理有效。

第 8 章

招标采购

本章重点

招标采购的概念，招标采购的方式，招标采购的特点，招标采购的步骤。

8.1 招标采购概述

在市场经济中，采购货物、土建工程和服务的方式是多种多样的，有招标采购方式、询价采购方式、直接采购方式、拍卖方式、谈判采购方式、议标采购方式等。在这几种采购方式中，招标采购作为采购的一项重要手段，将"公开、公平、公正"的市场机制引入到企业的采购工作，通过货比三家，争取实现采购商品质量和价格的最优化，同时防止了不正当交易给企业带来的损失，从而大大降低了企业的采购成本，提高了企业的经济效益。

8.1.1 招标采购的概念

所谓招标，是指由招标人发出招标公告或通知，邀请潜在的投标商进行投标，最后由招标人通过对各投标人所提出的价格、质量、交货期限和该投标人的技术水平、财务状况等因素进行综合比较，确定其中最佳的投标人为中标人，并与之最终签订合同的过程。

招标采购是指通过招标的方式，邀请符合条件的供应商参加投标，通过事先确定并公开的标准选择供应商进行采购，最后与提供最有利条件的供应商签订采购合同。招标采购是政府采购、企业采购中最具竞争特点的一种采购方式。

招标采购，是在市场经济条件下进行大宗货物的买卖、工程建设项目的发包与承包，以及服务项目的采购与提供时，一种常见的采购方式。在这种交易方式下，通常是由项目采购（包括货物的购买、工程的发包和服务的采购）的采购方作为招标方，通过发布招标公告或者向一定数量的特定供应商、承包商发出招标邀请等方式发出招标采购的信息，提出所需采购项目的性质及其数量、质量、技术要求，交货期、竣工期或提供服务的时间，以及其他供应商、承包商的资格要求等招标采购条件，表明将选择最能够满足采购要求的供应商、承包商并与之签订采购合同的意向，而后由有意提供采购所需货物、工程或服务的供应商作出报价及其他响应招标要求的承诺，参加投标竞争。经招标方对各投标者的报价及其他条件进行审查比较后，从中择优选定中标者，并与其签订采购合同。招标投标的交易方式是市场经济的产物，采用这种交易方式须具备两个基本条件：一是要有能够开展公平竞争的市场经济运行机制。在计划经济条件下，产品购销和工程建设任务都按照指令性计划统一安排，没有必要也不可能采用招标投标的交易方式；二是必须存在招标采购项目的买方市场。对采购项目能够形成买方多家竞争的局面，卖方才能够居于主导地位，有条件以招标方式从多家竞争者中择优选择中标者。在短缺经济时代的卖方市场条件下，许多商品供不应求，买方没有选择卖方的余地，卖方也没有必要通过竞争来出售自己的产品，也就不可能产生招标投标的交易方式。

8.1.2 招标采购的特点

招标采购是最富有竞争的一种采购方式，与其他采购方式相比，招标采购有以下特点：

1. 程序规范

在招标投标活动中，从招标，投标，评标，定标到签订合同，每个环节都有严格的程序、规则。这些程序和规则具有法律拘束力，当事人不能随意改变。

2. 编制招标文件

在招标投标活动中，招标人必须编制招标文件，投标人据此编制投标文件参加投标，招标人组织评标委员会对投标文件进行评审和比较，从中选出中标人。因此，是否编制招标和投标文件，是区别招标与其他采购方式的最主要特征之一。

3. 公开性

招标投标的基本原则是"公开、公平、公正"，将采购行为置于透明的环境中，以防止腐败行为的发生。招标投标活动的各个环节均体现了这一原则：招标人要在指定的报刊或其他媒体上发布招标通告，邀请所有潜在的投标人参加投标；在招标文件中详细说明拟采购的货物、工程或服务的技术规格，评价和比较投标文件以及选定中标者的标准；在提交投标文件截止时间的同一时间公开开标；在确定中标人前，招标人不得与投标人就投标价格、投标方案等实质性内容进行谈判。这样，招标投标活动完全置于社会的公开监督之下，可以防止不正当的交易行为。

4. 一次成交

在一般的交易活动中，买卖双方往往要经过多次谈判后才能成交，招标则不同。在投标人递交投标文件后到确定中标人之前，招标人不得与投标人就投标价格等实质性内容进行谈判。也就是说，投标人只能一次报价，不能与招标人讨价还价，并以此报价作为签订合同的基础。

上述四要素，基本反映了招标采购的本质，也是判断一项采购活动是否属招标采购的标准和依据。

8.1.3 招标采购的方式

招标采购按照招标范围又可分为公开招标采购、邀请招标采购和竞争性谈判采购。邀请招标采购的招标范围是通过采购实体资格审查的供应商，而竞争性谈判招标采购是直接邀请几家供应商参加招标。

1. 公开招标

公开招标（Open Tendering）又叫竞争性招标，即由招标人在报刊、电子网络或其他媒体上刊登招标公告,吸引众多企业单位参加投标竞争,招标人从中择优选择中标单位的招标方式。采用这种方式可以为一切有能力的供应商提供一个平等竞争的机会,企业可以从众多供应商中挑选一个比较理想的公司,为其提供高质量、高效益的产品和服务。按照竞争程度,公开招标可分为国际竞争性招标和国内竞争性招标。

(1) 国际竞争性招标(International Competitive Tendering)。这是在世界范围内进行招标,国内外合格的投标商均可以投标。国际招标要求制作完整的英文标书,在国际上通过各种宣传媒介刊登招标公告。例如,世界银行对贷款项目货物及工程的采购规定了三个原则:① 必须注意节约资金并提高效率,即经济有效;② 要为世界银行的全部成员国提供平等的竞争机会,不歧视投标人;③ 有利于促进借款国本国的建筑业和制造业的发展。世界银行在确定项目的采购方式时都从这三个原则出发,其中国际竞争性招标采用的最多,占采购金额最大的一种方式。它的特点是高效、经济、公平,特别是采购合同金额较大,国外投标商感兴趣的货物工程要求必须采用国际竞争性招标。世界银行根据不同地区和国家的情况,规定了凡采购金额在一定限额以上的货物和工程合同,都必须采用国际竞争性招标。对一般借款国来说以 10 万~25 万美元以上的货物采购合同,大中型工程采购合同,都应采用国际竞争性招标。我国的贷款项目金额一般都比较大,世界银行对中国的国际竞争性招标采购限额也放宽一些,工业项目采购凡在 100 万美元以上,均应采用国际竞争性招标来进行。

实践证明,尽管国际竞争性招标程序比较复杂,但确实有很多的优点。第一,由于投标竞争激烈,一般可以让买主以有利的价格采购到需要的设备和工程。第二,可以引进先进的设备、技术和工程技术及管理经验。第三,可以保证所有合格的投标人都有参加投标的机会。国际竞争性招标对货物、设备和工程的客观的衡量标准,可促进发展中国家的制造商和承包商提高产品和工程建造质量,提高国际竞争力。第四,保证采购工作能够根据预先指定并为大家所知道的程序和标准公开而客观地进行,因而减少了在采购中作弊的可能。

当然,国际竞争性招标也存在一些缺陷。① 国际竞争性招标费时较多。国际竞争性招标有一套周密而比较复杂的程序,从招标公告,投标人做出反应,评标到授予合同,一般都要半年到一年以上的时间。② 国际竞争性招标所需准备的文件较多。招标文件要明确规范各种技术规格、评标标准,以及买卖双方的义务等内容。招标文件中任何含糊不清或未予明确的都有可能导致执行合同意见不一致,甚至造成争执。另外还要将大量文件译成国际通用文字,因而增加很大工作量。③ 在中标的供应商和承包商中,发展中国家所占份额很少。在世界银行用于采购的贷款总金额中,国际竞争性招标约占 60%,其中发达国家如美国、德国、日本等发达国家中标额就占到 80%左右。

(2) 国内竞争性招标(National Competitive Tendering)。在国内进行招标,可用本国语言编写标书,只在国内媒体上登出广告,公开出售标书,公开开标。国内竞争性招标通常用于合同金额较小(世界银行规定:一般 50 万美元以下),采购品种比较分散,分批交货时间较长,采购的是劳动密集型产品,商品成本较低而运费较高,当地价格明显低于国际市场等采购。此外,若从国内采购货物或者工程建筑,可以大大节省时间,而且这种便利将对项目的实施具有重要意义,也可以采用国内竞争性招标的方式。在国内竞争性招标的情况下,如果外国公司愿意参加,应允许他们按照国内竞争性招标参加投标,不应人为设置障碍,妨碍其公平参与竞争。国内竞争性招标的程序大致与国际竞争性招标相同。由于国内竞争招标限制了竞争范围,通常国外供应商不能得到有关投标的信息,这与招标的原则不符,所以有关国际组织对国内竞争性招标都加以限制。

2. 邀请招标

邀请招标也被称有限竞争性招标（Restricted Tendering）或选择性招标（Selective Tendering），即由招标单位选择一定数目的企业，向其发出投标邀请书，邀请他们参加招标竞争。一般选择 3~10 个参加者较为适宜，当然要视具体的招标项目的规模大小而定。由于被邀请参加的投标竞争者数量有限，不仅可以节约招标费用，而且提高了每个投标者的中标机会。然而，由于邀请招标限制了充分竞争，因此招标投标法规一般都规定，招标人应尽量采用公开招标。

邀请招标的特点是：① 邀请投标不使用公开的公告形式；② 接受邀请的单位才是合格投标人；③ 投标人的数量有限。邀请招标与公开招标相比，因为不用刊登招标公告，招标文件只送几家，投标有效期大大缩短，这对采购那些价格波动较大的商品是非常必要的，可以减低投标风险和投标价格。鱼粉就是采用国际邀请招标的最典型的例子。世界上只有少数几个国家生产鱼粉，如果采用国际竞争性招标，可能会导致开标后无人投标的结果。这样的情况在实际业务中确有发生。许多商品常常是采用国际招标后无人投标，才改为邀请招标，这样就会影响招标的效率。例如，在欧盟的公共采购规则中，如果采购金额超过法定界限，必须使用招标形式的，项目法人有权自由选择公开招标或邀请招标，而由于邀请招标有上述的优点，所以在欧盟成员国中，邀请招标被广泛使用。

8.1.4 招标采购的适用范围

招标采购适用范围，是指哪些主体采购的哪些项目（标的）必须采用招标采购的方式，其主要包括三方面的内容：一是招标的主体是谁；二是招标的标的是什么；三是实行招标的标的数量或价值必须达到多少以上（包括本数），即招标限额。这三者是相互联系的，构成一个整体，缺一不可，舍其一不足以说明招标采购的适用范围的含义。由于涉及有关采购主体的权利和义务以及国家管理监督职权，法律上对招标的适用范围不是任意设定的，需要考虑国际条约、协定的规定，还涉及参加国的承诺和保留以及国内法与之的协调等一系列问题。

1. 招标的主体范围

招标的主体包括符合招标人条件的各类法人或其他合法组织。目前世界各国由于具体国情不同，法律在确定招标主体的范围时不完全一致。例如，具有全球指导意义的联合国国际贸易法委员会通过的《货物、工程和服务采购示范法》，将政府部门和其他公共实体企业列入招标采购主体范围内，而且还要考虑许多相关因素。

2. 招标的标的范围

招标的标的涉及范围很广，由于各国经济和贸易的发展状况各有不同，因而随着各国现实情况的变化，招标标的的范围不断被修正。目前，世界上一个共同的发展趋势是，招标的标的范围逐渐扩大，从过去单一的实物形态项目转向多方位的实物形态和知识形态项目，包括新产品开发、设备改造、科研课题、勘察设计、科技咨询等知识形态的服务项目。许多国家和国际组织法律和条约、协议、决定等规定对招标的性质认识不统一，使我们很难明确界定标的范围。国际上通行的做法是将招标的标的大致分为货物、工程和服务三种类型。

《中华人民共和国招标投标法》中规定了强制招标的标的范围。

《招标投标法》第三条规定,"在中华人民共和国境内进行下列工程建设项目,包括项目的勘察、设计、施工、监理以及与工程建设有关的重要设备、材料等的采购,必须进行招标:① 大型基础设施、公用事业等关系社会公共利益、公众安全的项目;② 全部或者部分使用国有资金投资或者国家融资的项目;③ 使用国际组织或者外国政府贷款、援助资金的项目。前款所列项目的具体范围和规模标准,由国务院发展计划部门会同国务院有关部门制定,报国务院批准。法律或者国务院对必须进行招标的其他项目的范围有规定的,依照其规定。"从上述规定可以看出,《招标投标法》中规定的强制招标范围,主要着眼于"工程建设项目",而且是工程建设项目全过程的招标,包括从勘察、设计、施工、监理到设备、材料的采购。工程勘察,指为查明工程项目建设地点的地形地貌、土层土质、岩性、地质构造、水文条件和各种自然地质现象而进行的测量、测绘、测试、观察、地质调查、勘探、试验、鉴定、研究和综合评价工作。工程设计,指在正式施工之前进行的初步设计和施工图设计,以及在技术复杂而又缺乏经验的项目中所进行的技术设计。工程施工,指按照设计的规格和要求建造建筑物的活动。工程监理,指业主聘请监理单位,对项目的建设活动进行咨询、顾问、监督,并将业主与第三方为实施项目建设所签订的各类合同履行过程,交予其负责管理。法律之所以将工程建设项目作为强制招标的重点,是因为当前工程建设领域发生的问题较多,在人民群众中产生了很坏的影响。其中很重要的一个原因,就是招标投标推行不力,程序不规范,由此滋生了大量腐败行为。据有关部门调查,在工程建设项目中,勘察、设计、监理单位的选择采取指定方式的占有相当高的比例;设备、材料采购中只有部分进行了招标,其余均由业主或承包商直接采购;施工环节虽然大部分采取了招投标的形式,但许多未严格按"公开、公平、公正"原则进行。因此,实行规范化的招标投标制度,是十分必要和迫切的。从 1998 年开始,国家加大投资力度,加快基础设施建设,以此拉动国民经济持续增长。在这种形势下,提高资金使用效益,确保工程质量,更成为当务之急。因此,制定《招标投标法》,将工程建设项目纳入必须进行招标的范围,是大势所趋。

8.1.5 招标采购的作用

1. 保证项目质量,提高经济效益

招标的最大特点是公开、公平、公正和择优。招标投标的实质,就是通过市场竞争机制的作用,使先进的生产力得到充分发展,落后的生产方式得以淘汰,从而有力地促进经济发展和社会进步。目前西方市场经济国家,招标投标不仅在公共采购领域被普遍推行,而且在私有企业也得到了的广泛运用。我国从 20 世纪 80 年代初开始引入招标投标制度以来,先后在利用国外贷款、机电设备、进口、建设发包、科研课题分配、进口商品配额分配等领域推行。实践证明,这一制度使企业获得了巨大的经济效益和社会效益。

为了充分发挥招标投标的作用,防止私下交易和暗箱操作,《招标投标法》明确规定了强制招标制度,要求大型基础设施等关系社会公共利益、公众安全的项目,全部或者部分使用国有资金投资或国家融资的项目,使用国际组织或外国政府贷款、援助资金的项目的勘察、设计、施工、监理以及与工程建设有关的重要设备、材料等的采购;其他法律或者国务院规定必须进行招标的项目,都必须依法进行招标。与此同时,《招标投标法》还规定了公开、透明、竞争的公开和邀请两种招标方式,将通常在非公开状态下进行一对一谈判的议标方式排除在招标方式外。由于国有企业是这些项目的主要建设单位,可以预见,随着《招标投标法》强制招标范围和两种招标方式的确定和实施，必将为企业也为国家在保证建设项目质量的同时，带来更高的效率，更好的效益。

2. 有利于平等竞争

市场经济就是要发挥竞争机制的作用，使作为市场主体的企业在平等条件下公平竞争。招标投标的本质完全符合市场经济的要求，是一种为所有合格投标人提供公平竞争机会的交易方式，因此招标采购具有广泛竞争性。自1998年以来，国家为扩大内需，增大了投资力度，加快基础设施建设，以推动国民经济的持续增长，其中大多数项目都必须进行招标。同时，利用国际金融组织贷款的项目也得按要求进行招标。这些都为企业提供了大量的平等竞争的机会。

3. 为中介机构提供良好的发展契机

《招标投标法》在规范市场交易双方——招标人和投标人的行为的同时，也规范了招标中介组织——招标代理机构的行为。法律明确规定，招标代理机构是从事招标代理业务并提供相关服务的社会中介组织，不得与行政机关和其他国家机关存在隶属关系或其他利益关系。通过法律形式的界定，从根本上纠正了目前有些招标代理机构政企不分，既是行政单位又是企业的做法，这样有利于招标代理机构成为名副其实的市场中介组织，在市场竞争中求得更大发展。《招标投标法》还规定了招标代理机构的资格条件，代理招标业务应遵守的规定以及应承担的法律责任等。这对于加强招标投标活动当事人之间的相互制约和相互监督，保证招标投标活动的合法有效进行，必将发挥重要作用。

4. 规范企业行为，杜绝违法操作

在招标投标面前，任何人都是平等的，任何行为都必须按照法律规定的程序和规则进行。如果说《招标投标法》出台前对违法行为缺乏认定依据的话，那么《招标投标法》的颁布则将有效地惩处各类违法行为。

根据法律的规定，招标企业不得有下列违法行为：规避招标；以不合理的条件排斥或者限制潜在投标人，对潜在投标人实行歧视性待遇；强制投标人组成联合体进行投标；泄露应当保密的内容；在确定中标人前与投标人就有关实质性内容进行谈判；在中标通知书发出后改变中标结果；私下接触投标人，接受投标人的财物或其他好处；泄露有关评标的情况等。

投标企业不得有下列违法行为：串通投标；以低于成本的价格报价；以弄虚作假的方式骗取中标；以向招标人或者评标委员会成员行贿的手段谋取中标等。

招标代理机构不得有下列违法行为：泄露应当保密的及与招标投标活动有关的情况和资料；与招标人、投标人串通损害国家利益、社会公共利益或者他人合法权益等。

5. 有利于资源优化配置

招标投标之所以被称为市场经济中等级的、规范的、有组织的交易方式是因为其有别于通常的比价采购、谈判采购或者直接采购，在公开、公平、公正、择优的前提下，通过竞争，合理优化了社会资源的配置。

1）招投标可以减少交易费用

任何交易行为都存在买卖双方，所谓交易费用就是交易双方为交易行为的完成所需付出的经济代价。其中，搜索成本是交易费用中最主要的一部分。例如，企业支付的广告费以及为做广告而支出的相关费用；或者是为推销产品而承担的其他费用。一方面，生产者竭尽所能搜寻买方；另一方面，许许多多的消费者在苦苦寻找自己要买的产品，即使铺天盖地的广告也未能使这种买卖双方不断擦肩而过的现象得到根本的改观。

招标投标是市场经济条件下一种有组织的、规范的交易行为。其第一个特点就是公开，其公开的第一个内容就是交易机会。招标投标的惯例，采购人若以招标的方式选择交易对象，必须首先以公告的方式公开采购内容，同时辅以招标文件，详细说明交易的标的物以及交易条件。在买方市场的条件下，公开交易机会，可以极大地缩短交易双方的搜索过程，节约搜索成本；同时也使得市场主体能够以平等和最便捷的方式获取市场信息。采购信息的公开，使竞争的充分程度大为提高，从而使交易费用大为降低。

2）招投标能够促进有效竞争

在利用市场机制进行资源配置的过程中，起主导作用的是竞争机制。正常、公正竞争的紧迫感和压力感可以把人的积极性、创造性、牺牲精神和冒险精神充分调动起来，但同时也难免将人们一些潜在的投机取巧心态激活。当今社会经济生活中，屡见不鲜的"关系"竞争、"回扣"竞争和行贿竞争被经济学界称作是非生产性的、不能增进社会财富反而会消耗社会经济资源的"寻租"活动。这种"寻租"活动的存在，大大损伤了竞争的公平性、充分性和有效性。总之，这种竞争会变为对社会无益的无效竞争。

与此相反，招标投标方式下的交易，是一种有效竞争；是一种"有用的""健康的"、起积极作用的竞争。在这种竞争方式之下，"寻租"活动无从展开，从而使交易中的竞争更有效，即实现真正意义上的优胜劣汰。

3）招投标有利于传导正确价格信息

运用招标投标交易方式进行采购，其结果不仅仅使特定的采购决策符合资源优化配置的原则，采购到的标的物价廉物美。事实上，每一次招标投标的结果都传导了比较真实的价格信息，竞争越是充分、完全，价格信息就越趋真实、准确，最终促进社会资源的优化配置。

市场的均衡价格，是供求双方抗衡的结果。为使这样的抗衡有意义，买卖双方必须"势均力敌"。假若一方对另一方占有压倒优势，抗衡便名存实亡，这样所产生的价格不可能正确反映社会供求状况，因而也不可能最优配置有限的社会资源。

招标采购方式可以使招标人买到便宜的、合用的货物，使投标人得到公平竞争的机会。但招标也有自身的缺点：① 时间较长；② 有时反而买到价格高的货物，其原因可能是招标书中技术规格要求过高或暗指某个厂商的产品，商务条款苛刻，甩给投标人的风险太大，分包不合理，抬高业绩要求，使国内产品失去投标资格等；③ 一般买不到性能最好的产品。因此，充分认识招标的特点，对于顺利招标、投标是很重要的。

8.2 招标采购的程序

招标采购有一套完整的、统一的程序，这套程序不会因国家、地区或组织的不同而存在太大的差别。一个完整的招标过程由招标、投标、开标、评标、合同授予等阶段组成。

8.2.1 招标程序及方法

招标程序：包括资格预审、准备招标文件、发布招标通告、发售招标文件等。

招标是招标采购的第一阶段，它是招标采购工作的准备阶段，在这一阶段，需要做大量的基础性工作，其具体工作，可由采购单位自行办理，如果采购单位因人力或技术原因无法自行办理的，可以委托给社会中介机构。

1. 资格预审

对于大型或复杂的土建工程或成套设备，在正式组织招标之前，需要对供应商的资格和能力进行预先审查，即资格预审。通过资格预审，可以缩小供应商的范围，避免不合格的供应商做无效劳动，减少他们不必要的支出，也减轻了采购单位的工作量，节省了时间，提高了办事效率。

1）资格预审的内容

（1）资格预审包括两大部分，即基本资格预审和专业资格预审。

（2）基本资格是指供应商的合法地位和信誉，包括是否注册，是否破产，是否存在违法违纪行为等。

专业资格是指已具备基本资格的供应商履行拟定采购项目的能力，具体包括：① 经验和以往承担类似合同的业绩和信誉；② 为履行合同所配备的人员情况；③ 为履行合同任务而配备的机械、设备以及施工方案等情况；④ 财务状况；⑤ 售后维修服务的网点分布、人员结构等。

2）资格预审程序

进行资格预审，首先要编制资格预审文件，邀请潜在的供应商参加资格预审，发售资格预审文件，最后进行资格评定。

（1）编制资格预审文件。一个国家或组织通常会对资格预审文件的格式和内容进行统一规定，制定标准的资格预审文件范本。资格预审文件可以由采购实体编写，也可以由采购实体委托的研究、设计或咨询机构协助编写。

（2）邀请潜在的供应商参加资格预审。这项工作一般是通过在官方媒体上发布资格预审通告进行的。实行政府采购制度的国家、地区或国际组织，都有专门发布采购信息的媒体，如官方刊物或电子信息网络等。资格预审通告的内容一般包括：采购实体名称，采购项目名称，采购（工程）规模，主要工程量，计划采购开始（开工）、交货（完工）日期，发售资格预审文件的时间、地点和售价，以及提交资格预审文件的最迟日期。

（3）发售资格预审文件和提交资格预审申请。资格预审通告发布后，采购单位应立即开始发售资格预审文件，资格预审申请的提交必须按资格预审通告中规定的时间，截止期后提交的申请书一律拒收。

（4）资格评定，确定参加投标的供应商名单。采购单位在规定的时间内，按照资格预审文件中规定的标准和方法，对提交资格预审申请书的供应商进行资格审查。只有经审查合格的供应商才有权继续参加投标。

2. 准备招标文件

招标文件是供应商准备投标文件和参加投标的依据，同时也是评标的重要依据，因为评标是按照招标文件规定的评标标准和方法进行的。此外，招标文件是签订合同所遵循的依据，招标文件的大部分内容要列入合同之中。因此，准备招标文件是非常关键的环节，它直接影响到采购的质量和进度。招标文件至少应包括以下内容：

（1）招标通告。

（2）投标须知。即制定具体的投标规则，使投标商在投标时有所遵循。投标须知的主要内容包括：① 资金来源；② 如果没有进行资格预审的，要提出投标商的资格要求；③ 货物原产地要求；④ 招标文件和投标文件的澄清程序；⑤ 投标文件的内容要求；⑥ 投标语言。尤其是国际性招标，由于参与竞标的供应商来自世界各地，必须对投标语言做出规定；⑦ 投标价格和货币规定。对投标报价的范围做出规定，即报价应包括哪些方面，统一报价口径便于评标时计算和比较最低评标价；⑧ 修改和撤销投标的规定；⑨ 标书格式和投标保证金的要求；⑩ 评标的标准和程序；⑪ 国内优惠的规定；⑫ 投标程序；⑬ 投标有效期；⑭ 投标截止日期；⑮ 开标的时间、地点等。

（3）合同条款。合同条款包括一般合同条款和特殊合同条款。

一般合同条款主要包括一些基本性的规定。货物采购和工程采购项目的一般合同条款内容有所不同。

货物采购的一般合同条款主要包括以下内容：① 买卖双方的权利和义务；② 运输、保险、验收程序；③ 价格调整程序；④ 付款条件、程序以及支付货币规定；⑤ 履约保证金的数量、货币及支付方式；⑥ 不可抗力因素；⑦ 延误赔偿和处罚程序；⑧ 合同中止程序；⑨ 解决争端的程序和方法；⑩ 合同适用法律的规定；⑪ 有关税收的规定等。

工程采购一般合同条款的主要内容包括：① 一般性的规定；② 关于工程师的规定；③ 关于合同文件和图纸的规定；④ 承包商的责任，即按合同规定组织工程实施，执行工程师发出的各项指令，购置材料，雇用劳务，接受业主和工程师的监督、检查，办理保险，负责维修等；⑤ 破产或违约的处理规定；⑥ 涉及双方责任的规定，如保险、损失赔偿、计日工和材料、工程竣工、工程变更、工程追加、取消工程、特殊风险、货币及汇率、争端解决等；⑦ 业主的责任，如按合同规定的货币和比例支付工程款，业主负担的损失赔偿或补偿责任，工程量发生变更所增加的工程费用处理等。

特殊合同条款是因具体采购项目的性质和特点而制定的补充性的规定，是对一般条款中某些条款的具体化，并增加一般合同中未作规定的特殊要求。货物采购的特殊合同条款主要包括：① 交货条件；② 履约保证金的具体金额和提交方式；③ 验收和测试的具体程序；④ 保险的具体要求；⑤ 付款方式和货币要求；⑥ 解决争端的具体规定；⑦ 零配件和售后服务的具体要求；⑧ 对一般合同条款的增减等。工程采购项目的特殊合同条款内容主要包括：① 保险的具体规定；② 开工、竣工和维护的具体规定；③ 工程延误赔偿的具体规定；④ 违约的处理方法；⑤ 价格调整公式和指数要求；⑥ 付款条件；⑦ 税收规定等。在合同的执行中，如果一般条款与特殊条款出现不一致时，要以特殊条款为准。

（4）技术规格。技术规格是招标文件和合同文件的重要组成部分，它规定所购货物、设备的性能和标准。技术规格也是评标的关键依据之一，如果技术规格制定得不明确或不全面，就会增加采购风险，不仅会影响采购质量，也会增加评标难度，甚至导致废标。

货物采购技术规格一般采用国际或国内公认的标准，除不能准确或清楚地说明拟招标项目的特点外，各项技术规格均不得要求或标明某一特定的商标、名称、专利、设计、原产地或生产厂家，不得有针对某一潜在供应商或排斥某一潜在供应商的内容。

工程采购项目的技术规格较为复杂，视具体工程项目而异。在编制技术规格时，一般注意事项包括：① 承包商将要施工工程的技术标准，包括工程竣工后要求达到的标准；② 施工程序、施工方法和施工要求；③ 施工中的各种计量方法、程序和标准；④ 工程师实验室设备和办公室设备的标准；⑤ 承包商自检队伍的要求；⑥ 现场清理程序及清理后所达到的标准。工程技术规格通常包括以下几个部分：① 工程描述。对整个工程进行详细描述，包括与工程相关的施工程序、施工方法、现场清理等具体描述；② 土方工程。包括开挖、回填、现场清理等；③ 给水排水工程。包括工程范围，给水排水结构，混凝土或预应力混凝土结构工程，施工方法和程序等；④ 铺筑工程。不同工程对铺筑的要求不同，如公路项目包括沥青层和路基等铺筑工程、施工程序、方法等；⑤ 桩基。包括桩基材料、质量要求，钻孔要求，混凝土浇筑要求，桩基的检验等；⑥ 混凝土。包括水泥和其他材料的质量要求，混凝土级别要求等；⑦ 预应力混凝土。包括材料的质量要求、测试方法等。

在实际采购活动中，由于工程项目的不同，对工程技术和质量要求也不同，因此，要想达到预期效果，必须根据工程的具体特点和要求来编制工程技术规格。

（5）投标书的编制要求。投标书是投标供应商对其投标内容的书面声明，包括投标文件构成、投标保证金、总投标价和投标书的有效期等内容。投标书中的总投标价应分别以数字和文字表示。投标书的有效期是指投标有效期，是让投标商确认在此期限内受其投标书的约束，该期限应与投标须知中规定的期限相一致。

（6）投标保证金。投标保证金是为了防止投标商在投标有效期内任意撤回其投标，或中标后不签订合同或不交纳履约保证金，使采购实体蒙受损失。投标保证金可采用现金、支票、不可撤销的信用证、银行保函、保险公司或证券公司出具的担保书等方式交纳。投标保证金的金额不宜过高，可以确定为投标价的一定比例，一般为投标价的1%～5%，也可以是一个固定数额。由于按比例确定投标保证金的做法很容易导致报价泄露，即通过一个投标商交纳的投标保证金的数额可以推算其投标报价，因而，确定固定投标保证金的做法较为理想，有利于保护各投标商的利益。国际性招标采购的投标保证金的有效期一般为投标有效期加上30天。如果投标商有下列行为之一的，应没收其投标保证金：投标商在投标有效期内撤回投标；投标商在收到中标通知书后，不按规定签订合同或不交纳履约保证金；投标商在投标有效期内有违规违纪行为等。在下列情况下投标保证金应及时退还给投标商：中标商按规定签订合同并交纳履约保证金；没有违规违纪的未中标投标商。

（7）供货一览表、报价表和工程量清单。供货一览表应包括采购商品品名、数量、交货时间和地点等。在国境内提供的货物和在国境外提供的货物在报价时要分开填写。在报价表中，境内提供的货物要填写商品品名、商品简介、原产地、数量、出厂单价、出厂价境内增值部分占的比例、总价、中标后应缴纳的税费等。境外提供的货物要填写商品品名、商品简介、原产地、数量、离岸价单价及离岸港、到岸价单价及到岸港、到岸价总价等。工程量清单应按业主设计估算出来的工程量分类列表，表中要列明各项工程种类的序列号、工程说明、单价和数量等。工程量清单的作用，一是使投标商根据工程量清单中列出的工程量准备投标报价，二是使业主根据工程量清单中的单价向承包商支付工程进度款。投标商在报价时要根据工程量清单中的内容，分项列出单价和分项总价，如果承包商没有列出某一工程项目的单价，则被视为其费用已包括在工程量清单中其他工程项目的单价和分项总价之中，在进度付款中将不予支付。在工程量清单中，如果某项工程很可能超过原来估算的工程量而发生工程量增加时，可以在工程量清单中列一项"暂定工程量"，相应可专列一项"暂定金"，以支付将要增加的工程量的费用。在土建工程合同中还经常会遇到"计日工"的问题，计日工是指在工程量清单以外发生的事先难以预计的工作日，用来完成此工作所需的劳务、材料、设备等的数量、单价和分项总价。

（8）履约保证金。履约保证金是为了保证采购单位的利益，避免因供应商违约给采购单位带来损失。一般来说，货物采购的履约保证金为合同价的5%～10%，工程采购项目保证金如果是提供担保书，其金额为合同价的30%～50%，如果是提供银行保函，其金额为合同价的10%。

（9）合同协议书格式。合同协议书格式的主要内容包括：协议双方名称、供货范围或工程简介、合同包括的文本以及协议双方的责任和义务等。

3. 发布招标通告

采购实体在正式招标以前，应在官方指定的媒体上刊登招标通告。如果是国际性招标采购，还应在国际性的刊物上刊登招标通告，或将招标通告送给有可能参加投标的国家在当地的大使馆或代表处。从刊登通告到参加投标要留有充足的时间，让投标供应商有足够的时间准备投标文件。如世界银行规定，国际性招标通告从刊登广告到投标截止之间的时间不得少于45天。工程项目一般为60～90天，大型工程或复杂设备为90天，特殊情况可延长为180天。当然，投标准备期可根据具体的采购方式、采购内容及时间要求区别合理对待，既不能过短，也不能太长。招标通告的内容因项目而异，一般应包括：① 采购实体的名称和地址；② 资金来源；③ 采购内容简介，包括采购货物名称、数量及交货地点，需进行的工程的性质和地点，或所需采购的服务的性质和提供地点等；④ 希望或要求供应货物的时间或工程竣工的时间或提供服务的时间表；⑤ 获取招标文件办法和地点；⑥ 采购实体对招标文件收取的费用及支付方式；⑦ 提交投标书的地点和截止日期；⑧ 投标保证金的金额要求和支付方式；⑨ 开标日期、时间和地点。

4. 发售招标文件

经过资格预审程序，招标文件可以直接发售给通过资格预审的供应商。如果没有资格预审程序，招标文件可发售给任何对招标通告做出反应的供应商。招标文件的发售，可采取邮寄的方式，也可以让供应商或其代理前来购买。如果采取邮寄方式，要求供应商在收到招标文件后要告知招标机构。

8.2.2　投标、开标程序及方法

招标阶段的工作完成以后，采购进入投标、开标阶段。

1. 投标准备

标书发售后至投标前，要根据实际情况合理确定投标准备时间。投标准备时间确定得是否合理，会直接影响招标的结果。尤其是土建工程投标涉及的问题很多，投标商要准备工程概算，编制施工计划，考察项目现场，寻找合作伙伴和分包单位。如果投标准备时间太短，投标商就无法完成或不能很好地完成各项准备工作，投标文件的质量就不会十分理想，直接影响到后面的评标工作。在正式投标前，采购实体还需要做一些必要服务工作。一是对大型工程或复杂设备组织召开标前会和现场考察，二是按投标商的要求澄清招标文件，澄清答复文件要发给所有购买招标文件的供应商。

2. 投标文件的提交

采购单位或招标单位只接受在规定的投标截止日期前由供应商提交的投标文件，截止期后送到的投标文件会被拒收，并取消供应商的资格。在收到投标文件后，要签收或通知供应商投标文件已经收到。在开标以前，所有的投标文件都必须密封，妥善保管。如果采用两阶段招标方法，在投标时，投标商第一步先投技术标书，在技术建议书中不得提及价格因素；

第二步再投包括修改后的技术标书和商务标书。投标文件的内容应与招标文件的要求相一致。

3. 开标

开标应按招标通告中规定的时间、地点公开进行，并邀请投标商或其委派的代表参加。开标前，应以公开的方式检查投标文件的密封情况，当众宣读供应商名称、有无撤标情况、提交投标保证金的方式是否符合要求、投标项目的主要内容、投标价格以及其他有价值的内容。开标时，对于投标文件中含义不明确的地方，允许投标商做简要解释，但所做的解释不能超过投标文件记载的范围，或实质性地改变投标文件的内容。以电传、电报方式投标的，不予开标。开标要做开标记录，其内容包括：项目名称、招标号、刊登招标通告的日期、发售招标文件的日期、购买招标文件单位的名称、投标商的名称及报价、截标后收到标书的处理情况等。如果采用两阶段招标方法，开标也要按招标通告中规定的时间、地点办理，先开技术标，然后再按规定开商务标。在有些情况下，可以暂缓或推迟开标时间，如招标文件发售后对原招标文件做了变更或补充；开标前，发现有足以影响采购公正性的违法或不正当行为；采购单位接到质疑或诉讼；出现突发事故；变更或取消采购计划等。

8.2.3 评标、决标程序及方法

评标的目的是根据招标文件中确定的标准和方法，对每个投标商的标书进行评价和比较，以评出最低投标价的投标商。评标必须以招标文件为依据，不得采用招标文件规定以外的标准和方法进行评标，凡是评标中需要考虑的因素都必须写入招标文件之中。

1. 评标方法

评标方法很多，具体评标方法取决于采购实体对采购对象的要求，货物采购和工程采购的评标方法有所不同。

1) 货物采购的评标方法

货物采购常用的评标方法有四种：以最低评标价为基础的评标方法、综合评标法、以寿命周期成本为基础的评标方法以及打分法。

（1）以最低评标价为基础的评标方法。在采购简单的商品、半成品、原材料以及其他性能质量相同或容易进行比较的货物时，价格可以作为评标考虑的唯一因素。以价格为尺度时，不是指最低报价，而是指最低评标价。最低评标价有其价格计算标准，即成本加利润。其中，利润为合理利润，成本也有其特定的计算口径：① 如果采购的货物是从国外进口的，报价应以包括成本、保险运费的到岸价（CIF）为基础。② 如果采购的货物是国内生产的，报价应以出厂价为基础来报。出厂价应包括：生产、供应货物而从国内外购买的原材料和零配件所支付的费用以及各种税款，但不包括货物售出后所征收的销售性或与其类似的税款。如果提供的货物是国内投标商早已从国外进口、现已在境内的，应报仓库交货价或展室价，该价应包括进口货物时所交付的进口关税，但不包括销售性税款。

（2）综合评标法。综合评标方法是指以价格另加其他因素为基础的评标方法。在采购耐用货物如车辆、发动机以及其他设备时，可采用这种评标方法。在采用综合评标方法时，评标中除考虑价格因素外，还应考虑下列因素：① 内陆运费和保险费；② 交货期；③ 付款条件；④ 零配件的供应和售后服务情况；⑤ 货物的性能、生产能力以及配套性和兼容性；⑥ 技术服务和培训费用等。

在实际运用中，要根据招标文件中的规定和不同的采购情况灵活掌握，但每个因素都必须量化。具体评标的处理办法分别为：① 内陆运费、保险费及其他费用。在计算内陆运费、保险费及其他费用时，可采用下列任一做法：第一，可按照铁路（公路）运输、保险公司以及其他部门发布的费用标准，来计算货物运抵最终目的地将要发生的运费、保险费以及其他费用。然后把这些费用加在投标报价上。第二，让投标商分别报出货物运抵最终目的地所要发生的运费、保险费以及其他费用，这部分费用要用当地货币来报，同时还要对所报的各种费用进行核对。② 交货期。在确定交货期时，可根据不同的情况采用下列办法：第一，可以按招标文件中规定的具体交货时间为基准交货时间，早于基准交货时间的，评标时也不给予优惠，若迟于基准时间，每迟交一个标准时间（一天、一周、十天或一个月等），可按报价的一定百分比换算为成本，然后再加在报价上。第二，如果根据招标文件的规定，货物在合同签字并开出信用证后若干日（月）内交货，对迟于规定时间、但又在可接受的时间范围内的，可按每日（月）一定的百分比乘以投标报价再乘以迟交货的日（月）数，或者按每日（月）一定金额乘以迟交货的时间来计算，评标时将这一金额加在报价上。③ 付款条件。投标商必须按照合同条款中规定的付款条件来报价，对于不符合规定的投标，可视为非响应性投标予以拒绝。但对于采购大型成套设备可以允许投标商有不同的付款要求，提出有选择性的付款计划，这一选择性的付款计划只有在得到投标商愿意降低投标价的基础上才能考虑。如果投标商的付款要求偏离招标文件的规定不是很大，尚属可接受的范围，在这种情况下，可根据偏离条件给采购实体增加的费用，按标书中规定的贴现率算出其净现值，加在报价上，供评标时考虑。④ 零配件的供应及售后服务情况。如果投标商已在境内建立了零配件和售后服务的供应网点，评标时可以在报价之外不另加费用，但是如果投标商没有提供上述招标文件中规定的有关服务，而需由采购实体自行安排和解决的，在评标时可考虑将所要增加的费用加在报价上。⑤ 设备性能、生产能力的配套性或兼容性。如果投标商所投设备的性能、生产能力没有达到技术规格要求的基准参数，凡每种技术参数比基准参数100点降低的，将在报价基础上增加若干金额，以反映设备在寿命周期内额外增加的燃料、动力、营运的成本。⑥ 技术服务和培训费用。投标商在标书中应报出设备安装、调试等方面的技术服务费用以及有关培训费，这些费用应加在报价上一并供评标时考虑。

（3）以寿命周期成本为基础的评标方法。采购整套厂房、生产线或设备、车辆等在运行期内的各项后续费用（零配件、油料、燃料、维修等）很高的设备时，可采用以寿命周期成本为基础的评标方法。在计算寿命周期内成本时，可以根据实际情况，评标时在标书报价的基础上加上一定运行期年限的各项费用，再减去一定年限后设备的残值，即扣除这几年折旧费后的设备剩余值。在计算各项费用或残值时，都应按标书中规定的贴现率折算成净现值。以汽车为例，按寿命周期成本评标应计算的因素如下：① 汽车价格；② 根据标书偏离招标文件的各种情况，包括零配件短缺、交货延迟、付款条件等进行调整；③ 估算车辆行驶寿命周期所需燃料费用；④ 估算车辆行驶寿命周期所需零件及维修费用；⑤ 估算寿命周期末的残值。以上③，④，⑤三项都应按一定贴现率折算成现值。

（4）打分法。评标时通常要考虑多种因素，为了既便于综合考虑，又利于比较，可以按这些因素的重要性确定其在评标时所占的比例，即将每个因素打分。打分法考虑的因素包括：① 投标价格；② 内陆运费、保险费及其他费用；③ 交货期；④ 偏离合同条款规定的付款条件；⑤ 备件价格及售后服务；⑥ 设备性能、质量、生产能力；⑦ 技术服务和培训。

采用打分法评标时，首先确定每种因素所占的分值。通常来说，分值在每个因素的分配比例为：① 投标价 60~70 分；② 零配件 10 分；③ 技术性能、维修、运行费 10 分；④ 售后服务 5 分；⑤ 标准备件等 5 分总分 100 分如果采用打分法评标，考虑的因素、分值的分配以及打分标准均应在招标文件中明确规定。打分法有利有弊。利在于综合考虑，方便易行，能从难以用金额表示的各个投标中选择最好的投标。弊在于难以合理确定不同技术性能的有关分值和每一性能应得的分数，有时会忽视一些重要的指标。

2) 工程采购评标方法

工程采购评标除考虑投标价的组成以外，还要对技术条件、财务能力等进行全面评审和综合分析，最后选出最低评标价的投标。

（1）对投标价的分析。分析投标价的目的，在于鉴定各投标价的合理性，并找出投标价高与低的主要原因。因此，在分析时需要针对各投标商报价中的各单项合计价、各分项的单价以及各总价进行相互比较，并与原先由工程师编制的标底中的单价与分项总价进行对比分析，从中发现是否存在偏高或偏低的情况。如果存在这些情况，可以在评定阶段进行澄清，然后再做进一步分析。由于报价中一般不出现间接费、预备费、利润等，因此投标商报价中的各项单价或总价，不仅包括直接费用，还将间接费、预备费、利润等以按比例分摊的方式，或根据承包各单项工程的风险的不同，或根据对履约中工程量可能发生变化的趋势做出判断，摊入各单项或总价中去。投标报价的分析要保密。为澄清问题，可以采取从侧面了解的方式予以核实，如通过了解其材料耗费、工效等情况，从而判断其偏高或偏低是否在合理范围之内。对于单个合同，从理论上讲，如报价过低，后果应由承包商负责，但要分析单价过低给承包商带来的巨大风险以及承包商可能采取各种手段将部分风险转移给业主，使实际费用超过合同价。

（2）对技术条件的评审。技术条件评审主要是对投标商能否保质、保量如期完成所承包的全部工程所做的审查。首先应检查投标文件是否符合招标文件中图纸和规范的要求。在投标文件中，投标商应根据招标文件要求及工程特点，提出一套施工计划，包括施工总体布置、临时工程设施、施工方法及技术措施、施工进度安排、技术供应计划、对外交通、通讯、环境保护、医疗卫生等详细说明，并辅以充分的图纸。① 施工总体布置着重评审布置的合理性；② 施工方法和技术措施，主要是评审实施各单项工程所采取的方法、程序与措施，包括新配备的施工设备的性能是否合适，数量是否充分，所采取的施工方法是否既能保证工程质量要求又能加快进度并减少干扰，安全措施是否可靠，防有害物质的措施是否有效等；③ 施工进度的评审主要包括是否能在招标文件规定的日期内完成，并根据所配备的施工设备、生产能力、材料供应、自然条件、工程量大小等诸方面因素，分析其作业循环或施工强度是否现实，从而评审其总进度是否建立在可靠的基础上；④ 对技术供应计划的评审包括对施工设备的配置、动力、劳务、材料供应计划等方面的评审，检查其提出的计划是否与施工技术措施、施工进度安排相协调；⑤ 对对外交通与通讯的评审，是根据投标文件中所选择的运输路线，检查运到工地的大件、重件是否符合招标文件中所规定的限制条件，检查其货运量与新配备的运输设备是否平衡；⑥ 在环境保护及医疗卫生方面，着重审查投标商对废渣、废水、废气的处理措施，是否对环境卫生造成不良影响，对于医疗设施的安排是否合适等。

（3）对合同、财务方面的评审。对合同、财务方面的评审，要着重考虑以下几个方面：

① 检查投标文件的完整性，是否按招标文件的要求做出了反应；② 授权签署投标文件代表的授权书是否完备；③ 在合同条款以及其他有关协议（如劳务协议、材料协议等）方面，是否提出修改、附加条件或保留条件，以及是否允许这些修改或条件；④ 对联营体投标，必要时可在资格预审基础上，进一步审查联营体的性质、法人地位以及在承包合同中主办公司与其他成员对业主所承担的法律、经济责任；⑤ 对于评标时享受优惠的投标商，应进一步审查其享受优惠的条件；⑥ 提供的现金流量是否与施工进度计划基本协调，外币支付要求是否基本合理，所提供的价格指数是否符合要求，选用的调价公式中数值是否在允许的范围内；⑦ 是否有潜在索赔要求；⑧ 参加合同的管理人员是否与资格审查时所建议的人员相一致，若有改变，则需重新审查替代人员的资历和经验等；⑨ 财务状况如何。通过对以上各方面的审查，按照招标文件中规定的评标方法最终评审出最低评标价的投标。

2. 评标程序

评标程序分为初评和详细评标两个阶段。

1）初步评标

初步评标工作比较简单，但却是非常重要的一步。初步评标的内容包括：供应商资格是否符合要求，投标文件是否完整，是否按规定方式提交投标保证金，投标文件是否基本上符合招标文件的要求，有无计算上的错误等。如果供应商资格不符合规定，或投标文件未做出实质性的反应，都应作为无效投标处理，不得允许投标供应商通过修改投标文件或撤销不合要求的部分而使其投标具有响应性。经初步评标，凡是确定为基本上符合要求的投标，下一步要核定投标中有没有计算和累计方面的错误。在修改计算错误时，要遵循两条原则：第一，如果数字表示的金额与文字表示的金额有出入，要以文字表示的金额为准。第二，如果价格和数量的乘积与总价不一致，要以单价为准。但是如果采购实体认为有明显的小数点错误，此时要以标书的总价为准，并修改单价。如果投标商不接受根据上述修改方法而调整的投标价，可拒绝其投标并没收其投标保证金。

2）详细评标

在完成初步评标以后，下一步就进入详细评定和比较阶段。只有在初评中确定为基本合格的投标，才有资格进入详细评定和比较阶段。具体的评标方法取决于招标文件中的规定，并按评标价的高低，由低到高，评定出各投标的排列次序。在评标时，当出现最低评标价远远高于标底或缺乏竞争性等情况时，应当废除全部投标。

3）编写并上报评标报告

评标工作结束后，采购实体要编写评标报告，上报采购主管部门。评标报告包括以下内容：① 招标通告刊登的时间、购买招标文件的单位名称；② 开标日期、开标汇率；③ 投标商名单；④ 投标报价以及调整后的价格（包括重大计算错误的修改）；⑤ 价格评比基础；⑥ 评标的原则、标准和方法；⑦ 授标建议。

3. 资格后审

如果在投标前没有进行资格预审，在评标后则需要对最低评标价的投标商进行资格后审。如果审定结果认为其有资格、有能力承担合同任务，则应授予合同；如果认为其不符合要求，则应对下一个评标价最低的投标商进行类似的审查。

4. 授标与合同签订

合同授予最低评标价投标商，并要求在投标有效期内进行。决标后，在向中标投标商发中标通知书时,也要通知其他没有中标的投标商,并及时退还投标保证金。具体的合同签订方法有两种,一是在发中标通知书的同时,将合同文本寄给中标单位,让其在规定的时间内签字退回。二是中标单位收到中标通知书后,在规定的时间内,派人前来签订合同。如果是采用第二种方法,合同签订前,允许相互澄清一些非实质性的技术性或商务性问题,但不得要求投标商承担招标文件中没有规定的义务,也不得有标后压价的行为。合同签字并在中标供应商按要求提交了履约保证金后,合同就正式生效,采购工作进入了合同实施阶段。

思考题

1. 试述招标采购的概念。
2. 试述招标采购的特点。
3. 招标采购的方式有哪些?每种方式的特点有哪些?
4. 试述招标采购的程序。

第 9 章

电子商务采购

本章重点

本章在介绍有关电子商务采购的一些基本知识的基础上,重点讲述电子商务采购实施的系统程序、技术支持、实施步骤与电子商务采购系统构成模型。

9.1 电子商务概述

9.1.1 电子商务的定义

随着电子技术和互联网(Internet)的发展,信息技术作为工具被引入到商贸活动中,产生了电子商务(Electronic Commerce,EC 或 Electronic Business,EB)。通俗地说,电子商务就是在计算机网络(主要指 Internet 网络)的平台上,按照一定的标准开展的商务活动。当企业将其主要业务通过内联网(Intranet)、外联网(Extranet)以及 Internet 与企业的职员、客户、供销商以及合作伙伴直接相连时,通过这些网络发生的各种商务活动就是电子商务。

电子商务的定义有多种说法。下面是一些组织、政府、公司、学术团体等总结的较为全面的定义,在此介绍以供参考。

联合国经济合作和发展组织(OECD):电子商务是发生在开放网络上的包含企业和企业之间(Business to Business)、企业和消费者之间(Business to Consumer)的商业交易。

联合国国际贸易法律委员会(UNITRAL):电子商务是采用电子数据交换(EDI)和其他通信方式增进国际贸易的职能。

全球信息基础设施委员会(GIIC)电子商务工作委员会报告草案:电子商务是运用电子通信作为手段的经济活动,通过这种方式人们可以对带有经济价值的产品和服务进行宣传、购买和结算。这种交易的方式不受地理位置、资金多少或零售渠道所有权的影响,公有或私有企业、政府组织、各种社会团体、一般公民、企业家都能自由参加的广泛的经济活动,其中包括农业、林业、渔业、工业、私营和政府的服务业。电子商务能使产品在世界范围内交易并向消费者提供多种多样的选择。

IBM 公司：电子商务（E-Business）强调的是在网络计算环境下的商业化应用，不仅仅是硬件和软件的结合，也不仅仅是通常意义上的强调交易的狭义的电子商务（E-Commerce），而是把买方、卖方、厂商及其合作伙伴在互联网（Internet）、内联网（Intranet）和外联网（Extranet）结合起来的应用。同时强调这三部分是有层次的，只有先建立良好的 Intranet，建立好比较完善的标准和各种信息基础设施，才能顺利扩展到 Extranet，最后扩展 E-Commerce。

美国惠普公司（HP）：HP 提出电子商务（EC）、电子业务（EB）、电子消费（EC）和电子化世界的概念。其对电子商务（E-Commerce）的定义是：通过电子化手段来完成商业贸易活动的一种方式，电子商务使我们能够以电子交易为手段完成物品和服务等的交换，是商家和客户之间的联系纽带。它包括两种基本形式：商家之间的电子商务及商家与最终消费者之间的电子商务。对电子业务（E-Business）的定义：一种新型的业务开展手段，通过基于 Internet 的信息结构，使得公司、供应商、合作伙伴和客户之间，利用电子业务共享信息。E-Business 不仅能够有效地加快现有业务进程的实施，而且能够对市场等动态因素做出快速响应并及时调整当前业务进程。更重要的是，E-Business 本身也为企业创造出了更多、更新的业务模式。对电子消费（E-Consumer）的定义：人们使用信息技术进行娱乐、学习、工作、购物等一系列活动，使家庭的娱乐方式越来越多的从传统电视向 Internet 转变。

美国政府：电子商务是通过 Internet 进行的各项商务活动，包括广告、交易、支付、服务等活动。全球电子商务将会涉及全球各国。

总结起来，从宏观角度说，电子商务是计算机网络的又一次革命，是在通过电子手段建立一种新的经济秩序，它不仅涉及电子技术和商业交易本身，而且涉及诸如金融、税务、教育等社会其他层面；从微观角度说，电子商务是指各种具有商业活动能力的实体（生产企业、商贸企业、金融机构、政府机构、个人消费者等）利用网络和先进的数字化传媒技术进行的各项商业贸易活动。虽然至今为止人们尚未对电子商务有一个统一、明确的认识，但电子商务由来已久，甚至可以追溯到以莫尔斯码点和线的形式在电线中传输的商贸活动。20世纪70年代的电子数据交换（Electronic Data Interchange，EDI）技术的发展可以被认为是真正意义上的电子商务，但由于它的复杂性与非通用性，严重约束了其全面推广的可能。真正使电子商务迅猛发展则是互联网上通信标准与得到 IT 行业支持的 HTML 标准，成为电子商务的主流之后而带来的革命性变革，这开辟了运用电子手段进行商务活动的新纪元。

9.1.2 电子商务的历史发展

1. 电子商务产生和发展的条件

电子商务最早产生于20世纪60年代，发展于20世纪90年代，其产生和发展的重要条件主要有以下五个。

（1）计算机的广泛应用。近40年来，计算机的处理速度越来越快，处理能力越来越强，价格越来越低，应用越来越广泛，这为电子商务的应用提供了基础。

（2）网络的普及和成熟。由于 Internet 逐渐成为全球通信与交易的媒体，全球上网用户呈级数增长趋势，快捷、安全、低成本的特点为电子商务的发展提供了应用条件。

（3）信用卡的普及应用。信用卡以其方便、快捷、安全等优点而成为人们消费支付的重要手段，并由此形成了完善的全球性信用卡计算机网络支付与结算系统，使"一卡在手，走遍全球"成为可能，同时也为电子商务中的网上支付提供了重要的手段。

（4）电子安全交易协议的制定。1997年5月31日，由美国VISA和Mastercard国际组织等联合制定的SET（Secure Electronic Transfer Protocol，即电子安全交易协议）的出台，以及该协议得到大多数厂商的认可和支持。为在开发网络上的电子商务提供了一个关键的安全环境。

（5）政府的支持与推动。自1997年欧盟发布了欧洲电子商务协议，美国稍晚发布《全球电子商务纲要》以后，电子商务受到世界各国政府的重视，许多国家的政府开始尝试"网上采购"。这为电子商务的发展提供了有力的支持。

2. 电子商务发展的两个阶段

1）20世纪60年代到90年代：基于EDI的电子商务

从技术的角度来看，人类利用电子通信的方式进行贸易活动已有几十年的历史了。早在20世纪60年代人们就开始了用电报报文发送商务文件的工作，到了20世纪70年代人们又普遍采用方便、快捷的传真机来替代电报，但是由于传真文件通过纸面打印来传递和管理信息，不能将信息直接转入到信息系统中，因此人们开始采用EDI（电子数据交换）作为企业间电子商务的应用技术，这也就是电子商务的雏形。

EDI在20世纪60年代末期产生于美国，当时的贸易商们在使用计算机处理各类商务文件的时候发现，由人工输入到一台计算机中的数据70%是来源于另一台计算机输出的文件。由于过多的人为因素，影响了数据的准确性和工作效率的提高，人们开始尝试在贸易伙伴之间的计算机上使数据能够自动交换，EDI应运而生。

EDI（Electronic Data Interchange）是将业务文件按一个公认的标准从一台计算机传输到另一台计算机的电子传输方法。由于EDI大大减少了纸张票据，因此人们也形象地称之为"无纸贸易"或"无纸交易"。

从技术上讲，EDI包括硬件与软件两大部分。硬件主要是计算机网络，软件包括计算机软件和EDI标准。

从硬件方面讲，20世纪90年代之前的大多数EDI都不通过Internet，而是通过租用的电脑线在专用网络上实现，这类专用的网络称为VAN（Value-Addle Network，增值网），这样做的目的主要是考虑到安全问题。但随着Internet安全性的日益提高，作为一个费用更低、覆盖面更广、服务更好的系统，其已表现出替代VAN而成为EDI的硬件载体的趋势，因此有人把通过Internet实现的EDI直接叫做Internet EDI。

从软件方面看，EDI所需要的软件主要是将用户数据库系统中的信息翻译成EDI的标准格式以供传输交换。由于不同行业的企业会根据自身的业务特点来规定数据库的信息格式，因此，当需要发送EDI文件时，从企业专有数据库中提取的信息，必须被翻译成EDI的标准格式才能进行传输，这时就需要相关的EDI软件。

EDI软件主要有以下三种：

（1）转换软件（Mapper）。转换软件可以帮助用户将原有的计算机系统文件，转换成翻译软件能够理解的平面文件（Flat file），或是将从翻译软件接收来的平面文件，转换成原计算机系统中的文件。

（2）翻译软件（Translator）。将平面文件翻译成EDI标准格式，或将接收到的EDI标准格式翻译成平面文件。

（3）通信软件。将 EDI 标准格式的文件外层加上通信信封（Envelope），再送到 EDI 系统交换中心的邮箱（Mailbox），或由 EDI 系统交换中心内将接收到的文件取回。

EDI 软件中除了计算机软件外还包括 EDI 标准。美国国家标准局曾制定了一个称为 X12 的标准，用于美国国内。1987 年联合国主持制定了一个有关行政、商业及交通运输的电子数据交换标准，即国际标准——UN/EDIFACT（UN/EDI For Administration、Commerce and Transportation）。1997 年，X12 被吸收到 EDIFACT，使国际用统一的标准进行电子数据交换成为现实。

2）20 世纪 90 年代以后：基于国际互联网的电子商务

由于使用 VAN 的费用很高，仅大型企业才会使用，因此限制了基于 EDI 的电子商务应用范围的扩大。20 世纪 90 年代中期后，互联网（Internet）迅速走向普及化，逐步地从大学、科研机构走向企业和百姓家庭，其功能也已从信息共享演变为一种大众化的信息传播工具。从 1991 年起，一直游离于互联网之外的商业贸易活动正式进入到这个领域，从而使电子商务成为互联网应用的最大热点并得以蓬勃发展，且日渐对社会和经济产生重要影响。

9.1.3 电子商务的优势

相对于传统商务，电子商务有以下优势：

1. 降低企业的交易成本

电子商务对企业最大的影响就是降低企业的交易成本，主要表现在以下两个方面：

1）电子商务可以降低企业的促销成本

尽管创立和维护企业的网站需要一定的投资，但与其他的销售渠道相比，使用互联网的成本已经大大地降低了。依据国际数据公司的调查：利用互联网作为广告媒体，进行网上促销活动，结果是销售额增加 10 倍的同时，费用只是传统广告的 1/10。美国宾夕法尼亚州的安普公司（AMP International of Harrisburg）曾经花费 800 万美元印刷产品目录，而现在将其销售的 7 万种产品目录做成数据库的形式在互联网上展示，其成本已经大大降低，而且销售额大大增加。除此以外，精心制作的数据库网页将方便客户及时准确地查找到所需设备的情况，而纸张印刷品却无法做到这一点。随着企业电子商务的展开，网络客户支持系统的使用受到厂家和客户的欢迎。企业提供有效的网上客户支持活动，可以大大地降低电话咨询的次数。例如，美国联邦捷运公司（Federal Express）通过设立网上咨询服务系统，使客户可以随时跟踪快递包裹的运输情况，而客户每次查询只要花费公司 0.1 美元，而用传统的咨询方式却要花费企业 7 美元。可见，网上技术支持服务的费用大大少于传统的电话咨询的费用。

2）电子商务降低采购成本

传统的原材料采购是一个程序烦琐的过程。通过互联网的电子商务活动，企业可以加强与主要供应商之间的协作，将原材料的采购和产品的制造过程有机地结合起来，形成一体化的信息传递和处理系统。

目前，许多大公司纷纷通过电子商务增值战略方案，采用一体化的电子商务采购系统，从而降低了劳动力、印刷和邮寄成本。采购人员也有更多的时间致力于合同条款的谈判，并注重和供应商建立稳固的供销关系。

2. 减少企业的库存

产品的生产周期越长，企业就需要越多的库存来应对可能出现的交货延迟、交货失误，面对市场的反应也就越慢。而且，库存的增多，也会增加运营成本，降低企业的利润，更何况，高库存量也不能保证向客户提供最佳的服务。

因此，适当的库存容量不仅可以让客户得到满意的服务，还可以尽量地为企业减少运营成本。为了达到上述目标，提高企业库存的管理水平，企业可以在提高劳动生产率和库存周转率的基础上，降低库存总量。

IBM 个人系统集团公司从 1996 年开始应用电子商务高级计划系统。通过该系统，零售商和供应商都通过电子商务系统将一系列相关产品的最新预测发送出去，连接在互联网上的主机在收到最新预测后，对大家的预测进行对比，并标出最大的差异。该差异将由零售商和供应商的计划人员重新调整。为了避免操作复杂，软件设计公司将该软件设计成针对具体的交易情况可自动处理和调整的方式。这样，生产商就可以准确地依据销售商的需求生产，使库存保持在适当的容量，从而降低库存成本。

3. 缩短企业的生产周期

每一项产品的生产成本都涉及固定成本的支出，固定成本并不随着生产数量的变化而变化，而与产品的生产周期有关。电子商务的出现缩短了产品的生产周期，从而降低了企业的生产成本。

今天，网络技术的应用为产品的开发与设计提供了快捷的方式。第一，开发者可以利用网络进行快速市场调研，了解最新的市场需求；第二，开发者可以利用信息的传播速度，很快地了解到产品的市场反馈，以对正在开发的产品进行再改良；第三，开发者可以利用网络的技术了解到竞争对手的最新情况，从而可以对自己的产品进行适当地调整，以取得竞争优势。而这一过程，在传统生产中，将要花费漫长的时间，使生产周期大大延长，增加了生产成本。现在，电子商务改变了一切。

4. 24 小时无间隔运作，增加企业的交易机会

由于网络的开放性和全球性，使得基于网络的电子商务不受时间和空间的限制。一周 7 天，一天 24 小时，不间断地运作给企业增添了许多机会。

9.1.4　电子商务的模式

按照交易对象的不同，可以将电子商务的交易模式分为四种。

1. BtoB 模式（B2B）

BtoB 模式即企业对企业（Business to Business）的电子商务，指的是企业与企业之间依托互联网等现代信息技术手段进行的商务活动。例如，某商店利用计算机网络向某电器工厂定购电风扇，并且通过网络进行付款等。这种模式电子商务已经存在很多年，其中以企业通过专用网或增值网（VAN）采用 EDI 方式所进行的商务活动尤为典型。

2. BtoC 模式（B2C）

BtoC 模式即企业对消费者（Business to Customer）的电子商务，指的是企业与消费者之间依托互联网等现代信息技术手段进行的商务活动。这种电子商务主要是借助于互联网开展的在线销售活动，例如，Amazon 的在线销售书店。近年来，随着互联网为企业和消费者开辟了新的交易平台，再加上全球网民的增多，使得这种电子商务模式得到了较快发展。

3. BtoG 模式（B2G）

BtoG 模式即企业对政府（Business to Government）的电子商务，指的是企业与政府机构之间依托互联网等现代信息技术手段进行的商务或业务活动。例如，在美国，政府采购清单可以通过互联网发布，公司可以以电子化方式回应；另外，政府通过 EDI 的方式向企业征税等。这种模式可以更好地树立政府的形象，实施对企业的行政事务管理，推行各种经济政策等。

4. CtoC 模式（C2C）

CtoC 模式即消费者对消费者（Customer to Customer）的电子商务，其特点是消费者与消费者讨价还价进行交易。实践中较多的是进行网上个人拍卖，如国内著名的易趣、淘宝等拍卖网站就是采用此种交易模式。

9.2 电子商务采购概述

9.2.1 电子商务采购的概念与发展历史

电子商务采购是指基于、至少是部分基于互联网技术的采购方式。它能够使企业通过网络，寻找合格的供货商和物品，随时了解市场行情和库存情况，编制销售计划，在线采购所需的物品，并对采购订单和采购的物品进行在途管理、台账管理和库存管理，实现采购的自动统计分析。实施电子商务采购，不但方便、快捷，而且交易成本低，信息公开透明，是一种很有发展前途的采购方式。

电子商务采购最早兴起于美国，它的最初形式是一对一的电子数据交换系统，即 EDI。这种由大买家驱使，连接自己供应商的电子商务系统，的确大幅度地促进了采购的效率，但早期的电子商务系统价格昂贵，耗费庞大，且由于其封闭性仅能为一个买家服务，所以往往让中小供应商和买家却步。联合国制定了一套商业 EDI 标准，但在具体实施过程中，关于标准问题在行业内及行业间的协调工作举步维艰。因此，真正商业伙伴间 EDI 并未广泛开展。20 世纪 90 年代中期，电子采购目录开始兴起，这是供应商通过网上介绍其产品，以此来提高供应商的信息透明度、市场涵盖面。近年来，全方位综合电子商务采购平台出现，且通过广泛连接买卖双方来进行电子商务采购活动。

9.2.2 电子商务采购的优势

1. 传统采购模式的弱点

为能够在今天竞争越来越激烈的商业环境里生存，企业必须在生产管理中降低成本，提高生产率，并以一种更具有战略性的方式进行经营。虽然许多企业已经实现了后台办公自动化，但是大部分企业在采购领域仍然实行传统的手工操作，如以电话、传真、直接见面等方式进行信息交流。在企业中，采购业务常常被以下问题所困扰。

1) 低效的商品选择过程

采购中商品以及供应商的选择是一项费时费力的事情，采购人员需要到众多供应商的产品目录里查询产品及其定价信息，由于信息来源如报纸、电视、熟人介绍等的多样性，询价工作通常很费时间。以最低向三家供应商询价和选择商品为例，一般要用 2~3 天时间，而且可能还要消耗不少的人力、物力。

2）费时的手工订货操作

商品和供应商确定后，企业还要安排订货，以手工方式和纸面文件为基础的需求提出至订货过程有时需要与供应商多次见面，以及多次传真、电话联系，才能正式下订单，而且下订单后很可能还要监督订单的执行过程。

3）不规则采购，易滋生腐败现象

一些企业由于采购资金使用不透明、不公开，随意性强，在货物、工程和服务的采购过程中，往往是个人因素起决定作用。相互利用、权钱交易、行贿受贿，败坏了社会风气；有些不按照正常的采购程序采购，如没有合同的非授权采购，使采购企业无法获得通过采购合同谈判所带来的好处等。这些都给企业带来了经济上的损失。

4）昂贵的存货成本和采购成本

由于采购过程的低效率和费时，企业尤其是大企业常常大量采购，以应付未来之需。这样，很多企业需要一定的费用支持存货，而实际上，这些存货很可能在几个月后才被使用。此外，由于采购人员对供应商的比选不充分，采购商品和服务的价格很可能较高，再加上采购的潜在成本，使得采购商品和服务成本超出预计。

5）冗长的采购周期

由于采购过程中复杂的手工审批，评标过程中组织工作量大，以及过长的采购和订货周期，削弱了企业在商业社会中的竞争优势。

6）复杂的采购管理

在传统的采购模式下，一般企业都会建立一套分级采购审批程序，以防止采购费用的过度支出以及滥用职权，但是这种审批程序为本来就低效和费时的采购又加上了新的枷锁。

7）难以实现采购的战略性管理

采购作为企业整体运行的一部分，需要纳入企业的整体战略管理。但是由于采购数据的收集费时，使得采购战略难以实现。

从整体看，传统的采购模式还将面对中间商过多的问题。这使得商品的生产成本很低，而贸易成本较高，最终损害的是消费者和采购方的利益。

2. 电子商务采购的优势

电子商务采购将从根本上改变商务活动的模式。它不仅将商品和服务的采购过程自动化，极大地提高了效益，降低了采购成本，还使企业在一定程度上避免了因信息不对称引起的资源浪费，有利于社会资源的有效配置，从而使企业更具有战略性的眼光进行采购。电子商务采购给企业带来的好处（对购买方而言）包括：

1）货比三家，选择最佳的货物来源，降低采购成本和采购价格

电子商务采购的信息处理和管理是建立在互联网基础上的，互联网的开放性使消费者、企业及其供应链之间建立了一种协调关系。商家的产品目录、新品推荐、网上广告等公共信息可以被互联网上的所有用户浏览，采购企业可以对各种型号产品的性能、外观甚至价格进行详细的了解和比较，还可以在网上直接与商家沟通，避免了谈判桌上的唇枪舌剑。采购者通过货比三家，寻找到产品质量好、价格优惠，且各方面信誉比较好的商家与其进行交易。通过网上采购，企业能够以较低的成本挑选出物美价廉的产品，从而保障了企业的利益。

1996 年，美国通用电气公司开始使用本公司在互联网基础上建设的联机采购系统，采购劳动力成本降低了 30%，采购用的消费品节省了 20%。IBM 是电子商务采购的另外一个

受益者,通过电子商务采购,IBM 的成本不断降低,自 1995 年以来的 20 多年间,电子商务采购市场已经为 IBM 节约了上百亿美元。

2) 有利于采购企业对商家信誉进行评估

为了使网上交易更加可信,需要在网上建立一套商家信用评估体系。买家和卖家可以对双方交易的过程和结果在网上发表意见;采购企业可以对商家的产品和售后服务进行打分,通过自己的数据库进行分析评估,得出卖家的交易诚信得分。这个评估体系为采购企业选择诚信的商家提供了便利。

3) 迅速有效地组织评估并确保评估的公正性

实行网上采购,一方面供应商可以更方便、快捷地通过网络发布招标信息、报送标书,还可以在网上发现并获取到大量潜在买家的信息,扩大自己的产品供应面,缩短采购周期。另一方面,采购企业能够将供应商报送的标书通过网络发送给不同地区的相关专家,由专家们在网上进行评标并要求专家们在规定的时间内将结果直接传送给采购机构。网络技术的发展已经使网上评标在技术上成为可能,确保了评标的公正性。

4) 随时了解市场行情和库存情况,科学制定采购计划

企业在采购系统中建立自己的库存信息档案,及时更新,这样就可以通过网上查询来获取库存信息,及时审批和决定采购实施,避免盲目采购、超前采购、重复采购或非需求性采购。

IBM 的微机系统集团就是采用电子化的采购方式减少了库存。该集团的市场部每个月初报告本月预计销售的微机台数,计划部门根据这个预测,结合各个整机和零部件生产厂的生产能力,制定生产计划,下达生产任务。各个生产厂的采购人员根据这个计划与供应商谈判。这样的信息每周汇集一次,上述过程重复一次。连接这些部门、厂商的计算机网络加快了信息传输和交换的速度,对任何一个环节产生问题的信息可以及时反馈,决策者可以根据变化快速做出反应。例如,某种型号微机的销售突然增加或减少,生产计划就能及时修改,采购计划随之修改,避免了库存不足或过多。

5) 缩短了产品的生产周期

研究表明,很多产品的生产成本主要与生产周期的长短有关,而不是产量(即所谓的规模经济)。一个产品的成本除原材料、零部件外,还包括折旧、建筑物等设施的使用费、管理、监督指导等费用,对于后面这几种成本,主要是对时间敏感,时间越少,成本越低。通过计算机网络平台将设计、开发、原型定型、审核等工作实时连接起来,提高了合作效率,提高了时间利用率,可以大大缩短产品生产周期。

6) 提高了市场透明度

市场透明度关系到购买方能否有效采购,具体包括产品透明度(即可以采购何种产品代替现有产品)、供应商透明度(即哪家供应商可以取代现在的供应商)和价格透明度(即此产品在市场上的价格是多少)。通过在这三方面提高市场透明度,加强供货市场竞争,从而使货物价格下降及统一。

研究表明,通过使用电子商务采购平台,不仅能减少中间流通环节,进行更有效和针对性的营销,密切与客户的关系,赢得更广泛的动态、实时交易能力和更大的市场机会,还可增加 20%~30%的业务,获得 10%~15%的销售增长。除此之外,由于业务量加大,供应商就可以进行规模生产,从而获得规模生产效益。从宏观上看,电子商务采购有着极大的

优势：

（1）电子商务采购平台除了使整个市场有更统一的商品报价外，还保证该市场内部供求双方能更有效地衔接。在市场透明度提高的情况下，买卖双方能更有效地平衡市场上的需求。过去，供应商即使打折，也很难卖掉多余库存。电子商务采购将大量买方和卖方聚集在线上交易市场，并以衔接需求的方式解决了这方面的问题。

（2）电子商务采购打破了地理与语言障碍。商业与互联网在本质上都是全球性的，买卖双方不再被束缚于他们所熟悉的地理范围或国界内。互联网提供了全球性的通路，只要敲击按钮，就可以与潜在的买方或卖方聚集在一起。供应商与购买商可在互联网上寻找一些伙伴并与之交易，而这些商业伙伴在没有电子商务采购平台前可能是无法找到的。尽管语言可能仍然是一个问题，尤其是对全球贸易而言，但作为第三方的电子商务采购平台提供者通常都能够提供多语言平台和产业/贸易专家等增值服务，来增加国际贸易。

（3）可以改善资源分配。除了市场价格更为协调一致，电子商务采购保证更有效地利用有限的资源。信息缺乏导致许多企业无法预测需求，分配资源。为解决这些问题，企业一般在传统供应链的每一环节都备有缓冲库存，而这相应导致过多的库存成本和库存过时风险。改善后的信息共享能限制这种低效情况，并有助于更有效地部署资源。电子商务采购平台也能在库存过时前通过拍卖为供应商提供一个更有效的处理多余库存的方法。

9.2.3 电子商务采购模式

电子商务采购与其他企业应用软件相比有一个很大的不同点。其他应用软件如仓库管理软件、运输管理软件、财务管理软件等，它们的主要信息都是来源于企业内部，而电子商务采购所要进行的业务却关系到供应商和采购商两个主体，特别是采购物料信息，均来自企业外部，这给电子商务采购模式的建立提供了各种可能性。主要说来，企业的电子商务采购模式有以下三种。

1. 卖方模式

卖方模式是指供应商在互联网上发布其产品的在线目录，采购方则通过浏览目录来取得所需的商品信息，做出采购决策，并下订单以及确定付款和交付选择。这就像一个购物者在一条商业大街上，选出各个"商店"不断地进行比较来购买商品。在这个模式里，供应商必须投入大量的人力、物力和财力以建立、维护和更新产品目录，所以成本较高、操作较为复杂。而对采购方则恰恰相反，他们不需要花费太多就能得到自己所需要的产品信息，既便宜又方便，同时买方可以开发并维护自己的目录。但是，这一模式同时仍存在自身的劣势：由于"商店"是普通的门户网站，很难和买方后端的企业内部信息系统很好地集成。所以对于买方而言，一切似乎都没有改变：没有自动化，买方还是得寻找供应商的网站，登录后通过目录的网络形式输入订单。每个购买者每次都必须输入所有主要信息，例如公司名称、地址、电话号码、账户等。很明显，如果一家公司如果同时拥有500家供应商，那么就要访问500个网站，不停地重复输入信息。这使得采购工作的内容更加复杂。虽然这种方法与纯纸化的目录相比具有明显优势，但是实际操作很难实行（尤其对于一家想与5 000家供应商进行联系的公司而言）。另外，采购方与供应商是通过供应商的系统进行交流的，由于双方所用的标准不同，供应商系统向采购方传输的电子文档不一定能为采购方的信息系统所识别并自动加以处理，传送到相关责任人处。这些文档必须经过一定的转化，甚至需经手工处理,大大降低电子商务采购的效率,延长了采购的时间。所以企业必须更新自己内部的 ERP 系统。当然,近一阶段,XML(Extensible Makeup Language)技术的出现,为互联网上的数据表示和传输提供了新的思路,使 B2B 电子商务采购有所发展。不过这种采购模式可以被视为小购买者和一次性采购所属的形式。

2. 买方模式

买方模式是指采购方在互联网上发布所需采购产品的信息,供应商在采购方的网站上传自己的产品信息,供采购方评估。双方通过采购方网站进行进一步的信息沟通,完成采购业务的全过程。与卖方模式不同,买方模式中采购方承担了建立、维护和更新产品目录的工作。虽然这样花费较多,但采购方可以更紧密地控制整个采购流程。采购方可以限定目录中所需产品的种类和规格,甚至可以给不同的员工在采购不同的产品时设定采购权限和数量的限制。另外,员工只需要通过一个界面就能了解到所有可能供应商的产品信息,并能很方便地进行对比和分析。同时,由于供求双方是通过采购方的网站进行文档传递,因此采购网站与采购方信息系统之间的无缝连接将使这些文档流畅地被后台系统识别并处理。对于一个成功的买方模式来说,需要用成熟的信息技术安全体系。只有采取了全面的技术防护手段,才能确保采购过程的顺利进行。当然,这一模式也有着自身的劣势:买方承担了目录和系统维护的艰巨工作。买方在最初的信息整合和合理化过程中需要很大的投入。设想,如果一家公司的业务涉及不同国家成百上千的供应商,就有可能有成百上千的项目条款,每个条款都有很多具体的规格说明。不同供应商的相同产品可能有不同的名称,各供应商一般都会给不同的版式图形提供不同的产品 ID 号码。因此,对于那些没有将目录和系统维护作为核心竞争力的公司来说,可能会考虑到将这一工作外包。当然,这涉及成本问题,还有技术更新的问题,同时就算将维护工作外包,公司系统也应该考虑到不同的维护通道,以使政策适合未来发展需要。这一系统将需要提供网络基础上的维护以便供应商能随时修改更新供应商产品目录,方便买方更新自己的目录。

3. 市场模式

市场模式是指供应商和采购方通过第三方设立的网站进行采购业务的过程。在这个模式里,无论是供应商还是采购方都只需在第三方网站(也是独立的门户网站)上发布并描绘自己提供或需要的产品信息,第三方网站则负责产品信息的归纳和整理,以便于用户使用。这一模式使全世界范围内任一参与者登录并进行交易,但是要按交易税金或是交易费的百分比来计算交纳一定的费用。这种模式的主要操作有查看目录、下订单(在线拍卖的情况下称为竞标)、循序交货、支付等。虽然这样省去了建立网站的花费,但由于这一市场是独立的第三方网站,它与采购方的后台系统集成比较难。为了弥补这一缺陷,现今一些网上交易市场特别是由电子商务采购方案提供商建立的 E-Market(电子交易中心),纷纷采用了基于 XML 开放型架构,这种架构已逐渐成为构建 E-Market 的主流模式。因为在这种架构下,不论企业自身的系统是什么"语言",都可以通过 XML 顺利地进行"沟通"。同时他们还为客户提供后台集成的服务,使企业能顺畅地通过电子市场进行采购。不过这些电子交易中心的发起人在目标和服务水平上千差万别。许多电子交易都只是局限于为多个采购方和供应商提供一个在线的多对多的平台,而且通常只是关注于一个单一的水平或是垂直行业部门。

9.3 电子商务采购的实施

9.3.1 电子商务采购的系统程序

电子商务采购系统的基本程序为：

（1）商品报价请求。采购方向供货方提出商品报价请求，说明想购买的商品信息。

（2）商品的报价。供货方向采购方回答该商品的报价，说明该商品的报价信息。

（3）商品订购单。采购方向供货方提出商品订购单，初步说明确定购买的商品信息。

（4）商品订购单的应答。供货方对采购方提出的商品订购单的应答说明有无此商品及规格型号、品种、质量等信息。

（5）商品订购单变更请求。采购方根据应答提出是否对商品订购单有变更请求，说明最后确定购买商品的信息。

（6）商品发货通知。供货方向采购方说明关于运输公司、发货地点、运输设备和包装等信息。

（7）商品运输说明。供货方对运输的工具、方式以及交货地点向采购方进行说明。

一个采购人员要想采购某些物料，就可以通过一个电子商务采购系统的点击接口，安全登录后，从他们的桌面创建、提交和跟踪多种申请，然后等待供应商系统的答复，获得在线批准后，就可以把订单发给供应商，让他们履行订购。

要想进行电子商务采购，首先就要登录到电子商务采购网站。每个采购人员都可以得到一个安全的个人登录代码，其中包括用户的配置（如职称、默认部门、会计码、默认发货地点和账单寄送地点）。配置还用来定制提示，采购人员可以只需访问和订购他们授权的购买目录项。

安全登录以后，采购人员可以使用网站强大的浏览工具了解多家或特定的供应商以及他们的产品情况，然后进入供应商目录，采用各种查询方式（如产品代码、关键字术语、插图等）进行搜索，寻找自己需要的产品信息。网站管理员也可以通过添加产品细节来引导采购人员首先进入产品清单，或者指出哪些产品在购买前需要批准。此外，采购人员还可以订购和申请非标准产品源的服务。

接下来，采购人员就可以发出申请或订购通知。可以实时申请，申请对象可以包括一个或多个供应商的一种或多种商品。然后采购人员可以通过搜索目录在申请上添加产品或个人"喜爱的产品"列表中的产品。如果采购人员要申请与过去订购相接近的产品，就可以复制现有订单，稍加修改，快速完成采购。

填写好订单后，就要将其提交给供应商。支持的支付选项包括一个空白的购物订单、一个新的购物订单号，或采购/信用卡，卡的选择使用受每个供应商的接受能力的限制。购物权限内的申请按供应商分类，每个供应商生成一份订单，然后送给相应的供应商履行。

采购人员在采购时要受到购物权限的限制。嵌入式控制确保了采购人员无法购买限制购买的物品，或者订购权限外的产品，如每次订购额的限制，或者每个时期订购额的限制。违反购物限制的申请要送去批复，发给个人或团体（如采购部门）。

一旦提交了申请，根据组织的业务章程，申请就要被送去批复。通过电子邮件，批复人知道有待批准的请求送过来了,于是他们可以选择批准、拒绝或把请求转发给另一个批复人。批复人有一定的限制,以保证批复过程的差错最小。

最后供应商进行订购调遣和履行。供应商交叉的申请,分成一个供应商一个购物订单,以供应商偏爱的接收方式,通过各种订单格式发给每家供应商。购物订单的复制送给购物系统,让系统报告和跟踪订单。订购履行后,供应商通过电子邮件发回订购确认、订购状态和发货通知。采购人员还可以在线访问订购状态信息,回顾详细的订单和每个项目状态历史。

买方电子商务采购只有在他们能够促使广大用户、现有管理系统和供应商一起轻松密切地工作时才能真正发挥其作用,不仅是在公司内部,在整条供应链上都必须如此。只有把人和系统连接起来,才能够满足整个采购过程的动态要求,实现集成效益。

买方应用的集成类型主要有:

(1) 员工的连通性。通过图形化的 Web 浏览器接口,使员工从他们的桌面与供应商建立链接,提高了工作效率。方案的接口必须足够强大,以满足广大用户包括临时用户、采购专家和系统管理员的要求。

(2) 后端系统的连通性。一个好的买方方案必须链接到企业资源计划(ERP)的基干上,用 ERP 应用程序的数据实现从一个过程到另一个过程的密切的信息流程。

(3) 供应商的连通性。买方必须精简与供应商之间的所有交互,从创建和更新目录网页,直到把购物订单直接发到供应商的系统,整个过程必须由专业买家完全控制。

通过实现买方方案的集成,使采购系统的各个部分都能顺利进行,从而提高企业和供应商之间的工作效率。

9.3.2 企业实施电子商务采购的步骤

企业实施电子商务采购的步骤一般可以从以下八方面考虑。

(1) 提供培训。很多企业只在系统开发完成后才对使用者进行应用技术培训。但是国外企业和国内一些成功企业的做法表明,事先对所有使用者提供充分的培训是电子商务采购成功的一个关键因素。培训内容不仅包括技能的方面,更重要的是让员工了解将在什么地方进行制度革新,以便将一种积极的、支持性的态度灌输给员工。这将有助于减少未来项目进展中的阻力。

(2) 建立数据源。这主要是为在互联网上采购和供应管理功能积累数据,主要包括:供应商目录、供应商的原料和产品信息、各种文档样本、与采购相关的其他网站、可检索的数据库、搜索工具。

(3) 成立正式的项目小组。小组需要由高层管理者直接领导,其成员应当包括项目实施的整个进程所涉及的各个层面,包括:信息技术、采购、仓储、生产、计划等部门,甚至包括互联网服务提供商(ISP)、应用服务提供商(ASP),供应商等外部组织的成员。每个成员对各种方案选择的意见、风险、成本、程序安装和监督程序运行的职责分配等进行充分地交流和讨论,以取得共识。企业的实践证明事先做好组织上的准备是保证整个进程顺利进行的前提。

(4) 广泛调研,收集意见。为做好电子商务采购系统,应广泛听取各方面的意见,包括有技术特长的人员、管理人员、软件供应商等。同时要借鉴其他企业行之有效的做法,在统一意见的基础上,制定和完善有关的技术方案。

(5) 建立企业内部管理信息系统,实现业务数据的计算机自动化管理。在企业的电子商务采购系统网站中,设置电子商务采购功能模块,使整个采购过程始终与管理层、相关部门、供应商以及其他相关内、外部人员保持动态的实时联系。

(6) 应用前测试所有功能模块。

(7) 培训使用者。

(8) 网站发布。利用电子商务网站和企业内部网收集企业内部各个单位的采购申请,并对这些申请进行统计整理,形成采购招标计划,并在网上进行发布。

9.4 电子商务采购系统构成模型及案例

现阶段我国企业信息化基础较为薄弱,整体电子商务采购环境还存在很多制约因素,实施电子商务采购的企业大都采取网上采购网下成交的方式。企业将电子商务采购的重点放在信息流的有效集成上,解决采购行为和财务结算的控制问题,以确保采购的正常畅通。

9.4.1 电子商务采购的内部模型

电子商务采购在企业内部一般通过内部网（Intranet）实现,然后再通过互联网（Internet）与供应商相连。对采购方来说,电子商务采购系统一般应包括采购申请、采购审批和采购管理三个基本模块,不同模块的主要功能如图 9-1 所示。

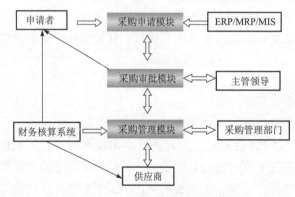

图 9-1 电子商务采购的内部模型

1. 采购申请模块

(1) 接受生产部门和关键原材料供应部门提交的采购申请。

(2) 接受企业 ERP 系统自动提交的原材料采购申请。

(3) 接受管理人员及后勤服务人员提出的采购低值易耗品、计算机软件或服务方面的申请等。采购申请应通过浏览器登录网上采购站点的页面进行或通过 ERP 系统自动传递。

2. 采购审批模块

(1) 根据预设的审批规则自动审核并批准所收到的各种申请。

(2) 对接收到的采购低值易耗品的申请,直接向仓库管理系统检查库存。如有库存,立即通知申请者领用;如库存没有,通知申请者申请已批准,正在采购中。

(3) 对于自动审批未获批准的申请,立即通知申请者:申请由于何种原因未获批准,请修改申请或重新申请。

(4) 通过自动审批无法确定是否批准的申请,邮件通知申请者的主管领导,由领导登录采购系统,审批申请。

(5) 对于已获批准的采购申请,邮件通知申请者,并提交采购管理模块。

3. 采购管理模块

(1) 接受采购管理部门制定的年度或月份采购计划,制定供应商评估等业务规则。

（2）对被批准的采购申请，依据设定规则确定是立即采购或是累积批量采购。

（3）对已达到批量采购标准或需立即采购的采购申请，依据业务规则，放入竞标模块投标或立即生成订单。

（4）对放入竞标模块的申请单，根据竞标结果，生成订单。

（5）对已生成的订单，依据设定规则决定是立即发给供应商，或者是留待采购管理部门再次审核修改。

（6）所有订单依据预设的发送途径向供应商发出，如：E-mail、人工电话传真、自动电子传递给供应商的订单管理系统。

（7）自动接收供应商或承运商提交的产品运输信息和到货信息，或者由采购管理部门将这些信息手工录入。

（8）任何有权限的用户都可查询所提交申请的被执行情况。

（9）订购产品入库或服务完成后，系统自动向财务管理部门提交有关单据。

（10）订购产品入库或服务完成后，系统自动邮件通知或采购管理部门电话通知申请者申请已执行完毕。

（11）依据设定规则，系统在发出订单时或者产品验收入库后，供应商网上自动付款，或自动通知财务部门对供应商付款。

如果企业的 ERP 系统已经具备对内部采购申请、审批的管理功能模块，则主要开发任务集中在采购管理模块上。采购管理模块各部分组成、处理流程和功能如图 9-2 所示。

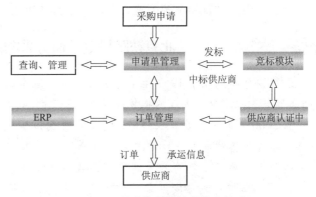

图 9-2 采购管理模块的内部构成

4. 采购申请单管理

（1）接受任何已获批准的采购申请单。

（2）依据业务规则，对于需要竞价的采购品，提交至竞标模块。

（3）依据业务规则，对于不需竞价的采购品，立即交由订单模块生成订单。

（4）对于竞标模块投标结束的采购申请单，如无其他规则，立即交由订单模块生成订单。

（5）接收订单管理模块返回的订单执行信息。

（6）接受任何有权限的用户对申请执行情况的查询。

5. 竞标模块

竞标模块是用户架设于互联网上的一个独立应用程序，它可通过 TCP/IP 直接和其他供应商进行高速竞标对话，同时也设有 Web 页面，接收并动态刷新竞标情况。模块的功能包括：

（1）接收已获批准的且需招标的采购申请，通过网络向供应商管理认证中心的相关供应商发出招标信号，同时在网站页面发布招标书记录。

（2）通过网络接收任何供应商的应标数据包，同时动态显示在网站页面上。

（3）接受登录门户网站的供应商手工竞标。

（4）将每一次的竞标变动即时通过互联网向供应商的应标系统发送，同时显示在网站页面上。

（5）依据业务规则，对所有供应商的竞标条件不断选出优胜者，并最终决定谁中标。

（6）中标者被决定后，向所有其他供应商的自动竞标系统发出竞标结束信息，同时将结果显示在网站上。

6. 供应商管理认证中心

（1）接收供应商的注册申请，供应商的注册内容包括：供应商企业信息、企业竞标系统 IP 地址、提供的产品类型信息。

（2）为通过注册的供应商提供自动竞标软件。

（3）接收任何企业的招标采购系统查询申请，提供与采购产品相关的所有供应商的竞标系统地址或邮件地址。

上述电子商务网上采购实现方案在我国企业的各种电子商务采购方案中具有一定的代表性。它具有以下三个特点：

（1）与公司的 ERP 系统能够紧密集成，并开放接口。

（2）用户角色定位清晰，申请者、主管领导、采购管理者、资金部门、供应商划分明了。

（3）既能以提高效率的方式继续沿用传统的人工采购流程，也能完全替代人工采购流程；通过规则的设置和系统配置，系统能全自动快速完成整个采购流程。

案例分析　北京铁路局电子商务采购系统的功能

北京铁路局成立于 1953 年 1 月 1 日，承担着全国铁路约 1/3 的煤运量、1/4 的货运量、1/5 的运输进款收入、1/6 的换算周转量、1/7 的客运量。

自 2000 年以来，北京铁路局通过全面贯彻落实《北京铁路局采购管理办法》和《北京铁路局物资价格管理办法》等文件，完善了采购组织机构，建立了物资计划、渠道、价格和采购四权分离相互制约的采购机制，实现了采购渠道、采购价格、采购程序和服务承诺"四公开"，集中计划形成批量，进行招（邀、议）标和比质比价采购，确保采购物资质量，降低采购成本。北京铁路局物资工业处负责北京铁路局的整体物资采购，是北京铁路局的重要职能部门，也是网上采购平台的承办者和运营者。物资工业处年采购额达到几十亿元，采购品种成千上万，其中金属、油品和机电设备及配件是其主要采购品种。随着业务的发展，企业化运作的深入以及外界经营环境的变化，采用信息技术和电子商务来提高效率、降低成本、规范管理的思路得到了北京铁路局领导的高度重视。北京铁路局把实施信息化和电子商务放在一个非常重要的位置，认为利用电子商务来重新整合资源、规范业务流程、促进业务发展是北京铁路局物资工业处实现又一次飞跃的良好契机。经过认真、详细的市场调研和多次评估，北京铁路局物资工业处最终确定了采用中华商务网所提供的网上采购解决方案。经过中华商务网电子商务部和技术开发人员 56 个工作日的努力及北京铁路局物资工业处工作人员的积极配合，如期完成了采购平台的建设。

北京铁路局网上采购平台的主要功能如下。

1. 系统功能

（1）用户注册认证功能：每个用户有唯一的 ID（Identity，身份表识）和口令，经过系统安全认证，合法用户可以通过互联网随时快捷地进入采购中心。提供单一用户独享进入认证,保证每个 ID 同时只能有一个用户进入。

(2) 用户管理功能:通过对系统业务逻辑和流程的分析,为系统中的不同用户分配角色和权限。系统用户即为系统管理员;买方用户包括:买方管理员、比价采购员、招标采购员、审批人、专家管理员、监察人员及评标专家;卖方用户包括:卖方管理员、卖方业务联系人。

(3) 产品目录管理功能:创建产品目录,管理产品数据。产品目录具有如下特点:产品目录格式符合铁道部标准;产品目录可以进行查询和维护。系统管理员可以对系统的标准产品库进行查询和进行增加、删除、修改产品数据等维护操作。

(4) 广告发布管理功能:首页推荐支持动态发布与管理推荐企业和推荐产品;加强平台与供应渠道之间的互动联系。

(5) 信息管理功能:可以通过浏览器实时在线对政策法规进行信息维护,使信息维护工作变得轻松、高效、方便。

(6) 网上服务:可以根据网上留言板、网上调查等进行客户意见收集;网站还开辟了网上论坛(BBS),会员可以提出问题在论坛中发布,征询各种解决办法或针对专业性问题进行讨论。网站还提供供求资讯发布栏,使采供双方及时了解物资供求动态。

2. 渠道管理

(1) 供应商可以在前台注册企业和管理员,并可维护企业和业务员信息,设定和修改企业内部不同用户的权限,并可申请成为多家采购方的供应渠道。

(2) 采购方可以按多种条件查询供应商信息,根据供应商的申请审查供应商资质,批准供应商成为正式供应渠道,并分配科目和渠道性质。

(3) 采购方可以管理供应渠道的收费情况,还可以管理渠道性质、渠道科目及渠道等级等信息。

(4) 渠道统计分析。可以按渠道性质、动态及科目类型对不同时间段的渠道进行统计分析。

3. 网上采购

(1) 采购定制功能。采购方可以进入定制的产品目录直接选购产品。所谓定制,是指供应商以约定的产品、价格、交货条件等向采购方提供货品,并且这种定制的产品价格策略只有约定的采购方可以看到。

(2) 产品发布与维护功能。可以通过浏览器在线发布、增加、修改、删除产品数据;批量发布或更新数据;数据可以即时更新;设定产品销售策略;进行定制销售,针对不同的采购方提供只有该采购方可看到的事先约定的内容、价格、库存和服务。

(3) 询报价采购功能。采购方选择对某一产品进行报价的供应商和生产该产品但未在平台上报价的供应商进行询价,被询价的供应商可以在线报价,并且双方可以进行在线议价,对满意的报价生成采购订单。

(4) 采购过程跟踪。系统自动将采购过程和订单生成过程以日志的形式记录下来,便于领导对业务员审核和采购员对自身业务提醒。

(5) 交互谈判功能。系统接受采购方的询价和采购订单,可对该询价单或订单应答进行议价或交互谈判磋商。

(6) 订单审批功能。企业的上级主管或财务部门可以随时随地对处于采购流程中的订单进行审批。

4. 网上招标采购

（1）采购方可以在线发布竞标邀请和竞标信息，可以选择公开招标和邀请招标，也可以对潜在供货商进行资格预审，还可以约定评标的原则。

（2）供应商可以在线查询邀请或公开招标信息，根据自身的情况在线投递标书。查看开标信息，确认授标，并在线与招标方签订合同。

（3）在线开标。到开标时间，系统提示开标时间到，招标方和投标方均输入正确密码后，方可开标。

（4）在线评标，采购方的评标专家登录，对投标书进行查看、澄清、进行资质审查，对投标商进行打分后提交评分。

（5）采购方根据评标专家的评分进行授标。投标方在线确认授标，如投标方不接受授标，招标方可以另授给其他投标单位。

（6）在线签订合同。

5. 统计分析

（1）综合查询。采购方的采购员可以对自己发出的询价单、根据询价供应商的报价单、订单和合同等进行查询。卖方业务员也可以对自己处理的询价单、报价单、订单、合同及招标信息等进行查询。

（2）合同管理功能。采购方可以查询合同，并对履行合同的到货、付款情况，及合同履约保证金实施管理。可以查看合同的履行情况，并可以在线处理非正常履行合同。

（3）统计分析。对合同的履行情况按不同的时间段进行统计，进行价格走势分析，即对某一产品按时间交易价格的走势进行分析，进行采购绩效考评，包括局内外（对局内供应商和局外供应商）的采购量对比、采购金额对比等，对同一产品的累计采购量和累计采购金额进行统计。

6. 其他功能

（1）发布供求信息。供应商可以随时在采购平台发布该公司的物资供求信息，使采购方能及时了解物资的供求动态。

（2）在线调查，对所关心的问题进行问卷式调查，并对调查结果进行统计分析。

（3）网上论坛。

（4）政策法规等新闻信息的发布和查询。

北京铁路局网上采购平台通过验收后，经过中华商务网的培训工程师培训后即投入了使用，目前系统运行正常。

思考题

1. 同传统采购模式比较，电子商务采购有哪些优势？
2. 电子商务采购有哪些模式？
3. 电子商务采购系统的基本程序是什么？
4. 电子商务采购系统由哪些模块组成，每个模块的主要功能是什么？

第 10 章 供应商管理

本章重点

本章主要讨论供应商管理过程中，供应商调查、供应商开发、供应商评估、供应商选择以及供应商关系的管理等方面的内容。通过本章学习应了解供应商管理的基本理论和内涵，明确供应商调查、开发及评估的有关方法，掌握供应商的选择方法与供应商关系的管理。

10.1 供应商管理概述

10.1.1 供应商管理的重要性

供应商作为采购方外部环境的组成部分，必然间接或直接地对采购方造成影响。任何供应商，不管是否已经与采购方有直接关系，都是资源市场的组成部分。资源市场中物资的供应总量、供应价格、竞争态势、技术水平等，都是由资源市场的所有成员共同决定的。而采购方所有的采购，都只能从这个资源市场中获取物资，所以采购物资的质量水平、价格水平都必然受到资源市场所有成员的共同影响。

供应商的特点之一，就是他们都是一个与采购方相对独立的利益主体，而且是一个追求利益最大化的利益主体。按传统的观念，供应商和采购方是利益相互冲突的矛盾对立体，供应商希望从采购方手中多得一点，而采购方希望向供应商少付一点。为此常常斤斤计较，甚至在物资的质量和数量上做文章，以劣充优、降低质量标准、减少数量，制造假冒伪劣产品坑害采购方。采购方为了防止伪劣质次产品入库，需要花费很多人力、物力加强物资检验，大大增加了物资采购检验的成本。因此供应商和采购方之间，既相互依赖，又相互对立，彼此相处总是一种提心吊胆、精心设防的紧张关系。这种紧张关系对双方都不利。这些都直接影响采购方生产和成本效益。

相反，如果采购方找到一个好的供应商，不但物资供应稳定可靠，质优价廉，准时供货，而且双方关系融洽，互相支持，共同协调，这样对采购方的采购管理、生产管理和成本管理都会有很多益处。

为了创造出这样一种供应商关系，采购方有必要注重供应商的管理工作，通过多方面持续努力，去了解、选择、开发供应商，合理使用和控制供应商，建立一支可靠的供应商队伍，为企业生产提供稳定可靠的物资供应保障。做好供应商管理是采购方做好采购管理必须做好的基础工作。只有建立起一个好的供应商队伍，采购方的采购工作才能比较顺利地进行。

10.1.2 供应商管理的内容

供应商管理应当包括以下七项内容。

1）供应商个体调查

供应商个体调查的目的，就是要了解企业可能有哪些供应商，各个供应商的基本情况如何，为了解资源市场以及选择供应商做准备。

2）资源市场调查

资源市场调查的目的，就是在供应商调查的基础上，进一步了解掌握整个资源市场的基本情况和基本性质：是买方市场还是卖方市场；是竞争市场还是垄断市场；是成长市场还是没落市场；了解资源生产能力、技术水平以及价格水平等，为制定采购策略和选择供应商做准备。

3）供应商开发

在供应商个体调查和资源市场调查的基础上，可能发现比较好的供应商，但不一定是完全合乎采购方要求的供应商，还需要在现有的基础上加以改造提高，才能得到一个基本合乎采购方需要的供应商。

4）供应商评估与考核

供应商评估与考核是一项很重要的工作。在供应商开发过程中需要评估与考核，在供应商选择阶段也需要评估与考核，在供应商使用阶段更需要评估与考核。不过每个阶段评估与考核的内容和形式并不完全相同。

5）供应商选择

在供应商评估与考核的基础上，选定合适的供应商。

6）供应商使用

与选定的供应商开展正常的业务合作活动。

7）供应商激励与控制

在使用过程中激励和控制供应商，以建立一种理想的合作关系。

10.1.3 供应商管理的目标及战略

1）供应商管理的具体目标

（1）获得符合采购方质量和数量要求的产品或服务；

（2）以较低的成本获得产品或服务；

（3）确保供应商提供最优的服务和及时送货；

（4）发展和维持良好的供应商关系；

（5）开发潜在的供应商。

2）供应商管理的战略

（1）设计一种能最大限度降低风险的合理的供应结构；

（2）采用一种能使采购总成本最低的采购方法；

（3）与供应商建立一种能促使供应商不断降低成本并提高质量的长期合作关系。

10.2 供应商调查

供应商管理的首要工作,就是要了解资源市场。要了解供应商的情况,就要进行资源市场调查。

供应商调查,在不同的阶段有不同的要求。供应商调查可以分成三种,第一种是初步供应商调查,第二种是资源市场调查,第三种是供应商深入调查。

10.2.1 初步供应商调查

1) 初步供应商调查的目的

初步供应商调查的目的,是为了了解供应商的基本情况。一般情况下了解供应商的目的,一是为了选择最佳供应商做准备,二是为了了解和掌握整个资源市场的情况,因为许多的供应商基本情况的汇总就是整个资源市场的基本情况。

2) 初步供应商调查的特点

初步供应商调查时只需了解一些简单的、基本的情况。该阶段的调查面比较广,最好能对资源市场中所有供应商都有所调查、有所了解,从而能够掌握资源市场的概况。

3) 初步供应商调查的方法

初步调查的基本方法可以采用访问调查法,通过访问有关人员而获得。例如,可以访问供应商单位市场部有关人员,或者访问有关用户,或者有关市场主管人员,或者其他的知情人士。进行供应商初步调查可以通过访问建立供应商卡片,在选择供应商时可以通过供应商卡片来选择。当然,供应商卡片也要根据情况的变化经常进行修改和更新。

4) 供应商分析的主要内容

(1) 产品的品种、规格和质量水平是否符合采购方需要。产品品种、规格和质量水平符合采购方需要才算得上是采购方真正的潜在供应商,才有必要进行进一步的分析。

(2) 供应商的实力、规模、产品的生产能力、技术水平、管理水平及资信情况如何。

(3) 供应商的信用度调查。信用度是指供应商对客户、银行等的诚信程度,表现为供应商对自己的承诺和义务履行的程度,特别在产品质量保证,按时交货,往来账目处理等方面能够以诚相待,一丝不苟地履行自己的义务。

(4) 对信用度的调查,在初步调查阶段,可以采用访问制,得出定性的结论。在详细调查阶段,可以通过大量的业务往来,统计分析供应商的信用程度,这样可以得到定量的结果。

(5) 产品是一种竞争性商品还是垄断性商品,如果是竞争性商品,则供应商的竞争态势如何,产品的销售情况,市场份额如何,产品的价格水平是否合适。

(6) 供应商相对于采购方的地理交通情况如何,进行运输方式、运输时间、运输费用分析,看运输成本是否合适。

10.2.2 资源市场调查

1) 资源市场调查的内容

初步供应商调查是资源市场调查的内容之一,但资源市场调查不仅只是供应商调查,还应包括以下一些基本内容：

（1）资源市场的规模、容量和性质。例如，资源市场究竟有多大范围，有多少资源量，有多少需求量，是卖方市场还是买方市场，是竞争市场还是垄断市场，是新兴的市场还是处于没落中的市场。

（2）资源市场的环境如何。例如，市场的管理制度、法制建设，市场的规范化程度，市场的经济环境、政治环境，市场发展前景如何。

（3）资源市场中各个供应商的情况如何，也就是指我们前面进行的初步供应商调查所得到的情况怎样。对众多供应商的调查资料进行分析，就可以得到资源市场的基本的状况。例如，资源市场的生产能力、技术水平、管理水平、可供应的资源量、质量水平、价格水平、需求状况以及竞争的激烈程度等。

（4）资源市场调查的目的，就是要进行资源市场分析。资源市场分析，对于竞争性市场，应当采用竞争性采购策略，例如，采用公开竞争招标制、一商多角制等。

2）资源市场分析的内容

（1）要确定资源市场是紧俏型的市场还是富余型的市场，是垄断性市场还是竞争性市场。对于垄断性市场，将来应当采用垄断性采购策略；对于竞争性市场，应当采用竞争性采购策略。

（2）要确定资源市场是成长型的市场还是没落型的市场。如果是没落型的市场，则要趁早准备替换产品，不要等到产品被淘汰了再去开发新产品。

（3）要确定资源市场总体水平，并根据整个市场水平来选择合适的供应商。通常要选择在资源市场中处于先进水平的产品质量优而价格低的供应商。

10.2.3 深入供应商调查

深入供应商调查，是指经过初步调查后，对准备发展为供应商的企业进行的更加深入仔细的考察活动。这种考察要深入到供应商企业的生产线、各生产加工阶段、质量检验环节、甚至管理部门，对现有的设备工艺、生产技术、管理技术等进行考察，掌握该企业是否具备生产所需产品的工艺条件、质量保证体系和管理规范要求，有的甚至要根据所采购产品的生产要求进行资源重组，进行样品试制，试制成功后，才算考察合格。只有通过这样深入的供应商调查，才能发现可靠的供应商，建立起比较稳定的物资采购供需关系。

进行深入的供应商调查，需要花费较多的时间和精力，调查的成本高，因此并不要求对所有的供应商都必须这样做，只是在以下情况下才需要。

1）准备发展成紧密关系的供应商

例如，在进行 JIT 采购时，供应商的产品应当准时、免检直接送上生产线进行装配。这时，供应商与采购方已经形成如同企业内部生产车间之间一样的紧密关系。如果要选择这样紧密关系的供应商，就必须进行深入的供应商调查。

2）寻找关键零部件的供应商

如果所采购的是一种关键零部件，特别是精密度高、加工难度大、质量要求高、在采购方的产品中起核心功能作用的零部件产品，在选择供应商时，就需要特别小心，要进行反复认真地深入考察审核，证明确实能够达到要求时，才能确定供应商。

除以上两种情况以外，对于一般关系的供应商，或者是非关键产品的供应商，一般不必进行深入调查，只进行简单初步的调查就可以了。

10.3 供应商开发

10.3.1 供应商开发概论

供应商管理的一个重要任务就是要开发供应商。所谓供应商开发就是要从无到有地寻找新的供应商，建立起适应采购方需要的供应商队伍。

一批适应采购方需要的供应商是采购方的宝贵资源。供应商适时适量地为采购方提供物资供应，保证采购方生产和流通的顺利进行，这是采购方最大的需要。军队打仗需要粮草，企业生产需要物资，供应商就等同于采购方的后勤部队。供应商开发和管理实际上就是采购方的后勤队伍建设。

供应商开发是一项很重要的工作，同时也是一个庞大的复杂的系统工程，需要精心策划，认真组织。

10.3.2 供应商信息的来源

要开发供应商，必须扩大供应商的信息来源。因为供应商信息来源越广，选择供应商的机会就越多。寻找供应商的信息可以有以下来源：

（1）国内外采购指南。
（2）国内外产品发布会和展销会，如广交会。
（3）国内外行业协会会员名录，产业公报。
（4）国内外企业协会。
（5）国内外各种厂商联谊会或同业工会。
（6）国内外政府相关统计调查报告或刊物，如工厂统计资料、产业或相关研究报告。
（7）其他各类出版物的厂商目录。
（8）利用电视、报纸做全国性或区域性的招商广告，在预定期举办说明会，介绍公司状况，先吸引供应商接触，再慢慢选择。
（9）可以查阅电视或报纸杂志的广告，通过媒体上的联络电话、地址来作为信息来源。
（10）采购人员可通过对同行业的供应商调查情况，发现优良商品供应商的信息来源。通过以下方式可以得到商品的供应商：
① 通过商品包装上的制造商或进口代理公司的电话与其联络；
② 如果没有电话号码，利用包装上制造商或进口代理公司的名称，拨114查询其电话号码。
（11）通过向同行询问想引进的商品，可得到相关厂商信息。
（12）通过政府组织的各类商品订货会。

10.3.3 开发供应商的步骤

开发一个供应商，大体上要经过以下11个步骤。

1）产品 ABC 分类

首先将采购物料分类，确定关键的重要的零部件原材料及其资源市场。

将主生产物料和辅助生产物料等按采购金额比重分成 ABC 三类，找出关键物资、重点物资，进行重点管理。根据物资重要程度决定供应商关系的紧密程度，对于关键物资、重点物资，要建立起比较密切的供应商关系；对于非重点物资，可以建立一般的供应商关系，甚至不必建立固定的供应商关系。

2）供应商调查

按材料成分或性能分类，如塑胶类、五金类、电子类、化工类、包装类，确定资源市场的类型性质。

根据材料的分类，搜集生产各类物料的厂家，每类产品在 5~10 家，填写在供应商调查表上。也可以编制供应商调查表，用传真或其他方式交供应商企业填写并获取反馈。

3）资源市场调查

走访供应商、客户、政府主管部门或经济统计部门，了解资源市场的基本情况，包括供应量、需求量、可供能力、政策、管理规章制度、发展趋势等。

4）分析评估

（1）成立供应商评估小组。由副总经理任组长，由采购、质量管理、技术部门的经理、主管、工程师组成。

（2）供应商分析。把反馈回来的供应商调查表进行整理核实，如实填写供应商资料卡片。然后由评估小组进行资料比较分析和综合评估，按 ABC 物料金额的大小、供应商规模、生产能力等基本指标进行分类，对于每种关键物资、重点物资初步确定 1~3 家供应商，准备进行深入调查。

（3）资源市场分析。在供应商分析的基础上，结合资源市场调查的有关资料分析资源市场的基本情况，包括资源市场的生产能力、技术水平、管理水平、可供应的资源量、质量水平、价格水平、需求状况以及竞争的激烈程度等。

（4）根据资源的性质，确定相应的采购策略、产品策略和供应商关系策略。例如，确定资源市场是紧俏型市场还是富余型市场，是垄断性市场还是竞争性市场。

5）深入调查供应商

从初步调查分析合格者中，选定 1~3 家供应商，进行深入调查。深入调查分三个阶段：

第一阶段：送样检查。通知供应商生产一批样品，随机抽样检验。检查合格进入第二阶段。检查不合格，允许再生产一批送检，抽样合格也可进入第二阶段。抽样不合格，则供应商落选。

第二阶段：考察生产工艺、质量保证体系和管理模式等生产条件是否合格。合格者中选；不合格者还有机会进入第三阶段。

第三阶段：生产条件改进考察。愿意改进并在规定期限达到了改进效果者中选。不愿意改进或愿意改进但在规定时间内没有达到改进效果者落选。深入调查阶段结束。

6）价格谈判

对送样或小批量合格的产品、材料要评定品质等级，并进行比价或议价，确定一个最优的价格性能比。

进行价格谈判的指导思想,就是要合理、要双赢。自己不要吃亏,也不要让供应商吃亏,要考虑长远合作。大家都不吃亏,才能共同发展,才会有长远合作和长远利益。

价格谈判成功以后,就可以签订试运行协议,进入物资采购供应试运行阶段。试运行阶段基本上以一种供需合作关系运作起来。该阶段根据情况可以是3个月至1年不等。

7)供应商辅导

价格谈好以后的试运行供应商,将与采购企业建立起一种紧密关系参与试运行。采购企业要对其积极辅导、合作。采购企业应当根据生产的需要和供应商的条件,设计、规范相互之间的作业协调关系,制定作业手册和规章制度,并且为适应企业的需要,对供应商在管理、技术、质量保障等方面进行辅导和协助。

8)追踪考核

在试运行阶段,要对供应商的物资供应业务进行追踪考核。这种考核主要从以下四个方面进行:

(1)检验产品质量是否合格。可以采用全检或随机抽样检验的方式,求出质量合格率。质量合格率用质量合格的次数占总检验次数的比率表述。

(2)交货是否准时。检验供应商交货是否准时,用误时的交货次数占总交货次数的比率来描述。

(3)交货数量是否满足。用物资供应满足程度或缺货程度来描述。

(4)信用度的考核。主要考察在试运行期间,供应商是否认真履行自己承诺的义务,是否对合作事业认真负责,往来账目中,是否不赖账、不拖账。信用度一般用失信次数与总次数的比率来描述。失信可以包含多种含义,例如,没有履行事先的承诺,没有按约定按时交款或还款等,都是失信。

9)供应商选择

以上指标每月考核一次,一个季度或半年综合考核评分一次,各个指标加权评分综合,按评分等级分成优秀、良好、一般、较差几个等级。优秀者可以通过考核,结束考核期,签订正式供需合同,成为采购企业正式的供应商,建立一种比较稳定的供需关系。其他则为未通过试运行,结束考核,终止供需关系。

10)供应商的使用

当供应商选定之后,应当终止试运行期,签订正式的供应商关系合同,开始正常的物资供应业务,建立起比较稳定的物资供需关系。在业务运行开始阶段,要加强指导与配合,对供应商的操作提出明确的要求,有些大的工作原则、守则、规章制度、作业要求等应当以书面条文的形式规定下来,有些甚至可以写到合作协议中去。起初还要加强评估与考核,不断改进工作和配合关系,直到比较成熟为止。在配合关系成熟后,还要不定期地检查和协商,以保持业务运行的健康有序。

11)供应商的激励和控制

在供应商的整个管理过程中,要加强激励和控制,既要充分鼓励供应商积极主动地做好物资供应业务工作,又要采取各种措施,如签订合同、提出技术要求等,以约束防范供应商的不正当行为,防止给采购企业造成损失,保证采购企业利益不受影响。

10.4 供应商的选择

10.4.1 供应商选择概述

供应商的选择是供应链合作关系运行的基础,供应商的业绩对企业的影响越来越大。在交货期、产品质量、价格、提前期、库存水平、产品设计、服务等方面都影响着企业经营的成功与否。传统的供应关系已不再适应全球竞争加剧,产品需求日益更新的现实。企业为了实现低成本、高质量、柔性生产、快速反应,采购业务管理就必须包括供应商的选择。

同时,供应商选择也是供应商管理的内容之一。供应链采购管理强调企业之间的战略合作,对于下游企业来说,其上游企业——供应商的质量将直接影响它的正常生产运行质量。供应商的评价选择无疑是一个重要的工作,选择一批好的供应商,不但对于企业的正常生产起决定作用,而且对于企业的发展也非常重要。因此,要下大力气采用各种方法选择好供应商。

供应商的来源是供应市场。供应商的选择对于企业来说是多目标的,选择的根据是供应商的评价,其中包括很多可见和不可见的因素。实际上,供应商选择贯穿在供应商开发的全过程中。供应商开发的全过程包括了几次供应商的选择阶段。在众多的供应商中,每个品种再选择5~10个供应商进入初步调查。初步调查以后,再选择1~3个供应商进入深入调查阶段。深入调查之后又要再做一次选择,初步确定一两个供应商。初步确定供应商进入试运行,并进行试运行的考核和选择,才能最后确定供应商。

10.4.2 集成化供应链管理环境下的供应商类型

在集成化供应链管理环境下,供应商合作关系的运行需要减少供应源的数量相互的链接变得更专有,并且企业会在全球市场范围内寻找最杰出的供应商。这样可以把供应商分为两个档次,即重要供应商和次要供应商。重要供应商是少数与采购企业关系密切的供应商,而次要供应商相对较多,与采购企业关系不很密切。供应链合作关系的变化主要影响重要供应商,而对次要供应商的影响较小。

根据供应商在供应链中的增值作用与竞争实力的关系对供应商进行分类,分类矩阵见图10-1。

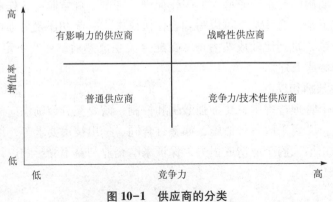

图10-1 供应商的分类

纵坐标代表的是供应商供应产品使供应链增值情况。对供应商来说，如果不能增值，它在供应链存在是不可能存在的。横坐标代表某些供应商与其他供应商之间竞争力的区别，主要包括设计能力、特殊工艺能力、柔性、项目管理能力等方面。

实际运作中，根据不同的目标选择不同类型的供应商。对于长期需求而言，要求供应商能保持较高的竞争力和增值率，因此最好选择战略性供应商；对于短期或某一短暂市场需求而言，只需选择满足需要的普通供应商即可，以保证成本最小化；而对中期需求而言，可根据竞争力和增值率对供应链的重要程度的不同，选择不同类型的供应商（有竞争力/技术力或有影响力的供应商）。

10.4.3 供应商选择的标准

1. 目前我国企业选择供应商标准的调查

由华中科技大学管理学院 CIMSSCM 课题组 1997 年的一次调查统计数据可知：我国企业在选择供应商时，主要的标准是产品质量，这与国际上重视质量的趋势一致；其次是价格，92.4%的企业考虑了这个标准；69.4%的企业考虑了交货提前期；批量柔性和品种多样性也是企业考虑的因素之一。主要统计数据如图 10-2 所示。

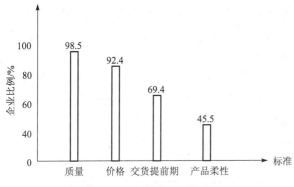

图 10-2　企业选择供应商的标准

从调查数据以及通过与一些企业管理人员的交谈中发现，我国企业评价选择供应商时存在较多问题：企业在选择供应商时，主观成分过多，有时往往根据对供应商的印象，尤其供应商选择中还存在一些个人利益成分。但最大的问题是供应商选择的标准不全面，目前企业的选择标准多偏重在供应商的产品质量、价格、柔性、交货准时性、提前期和批量等中的某些方面，没有形成一个全面的供应商综合评价指标体系，不能对供应商做出全面、具体、客观评价。

2. 选择供应商的标准

采购方选择供应商建立战略伙伴关系、控制双方关系风险和制定动态的供应商评价体系，是我国采购方普遍关心的几个问题。随着采购额占销售收入比例的不断增长，采购逐渐成为决定企业成败的关键因素。供应商的评估与选择作为供应链正常运行的基础和前提条件，正成为企业最热门的话题。不同企业的不同发展阶段，对供应商的选择和评价指标也不尽相同。那么怎样才能通过量化指标来客观地评价和选择供应商呢？基本思路是：阶段性连续评价、网络化管理、关键点控制和动态学习过程。这些思路体现在供应商评价体系的建立、运行和维护上。

1) 建立供应商阶段性评价体系

采取阶段连续性评价的方式，将供应商评价体系分为供应商进入评价、运行评价、供应商问题辅导、改进评价及供应商战略伙伴关系评价五个方面。供应商的选择不仅仅是入围资格的选择，而且是一个连续的可累计的选择过程。建立供应商进入评价体系，首先需要对供应商管理体系、资源管理与采购、产品实现、设计开发、生产运作、测量控制和分析改进等七个方面进行现场评审和综合分析评分。对以上各项的满意程度，按照从不具备要求到完全符合要求，且结果令人满意，分为 5 个分数段（0~100 分区间），根据各分项要素计算平均得分。如 80 分以上为体系合格供应商，50 分以下为体系不合格供应商，其他为需讨论视具体情况再定的持续考核供应商。合格的供应商进入公司级的 AVL（认定供应商的流程及标准）维护体系。建立供应商运行评价体系，则一般采取日常业绩跟踪和阶段性评比的方法。采取 QSTP 加权标准，即供货质量 Quality（35%评分比重）、供货服务 Service（25%评分比重）、技术考核 Technology（10%评分比重）、价格 Price（30%评分比重）。根据有关业绩的跟踪记录，按照季度对供应商的业绩表现进行综合考核。年度考核则按照供应商进入 AVL 体系的时间进行全面的评价。

供应商问题的辅导和改进工作，是通过专项专组辅导和结果跟踪的方法实现的。采购中心设有货源开发组，根据所负责采购物料特性把货源开发组员分为几个小组，如板卡组、机械外设组、器件组、包装组等，该小组的工作职责之一就是对供应商进行辅导和跟进。供应商战略伙伴关系评价是通过供应商的进入和过程管理，对供应商的合作战略采取分类管理的办法。采购中心根据收集到的信息，由专门的商务组分析讨论，确定有关建立长期合作伙伴的关系评估，提交专门的战略小组进行分析。伙伴关系不是一个全方位、全功能的通用策略，而是一个选择性战略。是否实施伙伴关系和什么时间实施，应进行全面的风险分析和成本分析。阶段性评价体系的特点是流程透明化和操作公开化，所有流程的建立、修订和发布都通过一定的控制程序进行，保证相对的稳定性。评价指标尽可能量化，以减少主观因素的干扰。

2）体现网络化管理

网络化管理主要是指在管理组织架构配合方面，将不同的信息点连接成网的管理方法。多事业部环境下的采购平台，需要满足不同事业部的采购需求，需求的差异性必须统一在一个更高适应性的体系内。对新供应商的认证，应由公司级的质量部门和采购中心负责供应商体系的审核；而对于相关产品的差异性需求则应由各事业部的质量处和研发处提出明确的要求。建立一个评估小组来控制和实施供应商评价。小组成员由采购中心、公司质量部、事业部质量部门的供应商管理工程师组成，包括研发工程师、相关专家顾问、质检人员、生产人员等。评估小组从公司整体利益出发，独立于单个事业部，组员必须有团队精神，具有一定的专业技能。网络化的管理也体现在业务的客观性和流程的执行监督方面。监督机制体现在工作的各个环节，应尽量减少人为因素，加强操作和决策过程的透明化和制度化。可以通过成立业务管理委员会，采用 ISO 9000 的审核办法，检查采购中心内部各项业务流程的遵守情况。

3）关键点控制的四项原则

关键点控制包括门当户对原则、半数比例原则、供应源数量控制原则和供应链战略原则。

（1）门当户对原则体现的是一种对等管理思想，与"近朱者赤"的合作理论并不矛盾。在非垄断性货源的供应市场上，由于供应商的管理水平和供应链管理实施的深入程度不同，应该优先考虑规模、层次相当的供应商。行业老大不一定就是首选的供应商，如果双方规模差异过大，采购比例在供应商总产值中比例过小，则采购商往往在生产排期、售后服务、弹性和谈判力量对比等方面不能尽如人意。

(2) 从供应商风险评估的角度,半数比例原则要求购买数量不能超过供应商产能的 50%。如果仅由一家供应商负责 100%的供货和 100%成本分摊,则采购方风险较大,因为一旦该供应商出现问题,按照"蝴蝶效应"的发展,势必影响整个供应链的正常运行。不仅如此,采购方在对某些供应材料或产品有依赖性时,还要考虑地域风险。

(3) 供应源数量控制原则指实际供货的供应商数量不应该太多,同类物料的供应商数量最好保持在 2~3 家,有主次供应商之分。这样可以降低管理成本和提高管理效果,保证供应的稳定性。采购方与供应商建立信任、合作、开放性交流的供应链长期合作关系,必须首先分析市场竞争环境。通过分析当前的产品需求、产品的类型和特征,确认是否有建立供应链合作关系的必要。对于公开和充分竞争的供应商市场,可以采取多家比价、控制数量和择优入围的原则。而在只有几家供应商可供选择的有限竞争的市场和垄断货源的独家供应市场,采购方则需要采取战略合作的原则,以获得更好的品质、更紧密的伙伴关系、更好的排程、更低的成本和更多的支持。

(4) 对于实施战略性长期伙伴关系的供应商,可以签订"一揽子协议/合同"。在建立供应链合作关系之后,还要根据需求的变化确认供应链合作关系是否也要相应地变化。一旦发现某个供应商出现问题,应及时调整供应链战略。供应链战略管理还体现在另一个方面:仔细分析和处理近期和长期目标、短期和长远利益的关系。采购方如果考虑长远目标和长远利益,不得不放弃短期利益,可能要选择某些表面上看似条件苛刻、代价昂贵的供应商,主动选择由优秀元素组成的供应链。

4) 体系的维护

供应商管理体系的运行需要根据行业、企业、产品需求和竞争环境的不同而采取不同的细化评价。细化的标准本身就是一种灵活性的体现。短期的竞争招标和长期的合同与战略供应商关系也可以并存。学习型的组织通过不断的学习和改进,对于供应商的选择评价、评估的指标、标杆对比的对象以及评估的工具与技术都需要不断地更新。采购作为一种功能,它的发展与企业的整体管理架构、管理阶段有关,需要根据公司整体战略的调整而不断地调整有关采购方面的要求和策略,对于供应商选择的原则和方法亦然。

10.5 供应商的考核与激励

10.5.1 供应商评估

1) 建立有效的评估指标体系

供应商评估指标体系是企业对供应商进行综合评价的依据和标准。不同行业、企业,不同环境下的供应商评价应是不一样的,但基本都涉及供应商的业绩、设备管理、人力资源开发、质量控制、价格、成本控制、技术开发、用户满意度、交货协议等可能影响供应链合作关系的方面。

建立评估体系,通常要确定评估的项目、评估的标准、要达到的目标。这些问题明确以后,要有一个评估小组负责某些项目的评估工作,并能针对每一类评估项目制定合适的管理方法,才能依次建立评估体系。进行评估的一个重要原则,就是要求公开、公平、公正和科学。目前,很多企业在供应商评估工作中存在个人权利太大、主观成分过多等问题,容易产生消极的后果,建立规范的评估体系则可以有效解决这些问题。

供应商评估主要有两类,即现有合格的供应商和新的潜在供应商。对于现有合格的供应商,每个月做调查,着重就质量、价格、交货期、进货合格率、事故、配合度、信用度等进行正常评估,一至两年做一次现场评估。要接纳新的供应商,其评估过程要复杂一些。通常是产品设计提出了新材料的需求,然后要求潜在的目标供应商提供基本情况,内容包括:公司概况、生产规模、生产能力、给哪些企业供货、国际质量体系认证、安全认证、相关记录、样品分析等,最后就是报价。随后采购方对该供应商进行初步的现场考察,看看所说的和实际情况是否一致。现场考察基本上按新材料采购质量认证的要求进行。最后汇总这些材料,交由采购评估小组讨论。在供应商资格认定以后,采购方各相关部门、品质部门、采购部门等再进行正式考察。如果正式考察认为没有问题,就可以进行供货期考察,可以小批量供货了。

2)保持动态平衡

在实施供应链合作关系的过程中,市场需求和供应都在不断变化,必须在保持供应商相对稳定的条件下,根据实际情况及时修改供应商评价标准,或重新开始供应商评估。合格的供应商队伍不应该是静态的,而是动态的。这样才能引入竞争机制,也就是要淘汰差的,引入好的。按动态方法选择的供应商基本上是行业内出类拔萃的,也几乎都是主动找上门来的,这也体现了市场经济的特点。

3)确定关键的评估因素

在所有的评估要素中,毫无疑问,质量是基本前提。如果产品质量过不了关,其余一切免谈,没有再评估的必要。企业要求生产的产品质量要满足客户的要求,所以就要保证企业上游供应商提供的元器件能满足企业的品质要求。虽然价格因素相当重要,但只有在质量得到保证的前提下,谈价格才有意义。

当供应商对产品的质量有了保证,价格就成为评估的主要因素。这时要求新的供应商提供一个分析表,内容包括生产的某一元件由哪些原材料组成、费用是如何构成的,看里面的价格空间还有多少,如果认为存在不合理的因素,就应要求供应商进行调整。

在我国,供应商的个人情况也被列为评估要素之一。我国企业的经营者素质参差不齐,所以对经营者个人进行评估在实际操作中确有一定难度,只能从与经营者接触的过程中去考察。另外,行业中的口碑也有一定的参考价值,但很难有一个统一的标准。

10.5.2 供应商考核

供应商考核主要是指供应商签订正式合同以后对供应商整个运行活动的全面考核。这种考核应当比试运作期间更全面。运作期间应该对供应商进行以下八个方面的考核。

1)产品质量

产品质量是最重要的因素,在开始运作的一段时间内,主要加强对产品的检查。检查可分为两种:一种是全检,另一种是抽样检验。全检工作量太大,一般采用抽样检验的方法,质量的好坏可以用质量合格率来描述。如果在一次交货中共抽样了 n 件,其中有 m 件是合格的,则质量合格率为 p,$p=m/n$,显然质量合格率越高越好。如果在 n 次交货中,每次的产品合格率 p 不同,则可以用平均合格率 $\bar{p}$ 来描述。

有些情况下,企业采取对不合格产品退货的措施。这时质量合格率也可以用退货率来描述。所谓退货率是指退货量占采购进货量的比率。如果采购进货 n 次中退货 r 次，则退货率可以用公式表示：

$$退货率 = r/n$$

显然，退货率越高，表明其产品质量越差。

2）交货期

交货期也是一个很重要的考核指标。考察交货期主要是考察供应商的准时交货率。准时交货率可以用准时交货的次数与总交货次数之比来衡量：

$$交货准时率 = 准时的次数/总交货次数$$

3）交货量

考察交货量主要是考核按时交货量。按时交货情况，可以用按时交货量率来评价。按时交货量率指给定交货期内的实际交货量与期内应当完成交货量的比率：

$$按时交货量率 = 期内实际交货量/期内应当完成交货量$$

也可以用未按时交货率来描述：

$$未按时交货量率 = 期内实际未完成交货量/期内应当完成交货量$$

如果每期的交货量率不同，则可以求出各个交货期的平均按时交货量率：

$$平均按时交货量率 = 各期按时交货量率之和/n$$

考核总的供货满足率或总缺货率，用下式描述：

$$总的供货满足率 = 期内实际完成供货量/期内应当完成供货量$$

$$总缺货率 = 期内实际未完成供货量/期内应当完成供货量 = 1 - 总的供货满足率$$

4）工作质量

考核工作质量，可以用交货差错率和交货破损率来描述：

$$交货差错率 = 期内交货差错量/期内交货总量$$

$$交货破损率 = 期内交货破损量/期内交货总量$$

5）价格

价格就是指供货的价格水平。考核供应商的价格水平，可以和市场同档次产品的平均价和最低价进行比较，分别用市场平均价格比率和市场最低价格比率来表示：

$$平均价格比率 = (供应商的供货价格 - 市场平均价)/市场平均价$$

$$最低价格比率 = (供应商的供货价格 - 市场最低价)/市场最低价$$

6）进货费用水平

考核供应商的进货费用水平，可以用进货费用节约率来考核：

$$进货费用节约率 = (本期进货费用 - 上期进货费用)/上期进货费用$$

7）信用度

信用度主要考核供应商履行自己的承诺，以诚待人，不故意拖账、欠账的程度。信用度可以用以下公式来描述：

$$信用度 = 期内失信的次数/期内交往总次数$$

8）配合度

配合度主要考核供应商的协调精神。在和供应商相处过程中，常常因为环境的变化或企业内部预料不到的情况的发生，需要工作任务的调整变更。这种变更可能导致供应商的工作计划的调整，甚至迫使供应商做出一些牺牲。根据此时供应商的表现，可以有效考察供应商积极配合的程度。另外，如果工作出现了困难或者发生了问题，有时也需要供应商配合才能解决，这时都可以看出供应商的配合程度。

考核供应商的配合度，主要靠人们的主观评分来考核。可找与供应商业务上有来往的相关人员，让他们根据自己的体验为供应商评分。特别典型的，可能会有上报或投诉情况，这时可以把上报或投诉的情况也作为评分依据之一。

10.5.3 供应商激励与控制

为了保证供应商使用期间日常物资供应工作的正常进行，需采取一系列的措施对供应商进行激励和控制。对供应商的激励与控制应当注意以下四个方面的工作。

1. 逐步建立起一种稳定可靠的关系

企业应当和供应商签订一个较长时间（例如 1~3 年）的业务合同关系。时间不宜太短，太短了让供应商不太放心，不可能全心全意为搞好企业的物资供应工作而倾注全力。只有合同时间长，供应商才会倾注全力和企业合作，搞好物资供应工作。特别是当业务量大时，供应商会把企业看作是其生存和发展的依靠和希望，企业自身也得到发展，企业垮台自己也跟着垮台，这就会更加激励其努力与企业合作，形成一种密切的关系。

合同时间一般以一年比较合适，如果本年合作愉快，第二年想继续，可于年底续签。如果第二年不想继续合作，则合同于年底终止。这样签合同，既让供应商感到放心，可以有一段较长时间的稳定工作，又让供应商感到有危机感，不放松竞争进取精神，努力保住第二年合作的机会。

2. 有意识地引入竞争机制

有意识地在供应商之间引入竞争机制，促使供应商为产品质量、服务质量和价格水平方面不断优化而努力。

例如，在几个供应量比较大的品种中，每个品种可以实行 ab 角制，或 abc 角制。所谓 ab 角制，就是一个品种设两个供应商，一个 a 角，作为主供应商，承担 50%~80% 的供应量；一个 b 角，作为副供应商，承担 20%~50% 的供应量。在运行过程中，对供应商的运作过程进行结构评分，一个季度或半年进行一次评比，如果主供应商的月平均分数比副供应商的月平均分数低 10% 以上，就可以把主供应商降为副供应商，同时把副供应商升为主供应商。abc 角制原理和 ab 角制原理一样，同样也是一种激励和控制方式。

3. 与供应商建立相互信任的关系

建立相互信任的关系，显示出企业对供应商的高度信任。例如，对信誉高的供应商的产品进行有针对性的免检；不定期地召开有关领导的碰头会，交换意见，研究问题，协调工作；开展一些互助合作等。特别对涉及企业之间关系的共同的业务、利益等问题，一定要开诚布公，把问题谈清楚、谈透彻。工作中要树立双赢的指导思想，要兼顾供应商的利益，尽可能让供应商有利可图。只有这样，双方才能真正建立起协调、可靠的信任关系。

4. 建立相应的监督控制措施

在建立起信任关系的基础上，也要采取比较得力的监督控制措施。特别是一旦供应商出现问题或发现问题的苗头，一定要及时采取措施。根据供应商和问题情况的不同，可以分别采取以下四种对策：

（1）对一些非常重要的供应商，或是当问题比较严重时，可以向供应商单位派常驻代表。常驻代表的任务是沟通信息、技术指导、监督检查等。常驻代表应当深入到供应商生产线各个工序、各个管理环节，帮助发现问题，提出改进办法，彻底解决问题。

（2）对于那些不太重要的供应商，或者问题不那么严重，则视情况定期或不定期到工厂进行监督检查，或者设立监督点对关键和特殊工序进行监督检查；或者要求供应商报告生产情况、提供产品的检验记录，再由企业有关人员集体分析评议，实行监督控制。

（3）加强进货检验，做好检验记录，退还不合格品，甚至要求赔款或罚款，督促供应商迅速改进。

（4）组织本企业管理技术人员对供应商进行辅导，提出产品技术规格要求，促使其提高产品质量和服务水平。

思考题

1. 供应商管理的内容有哪些？
2. 进行供应商管理的目标是什么？
3. 进行供应商分析有哪些主要内容？
4. 结合案例说明如何进行供应商的调查工作。
5. 开发供应商的主要信息来源有哪几个方面？
6. 为什么要与供应商建立战略合作伙伴关系？
7. 选择供应商的标准与步骤有哪些？
8. 如何进行供应商评估与考核？

第 11 章

采购成本管理

本章重点

采购成本管理是企业经营成本管理的重要内容。本章对采购成本的含义、分类进行了介绍，并重点讲述了采购成本分析方法、采购成本控制方法以及采购绩效考核指标体系。通过本章学习，应能对采购成本管理形成较完整的认识。

11.1 采购成本管理概述

11.1.1 采购成本管理的意义

采购是企业管理中最有价值的部分，采购成本是企业成本管理中的主体和核心部分。在工业企业的产品成本构成中，采购的物料成本占企业总成本的比例因行业而异，大体在30%~90%，平均水平在60%以上。从世界范围来说，一个典型企业销售额中，一般采购成本要占60%，工资和福利占20%，管理费用占15%，利润占5%。我国企业采购成本往往要占销售额的70%。在现实中，许多企业在控制成本时将大量时间和精力放在占总成本不到40%的企业管理费用及工资和福利上，而忽视其主体部分——采购成本，这样做的结果往往是事倍功半、收效甚微。

例如，假设某企业每100元销售收入中物料成本占50元，其他成本占40元，税前利润为10元（假设所有的成本费用都随着销售成比例变动）。如果该企业欲将利润提高10%，可以通过提高销售额和降低成本两种途径来解决：如果通过提高销售额，则销售额必须由100元提高到110元（增长率为10%）才能实现；如果通过降低物料成本就只需将其由50元降低至49元（降低率为2%）即可。

这一例子反映出采购成本降低2%与销售额增长10%对税前利润的影响是对等的。但是，增加销售额则要比降低采购成本付出更多的努力，而且采购成本占总销售额比例越高，这种差别也就越明显。

当前，企业的竞争相当激烈，为了降低经营成本，取得竞争优势，企业都在千方百计地控制其经营成本。而企业经营成本的绝大多数与采购活动有关，因此采购成本的管理不仅是采购人员的工作重点,也是整个企业的工作重点。

11.1.2 采购成本的含义

采购成本是指企业在采购活动中以货币表现的,为达到采购目的而发生各种经济资源的价值牺牲或代价。采购成本有广义和狭义之分。狭义的采购成本仅指物料的价款及运杂费等采购费用。广义的采购成本不仅包括物料的价款和运杂费,还包括物料的仓储成本及物料的品质成本。本章所讨论的是广义的采购成本。

11.1.3 采购成本的分类

采购成本可以按不同的标志进行分类,不同类型的成本可以分别满足企业管理的不同要求。下面简要介绍本章将要涉及的五种主要成本分类。

1. 成本按其核算的目标分类

现代成本核算有三个主要目标:一是反映业务活动本身的耗费情况,以便确定成本的补偿尺度;二是落实责任,以便控制成本,从而明确有关单位的经营业绩;三是确保产品质量。成本按上述核算目标不同可依次分为业务成本、责任成本和质量成本三大类。

(1) 业务成本是以采购业务为中心,以其开支范围为半径的所有成本的集合,即广义的采购成本。

(2) 责任成本是指责任中心的各项可控成本。

(3) 质量成本的具体内容本章暂不讨论。

区分业务成本、责任成本和质量成本有助于搞好成本核算、加强成本的责任管理,提高产品质量。

2. 成本按其发生的时态分类

成本按其时态分类可分为历史成本和未来成本两类。

(1) 历史成本是指以前时期已经发生或本期刚刚发生的成本,即实际成本。

(2) 未来成本是指预先测算的成本,又称预计成本。如估算成本、计划成本、预算成本和标准成本等。未来成本实际上是一种成本目标和控制成本。

区分历史成本和未来成本有助于合理组织事前成本的决策、事中成本的控制和事后成本的计算、分析和考核。本章主要讨论成本的控制、分析和考核。

3. 成本按其可控性分类

成本的可控性,是指责任单位对其成本的发生是否可以事先预计并落实责任,在事中施加影响以及在事后进行考核的性质。以此为标志,成本可分为可控成本和不可控成本两类。可控成本是指责任单位可以预计、计量、施加影响和落实责任的那部分成本。

利用这种分类可以分清各部门责任,确定其相应的责任成本,考核其工作业绩。

4. 成本按其性态分类

成本性态是指成本总额与特定业务量之间在数量方面的依存关系,又称为成本习性。

成本按其性态分类可分为固定成本、变动成本和混合成本三大类。

(1) 固定成本是指在一定条件下,其总额不随业务量变动发生任何数额变化的那部分成本。

(2) 变动成本是指在一定条件下,其总额随业务量成正比例变化的那部分成本。

（3）混合成本是指介于固定成本和变动成本之间，既随业务量变动又不成正比例的那部分成本。

成本按性态分类有利于进行成本分析。

5. 成本按其经济用途分类

成本按其经济用途可分为获取成本、储存成本和品质成本。

1）获取成本

获取成本包括：

（1）货款及相关税金。

（2）运杂费，包括运输过程中的运费、装卸费、保险费等。

（3）请购手续成本，请购所花的人工费用、事务用品费用、主管及有关部门的审查费用。

（4）事务成本，包括估价、询价、比价、议价、采购、通信联络、事务用品等所花的费用。

（5）进料验收成本，包括检验员的验收手续所花费的人工费用、交通费用、检验仪器仪表费用等。

（6）进库成本，包括物料托运所花费的成本。

（7）其他成本，如会计入账支付款项等所花费的成本等。

2）储存成本

物料储存成本包括：

（1）资金成本。物料的品质维持需要资金的投入。投入了资金就使其他需要使用资金的地方丧失了使用这笔资金的机会，如果每年其他使用这笔资金的地方的投资报酬率为20%，即每年物料资金成本为这笔资金的20%。

（2）搬运成本。物料数量增加，则搬运和装卸的机会也增加，搬运工人与搬运设备同样增加，其搬运成本同样也增加。

（3）仓储成本。仓库的租金及仓库管理、盘点、维护设施的费用。

（4）折旧成本。物料容易发生品质变异、破损、报废、价值下跌、呆滞料的出现等情况，这些都会给企业造成一定的费用增加。

（5）其他。如物料的保险费用，其他管理费用等。

3）品质成本

品质成本是为了鉴定采购物料并促使其达到合同规定的品质要求所支付的费用，以及采购的物料未达到品质要求给企业造成的损失。品质成本不是会计中的成本概念，具有一定的隐含性。品质成本可分为以下三个部分：

（1）采购预防成本。评价供应商的品质保证能力，提出采购物料的品质要求，帮助供应商改进产品品质和完善品质体系等活动所发生的费用。

（2）采购鉴定成本。对采购物料进行检验鉴定所发生的费用，这种检验活动包括货源地核对和进厂检验。

（3）采购损失成本。由于采购物料未达到合同规定的品质要求给顾客造成的而供应商又未能给予补偿的损失。

11.2 采购成本分析

11.2.1 采购成本分析概述

1. 采购成本分析的意义

现代企业的竞争日趋激烈，为了能降低经营成本，让利于顾客，企业必须下大力气控制其经营成本。如前所述，企业经营成本中与采购活动有关的成本占很大比重，因此采购成本管理成为企业管理中的重要工作。要加强采购成本管理必须对采购成本进行分析，通过分析，可以实现以下目标。

1) 正确评价企业过去

正确评价过去，是说明现在和揭示未来的基础。通过对实际成本费用等资料的分析能够准确地说明企业过去的业绩状况，指出企业的成绩和问题及产生的原因，是主观原因还是客观原因等，这对于正确评价企业过去的经营业绩是十分有益的。

2) 全面评价企业现状

根据不同分析主体的分析目的，采用不同的分析手段和方法，可得出反映企业在该方面现状的指标，如反映企业营运状况的指标、企业盈利能力指标等。通过这种分析，对于全面反映和评价企业的现状有重要作用。

3) 准确评估企业潜力

企业的潜力通常是指在现有技术水平条件下，企业在一定资源投入情况下的最大产出，即产出潜力；或在一定产出情况下资源的最小投入，即成本潜力。通过成本分析可正确及时地挖掘出企业采购业务的潜力。如通过趋势分析方法可说明企业的总体发展潜力，通过因素分析和对比分析可找出企业采购成本管理某环节的潜力。

4) 充分揭示企业风险

企业风险包括投资风险、经营风险和财务风险等。风险的存在产生于经济活动中的不确定因素。成本分析，特别是对企业潜力的分析透彻与否与企业如何规避风险有着密切联系。一般来说，成本效益越差，企业的经营风险越高；反之，企业的经营风险就越小。

2. 采购成本分析的分类

1) 根据分析主体不同，可分为内部分析与外部分析

(1) 内部分析。指企业内部经营者对企业成本状况的分析。内部分析的目的是判断和评价企业采购成本是否正常，及时、准确地发现采购业务的成绩与不足，为企业未来采购业务的顺利进行，提高采购效益和效率指明方向。

(2) 外部分析。指外部的投资者及政府部门等，根据各自需要或分析目的，对企业的采购成本进行的分析。如政府有关部门通过对采购成本的分析，核算企业对社会经济的贡献状况。在现代企业制度条件下，外部采购成本分析是采购成本分析的重要或基本形式。

2) 根据分析的内容与范围不同，可分为全面分析和专题分析

(1) 全面分析是指对企业在一定时期的采购总成本进行系统、综合、全面的分析与评价。全面分析的目的是找出采购过程中带有普遍性的问题，全面总结在这一时期的成绩与问题，为搞好采购业务奠定基础或提供依据。

（2）专题分析是指根据分析主体或分析目的的不同，对采购过程中某一方面的问题所进行的较深入的分析。如经营者对采购过程运输环节或储存环节存在的突出问题进行分析。专题分析对解决关键性问题有重要作用。

在采购成本分析中，应将全面分析与专题分析相结合，这样才能全面、深入地揭示问题。

3）根据分析的时期和目的划分，可分为趋势分析、现状分析、潜力分析

（1）趋势分析是指对企业某个时期各单位时间的总体成本状况或某个成本评价指标的变动情况所做的分析，借以评价企业成本管理的发展趋势。趋势分析是成本分析的基本形式之一，它不仅有利于评价过去，而且有利于指导现在和预测未来。趋势分析可广泛应用于不同的分析领域和分析目的。

（2）现状分析是成本分析的最基本和最主要的形式，它是指对企业当期活动的成本所进行的分析。现状分析最真实地反映了企业成本管理状况，为经营者及其他有关部门和人员提供决策的直接依据。通过对不同企业现状的分析，还可反映企业成本管理水平在同行业或在社会各部门中所处的地位，发现差距和不足，为企业改进成本管理工作、制定正确的成本控制目标提供依据。

（3）潜力分析是在趋势分析和现状分析的基础上，结合企业资源变动状况和经营目标，对企业未来发展能力的估价与判断。潜力分析对于经营者和投资者都是至关重要的。潜力分析的正确与否，决定着决策的正确与否。应当指出，潜力分析通常与风险分析是紧密相关的。因此根据潜力分析进行决策时必须考虑不同潜力的风险程度，这也就加大了潜力分析的难度和复杂性。

从上述三种分析的含义与特点可看出，趋势分析、现状分析及潜力分析是相互联系的。进行采购成本分析，不能将它们割裂开来，孤立地使用某一种形式则可能得出片面的结论。此外，对其他企业成本状况进行分析，也是企业采购成本分析组织的一项重要任务。只有建立健全各级分析组织，才能保证成本绩效分析工作的顺利、有效进行。

3. 成本分析的步骤

1）准备阶段

成本分析准备阶段主要包括以下四个步骤：

（1）明确采购成本分析目的。首先必须明确为什么要进行采购成本分析，是要评价采购管理业绩，还是要制定未来经营策略。只有明确了采购成本分析的目的，才能正确地搜集整理资料，选择正确的分析方法，从而得出正确的结论。

（2）确立采购成本分析标准。不同的分析目的，其分析的评价标准是不同的。有的可用绝对标准，有的可用相对标准；有的可采用历史标准，有的则采用预算标准等。只有确立正确的分析评价标准，才会得出准确的分析结论。

（3）制定采购成本分析计划。在明确采购成本分析目的与标准的基础上，应制订采购成本分析的计划，包括采购成本分析的人员组成及分工、时间进度安排、拟采用分析方法等。采购成本分析计划是采购成本分析顺利进行的保证。

（4）搜集整理采购成本分析资料。采购成本分析资料是采购成本分析的基础，资料搜集整理的及时性、完整性，对分析的正确性有着直接的影响。资料的搜集整理应根据分析的目的和计划进行。

2）采购成本分析实施阶段

采购成本分析的实施阶段，即具体分析阶段，是在采购成本分析准备阶段的基础上进行的，主要包括以下三个步骤：

（1）整体分析。主要运用水平分析法、垂直分析法及趋势分析法等进行全面分析。

（2）成本指标分析。对成本指标进行分析，特别是进行成本费用利润率指标分析，是采购成本分析的一种重要形式。

（3）基本因素分析。采购成本分析不仅要解释现象，而且应分析原因。因素分析法就是要在报表整体分析和成本效益指标分析的基础上，对一些主要指标的完成情况，从其影响因素角度，深入进行定量分析，确定各因素对其影响的方向和程度，为企业正确进成本评价提供最基本的依据。

3）采购成本分析报告阶段

采购成本分析报告阶段是采购成本分析实施阶段的继续，具体又可分为三个步骤：

（1）得出采购成本分析结论。

（2）提出切实可行的措施和建议。

（3）编写采购成本分析报告。

11.2.2 采购成本分析的方法

采购成本分析采用的技术方法多种多样，可以采用会计的方法、统计的方法或数学的方法。在实际的采购成本分析工作中，使用最广泛的技术方法主要有指标对比法和因素分析法。

1. 指标对比法

指标对比法又称比较法，是实际工作中广泛应用的分析方法。它是通过相互关联的成本指标的对比来确定数量差异的一种方法。通过对比，揭露矛盾，发现问题，寻找差距，分析原因，为进一步降低采购成本、提高采购成本使用效益指明方向。成本指标的对比分析可采取以下几种形式：

1）实际指标与计划指标对比

进行采购成本分析时，可以将实际成本指标与计划成本指标进行比较，通过对比，说明计划完成的程度，为进一步分析指明方向。

2）本期实际指标与前期（如上年同期或历史最高水平）实际指标对比

通过对比，反映企业成本动态和变化趋势，有助于吸取历史经验，改进成本管理。

3）本期实际指标与同行业先进水平对比

通过对比，可以反映本企业与国内外先进水平的差距，以便扬长避短，努力挖掘降低成本的潜力，不断提高企业的经济效益。

应该指出的是，采用指标对比法时，应注意对比指标的可比性，即对比指标采用的计量单位、计价标准、时间单位、指标内容和计算方法等都应具有可比的基础和条件。在同类企业比较成本指标时，还必须考虑它们在技术经济上的可比性。指标的对比可以用绝对数对比，也可以用相对数对比。

2. 因素分析法

因素分析法是将某一综合指标分解为若干个相互联系的因素，并分别计算、分析每个因素影响程度的一种方法。成本升降是由许多因素造成的，概括起来有两类：一类为外部因素；另一类为内部因素。外部因素来自社会，是外部经济环境和条件所造成的；内部因素是由企业本身经营管理所造成的。这样分类有利于评价企业各方面工作质量。

因素分析法的一般做法是：第一，确定分析指标由哪几个因素组成；第二，确定各个因素与指标的关系，如加减关系、乘除关系等；第三，采用适当方法，将指标分解成各个因素；第四，确定每个因素对指标变动的影响方向与程度。

因素分析法的具体计算程序是：以成本的计划指标为基础，按预定的顺序将各个因素的计划指标依次替换为实际指标，一直替换到全部都是实际指标为止，每次计算结果，与前次计算结果相比，就可以求得某一因素对计划完成情况的影响。下面举例说明指标与因素的关系。

设成本指标 N 是由 A，B，C 三因素乘积所组成，其计划成本指标与实际成本指标分别列示如下：

计划成本 $N_1 = A_1 \times B_1 \times C_1$；

实际成本指标 $N_2 = A_2 \times B_2 \times C_2$；

差异额 $G = N_2 - N_1$。

计算程序是：计划成本指标 $A_1 \times B_1 \times C_1 = N_1$

第一次替换 $A_2 \times B_1 \times C_1 = N_3$，$N_3 - N_1 = A$ 变动的影响；

第二次替换 $A_2 \times B_2 \times C_1 = N_4$，$N_4 - N_3 = B$ 变动的影响；

第三次替换 $A_2 \times B_2 \times C_2 = N_2$，$N_2 - N_4 = C$ 变动的影响。

以上三个因素变动影响的总和为：

$$(N_3 - N_1) + (N_4 - N_3) + (N_2 - N_4) = G$$

从上式可知，三个因素变动的差异之和与前面计算的实际成本指标脱离计划成本指标的总差异是相符的，这就确定了各个因素对成本指标升降的影响程度，并可以确定各个因素所占差异比重程度，为采购成本分析提供可靠的依据。从上例可以看出，因素分析法是在指标对比法的基础上开展的，是指标对比法的补充。

11.2.3 采购价格调查

采购价格是采购成本的主要组成部分。采购价格的高低直接关系到企业最终产品或服务价格的高低，因此，在确保满足其他条件的情况下力争以最低的价格采购是采购人员最重要的工作。

1. 影响采购价格的因素

要调查采购价格，首先要了解影响采购价格的因素，这些因素包括：

（1）供应商成本的高低。这是影响采购价格最根本、最直接的因素。供应商进行生产，其目的是获得一定利润，否则生产无法继续。因此，采购价格一般在供应商成本之上，两者之差即为供应商的利润，供应商的成本是采购价格的底线。

（2）规格与品质。价格的高低与采购物料的品质有必然的联系。如果采购物料的品质一般或质量低下，供应商会主动降低价格，以求赶快脱手，有时甚至会贿赂采购人员。

（3）采购物料的供需关系。当企业需采购的物料紧缺时，供应商处于主动地位，往往会趁机抬高价格；当企业所采购的物料供过于求时，采购企业处于主动地位，一般可以获得最优的价格。

（4）生产季节与采购时机。当企业处于生产的旺季时，对原材料需求紧急，因此不得不承受更高的价格。避免这种情况的最好办法是提前做好生产计划，并根据生产计划制订出相应的采购计划，为生产旺季的到来提前做好准备。

（5）采购数量的多少。如果采购数量大，供应商便会给予一定的折扣，从而降低采购的价格。因此，大批量、集中采购是降低采购价格的有效途径。

（6）交货条件。交货条件也是影响采购价格的非常重要的因素，交货条件主要包括运输方式、交货期的缓急等。如果物料由采购方来承运，供应商就会降低价格，反之就会提高价格。

（7）付款条件。在付款问题上，供应商一般都规定有现金折扣、折扣期限，以刺激采购方能提前用现金付款。

2. 采购价格调查的内容

了解了上述采购价格的影响因素，接下来是熟悉采购价格调查的相关内容。

1）调查的主要范围

在大型企业里，原材料种类不下千种，若每一种类都逐个调查，几乎是不可能的。因此，要了解帕累托定理所说的"重要少数"，就是通常数量上仅占10%的原材料，而其价值却占全部总值的70%～80%。假如能掌握住80%左右价值的"重要少数"，就可以达到控制采购成本的目的，这就是重点管理法。根据一些企业的实际操作经验，可以把以下六大项目列为主要的采购调查范围：

（1）选定主要原材料20～30种，其价值占总值的70%～80%的；

（2）常用物料、器材，尤其是属于经常性采购项目的；

（3）性能比较特殊的物料、器材（包括主要零配件），一旦供应脱节，可能导致生产中断的；

（4）突发事件需紧急采购的；

（5）价格波动性大的物资、器材；

（6）计划外设备器材的采购，数量巨大，影响经济效益深远的。

在一家企业中，为了便于了解占总采购价值80%的"重要少数"原材料的变动行情，就应当随时记录，真正做到了如指掌。

2）信息收集方式

调查采购价格信息的收集方式有三类：

（1）上游法。即了解拟采购的产品是哪些物料或哪些物料组成的，查询制造成本及产量资料。

（2）下游法。即了解采购的产品用在哪些地方，查询需求量及售价资料。

（3）水平法。即了解采购的产品有哪些类似产品，即查询替代品或新供应商的资料。

3）信息的收集渠道

调查采购价格的信息收集渠道有下列五种：

（1）杂志、报纸等媒体；

（2）信息网络，或产业调查服务业；

（3）供应商、顾客及同业；

（4）参观展览会或参加研讨会；

（5）加入相关的行业协会。

不过，由于商情范围广阔，来源复杂，加之市场环境变化迅速，因此，必须筛选正确有用的信息以供决策。

4）处理调查资料

可将采购市场调查所得资料，加以整理、分析与讨论。在此基础上提出报告及建议，即根据调查结果，编制物料调查报告及进行商业环境分析，向本企业提出有关改进建议，供采购时参考，以求降低成本，增加利润。根据科学的调查结果，研究更好的采购方法。

3. 降低物料成本的方法

企业降低采购物料价格成本的方法有以下六种：

1）通过付款条款的选择降低采购成本

如果企业资金充裕，或者银行利率较低，可采用现金交易或货到付款的方式，这样往往能带来较大的价格折扣。此外，对于进口物料、外汇币种的选择和汇率走势也是要格外注意的。例如，某企业的外币存款为美元，有一次该企业从荷兰进口生产线，由于考虑到当时欧元的弱势走势，于是选择了欧元为付款币种，从而降低了设备成本。

2）把握价格变动的时机

价格经常会随着季节、市场供求情况而变动，因此采购人员应注意价格变动的规律，把握好采购时机。例如，某企业的主要原材料聚碳酸酯，年初的价格为每千克22.4元，而到了八九月份，价格上升到每千克28.8元。如果采购部门能把握好采购时机和采购数量，在年初组织大批量进货，就会给企业带来很大的经济效益。

3）以竞争招标的方式来牵制供应商

对于大宗采购，一个有效的方法是实行竞争招标，往往能通过供应商的相互比价，最终得到较低的价格。此外，对同一种物料，应尽可能多找几个供应商，通过对不同供应商的选择和比较使其互相牵制，从而使企业在谈判中处于有利地位。

4）向制造商直接采购或结成同盟联合订购

向制造商直接订购，可以减少中间环节，降低采购成本，同时制造商的技术服务、售后服务会更好。另外，有条件的几个同类厂家可结成同盟联合采购，以克服单个厂家订购数量小而得不到更多优惠的矛盾。

5）选择信誉佳的供应商并与其签订长期合同

与守诚实、讲信誉的供应商合作不仅能保证供货的质量、按时交货，还可得到其付款及价格的关照，特别是与其签订长期的合同，往往能得到更多的优惠。

6）充分进行采购市场的调查和信息收集

一个企业的采购管理要达到一定水平，应充分注意对采购市场的调查和信息的收集、整理，只有这样，才能充分了解市场的状况和价格走势，使自己处于有利地位。如条件允许，企业可设专人从事这方面的工作，定期形成调研报告。

11.2.4 运输成本分析

运输是成本消耗最大的物流环节。

除采购成本外，运输成本在企业总成本构成中占的比例越来越大，是成本消耗最大的物流环节，占物流总成本的 1/3～2/3 以上。运输成本与物料的种类、装运的规模及距离直接相关。要减少运输成本，就要对运输成本进行分析。

一般来说，运输的总成本和装运数量、运输距离成正比例变动，但单位成本与运输量和运输距离成反比例变动。运输规模越大，运输距离越长，则单位运输成本越低。

企业可以通过下列方法降低运输成本。

1. 减少不必要的运输业务活动

围绕着运输业务活动，要进行装卸、搬运、包装等工作，多一道环节，需多花很多劳动，浪费许多成本。所以，在物料运输的规划中，对有条件直运的，尽可能组织直达、直拨运输，使物资不进入中转仓库，摆脱一切不必要的环节，由产地直运销地或用户，减少二次运输。

2. 提高车辆的装载效率降低运输成本

加大装载量，组织合理运输，提高运输效率是降低运输成本的重要手段。这一方面要最大限度地利用车辆载重吨位，另一方面要充分使用车辆装载容积。其主要做法有轻重配装、解体运输、高效堆码等。

3. 选择合理的运输方式，降低运输成本

不同的运输方式运价差别很大。一般来讲，速度快的交通工具，成本也比较高。运输工具的经济性和迅速性、安全性、便利性之间有相互制约的关系。因此，企业在采购时应根据不同的物料的形状、价格、运输批量、交货日期、发货及到达地点等特性，选择适当的运输工具。

11.2.5 储存成本分析

储存成本根据其与储存物料数量的关系可分为固定储存成本和变动储存成本两部分。

物料储存成本中仓库折旧、管理人员工资等成本在一定范围内与储存物料的数量无关，属于固定储存成本。这类成本反映的是形成和维持企业最起码生产经营能力的成本，也是企业经营活动必须负担的最低成本，不受企业管理当局短期决策行为的影响。

由于企业的经营能力一旦形成，在短期内就不能轻易削减，任何降低这类成本的企图都必须以缩减企业的生产经营能力为代价，这就意味着经营能力的破坏，可能影响企业长远目标的实现，降低盈利能力。

除非要改变企业的经营方向，否则不能设想采取降低这部分成本总额的措施，只能从合理充分地利用其创造生产经营能力为手段，有效利用仓库空间，提高储存物料的数量，相对降低其单位成本。

储存成本中物料占用的资金成本、装卸搬运成本、保险成本、陈旧成本等通常与储存物料数量成比例变动，这部分成本称为变动储存成本。通常采购数量越多，变动储存成本也就越高。降低这类成本可以从以下几方面着手：简化出入库手续，降低业务成本；缩短储存时间降低资金成本、保险成本和损失成本等；合理选择装卸搬运设备，合理规划装卸作业过程，降低装卸搬运成本。

综上所述，采购成本分析的主要工作是根据成本形成的动因，分析影响各类成本的关键因素，从而采取相应的措施达到控制或降低成本的目的。

11.3 采购成本控制

采购成本控制对一个企业的经营业绩起到非常重要的作用。采购成本下降不仅体现在企业现金流出的减少,而且直接体现在产品成本的下降、利润的增加,以及企业竞争力的增强。所以,控制好采购成本并使之不断下降,是一个企业不断降低经营成本、增加利润的重要和直接手段之一。如何运用有效的采购成本管理方法对企业来说至关重要,本节较系统地介绍采购成本管理方法,并对传统采购成本方法和现代采购成本方法进行了评价分析。

11.3.1 采购成本控制的基础工作

做好采购成本控制工作应建立、完善采购制度,做好采购成本控制的基础工作。

采购工作涉及面广,并且主要是和外界打交道,因此,如果企业不制定严格的采购制度和程序,不仅采购工作无章可循,还会给采购人员提供暗箱操作的温床。建立、完善采购制度,企业必须注意下列四个方面:

1. 建立严格的采购制度

建立严格、完善的采购制度,不仅能规范企业的采购活动,提高效率、杜绝部门之间扯皮,还能预防采购人员的不当行为。采购制度应规定采购的申请、授权人的批准权限、采购的流程、相关部门的责任和关系、各种物料采购的规定和方式、报价和价格审批等。比如,可在采购制度中规定采购的物品要向供应商询价、列表比较、议价,然后再选择供应商,并把所选的供应商及其报价填在同一张请购单上;还可规定超过一定金额的采购须附上三个以上的书面报价等,以供财务部门或内部审计部门稽核。

2. 建立供应商档案和准入制度

企业的正式供应商要建立档案,供应商档案不仅要有编号、详细联系方式和地址,还应有付款条款、交货条款、交货期限、品质评级、银行账号等,每一个供应商档案应经严格的审核才能归档。企业的采购必须在已归档的供应商中进行,供应商档案应定期或不定期地更新,并有专人管理。同时,要建立供应商准入制度。重点物料的供应商必须经质检、物料、财务等部门联合考核后才能进入,如有必要,还须到供应商的生产地加以考核。企业要制定严格的考核程序和指标,要对考核的问题逐一评分,只有达到或超过评分标准者才能成为归档供应商。

3. 建立价格档案和价格评价体系

企业采购部门要对所有采购物料建立价格档案,对每一批采购物品的报价,首先与归档的物料价格进行比较,分析价格差异的原因。如无特殊原因,采购的价格不能超过档案中的价格水平,否则要做出详细的说明。对于重点物料的价格,要建立价格评价体系,由企业有关部门组成价格评价组,定期收集有关的供应价格信息,分析、评价现有的价格水平,并对归档的价格档案进行评价和更新。这种评议一般 3 个月或 6 个月进行一次。

4. 建立物料的标准采购价格,对采购人员根据工作业绩进行奖惩

财务部对重点监控的物料应根据市场的变化和产品标准成本定期定出标准采购价格,促使采购人员积极寻找货源,货比三家,不断降低采购价格。标准采购价格亦可与价格评价体系结合起来进行,并提出奖惩措施,对完成降低企业采购成本任务的采购人员进行奖励,对没有完成采购成本下降任务的采购人员,分析原因,确定对其处理的措施。

通过上述四个方面的工作,虽然不能完全杜绝采购人员的暗箱操作,但对完善采购管理、提高效率、控制采购成本,确实有较大的成效。

11.3.2 采购成本控制的方法

1. 传统采购成本控制方法

1) 设计优化法

所谓设计优化法,即在产品设计开发时就注意物料、器件的选用,以合适的而不是最好的物料用于新产品中,使得产品在保持性能满足市场要求的情况下做到成本最低。产品的设计优化要在新产品处于设计开发开始阶段进行。新产品一旦定型,其所使用的物料也就基本确定,虽然日后可能会进行部分更改,但一般来说幅度不会很大,也就是说新产品的成本基本确定。尽管日后也可通过降低物料采购成本的方法来降低总成本,但此法带来的收益是十分有限的。

通常,同类部件因其性能不同,价格差别很大,有时甚至会有成倍的差异。如果设计人员在选材时忽视产品定位,一味追求高质量高性能,选用最好的部件,日后虽然可通过降低采购价实现部分收益,但远没有在开始时就选用适合产品定位的器件效果来得好。这就需要设计开发人员一定要有成本意识,在产品的设计开发阶段就对所用物料、部件进行权衡选择,使物料和产品的市场定位相匹配,做到合理成本,防止出现"质量过剩"或"质量不足"现象,使产品具有最佳的性价比。

2) 成本核算法

所谓成本核算法,就是通过一定的方法对部件的成本进行核算和评估,确保部件价格的合理性。即通过核算,给定一个价格范围,防止出现价格过高情况。一般来说,该方法适用于加工较为简单的镀金、注塑等行业,其中"部件价格=物料成本+加工费用+合理利润""物料成本=单价×耗用(净耗用+损耗)"。该方法加工费用的核算比较麻烦,如对一般注塑件的核算,即根据注塑机设备不同,按不同注塑机的吨位制定费用标准,设定计算公式进行计算。利润则根据双方的共识设立比例或金额计算,在此基础上即可大体估计部件价格。需要特别说明的是,这种核算只是对部件价格的一个近似估计,主要是防止价格过高,而且有些加工工艺特殊的部件不适用此方法;同时,计算公式也要根据经验和实际情况不断调整更新。

3) 类比降价法

所谓类比降价法,就是通过结构、性能相似的物料进行比较,从而迫使供应商降价的方法。类比降价法的关键就是类比物的选择,类比物一定要具有可比性,价格上要有竞争力。当然,可拿本企业的生产物件类比,但其价格应经过验证,确实具有竞争力,否则类比的结果可能适得其反。企业如果碰到这种情况,自己的产品与对手类似,但对手的价格比自己低,究其原因一定很多,这其中往往是因为对手在用料和结构方面有领先之处。通过与竞争对手的比较可以发现这些不足,采取针对性的措施,或调整产品结构,或在保证产品性能的前提下选取低价原材料,或找出管理等方面的原因,结合自身的情况做必要的改进,从而实现部件成本的降低,使自己的产品具有竞争力。

4) 招标竞价法

所谓招标竞价法,就是通过组织供应商竞标,实现物料降价。招标竞价法现在已得到广泛的应用，而且除了传统的现场招标外，网上招标也越来越多地被企业采用。生产企业采购物资的招标应注意以下几点：首先，对采购的物料要心中有数，要了解招标物料的市场状况、物料价格水平、价格走势等。对原材料价格正在上涨，且价格水平已不是很高的物料，招标的效果可能不大，甚至事与愿违，竞标价格高于市场价格。其次，如果招标不是采取公开招标的方式而是采取邀标的方式，对供应商要有充分的了解。邀请招标的供应商至少应在3家以上。另外，由于企业供货有一定的稳定性，且随着价格的不断下滑，利润越来越低，部分供应商就会相互"合作"，影响降价效果。如有这种情况发生，就要适时引进一两个新供应商，打破这种合作关系，以取得较好的招标效果。再次，对招标后配额的分配要仔细。招标的标的额对供应商的吸引力和影响力最大，标书中的其他内容也会对供应商的投标产生影响，一个好的方案会改变供应商的投标态度。

5）规模效应法

所谓规模效应法是指企业将原先分散在各单位的通用物料采购集中起来，从而形成规模优势，在购买中通过折扣、让利等方式实现降低成本的方法。随着批量的加大，采购价格会不断降低。规模效应法就是利用这种方法，通过大批量采购，争取最优惠的价格。这种方法对原材料的采购效果显著。

6）国产化降价法

所谓国产化降价法，是指通过将进口部件改由国内厂家生产提供，从而实现降价的方法，把国产化作为降低成本的方法是由我国目前的实际情况决定的。很多生产企业都有部分部件需要从国外进口，而且往往是关键部件，成本很高。而我国目前生产资料的价格较低，且很丰富，这些部件若能在国内生产，仅运费、关税等费用就可以节省很多。实际上，国产化部件带来的成本降低效应往往出乎人们的意料。因此，国产化对那些进口物料很多的厂家来说，无疑是降低成本的极重要的途径。但要实现国产化也不是简单的事情，因为这些进口部件一般技术含量都比较高，对生产厂家的实力和技术能力有很高的要求。

除了以上提到的几种方法外，传统采购成本管理方法还有标准成本法、ABC分析法、物料标准化技术法、产品生命周期成本分析方法以及采购物料规划与控制方法。这些传统方法在采购成本的局部控制上得到了很好的应用，企业中使用较广泛，但是它们不太适应现代全球经济一体化和信息化时代的节奏，需要应用新的采购理念和采购成本方法来重新思考。

2. 现代采购成本控制方法

现代企业发展需要企业能在全球化环境下不断提高自身竞争力，企业采购范围也突破了传统的区域限制范围。企业采购需要站在企业战略的高度，对企业整体价值链来进行控制，这一方面因为全球化环境要求企业在实施走出去战略，首先必须实施采购全球化战略，用战略采购的思路来代替传统的局部和短期成本控制方法；另一方面，现代信息技术和网络技术为企业价值链管理提供了科学的工具，从而使供应链管理得以实施。

1）战略采购成本控制方法

通过战略采购来加强企业营运能力及市场定位的系统方法——战略采购方法被引入成本控制过程，可以有效地降低物料价格、简化供应链程序并提高对市场信息的反应速度，从而产生大量的成本节余。

因此战略采购可以降低采购物资和服务的成本。虽然表面上它不是一种控制成本的工具，它在降低采购物资及服务总成本的方面也有很强的能力。在此，引入的"总成本"而不是发票成本的概念，因为它代表了企业拥有这些物料的总成本。运用"总成本"的概念有助于将管理重点引向获得所有权的总成本。为了以更低的总成本购得物料，战略采购要运用以数据分析为基础的方法，帮助企业针对各类物料制定采购战略。一旦战略确定，就可以运用多种策略加以执行，并能更有效地处理供应商的确认、挑选、谈判及供应商关系管理等事项。通过运用全球采购和采购量集中等策略，企业可以进入更大的供应基地，并增强对各个供应商的影响力。另外，运用如重建与供应商的关系、改善合作过程等策略，企业可以简化采购过程，加强与供应商的关系，从而降低交易成本。

战略采购不仅在于压价，它在本质上也是战略性的。战略采购重点在于开发一个战略性供应基地，从而加强企业的竞争力，使企业在高速发展的经济中成长发展。为达到这个目标，战略采购运用一种系统的、以数据分析为基础的方法，帮助企业更好地了解外部供应市场状况及内部需求。通过这种认识，企业能对其采购成本、内部需求控制、采购战略、供应基地联盟做出战略性决策。

战略采购帮助企业重新明白如何与供货商交易，如何永久降低成本和提高供应商的价值贡献。在专业化和产品分组化的情况下，很多企业扩大其供货商的责任范围，包括设计和研究开发等。这种战略性关系需精心设计和维持，才能确保双方在互惠的情况下进行交易。战略采购必须对供货商的生产能力、生产量、战略方向、发展潜力及在竞争性市场上的定位做出系统的评估。企业采用战略采购能降低生产成本和提高竞争能力。平均来说，战略采购能为企业降低采购物料成本的10%～20%，在一些物料的价格降幅更高达50%。除了降低物料的采购成本，战略采购也使企业在运作上的灵活度大大提高，例如，更新采购程序和与供应商的协调而减低库存，使部分营运资金能被有效地分配使用。

尽管战略采购方式是一种有效的工具，但它仍有不足之处。战略采购的关键问题是从始至终需要很长时间。对每类物资可能需要6个月至1年的时间才能完成战略采购。随着互联网的普及，部分战略采购可以在线上进行，而将每个类物资战略采购过程缩短至3个月的时间。这样除了可降低采购的成本，还使企业能比离线战略采购更早获得成本节约的成果。虽然战略采购在中国还需要普及，企业将来发展的方向应该是避免传统的离线战略采购方法而直接使用这种降低成本的工具——在线采购法，并战略性地利用采购职能来加强企业市场定位和市场竞争力。

企业的采购战略成本核算流程一般由以下四个步骤组成：

（1）估计供应商的产品或服务成本。可以通过考察供应商的设施，观察并适当提问获得许多有用的信息和数据，以估计供应商的成本。而要估计供应商的成本，必须了解产品的用料、制造该产品的人员数量以及所有直接用于生产过程的设备的总投资额。

组建团队去考察供应商设施，这一团队至少应有三个人，包括分别来自工程部、采购部和生产部等三个关键部门各一人。考察前，小组成员应先碰头，确定每个人承担的角色及考察重点。每个人分配一个成本动因，即物料、总投资和人工之一，并且就该动因收集尽可能多的信息。由于工程部人员对设备最为熟悉，通常会被指派去了解生产产品所用的全部生产设备以及这些设备的供应商。采购人员的任务则是深入了解用于制造这些产品的物料。而生产部人员则通常去"数人数"，了解生产流程以及人员配置。

了解供应商的基本成本情况以后，企业就可以规划一个使自己在价格上获利的谈判。但最佳的战略选择却应是企业如何跟供应商一起降低比重最大的成本，从而降低企业的物料成本，提高收益。就谈判而言，要始终争取双赢的局面，也就是说要尽量从谈判中获得双方都有利的最佳结果。如果企业试图与供应商建立长期的关系，就不能在谈判中把供应商逼到赔钱的地步。与此同时，企业自己也不要做太多让步。

(2) 估计竞争对手的产品和服务成本。对竞争对手的估测能提供必要的信息，使企业在市场中占据主动。这种先发制人的姿态能使企业保持业界的领先地位，并最终使其保持盈利性，长久地生存下来。

竞争力评估不仅仅是指瞄准业界同行的标杆，也指对竞争对手的业务、投资、成本、现金流做出细致的研究，并找出它们的长处和弱点。这些信息虽来之不易，但能使企业做出可靠的商业决策，保持企业的竞争力，成为"群雄之首"。

专利中包含有丰富的信息，从专利资料中，企业一般都可以获得所用的物料和制造流程两条主要信息。有了来自专利的信息，加上对制造流程的了解，企业的工程人员就能编写流程图，并对制造设备的购置投资做出评估。

细分市场概述、企业财务资料、管理人员简介以及企业历史也能为企业提供有关竞争对手的丰富信息。通过查阅含有主要销售数据及市场信息的商务杂志，企业能对市场有所了解。一旦确定这些资料，就可以估计竞争对手的产品和服务成本。

另外，企业在估算竞争对手的成本后，可以根据竞争对手情况，将其与自己的优势或劣势的成本领域相比较。通过确定竞争对手与本企业在产品或服务成本上的差异，就能利用目标成本建立成本目标。这就是战略成本核算的用意，即战略性地估计出的自己的成本，以便尽可能地实现利润最大化。

(3) 设定企业的目标成本。企业首先着手确定需要注意的领域，实施成本改善。改善前，必须先估计竞争对手的成本，将其与本企业的实际成本相比较。比如，竞争对手的长处在于物料、劳务以及管理方面的成本。在物料方面成本能做到每件 6 元人民币，在劳务方面做到每件 5 元人民币，管理成本方面做到每件 2 元人民币。而企业的最佳策略是制订计划来研究上述领域的状况。如果计划难以奏效，或者不认为企业能大大降低这些成本，那么最佳策略也许是不要再在研究和发展上做任何投资。如果竞争对手的薄弱环节主要表现在水电、维修、折旧、财产或保险方面，这对企业意味着什么呢？这些领域跟总投资直接相关，竞争对手肯定拥有更高的自动化程度或更为流水线化的流程。

战略成本核算要求企业发现需要改进的领域，分析实现这些目标所需付出的努力，并计算实现这些改进给企业带来的价值。

(4) 确定这些流程与产品能持续改进对企业的价值。企业做出的任何改变都要从短期效果和长期效果两方面考虑。要发现改变对财务状况的长期影响，可以看现金流。现金流比单单的净利润更能看到全局。现金流是企业资金流入量减去流出量后的金额。现金流入的主要来源是销售收入，现金流出则包括企业运营、购买新的固定设施或设备以及支付税金等一切必要的现金开支。现金流之于企业，就如同血液之于人体，人体缺血会死亡。如果企业现金流出量大于流入量，企业就会"不健康"，甚至可能"死亡"。现金"缺血"在小企业当中尤为常见，因为它们一般没有大量的现金储备。通常可以运用现金流分析，确定一个企业的健康程度，制订财务计划。

通过计算年度实际或预测的现金流入和流出，企业就可制定计划，保证财务顺利运行。通过预测本企业和竞争对手的现金流，也可以了解到战略规划效果在财务上的反映。

这些规则适用于当今市场上的所有企业。企业只有在战略上走在成本控制的前列，降低成本，了解竞争对手情况，在扩大或缩小规模方面做出明智的决策，才能赢得竞争的胜利。

2）供应链采购成本管理方法

供应链管理（Supply Chain Management）是一种新兴的企业成本管理技术。它的定义是"在满足服务水平需要的同时，为了使系统成本最小而采用的把供应商、制造商、仓库和商店有效地结合成一体来生产商品，并把正确数量的商品在正确的时间配送到正确的地点的一套方法。"

供应链管理的作用在于通过系统地设计与管理各供应环节，使企业达到两个目标：一是供应链系统的总成本最优，二是更能满足客户需要。这样，供应链管理必然对企业成本管理的诸多方面带来比较大的影响，体现在：供应链管理使企业成本管理的目标具有两重性；供应链管理使企业成本管理活动具有层次性；供应链管理使企业成本管理活动具有整体性；供应链管理使企业成本管理更重视信息技术的应用和信息的收集工作。

供应链管理的实现主要通过利用信息技术和供求信息在企业间的整合。因此，这个电子化的供应链系统方案应包括：客户关系管理系统（CRM）、企业资源规划系统（ERP）、供应链管理系统（SCM）、产品资讯系统（PDM）、全球采购管理（GPM）、全球需求管理（GDM）和电子商务（e-Commerce）。实施供应链管理需要耗费大量的时间和财力，在美国，也只有不足50%的企业在实施供应链管理。Kearney咨询企业指出，供应链可以耗费整个企业高达25%的运营成本，但实施这项管理的收益也是巨大的。从国外的经验看，实施供应链管理成功的例子明显多于失败的例子。目前，国内绝大多数企业供应链成本管理还处在很低级的层次上。

相对于传统采购理念，现代采购理念体现在：共同承担全面产品开发过程的责任；从追求功能到追求协作过程；从追求利润到追求可获利能力；从注重产品到注重用户服务；从注重交易到注重关系的建设；从注重交易产品清单到注重交易信息。

对于国内企业，需要考虑我国国情和企业自身情况，量力而行，从本企业的实际出发，切实采用合适的采购成本管理方法进行企业成本管理，以提高自身竞争力。

思考题

1. 简述采购成本的含义及分类。
2. 常用的采购成本分析方法有哪些？
3. 常用的采购成本控制方法有哪些？
4. 简述战略采购成本控制核算流程。

第 12 章

采购合同管理

本章重点

本章论述了合同的形式、合同的分类、订立合同中的要约与承诺。在此基础上详细阐述了采购合同的内容，采购合同的订立，采购合同的履行，采购合同的争议与索赔处理，采购合同的变更、终止和仲裁。

12.1 采购合同概述

12.1.1 合同的概念

《中华人民共和国合同法》（以下简称"合同法"）规定："合同是平等主体自然人、法人、其他组织之间设立、变更、终止民事权利义务关系的协议。"也就是说，合同本质上是一种协议，是当事人意思表示一致的产物。

12.1.2 合同的特征

合同的本质是一种合意或协议。实际上"协议"一词常常也就是指"合意"。由于合同是合意的结果，必须包括以下要素：

其一，合同的成立必须有两个或两个以上的当事人；其二，各方当事人须互相做出意思表示，双方的意思表示是交互的，才能成立合同；其三，各方意思表示是一致的，也就是当事人达成一致的协议。由于合同是两个或两个以上当事人意思表示一致的产物，因此当事人必须在平等自愿的基础上进行协商，才能使其意思表示达成一致。如果不存在平等自愿，也就没有真正的合意。

12.1.3 合同活动的基本原则

(1) 合同当事人的法律地位平等，一方不得将自己的意志强加给另一方；
(2) 当事人依法享有自愿订立合同的权利，任何单位或个人不得非法干预；
(3) 当事人应当遵循公平原则确定各方的权利和义务；

（4）当事人行使权利履行义务应当遵循诚实信用原则；

（5）当事人订立、履行合同，应当遵守法律、行政法规，尊重社会公德，不得扰乱社会经济秩序，损害社会公共利益；

（6）当事人应当按照约定履行自己的义务，不得擅自变更或解除合同，依法成立的合同，受法律保护。

12.1.4 合同的形式

关于合同的形式，"合同法"规定："当事人订立合同，有书面形式、口头形式和其他形式。法律、行政法规规定采用书面形式的应当采用书面形式。"

1. 口头形式

口头形式指以语言为意思表示订立合同，而不用文字表达协议内容的形式。口头形式简便易行，在日常生活中经常被采用。集市的现货交易、商店里的零售等一般都采用口头形式。

合同采取口头形式，无须当事人特别说明。凡当事人无约定、法律未规定采用特定形式的合同，均可采用口头形式。但发生争议时，当事人必须举证证明合同的存在及合同关系的内容。

口头形式的缺点是发生合同纠纷时难以取证，不易分清责任。所以，对于不能即时结清的合同和标的数额较大的合同，不宜采用这种形式。

2. 书面形式

书面形式，是指以文字表现所订合同的形式。合同书以及任何记载当事人要约、承诺和权利义务内容的文件都是合同的书面形式的具体体现。"合同法"第11条规定，书面形式是指合同书、信件以及数据电文（包括电报、电传、传真、电子数据交换和电子邮件）等可以有形地表现所载内容的形式。

书面合同的表现形式，常见的有以下四类：

1）表格合同

表格合同。它是当事人双方合意的内容及条件，主要体现为一定表格上的记载，能全面反映当事人权利义务的简易合同。表格合同及其附件、有关文书、通用条款才组成完整的合同。

2）车票、保险单等合同凭证

车票、保险单等合同凭证不是合同本身，其功能在于表明当事人已存在的合同关系。合同凭证是借以确认双方权利、义务的一种载体。虽然双方的权利、义务并未完全反映在合同凭证上，但因法律及有关机构制定的规章已有明确的规定，因而可以确认合同凭证标示双方的权利、义务关系。

3）合同确认书

当事人采用电信、数据电文形式订立合同的，须有被称为确认书的确认文件。此确认书与电信、数据电文一起构成合同文件。

4）格式合同

如运输合同，其主要内容按国家有关部门的规定制作，但并未与托运人协商。托运人托运货物，要按照表格上规定的项目逐项填写，经承运人确定后，合同即告成立。铁路及航空货物运输中的货运单就是格式合同。

书面形式的最大优点是合同有据可查，发生纠纷时容易举证，便于分清责任。因此，对于关系复杂的合同、重要的合同最好采取书面形式。但双方当事人均承认的口头合同、已经履行了主要义务的口头合同、法律认可的其他口头合同有效。

3. 推定形式

当事人未用语言、文字做出意思表示，仅用行为向对方发出要约，对方接受该要约，做出一定或指定的行为或承诺，合同成立。例如在购销钢材的业务中，采购方向钢厂发出购货要约，钢厂没有做出书面或口头回应，但却依据要约向采购方发出钢材，则购销钢材的合同成立。

12.2 合同的分类

12.2.1 有名合同与无名合同

有名合同，指法律上已经确定了的具有一定名称的合同。如合同法中规定的买卖合同，供用电、水、气、热力合同等15类合同。无名合同，又称非典型合同，是指法律上尚未确定一定的名称与规定的合同。例如，在广告中使用他人肖像、信用卡、企业咨询等现代新型合同，都是法律没有规定的无名合同。

12.2.2 双务合同与单务合同

所谓双务合同，是指当事人双方互负对待给付义务的合同，即一方当事人愿意负担履行义务，旨在使另一方当事人因此负有对等给付的义务。或者说，一方当事人所享有的权利，即为另一方当事人所享有的义务，例如，买卖、互易、租赁合同等均为双务合同。

所谓单务合同，是指合同当事人仅有一方负担给付义务的合同。换言之，是指当事人双方并不互相享有权利和义务，而主要由一方负担义务，另一方并不负有相对义务的合同。例如，在借用合同中，只有借用人负有按约定使用并按期归还借用物的义务。

12.2.3 有偿合同与无偿合同

根据当事人是否可以从合同中取得某种利益，可以将合同分为有偿合同与无偿合同。有偿合同，指一方通过履行合同规定的义务而给另一方某种利益，另一方要得到该利益必须为此支付相应代价的合同。有偿合同是商品交换最典型的法律形式。在实践中，绝大多数反映交易关系的合同都是有偿合同。无偿合同，是指一方给付另一方某种利益，另一方取得该利益时并不支付任何报酬的合同。在无偿合同中，虽然一方当事人不支付报酬，但也要承担义务，如借用人无偿借用他人物品，负有正常使用和按期返还的义务。需要说明的是，有些合同既可以是无偿的，也可以是有偿的，如公民之间的保管合同大多为无偿，而法人之间的保管大多为有偿。

12.2.4 诺成合同与实践合同

所谓诺成合同，是指当事人一方的意思表示，一旦经过对方同意，即能产生法律效果的合同，即"一诺即成"的合同。此种合同的特点是，当事人双方意思表示一致合同即告成立。所谓实践合同，又称要物合同，是指除当事人双方意思表示一致以外，尚需交付标的物才能成立的合同。在这种合同中，仅凭双方当事人的意思表示一致，还不能产生一定的权利义务关系，还必须有一方实际交付标的物行为，才能产生法律效果。例如，小件寄存合同，必须寄存人将寄存的物品交保管人，合同才能成立并生效。由于绝大多数合同都从双方形成合意时成立。因此，诺成合同是一般合同形式，而实践合同则必须有法律特别规定，可见实践合同是一种特殊合同。

12.2.5 要式合同与不要式合同

根据合同成立是否应以一定形式为要件，可将合同分为要式合同与不要式合同。所谓要式合同是指应当或者必须根据法律规定的方式进行操作才能成立的合同。对于一些重要的交易，法律常常要求当事人必须采取特定方式成立合同。例如，中外合资经营企业的合同，属于应当由国家批准的合同，只有获得批准时，合同才能成立。所谓不要式合同，是指当事人订立的合同，依法不需要采取特定的形式。当事人可以采取口头方式，也可以采取书面形式。合同除法律有特别规定以外，均为不要式合同。要式与不要式合同的区别在于是否应以一定的形式作为合同成立或生效的条件。根据合同自由原则，当事人有权选择合同形式，故合同以不要式合同为常态。对一些重要的交易，如不动产买卖，法律常规定当事人应当采取特定的形式订立合同。

12.3 合同的订立

12.3.1 合同订立的一般程序

1. 要约

1）要约的概念

要约又称发盘、出盘、发价、出价、报价，是订立合同的必须阶段。从一般意义上说，要约是一种订约行为，发出要约的人称为要约人，接受要约的人称为受要约人或相对人。要约是希望和他人订立合同的意思表示，该意思表示应符合以下规定：

（1）内容具体确定；

（2）表明经受要约人承诺，要约人即受该意思表示的约束。

2）要约的要件

要约作为一种意思表示，除了必须具备意思表示的一般要件外，还有其特定的构成要件，包括以下三个方面：

（1）要约人是由特定人做出的意思表示。要约旨在与其他人订立合同，所以要约人必须是订立合同一方的当事人，这就要求要约人是特定之人。只有这样，受要约人才能对之做出承诺，从而订立合同。

(2) 要约必须有订立合同的意图。即要约应表明,一经受要约人承诺,要约人即受该意思表示的约束,与之建立合同关系。

(3) 要约的内容必须具体确定。所谓具体是指要约的内容必须是合同成立所必需的条款。所谓确定,是指要约的内容必须明确,不能含糊其词,使对方难明其意。

3) 要约的效力

依到达主义,要约于到达受要约人时生效。要约的效力表现在要约对要约人的拘束力,要约一经生效要约人即受到拘束,不得随意撤回或对要约加以限制、变更和扩张。要约的效力期间由要约人确定。如未预先确定,则应分以下两种情况:

(1) 口头要约,如受要约的人未立即做出承诺,即失去效力;

(2) 书面要约,如要约中未规定有效期间,应确定一个合理期间作为要约存续期限,该期限的确定应考虑三个因素:要约到达所需时间;给出承诺所需时间;承诺到达要约人所需时间。

4) 要约的撤回和撤销

要约的撤回,是指要约人在发出要约后,于要约到达受要约人之前,取消其要约的行为。要约可以撤回,撤回要约的通知应当在要约到达受要约人之前或同时到达受要约人。

要约的撤销,是指在要约发生法律效力后,要约人取消要约从而使要约归于消灭的行为。要约的撤销不同于要约的撤回,前者发生于要约生效后,后者发生于要约生效前。

5) 要约的失效

要约的失效,即要约丧失法律拘束力,要约失效的事由有以下四种:

(1) 受要约人拒绝要约,拒绝包括对要约内容的实质变更。

(2) 要约人撤销要约。

(3) 承诺期限届满,受要约人未做出承诺。

(4) 受要约人对要约的内容做出实质性变更。

2. 承诺

1) 承诺的概念和条件

承诺是受要约人同意要约的意思表示。承诺须具备以下三个条件:

(1) 承诺必须由受要约人做出。其意有三点:第一,承诺必须是受要约人的意思表示。如果要约是向特定人发出的,承诺须由该特定人作出;如果是向不特定的人发出的,不特定的人均有承诺资格;第二,受要约人以外的人,不具有承诺资格;第三,承诺可由受要约人本人做出,也可由其代理人做出。

(2) 承诺必须在合理期限内向要约人发出。承诺应当在要约确定的期限内到达要约人。要约没有确定承诺期限的,如果要约以对话的方式做出的,应当及时做出承诺的意思表示,但当事人另有约定的除外;如果要约以非对话方式做出的,承诺应当在合理期限内到达要约人。要约以信件或电报做出的,承诺期限自信件载明的日期或者电报交发之日开始计算。信件未载明日期的,自投寄该信件的邮戳日期开始计算。

(3) 承诺的内容必须与要约的内容相一致。受要约人对要约的内容做实质性变更的为新要约。有关合同标的、数量、质量、价款或者报酬、履行期限、履行地点和方式、违约责任和解决争议方法等的变更,是对要约内容的实质性改变。所谓内容一致,具体表现在:承诺是无条件的同意，不得限制、扩张或者变更要约的内容，否则不构成承诺，而应视为对要约的拒绝并做出一项新要约。合同的内容以承诺的内容为准。

承诺应当以通知的方式做出，通知包括口头通知和书面通知。要约对通知方式有特殊要求的，应按该要求予以通知。如果根据交易习惯或者要约表明可以通过特定行为方式做出承诺，则该行为也构成承诺。行为包括作为和不作为，构成承诺的行为主要是指作为，如供应商于收到订货要约后自行发货。单纯的缄默或不作为通常不能作为承诺的意思表示。

2）承诺的效力

承诺的效力，即承诺产生的法律效果。简言之，承诺的效力表现为：承诺生效时合同成立。具体而言，在诺成合同，承诺生效时合同即告成立；在实践合同，若交付标的物先于承诺生效，承诺同样使合同成立，若交付标的物后于承诺生效，则合同自交付标的物时成立。因此，承诺生效时间在合同活动中具有重要意义。

对于承诺的生效时间，两大法系有着不同的立法例。大陆法系采取到达主义或送达主义，即主张承诺的意思表示于到达要约人支配的范围内时生效。《联合国国际货物销售合同公约》采纳了这一主张。英美法系采取发送主义或送信主义，即主张如果承诺的意思表示是以邮件、电报方式做出，则承诺于投入邮筒或交付电信局对生效，除非要约人与承诺人另有规定。

我国合同法采用到达主义，承诺到达要约人时生效。承诺不需要通知的，根据交易习惯或者要约的要求做出承诺的行为时生效。采用数据电文形式订立合同的，收件人指定系统接收数据电文的，该数据电文进入该特定系统的时间，视为到达时间；未指定特定系统的，该数据电文进入收件人的任何系统的首次时间，视为到达时间。

3）承诺的撤回和延迟

（1）承诺的撤回。承诺的撤回是指受要约人在其做出的承诺生效之前将承诺撤回的行为。承诺可以撤回，撤回承诺的通知应当在承诺通知到达要约人之前或者与承诺通知同时到达要约人。

（2）承诺延迟。承诺延迟又称迟到的承诺，是指受要约人未在承诺期限内发出承诺。对此我国合同法规定：① 除要约人及时通知受要约人该承诺有效的外，迟到的承诺不发生承诺的效力，但因其符合要约的条件，故可视为新要约。② 承诺因意外原因而推迟的，并非一概无效。如果受要约人在承诺期限内发出承诺，按照通常情况能够及时到达要约人，但因其他原因承诺到达要约人时超过承诺期限，除要约人及时通知受要约人因承诺超过期限不接受该承诺外，该承诺有效。

12.3.2 合同成立的时间和地点

1. 合同成立的时间

（1）一般规定。按合同法规定，合同于承诺生效时成立。

（2）合同书形式的合同成立时间。当事人采用合同书形式订立合同的，自双方当事人签字或者盖章时合同成立。当事人采用合同书形式订立合同但并未签字盖章，意味着当事人的意思表示未能最后达成一致，因而一般不能认为合同成立。双方当事人签字或盖章不在同一时间的，最后签字或盖章时合同成立。

（3）确认书形式的合同成立时间。当事人采用信件、数据电文形式订立合同的，可以在合同订立前，要求签订确认书。签订确认书时合同成立。在此情况下确认书具有最终承诺的意义。

（4）合同的实际成立。法律、行政法规规定或者当事人约定采用书面形式订立合同，当事人未采用书面形式，但一方已经履行主要义务，对方接受的，该合同成立。

2. 合同成立的地点

（1）一般规定。承诺生效的地点为合同成立的地点。采用数据电文形式订立合同的，收件人的主营业地为合同成立的地点；当事人另有约定的，按照其约定。

（2）书面合同的成立地点。当事人采用合同书形式订立合同的，双方当事人签字或者盖章的地点为合同成立的地点。

12.4 采购合同的内容

12.4.1 采购合同的概念和特征

1. 采购合同的概念

采购合同是供应商转移标的物所有权予采购方，采购方支付价款的合同。转移所有权的供应商为卖出人或卖方，支付价款的采购方为买受人或者买方。

采购合同俗称买卖合同，是商品交换最普遍的形式，也是典型的有偿合同。

2. 采购合同的特征

1）采购合同是有偿合同

采购合同的实质是以等价有偿的方式转移标的物财产所有权，即卖方转移标的物所有权予买方，买方向卖方支付货款。

2）采购合同是双务合同

在采购合同中，买方和卖方都享有一定的权利，承担一定的义务。而且其权利和义务存在对应关系，即买方的权利就是卖方的义务，买方的义务就是卖方的权利。

3）采购合同是诺成合同

采购合同自双方当事人意思表达一致，就可以生效，不需要交付标的物，因而是诺成合同。

4）采购合同一般是不要式合同

通常情况下，采购合同的成立，有效并不需要具备一定的形式，但法律另有规定的除外。

12.4.2 采购合同的内容

一份完整的采购合同通常由首部、正文、尾部构成（见表12-1）。

表 12-1　采购合同

工矿产品购销合同

GF-90-0101

供方：_____　　　　　　　　合同编号：

需方：_____　　　　　　　　签订地点：

　　　　　　　　　　　　　　　　　　　　　　签订时间：____年____月____日

一、产品名称、商标、型号、厂家、数量、金额、供货时间及数量

产品名称	商标牌号	规格型号	生产厂家	计量单位	数量	单价	总金额	交（提）货时间及数量						
								合计						

合计：人民币金额（大写）

二、质量要求技术标准、供方对质量负责的条件和期限：
三、交（提）货地点、方式：
四、运输方式及到达站港和费用负担：
五、合理损耗及计算方法：
六、包装标准、包装物的供应与回收：
七、验收标准、方法及提出异议期限：
八、随机备品、配件工具数量及供应办法：
九、结算方式及期限：
十、如需提供担保、另立合同担保书，作为本合同附件：
十一、违约责任：
十二、解决合同纠纷的方式：
十三、其他约定事项：

供　方	需　方	鉴（公）证意见
单位名称（章）	单位名称（章）	经办人：
单 位 地 址：	单 位 地 址：	
法定代表人：	法定代表人：	
委托代理人：	委托代理人：	
电　　　话：	电　　　话：	
电报挂号：	电报挂号：	鉴（公）证机关（章）
开 户 银 行：	开 户 银 行：	年　月　日
账　　　号：	账　　　号：	（注：除国家另有规定外鉴
邮 政 编 码：	邮 政 编 码：	（公）证实行自愿原则）

本合同一式　　份　　　　　　　　　　　有效期限：　年　月　日至　年　月　日

监制部门：辽宁省工商行政管理局　　　　　印制单位：鞍山市文化用品批发公司文腾印刷厂

1. 首部

采购合同的首部主要包括:名称、编号、签约日期、买卖双方的名称、合同序言等。

2. 正文

合同正文是供需双方议定的主要内容,是采购合同的必备条款,是供需双方履行合同的基本依据。合同正文主要包括以下内容:

1) 商品名称

商品名称是指所要采购物品名称。按照国际上的惯例做法,合同中的品名条款通常都是在"商品名称"或"品名"的标题下,列明交易双方成交商品名称,或在合同中直接写明双方交易商品的具体名称。

2) 质量

质量是指商品所具有的内在质量与外观形态的结合,包括各种性能指标和外观造型。

(1) 质量条款的基本内容。合同中的质量条款,通常应列明商品名称、规格或等级、标准、牌名等。

(2) 品质机动幅度和品质公差。为了避免交货品质与采购合同不符,可以在合同的品质条款中做一些变通的规定,其常见的做法是规定品质机动幅度和品质公差。

(3) 在订立品质条款时应注意的问题是:第一,根据商品特性确定表示品质的方法;第二,要准确具体地描述品质要求,既忌笼统含糊,如大约、左右,又忌绝对化。第三,重视品质机动幅度和品质公差在表示品质方面的作用,凡是能采用和应该采用品质机动幅度和品质公差表示的商品,一般都要注明具体的机动幅度或公差允许值,以免日后产生争议。

3) 价格

价格包括单价和总价。单价即价格是指交易物品每一计量单位的货币数值。总价指全部商品价值的总和。

在国际采购时,价格条款要复杂得多,虽然合同中的价格条款也包括单位价值和总价值两项内容,但单价要由计价货币、单位商品货币金额、计量单位、价格术语四部分组成。因此,在订立价格条款时应就如何确定价格、如何选择货币、价格术语做出正确判断,并明确加以规定。

(1) 定价方法:价格条款中,对单价的表述除了较多地使用固定作价外,也可以采用较为灵活的浮动价格和暂定价格。

① 固定作价。在国际货物购销中,如果没有特殊规定,合同中的价格一般理解为固定价格,即从订约到付款这段时间内的价格是不变的,任何一方不得以市场发生巨大变化为由更改原定价。这就要求双方订立合同时,尽量能预测到市场发生的变化,交货期也不要拉得太长。有时,购销双方为了进一步明确其价格的固定性,防止以后发生争议,也可在价格条款中对此做出明确规定。如"合同签订的任何一方不得调整价格"。

② 暂定价格和浮动价格。暂定价格是指合同中约定的价格极不稳定,难以预测。订约时,买卖双方暂时确定一个价格,待日后交货前一段时间再由双方按当时的市场情况商定一个价格,这一价格即作为最后结算价格。

浮动价格是指某些货物由于价格极不稳定,交货期较长或交货时间较远,为了避免任何一方因此造成巨大损失,而采用浮动作价的方法。采用这一方法作价时,必须在合同中规定一个基础价格,并明确价格上浮或下浮依据,例如,"以结算时的物价指数为依据加价或减价若干""以结算时某交易所的价格为基础调整价格"。

（2）计价货币的选择：在国际贸易中，买卖双方使用何种货币，主要依据双方自愿进行选择，一般来说有三种情况：使用卖方国家货币；使用买方国家货币；使用第三国货币。对任何一方来说，使用本国货币，承担的风险较小，使用外币则可能承担外汇汇率变动所带来的风险，因为当今国际金融市场普遍实行浮动汇率制，汇率上下浮动是必然的，任何一方都有可能因汇率浮动造成损失。因此在国际购销业务中，购销双方都必须考虑如何选择货币，以最大限度地减少外汇风险。

（3）价格术语的选用：国际贸易中，可供购销双方选用的价格术语很多，由于各种价格术语都有其特定的含义，不同的价格术语，买卖双方所承担的责任、义务和风险也不同，价格术语选择正确与否直接关系到购销双方的经济利益。因此，在选择价格术语时应考虑以下因素：

① 体现我国的对外政策，按照平等互利的原则在双方自愿的基础上选择价格术语。

② 选择双方熟悉的，对购销双方都较为便利的价格术语，如 FOB、CIF、CFR 三种价格术语，已成为各国商人经常使用的价格术语，且双方风险的划分界限是以装运港船舷为界，有利于双方履行合同。

③ 选择价格术语时应考虑我国保险业、运输业的情况，有利于促进我国保险业和运输业的发展。

④ 选用价格术语时应考虑运费因素。运费在价格中占有很大比重，因此，在选择价格术语时应事先预算运费，采用节约运费的价格术语。

4）数量

数量条款是构成交易合同的组成部分，是购销双方交接货物对数量评价的依据，也是处理有关数量争议的依据。商品不同计量的单位也不同，通常有六类计量单位，这些单位是：

（1）按重量计算，如吨、千克、磅、盎司等，多应用于天然产品及制品，如矿砂、钢铁、羊毛等。

（2）按个数单位计算，如件、双、套、打、罗、令等，多用于一般杂货及工业制品。

（3）按长度计算，如米、英尺、码等，多应用于金属绳索、纺织品等商品。

（4）按面积计算，如平方米、平方英尺等，多用于纺织品、玻璃等商品。

（5）按体积计算，如立方米、立方英尺等，按体积成交的商品不多，仅应用于木材、化学气体等商品。

（6）按容积计算，如公升、加仑、蒲式耳等，多用于小麦、谷类及大部分液体商品。

规定交易的方法，这些方法是：

（1）净重。净重即去皮重，仅商品本身的重量。

（2）毛重。毛重指连皮的重量，即净重+皮重=毛重。

（3）以毛作净。即以毛重作为净重，计量计价。当包装材料与商品价值相近，可采取以毛作净的方法。

（4）公量，如生丝、羊毛、棉花易于吸收水分，可采取抽样将水分烘干，再加上双方议定的一定百分比的标准水分，计算出重量。

（5）理论重量，如马口铁、钢板等，有固定的规格尺寸，只要尺寸符合，其重量大致相同，根据张数或件数推算出的重量为理论重量。

规定数量的方法：

(1) 规定准确的数量，不多不少，也称定量法。一般单位价格高，清点容易的商品，多采用定量法。

(2) 在一定限度内可多交或少交，叫约量法。在国际市场上这种多交或少交的幅度是由有关商业协会或贸易惯例所规定。例如，在谷物交易中上下可差5%，在木材买卖中多至10%，一般商品多在3%~5%之间。

规定数量条款中应注意的问题：

(1) 数量条款的规定要明确具体，包括计算数量的单位和方法，都应该明确具体，避免用"约"字。

(2) 要正确处理成交数量和合同价格的关系。大批量成交，价格应有优惠；小批量成交，价格可以稍高。

(3) 根据商品的特点，规定溢短装条款，但不是所有商品都加溢短装条款。例如，进口1 000辆轿车，就不应有溢短装条款。

5) 包装

包装条款一般应包括包装方式和运输标志两方面的内容。

(1) 包装种类：

① 包装的商品包括外包装和内包装。外包装，包括单件运输包装和集合运输包装两类。单件运输包装常用的有：箱、桶、袋、筐、篓、坛、瓶等。集合运输包装常用的有：集装包装和包装袋、托盘运输包装、集装箱运输包装。

② 散装。如煤、矿砂、木材、盐、大豆等商品没有包装，通常直接装船、车。

③ 裸装。"裸装货"是指成件的商品，不加包装直接运输，如汽车、内燃机车等。

(2) 商品合同包装条款的内容包括：包装标识、包装方法、包装材料要求、包装容量、包装质量、环保要求、包装成本、分拣运输成本等。

(3) 订立包装条款应注意明确包装材料和包装方式。约定包装材料和方式要明确具体，不宜笼统地规定"适合海运包装""习惯包装"之类的术语。因为这些术语含义模糊、容易引发争议。

(4) 包装费用的负担问题。包装费用一般包括在货价之内，不另计价。但如果购方提出需要特殊要求，额外的包装费用由购方负担。另外，即使由购方承担费用，如果供方包装技术达不到，也不要轻易接受，以免引起纠纷。

(5) 关于运输标志。按照国际交易习惯，唛头一般由供方决定，而不必在合同中具体规定，但如果购方要求使用其指定的唛头，则应在合同中明确规定唛头的具体式样和内容，或规定购方提供唛头式样和内容的期限，以免延误供方按时交货。

6) 装运

装运是指把货物装上运载工具，并运到交货地点。该条款的主要内容有：运输方式、装运地点与目的地、装运方式（一次装运还是分批装运，是直达还是中转）。

运输方式中海洋运输有班轮运输、租船运输；铁路运输有国内铁路运输、国际铁路运输及国际多式联运；航空运输等。

装运时间又叫装货期，是指供方按购销合同规定将货物交付给购方或承运人的期限。这是合同的主要条款，如果供方违反这一条件，购方有权撤销合同并要求供方赔偿损失。履行

FOB、CIF、CFR 合同时，供方只需在装运港将货物装上船，取得代表货物所有权的单据，就完成交货任务。

装运港和目的港通常分别各规定一个，按照实际需要，也可分别规定两个或两个以上港口。

分批装运和转运。分批装运是将同一合同项下的货物分若干批次装运。转运指货物在装运港装船后，在中途将货物卸下装上其他运输工具，以完成运输任务。

7）到货期限

到货期限是指指定的最晚到货时间，以不延误企业生产经营为准，但亦不可提前太多，否则将增加购方的库存费用。

8）到货地点

到货地点是指货物到达的目的地。

9）检查和验收

检查和验收涉及数量、质量、包装等条款。在国际采购商品中，检验指由商品检验机构对进出口商品的质量、数量、包装、残损、环保等进行检验、分析与公证并出具检验证明。进出口合同中的检验条款包括：有关检验权的规定；检验或复验的时间、地点；检验机构；检验、检疫证书等。

10）付款方式

国际贸易中的支付是指采用一定的手段，在指定的时间、地点，使用正确的方式支付货款。其包括的内容有：

（1）支付工具。常用的支付工具有货币和票据两种，但货币作为一种支付工具较少使用，在国际贸易中主要的支付工具则是票据。票据是各国通行的结算工具和信用工具，它主要包括汇票、本票和支票。

① 汇票：汇票是出票人向付款人签发的，要求付款人在见票时或者在指定日期无条件支付确定金额给收款人或持票人的票据。

② 本票：本票是出票人签发的，承诺自己在见票时，无条件支付确定金额给收款人或持票人的票据。

③ 支票：支票是出票人签发的，委托办理支票存款业务的银行或其他金融机构，在见票时，无条件支付确定金额给收款人或持票人的票据。

（2）付款方式：银行提供信用方式（如信用证）或银行不提供信用，但可作为代理方式（如直接付款和托收）。

（3）支付时间：预付款，即期付款或延期付款。

（4）支付地点：付款人指定银行所在地。

11）保险

保险是指企业向保险公司投保，并交纳保险费，货物在运输过程受到损失时，保险公司向企业提供经济上的补偿。该条款的主要内容是，确定保险类别及保险金额，指明投保人并支付保险费。根据国际惯例，凡是按 CIF、CIP 条件成交的出口货物一般由供应商投保；按 FOB、CFR、CPT 条件成交的进口货物，由采购方办理保险。

12）仲裁

仲裁是指发生争议的双方当事人，根据其在争议发生时或争议发生后所达成的协议，自愿将该争议提交中立的第三者进行裁判的争议解决制度和方式。仲裁条款是买卖双方自愿将争议事项提交第三方进行裁决。仲裁协议是仲裁条款的具体体现，它的主要内容是仲裁机构适用的仲裁程序、仲裁地点、解决效力等。

13) 不可抗力

不可抗力是指合同执行过程中发生的不可预见的，人力难以控制的意外事故，如台风、洪水、地震、战争等，遭遇不可抗力的一方可因此免除合同责任。该条款包括的主要内容有：不可抗力的含义、适用范围、法律后果、双方的权利义务能力等。

3. 尾部

合同尾部的主要内容有：合同的份数，使用语言及效力、附件、合同的生效日期、双方签字盖章。

12.5 采购合同的订立与履行

12.5.1 采购合同资格审查

合同依法订立后，双方必须依法严格执行。因此采购人员在签订合同之前，必须审查供应商的合同资格、资信及履约能力，按合同法的要求，逐条订立合同的必备条款。

1. 订立合同的资格审查

审查供应商的合同资格。为了避免与不具备签订合同资格的个人或组织签订合同，以免日后发生不必要的经济纠纷，必须审查供应商是否属于经国家审批程序成立的法人组织。

（1）法人资格审查。没有取得法人资格的社会组织或已被吊销营业执照取消法人资格的企业或组织，无权签订购销合同。尤其要特别警惕根本没有办理工商登记手续或未经批准的所谓公司，他们或私刻公章冒充法人，或假借他人名义订立合同，旨在骗取采购方的资金。同时，要注意识别那些没有设备、技术、资金和组织机构的"四无"企业，他们往往在申请营业执照时弄虚作假，以假验资、假机构骗取营业执照，虽签订供货合同并收取货款或订金，但根本不具备供货能力。

（2）法人能力审查。法人能力审查主要是审查供应商的经营活动是否超出营业执照批准的范围。超越业务范围的合同属于无效合同。法人能力审查还包括对签约的具体经办人的审查，购销合同必须由法人的法定代表人或法定代表人授权承办人签订。承办人在代表法人代表签订合同时应出示身份证、法人代表的委托书和营业执照或副本。

2. 供应商的资信和履约能力审查

资信，即资金和信用。审查供方当事人的资信情况，了解供应商对供货合同的履约能力，对于确定购销合同中的权利义务条款具有非常重要的作用。

（1）资信审查。对于资信的审查，一方面要求供应商要有固定生产经营场所、生产设备和与生产经营规模相适应的资金，这是法人对外签订供货合同起码的物质基础。同时，要注意审查其历史上的资信情况，在历史上是否信守承诺，是否有过对需求者及工商财税等部门的不诚信行为。

（2）履约能力审查。履约能力是指除资信以外的技术和生产能力，原材料及能源供应、工艺流程、加工能力、产品质量和经营管理水平等方面的综合情况。总之，就是要了解对方有没有履行合同所必需的人力、物力和财力保证。

12.5.2 采购合同的订立

1. 制作合同

一般供货方都有采购方认可的购销合同形式，供购双方，只要按合同的格式填写就可以了。通常的格式有产品名称、商标牌号、规格型号、生产厂家、计量单位、数量、单价、总金额、交货时间及数量。

2. 审批合同

采购合同的审批由专人负责，一般由采购主管负责。量大和比较重要的物资的采购合同，要报企业主要负责人审阅。

采购合同主要的审查内容包括：供应商是否为原确定的采购地区的供应商；供应商是否经过调查、考查和认证；采购合同中的品种、数量、质量要求是否与订单相符；价格应在允许的范围之内；交货期要能够保证生产经营的需要；违约责任的描述要严密，有利于本企业等。合同从整体上看能确保订单执行人员依照订单计划在采购地区中操作。

3. 签订并执行合同

一般草签合同都是在供应商处完成。因为在草签合同之前都有一个对供应商调查、考查和协商谈判的过程，无论是对新供应商或老供应商都是如此。在协商谈判达成共识之后，法人代表的授权承办人就可以草签合同。在草签合同之前，授权承办人要出示身份证、授权委托书和营业执照副本（一般营业执照正本是不准外出携带的）。合同草签之后，由授权承办人亲自带回企业，经审批盖上法人章之后，寄回或送回，供应商盖上法人章后，合同即告生效。合同随即转入执行阶段。

12.5.3 采购合同的履行

1. 采购合同履行的一般原则

采购合同生效后，当事人对质量、价款、履行期限和地点等内容没有约定或约定不明确的，可以签订补充协议；不能签订补充协议的，按照合同有关条款或者交易习惯确定。具体明确如下：

（1）质量要求不明确的，按照国家标准、行业标准；没有国家、行业标准的，按照通常标准或者符合合同目的的特定标准履行；

（2）价款或者报酬不明确的，按照订立合同时的市场价格履行；依法应当执行政府定价或者政府指导价的，按规定履行；

（3）履行地点不明确的，在履行义务一方所在地履行；

（4）履行期限不明确的，债务人可以随时履行，债权人也可以随时要求履行，但应当给对方必要的时间；

（5）履行方式不明确的，按照有利于实现合同目的的方式履行；

（6）履行费用的负担不明确的，由履行义务一方负担。

2. 标的物所有权属的转移

（1）标的物的所有权自标的物交付时转移。

（2）当事人可以在买卖合同中约定买受人未履行支付价款或者其他义务的，标的物的所有权属于出卖人。

（3）出卖人应当按照约定或者交易习惯履行向买受人交付标的物或者交付提取标的物的单证，并转移标的物所有权的义务。

（4）出卖人应当按照约定或者交易习惯向买受人交付提取单证以外的有关单证和资料。

（5）出卖具有知识产权的计算机软件等标的物的，除法律另有规定或者当事人另有约定外，该标的物的知识产权不属于买受人。

（6）出卖人应当按照约定的期限交付标的物。约定交付期间的出卖人可以在该交付期间内的任何时间交付。

（7）标的物订立合同之前，已为买受人占有的，合同生效的时间为交付时间。

（8）出卖人应当按照约定的地点交付标的物。

（9）当事人没有约定交付地点或者约定不明确，可以补充协议；不能达成补充协议的，可按照合同有关条款或者交易习惯确定。上述办法均不能确定的，适合下列规定：① 标的物需要运输的，出卖人应当将标的物交给第一承运人以运交给买受人。② 标的物不需要运输，出卖人和买受人订立合同时，知道标的物在某一地点的，出卖人应该在该地点交付标的物；不知道标的物在某一地点的，应当在出卖人订立合同时的营业地交付标的物。

3. 标的物的质量、数量、包装条款的履行

1）标的物质量条款的履行

标的物质量条款的履行，首先以当事人在合同中的约定为准，如果没有明确约定，但卖方提供了质量说明的，该说明可以作为质量要求。另外，卖方的产品介绍、产品说明书等，均构成对标的物的明示担保。如果实际的标的物与这些说明不符，即构成违约。

因标的物质量不符合质量要求，致使不能实现合同目的的，买受人可以拒绝接受标的物或者解除合同。买受人拒绝接受标的物或者解除合同的标的物损坏、灭失的风险由出卖人承担。

对于不合格标的物的处理有三种办法：一是降低价格销售；二是做返修处理，达到合格标准后再行发货；三是做退货处理，供应商补充发货。

2）标的物数量条款的履行

当供应商提供的标的物的数量超过合同规定时，可采取两种办法：一种办法是增加付款，接收多余部分；另一种办法是退回多余部分，这时要及时通知供应方。

3）标的物包装条款的履行

当事人应当在合同中对包装要求做出明确规定，没有约定或约定不明确的，可以协议补充，达不成协议的，按交易习惯来定。仍不能确定的，出卖方有义务采取通用的包装形式。没有通用包装方式的，出卖方有义务提供足以保护标的物的包装方式。如因出卖方提供的包装不符合要求，导致标的物受损的，卖方应承担责任。

4. 标的物的检验

买受人收到标的物时，应当在约定的检验期间内检验。没有约定检验期间的，应当及时检验。当事人约定检验期间的，应当在检验期间内将标的物的数量或者品质不符合约定的情形通知出卖人。买受人怠于通知的，视为标的物的数量或品质符合规定。当事人没有约定检验期间的，买受人在发现或者应当发现标的物的数量或者品质不符合约定的合理期间内通知出卖人。出卖人知道或者应当知道提供的标的物不符合约定的，买受人不受上述通知的限制。

5. 承担标的物的风险

标的物损坏、灭失的风险,在标的物交付之前,由出卖人承担,交付之后由买受人承担,但法律另有规定或者当事人另有约定的除外。

(1) 因买受人的原因致使标的物不能按照约定的期限交付的,买受人应当自违反约定之日起承担标的物损坏、灭失的风险。

(2) 出卖人出卖交由承运人运输的在途标的物,除当事人另有约定的以外,损坏、灭失的风险自合同成立时起由买受人承担。

(3) 当事人没有约定交付地点或者约定地点不明确,标的物需要运输的,出卖人将标的物交给第一承运人之后,标的物的损坏、灭失的风险由买受人承担。

(4) 出卖人按照约定或者依照《合同法》有关规定将标的物置于交付地点,买受人违反约定没有收取的,标的物损坏、灭失的风险自违反约定之日起由买受人承担。

(5) 出卖人按照约定,未交付有关标的物单证和资料的,不影响标的物损坏、灭失风险的转移。

(6) 因标的物品质不符合要求,致使不能实现合同目的的,买受人可以拒绝接受标的物或解除合同。买受人拒绝接受标的物或者解除合同的,标的物损坏、灭失的风险由出卖人承担。

(7) 标的物损坏、灭失的风险由买受人承担的,不影响因出卖人因履行债务不符合规定,买受人要求其承担违约责任的权利。

12.6 采购合同的争议与索赔处理

12.6.1 采购合同争议

采购业务中处理好争议索赔是一项重要工作。索赔一般有三种情况:购销双方之间的贸易索赔;向承运人的运输索赔;向保险人的保险索赔。

违反合同的责任划分。

1) 违反采购合同的责任

出卖方责任:

(1) 商品的品种、规格、数量、质量和包装等不符合合同规定,或未按合同规定日期交付,应偿付违约金、赔偿金。

(2) 商品错发到货地点或接货单位,除按合同规定负责运到规定地点或接货单位外,还要承担因此而多付的运杂费,如果造成逾期未交货,需偿付逾期交货违约金。

买受方责任:

(1) 中途退货应偿付违约金、赔偿金。

(2) 未按合同规定日期付款或提货,偿付违约金。

(3) 错填或临时变更到货地点,承担因此多支出的费用。

2) 违反运输合同的责任

当商品需要从出卖方所在地运送到买受方指定的地点时,如未能按采购合同的要求到货,要分清是货物承运方的责任还是托运方的责任。

承运方的责任：

(1) 不按运输合同规定的时间和要求发运的，偿付托运方违约金。

(2) 商品错运到货地点或接货人，应无偿运至合同规定的到货地点或接货人，如果货物运到时已逾期，偿付逾期交货的违约金。

(3) 运输过程中商品灭失、短少、变质、污染、损坏，按实际损失赔偿。

(4) 联运的商品发生灭失、短少、变质、污染、损坏，应由承运方承担赔偿责任的，由终点阶段的承运方按照规定赔偿，再由终点阶段的承运方向负有责任的其他承运方追偿。

(5) 在符合法律和合同规定条件下运输，由下列原因造成商品丢失、短少、变质、污染、损坏的，承运方不承担违约责任：如不可抗力的地震、洪水、风暴等自然灾害；商品本身的自然性质；商品的合理损耗；托运方或收货方本身的错误。

托运方的责任：

(1) 未按运输合同规定的时间和要求提供货物和运输条件，偿付给承运方违约金。

(2) 由于在商品中夹带、匿报危险商品、错报笨重货物重量而导致商品摔损、爆炸、腐蚀等事故，承担赔偿责任。

(3) 罐车发运的商品，因未随车附带规格质量证明或化验报告，造成收货方无法卸货时，托运方需偿付承运方卸车等存费和违约金。

3) 保险方的责任

已投财产保险时，保险方的责任。对保险事故造成的损失和费用在保险金额的范围内承担赔偿责任。其中海洋货物运输的保险条款包括三种基本险别，即平安险、水渍险和一切险，还有附加险。附加险分为一般附加险和特殊附加险两类。被保险方为了避免或减少保险责任范围内损失而进行的施救、保护、整理、诉讼等所支出的合理费用，依据保险合同的规定偿付。

12.6.2 索赔与理赔

索赔和理赔是一项维护当事人权益和信誉的重要工作，也是涉及面广业务技术性强的细致工作。因此提出索赔和处理索赔时，必须注意下列三个问题。

1. 索赔期限

索赔期限是指争取索赔的当事人向违约方提出索赔要求的违约期限。关于索赔期限，应根据不同商品的具体情况做出不同的规定。一般而言，农产品、食品等的索赔期限短些，一般商品的索赔期限长些，机器设备的索赔期限得更长一些。如果逾期提出索赔，对方可以不予理赔。

2. 索赔的依据

提出索赔时，必须出具因对方违约而造成买受方损失的依据，当争议条款为商品的质量条款或数量条款时，该证明要与合同中检验条款相一致，同时出示检验机构的检验报告。

3. 索赔及赔偿方法

关于处理索赔的办法和索赔的金额，除了个别情况外，通常在合同中只做笼统规定，而不做具体规定。因为违约的情况较为复杂，当事人在订立合同时往往难以预计。有关当事人应根据合同规定和违约事实，本着平等互利和实事求是的精神，合理确定损害赔偿金额或其他处理办法，如退货、换货、补货、整修、延期付款、延期交货等。

当商品因质量出现与合同规定不符造成买受方蒙受经济损失时,如果违约金能够补偿损失,则不再另行支付赔偿金;如违约金不足以抵补损失,还应根据所蒙受的经济损失额,支付赔偿金以弥补其差额部分。

12.7 采购合同的变更、终止和解除

12.7.1 合同的变更和终止

1. 合同变更
当事人协商一致,可以变更合同。当事人对合同变更内容约定不明确的,推定为未变更。

2. 合同终止
应当先履行债务的当事人,有确切证据证明对方有下列情形之一的,可以终止履行:
(1) 经营状况严重恶化;
(2) 转移财产、抽逃资金,以逃避债务;
(3) 丧失商业信誉;
(4) 有丧失或者可能丧失履行债务能力的其他情形。
当事人没有确切证据中止履行的,应当承担违约责任。当事人依据上述理由中止履行的,应当及时通知对方。对方提供适当担保时,应当恢复履行。中止履行后对方在合理期限内未恢复履行能力并且未提供担保的,中止履行的一方可以解除合同。

12.7.2 合同解除

有下列情形之一的,当事人可以解除合同:
(1) 因不可抗力原因致使不能实现合同的;
(2) 在履行期限届满之前,当事人一方明确表示或者以自己的行为表明不履行主要债务;
(3) 当事人一方延迟履行主要债务、经催告后在合理期限内尚未履行;
(4) 当事人一方延迟履行债务或其他违约行为致使合同不能实现的。
合同解除后,尚未履行的,终止履行;已经履行的,根据履行情况和合同性质,当事人可以要求恢复原状,采取其他补救措施,并有权要求赔偿损失。
合同权利义务的终止,不影响合同中结算和清理条款的效力。

12.8 仲裁与仲裁裁决的执行

12.8.1 仲裁

经济仲裁是指经济合同的当事人双方发生争议时,如果通过协商不能解决,当事人一方或双方自愿将有关争议提交给双方所同意的第三者,依照专门的裁决规则进行裁决。裁决的结果对双方都有约束力,双方必须依照执行的争议解决方法。
当采购方与供应商发生纠纷需要仲裁时,可按照一般的仲裁程序到相应的受理机构提出

仲裁申请，仲裁机构受理后，经调查取证，先行调解，如调解不成，进行庭审，开庭裁决。

1. 仲裁的受理机构

根据我国有关的法律规定：凡是我国法人之间的经济合同纠纷案件，统一由国家工商行政管理局设立的经济合同仲裁委员会仲裁管辖；凡是有涉外因素的经济纠纷或海事纠纷事件，即争议的一方或双方是外国法人或自然人的案件，以及中国企业、公司或其他经济组织间有关外贸合同和交易中所发生的争议案件，由民间性（非政府）的社会团体——中国国际贸易促进委员会附设的对外经济贸易仲裁委员会和海事委员会仲裁管辖。

2. 仲裁的程序

（1）提出仲裁申请。仲裁申请人必须是与本案有直接利害关系的当事人。所写申请书应当写明以下事项：申诉人名称、地址，法人代表姓名、职务；被诉人名称、地址，法人代表姓名、职务；申请的理由和要求；依据、证人姓名和住址。

（2）立案受理。仲裁机关收到仲裁申请后，经过审查，符合仲裁条例规定的，应当在7日内立案，不符合规定的，应在7日内通知申诉人不予受理，并说明理由。

案件受理后，应当在5日内将申请书副本发送被诉人；被诉人收到申请书副本后，应当在15日内提交答辩书和有关证据。

（3）调查取证。仲裁员必须认真审阅申请书、答辩书，进行分析研究，确定调查方案及搜集证据的具体方法、步骤和手段。

为调查取证，仲裁机关可向有关单位申请查阅与案件有关的档案、资料和原始凭证。有关单位应当如实地提供材料，协助进行调查，必要时，应出具证明。仲裁机关在必要时可组织现场勘察或者对物证进行鉴定。

（4）先行调解。仲裁庭经过调查取证，在查明事实、分清责任的基础上，应当先行调解，促使当事人双方互谅互让、自愿达成和解协议。

调解达成协议，必须双方自愿，不得强迫。协议内容不得违反法律、行政法规和政策，不得损害公共利益或他人利益。

达成协议后，仲裁庭应当制作调解书。调解书应当写明当事人的名称、地址、代表人或者代理人姓名、职务，纠纷的主要事实，责任协议内容和费用的承担。调解书由当事人签字，仲裁员、书记员署名，并加盖仲裁机关的印章。

调解书送达后即发生法律效力，双方当事人必须自动履行。调解未达成协议或者调解书送达前一方或双方后悔，仲裁庭应当进行仲裁。

（5）开庭裁决。仲裁庭决定仲裁后，应当在开庭前，将开庭审理的时间、地点以书面形式通知当事人。

在庭审过程中，当事人可以充分行使自己的诉讼权利，即申诉、答辩、反诉和变更诉讼的权利，委托律师代办诉讼的权利、申请保全的权利、申请回避的权利。仲裁庭认真听取当事人陈述的辩论，出示有关证据，然后以申诉人、被诉人的顺序征询双方最后意见，可再行调解。调解不成的，由仲裁庭评议后裁决，并宣布裁决结果。闭庭后10日内将裁决书送当事人。

12.8.2 仲裁裁决的执行

我国仲裁法规定，仲裁裁决书自作出之日起发生法律效力，当事人应当履行仲裁裁决；

仲裁调解书与仲裁裁决书具有同等的法律效力,调解书经双方当事人签收,即应自觉予以履行。通常情况下,当事人协商一致将纠纷提交仲裁,都会自觉履行仲裁裁决。但实际上,由于种种原因,当事人不自动履行仲裁裁决的情况并不少见,在这种情况下,另一方当事人即可请求法院强制执行仲裁裁决。

1. 仲裁裁决执行的概念

所谓仲裁裁决的执行,即仲裁裁决的强制执行,是指人民法院经当事人申请,采取强制措施将仲裁裁决书中的内容付诸实现的行为和程序。

执行仲裁裁决是法院对仲裁制度予以支持的最终和最重要的表现,它构成仲裁制度的重要组成部分,执行仲裁裁决在仲裁制度上具有重要意义。

首先,执行仲裁裁决是使当事人的权利得以实现的有效保证。仲裁裁决的做出只是为权利人提供实现其权利的可能性,因为仲裁裁决被赋予法律上的强制力,可以迫使义务人履行自己的义务。但是,仲裁裁决只有真正得到执行后,权利人才能由此实现自己的权利。

其次,执行仲裁裁决是仲裁制度得以存在和发展的最终保证。在义务人不主动履行仲裁裁决时,如果法律不赋予仲裁裁决强制执行的效力,仲裁裁决书无疑只是一纸空文。只有规定执行程序,才能体现仲裁裁决的权威性,才能在保证实现当事人权利的同时,也保证仲裁制度的顺利发展。

2. 执行仲裁裁决的条件

仲裁裁决的执行,必须符合下列条件:

1)必须有当事人的申请

一方当事人不履行仲裁裁决时,另一方当事人(权利人)须向人民法院提出执行申请,人民法院才可能启动执行程序。是否向人民法院申请执行,是当事人的权利,人民法院没有主动采取执行措施,对仲裁裁决予以执行的职权。

2)当事人必须在法定期限内提出申请

仲裁当事人在提出执行申请时,应遵守法定期限,及时行使自己的权利,超过了法定期限再提出申请执行时人民法院不予受理。关于申请执行的期限,我国仲裁法规定,当事人可以依照民事诉讼法的有关规定办理,即申请执行的期限,双方或一方当事人是公民的为1年,双方是法人或者其他组织的为6个月。此期限从法律文书规定履行期间的最后一日起计算;法律文书规定分期履行的,从规定的每次履行期间的最后一日起计算。

3)当事人必须向有管辖权的人民法院提出申请

当事人申请执行仲裁裁决,必须向有管辖权的人民法院提出。如何确定人民法院的管辖权,根据仲裁法的规定,应适用民事诉讼法的有关规定。

民事诉讼法规定由人民法院执行的其他法律文书,由被执行人住所地或者被执行人财产所在地人民法院执行。即当事人应向被执行人住所地或者被执行人财产所在地的人民法院申请执行仲裁裁决。

3. 执行仲裁裁决的程序

1)申请执行

义务方当事人在规定的期限内不履行仲裁裁决时,权利方当事人在符合前述条件的情况下，有权请求人民法院强制执行。当事人申请执行时应当向人民法院递交申请书，在申请书中应说明对方当事人的基本情况以及申请执行的事项和理由，并向法院提交作为执行依据的生效的仲裁裁决书或仲裁调解书。

2）执行

当事人向有管辖权的人民法院提出执行申请后，受申请的人民法院应当根据民事诉讼法规定的执行程序予以执行。人民法院的执行工作由执行员进行。

（1）执行员接到申请执行书后，应当向被执行人发出执行通知，责令其在指定的期间履行仲裁裁决所确定的义务，如果被执行人逾期再不履行义务的，则采取强制措施予以执行。

（2）被执行人未按执行通知履行仲裁裁决确定的义务，人民法院有权冻结、划拨被执行人的存款；有权扣留、提取被执行人应当履行义务部分的财产；有权强制被执行人迁出房屋或者退出土地；有权强制被执行人交付指定的财物或票证；有权强制被执行人履行指定的行为。

（3）被执行人未按仲裁裁决书或调解书指定的期间履行给付金钱义务的，应当加倍支付迟延履行期间的债务利息；未按规定期间履行其他义务的，应当支付迟延履行金。人民法院采取有关强制措施后，被执行人仍不能偿还债务，应当继续履行义务。即申请人发现被执行人有其他财产的，可以随时请求人民法院予以执行。当被申请人因严重亏损，无力清偿到期债务时，申请人可以要求人民法院宣告被执行人破产还债。

（4）在执行程序中，双方当事人可以自行和解。如果达成和解协议，被执行人不履行和解协议的，人民法院可以根据申请执行人的申请，恢复执行程序。被执行人向人民法院提供担保，并经申请执行人同意的，人民法院可以决定暂缓执行的期限。被执行人逾期仍不履行的，人民法院有权执行被执行人的担保财产或担保人的财产。

思考题

1. 合同活动的基本原则是什么？
2. 试述合同的分类。
3. 试述合同订立的一般程序。
4. 采购合同的内容是什么？
5. 采购合同资格的审查包括哪些内容？
6. 何谓采购合同的争议？
7. 在什么情况下可以解除合同？
8. 试述仲裁的程序。

第 13 章

采购产品质量管理

本章重点

本章重点论述了产品的类别、产品质量、产品质量管理的原则、产品品质定位标准、产品检验、不合格品管理和产品质量管理的实施等方面的问题。

在采购工作中,需方要求供应商能够按照合同的规定,按时、按质、按量将采购的商品送达企业。在日益激烈的市场竞争中,产品变得异常丰富,顾客选择商品的空间越来越大,导致对产品质量的要求越来越高,所以现在的市场竞争不仅是产品价格的竞争,更是产品质量的竞争。由于外购产品的质量在很大程度上影响或决定企业最终产品的质量。因此,加强采购品质量管理,越来越引起企业经营者的重视。

13.1 产品与产品质量

13.1.1 产品的定义和类别

1. 产品的定义

产品即过程的结果。从定义中可以看出,"过程"也就是产出"产品"的活动,"产品"是活动力的结果。"产品"这一常用词汇在传统意义上指厂商有意提供的实物形态的产品。而在采购管理中,任何活动或过程的结果均可以被称为产品。产品可以是有形的,也可以是无形的,还可以是两者的结合。产品可以是预期的(如提供给顾客),也可以是非预期的(如污染或不愿有的后果),产品可包括实物、服务、场所、组织、思想等多种形式。

2. 产品的类别

国际标准化组织把产品分成了四个大类:

1)服务

服务是为满足顾客的需要,在供方和顾客之间的界面上的活动以及供方内部活动所产生的结果。服务业部门所提供的产品大多属于这类产品,如餐馆、旅店的接待服务;机场、公路、电信和邮政部门所提供的交通与通信服务;银行、保险企业所提供的金融服务;供水、供电、能源供应等部门所提供的公用事业服务。但服务产品并不局限于服务部门，其他几类产品的提供同样也会伴随着服务的提供。

2）软件

软件是通过承载媒体表达的信息所组成的知识产品，可以表现为概念、程序等形式。计算机程序是软件产品的一种特定类型。设计部门、法律事务所、咨询机构和培训机构等所生产的产品一般都可以看作软件。

3）硬件

硬件是具有特定形状的可分离的有形产品，通常由制造的、建造的或装配的零件、部件和组件组成。机械制造、建筑、施工、轻工等行业主要以生产硬件类产品为主，如汽车、机床、标准件、房屋和各种设施等。

4）流程性材料

流程性材料是指通过将原材料转化成某一预定状态所形成的有形产品。流程性材料的状态可以是液体、气体、粒状材料、块状、线状或板状。通常制造电缆、织布、造纸、酿酒、轧钢和生产石油制品等均属于流程性材料的生产。

某一具体的产品可以由上述几类的产品所构成，其本身属于哪类产品则取决于其主导成分。如汽车专卖店销售的车辆为硬件产品，其本身又包括了流程性材料（燃油）、软件（发动机控制软件、驾驶手册）和服务（销售人员的说明）。

本章讨论采购的产品质量问题主要是指硬件产品和流程性材料产品的质量问题。

13.1.2　产品质量与产品质量管理

1. 产品质量与工作质量

全面质量管理中所说的质量，是一个广义的概念。按照国家标准的规定，质量是指产品、过程或服务满足规定或潜在要求（或需要）的特征和特性的总和。可见，质量不仅指产品质量，而且也包括过程质量、服务质量。对于过程质量和服务质量，可以统称为工作质量。

1）产品质量

产品质量是指产品的适用性，也就是指产品的使用价值，产品适合一定用途，能够满足人们的某种需要所具备的特性。不同的产品，由于适用性的要求不同，因而其质量特性也不相同。对于耐用产品，特别是现成产品，它们的质量特性可以概括为性能、寿命、可靠性、安全性、经济性五个方面。

（1）产品的性能，是指产品应达到使用功能的要求。如电视机使用功能的要求是图像和声音清晰，稳定性好等。

（2）产品的寿命，是指产品在规定的条件下，满足规定功能要求的工作期限。如灯泡的使用小时数、轮胎的行驶里程数等。

（3）产品的可靠性，是指产品在规定时间内、规定条件下，完成规定功能的能力。其中包括产品的平均无故障工作时间，精度保持的时间长短等。

（4）产品的安全性，是指产品在流通和使用过程中保证安全的程度。如产品在使用过程中，保证对操作人员无伤害，不影响人身健康，不污染环境等方面的可能性。

（5）产品的经济性，是指产品寿命周期总费用的大小。即不仅要注重制造成本，而且要注重产品的使用成本。

在以上五个方面的特性中，产品的性能是产品质量的基本要求，其他几项都是产品质量的延伸和发展，是随着生产力的发展、科学技术的进步而逐步提出来的要求。产品性能可以通过生产企业的现场检验做出判断，而其他特性都需要在使用过程中做出判断。

产品的质量特性，有些是可以直接定量的，如载重汽车的发动机功率（马力）、载重量、时速、耗油量等，而在大多数情况下很难用直接定量表示，如某些产品的精度、灵敏度、舒适度等。这就要对产品进行综合的和分零部件的试验研究，以便某些技术参数明确规定下来，形成技术文件，就是产品质量标准，也称技术标准。这是衡量产品质量的技术依据。

2）工作质量

工作质量包括过程质量和服务质量，是指企业中与产品质量直接有关的工作，对于稳定地保证产品质量和提高产品质量的保证程度。

工作质量一般很难像产品质量那样具体直观，也难以定量表示，但却客观地存在于企业的生产经营活动之中，最终通过企业的工作效率、产品质量和经济效果等工作成果表现出来。我国一些企业在实践中总结出一套工作标准，并结合经济责任制来衡量和考核工作质量。

3）产品质量与工作质量的关系

产品质量与工作质量是两个不同的概念，但它们之间的关系是密切相关的。产品质量是企业工作质量的综合反映，工作质量是产品质量的基础和保证。因此，企业在质量管理中，应当把相当一部分精力用在抓工作质量上，以不断改进和提高工作质量来保证和提高产品质量。对于采购工作来说，就是要以采购工作的高质量确保采购产品的高质量。

2. 质量管理的概念

质量管理就是为了实现组织的质量目标而进行的计划、组织、领导与控制的活动。

ISO 9000 标准中定义质量管理为：在质量方面指挥和控制组织的协调一致的活动。在质量方面的指挥和控制活动通常包括制定质量方针和质量目标以及质量策划、质量控制、质量保证和质量改进。质量策划致力于制定质量目标并规定必要的运行过程和相关资源以实现质量目标；质量控制致力于满足质量要求；质量保证致力于提供质量要求会得到满足的信任；质量改进致力增强满足质量要求的能力。

朱兰博士认为：要获得质量，最好从建立组织的"愿景"以及方针的目标开始。目标向成果的转化（使质量得以实现）是通过管理过程来进行的，过程也就是产生预期成果的一系列活动。在质量管理活动中频繁地应用着三个这样的管理过程，即质量策划、质量控制和质量改进。这些过程被称为"朱兰三部曲"。

这也就是说，质量计划、质量控制和质量改进这三个管理过程构成了质量管理的主要内容。

质量策划指旨在明确组织的质量方针和质量目标，并对实现这些目标所必需的各种行动进行规划和部署的过程。质量控制也就是实现质量目标、落实质量策划的过程。广泛应用统计方法来解决质量问题是质量控制的主要特征之一。质量改进是指实现前所未有的质量水平的过程。

在质量管理的"三部曲"中，质量策划明确了质量管理所要达到的目标以及实现这些目标的途径，是质量管理的前提和基础；质量控制确保组织的活动按照计划的方式进行，是实现质量目标的保障；质量改进则意味着质量水准的飞跃，标志着质量活动是以一种螺旋式上升的方式在不断攀登和提高。"朱兰三部曲"的具体内容如表 13-1 所列。

表 13-1 质量管理的三个普遍过程

质量策划	质量控制	质量改进
◇ 设定质量目标 ◇ 辨识顾客是谁 ◇ 确定顾客的需要 ◇ 开发应对顾客需要的产品特征 ◇ 开发能够生产这种产品特征的过程 ◇ 建立过程控制措施，将计划转入实施阶段	◇ 评价实际绩效 ◇ 将实际绩效与质量目标对比 ◇ 对差异采取措施	◇ 提出改进的必要性 ◇ 做好改进的基础工作 ◇ 确定改进项目 ◇ 建立项目小组 ◇ 为小组提供资源、培训和激励，以便： ■ 诊断原因 ■ 设想纠正措施 ◇ 建立控制措施以巩固成果

还应当指出的是，上述三个管理过程要能够有效地实施必须具备一个前提，就是组织必须建立起一个完善而有效的质量管理体系。

质量管理的三个普遍过程不仅是对产品的制造而言，对于产品的采购同样具有指导意义。要想保证采购产品的质量，同样要进行质量策划，实施质量控制，根据生产和销售的需要不断提升采购产品的质量。

13.2 产品品质定位标准

13.2.1 优良品质应具备的特性

优良品质应该包括以下 10 个特性：
(1) 符合设计品的特性——把产品企划的目标品质实现出来。
(2) 品质安定性——各批成品的品质差距小。
(3) 性能可靠性——操作容易，并能发挥预期的效益。
(4) 修护性——若有故障，能迅速修复。
(5) 服务性——零件补给容易，技术服务良好。
(6) 安全性——使用时或发生故障时无危险性。
(7) 制品责任性——不会给使用者及其周围的人增加困扰或伤害。
(8) 节省性——不会耗用大量的资源和能源。
(9) 环境非破坏性——不影响现在及将来的人类社会环境。
(10) 经济性——产品从制成到使用后废弃，其成本符合经济效益。

13.2.2 品质的定位标准

劳斯莱斯汽车被认为是品质优良的汽车，钻石毋庸置疑是高品质的珠宝，人们总相信"高品质"就是商品本身被强烈追求的主导因素。在企业及政府的采购中，品质的定义是全然不同的，品质通常与适用性及成本有关，而不是产品的内在表现。具有最佳品质的货物是以最低成本采购的符合需求的货物。

质量的定位要恰当地处理质量与成本、供应、服务等要素之间的关系。不同物料、不同应用场合其质量定位的标准也不同，不能采取"一刀切"的方法。

质量与成本之间的关系最常用的是使用"性价比"来衡量。前面已经提到过质量并不是越高越好，质量过高会产生质量过剩，并使成本大大增加。作为认证人员应该严格掌握质量标准，在认证准备期间认真阅读"技术规范"等项目资料，在供应商试制、中间试验期间监控质量实施情况中，慎重选择每一项物料。

质量与供应之间的关系也应恰当处理。对大批量的供应来说，由于对质量的过高要求，可能会导致供应商加工周期过长，严重时可能会导致缺货，特别是对于自动化流水线上生产的，但不是同批次的机械产品，只要物料不影响产品质量，就不要像精品一样逐个检验物料。

质量与售后服务之间的关系也较为密切，由于产品组成部件的质量问题导致故障频繁出现，不仅使产品在用户心目中的印象较差，而且给售后服务带来麻烦，增加服务成本。所以质量是检验供应商的第一道关。

"品质"是一个较为抽象的名词，通常必须以"规格"做较详细的界定。规格（Specification）是对采购的产品或劳务的要求条件所做的精确说明，是生产制造的标准及交货验收的依据。规格内容除了包括产品或劳务的名称、外观（形状）、尺寸、材料成分、强度、精密度、耗损率、不良率、色泽、表面处理、性能要求、重量、容积、安全保护、包装方式和单位包装量、标志内容或方法、验收要项、检验方法、接收水准、结构蓝图及交货安装等各种品质（硬件）的特性外，还包括各种服务（软件）的特性，如服务效率、服务品质、次数、地点、方式、技术资料文件及训练、计算机软件及技术管理顾问的咨询服务及其权利义务等。换言之，规格是买方将采购产品要求的品质及一切条件告知卖方的文书说明，亦为验收时可否予以接收的依据。

13.3　质量管理的实施

采购部门在品质管理方面的作业要点可分为事前规划、事中执行与事后考核三大部分。每个部分的详细内容如表 13-2 所列。

表 13-2　品质管理作业要点

事前规划	事中执行	事后考核
• 决定品质标准并开列公平的规格 • 买卖双方确认规格及图样 • 了解供应商的承制能力 • 要求供应商实施品管制度（品管认证等级） • 准备核正检验工具或仪器	• 检视供应商是否按照规范施工 • 提供试制品以供品质检测 • 派驻检验员抽查在制品的品质 • 品管措施是否落实	• 解决买卖双方有关品质分歧 • 严格执行验收标准 • 提供品质异常报告 • 要求卖方承担保证责任 • 淘汰不合格供应商

13.3.1 质量管理的事前规划

质量管理的事前规划主要着重于产品规格的制定、供应商的选择和合约控制等方面。

1. 制定产品规格

制定规格应同时考虑设计、生产要素、行销及商业性四种不同的因素。设计因素的考虑，即尽可能在不改变原设计的情况下，获得符合需求的原物料规格；生产因素的考虑，即为配合机器设备的操作要求，选择适当规格的物料；行销因素的考虑则着重于消费者的接受程度，如环保要求及购买力等；考虑到商业性采购因素时，采购人员必须进行下列六项调查：

（1）研究品质的需求状况；
（2）确定品质需求已经完整且明确地在规格说明有所规定；
（3）调查供应商合理成本；
（4）确定品质是以一般通用的规格写成，让有潜力的供应商也能参与竞争；
（5）决定合适的品质是否可由现有的供应商来制造；
（6）确定监督与测试的方法，维护良好的品质水准。

规格设计有如下一些基本原则可供依循：

1）通用原则

一般性物料，尽量采用国际性及通用性的规格，其理由如下：

（1）符合标准化要求，可保证品质优良；
（2）假如不使用通用规格，必须特别加工，势必提高成本；
（3）容易把握物料来源，后续补充也容易。

2）新颖原则

规格设计力求新颖，并以适应新发明的原料及制造方法为原则，这是因为：

（1）旧产品往往寿命周期较短，且旧产品可能不再供应；
（2）符合时代要求，因为旧产品性能落伍，必被淘汰或沦为二流产品。

3）标准公差原则

（1）易于获得。没有合理的公差，厂商多不愿承制。
（2）可获得较合理的价格。无公差之产品，厂商无交货把握，定会提高报价以避免风险。
（3）可迅速交货。这是因为有了合理公差，就容易掌握制造品质，容易控制时效。

4）区分规格原则

主要规格力求清晰和明确；次要规格应具有弹性，避免严苛。这是因为：主要规格，如不明确开列，订得过于简单粗陋，不但失去设定品质标准的意义，而且供应商亦失去其制造的依据，日后交货检验，必生争端；次要规格，避免不必要的限制，如果指定厂牌，一般厂商无法供应。规格恰当与否是采购成败的关键因素之一，然而制定规格并不容易，因此可以参考一些通用的规格，其采用的顺序如下所述。

（1）国内采购规格选用顺序。一是国家标准，凡有国家标准可用者，原则上不应使其他规格采购；二是各公会或协会制定的标准，如无国家标准可用时，则可考虑使用国内各公会或协会、委员会制定的标准。

(2) 国外采购规格选用顺序。一是国际通用规格，凡有国际通用规格可采用者，不得使用其他规格采购；二是美国联邦规格，或其他国家规格且有通用性质者；三是美军军品规格而且为其他国家采用者。

(3) 补助规格之使用及限制。一是厂商设计规格。如买方本身无能力编订规格时，可考虑国内具有工业水准及检验能力的厂商代为设计规格。厂商设计的规格，最好先经过专业人员审订后才能使用。二是以产品性能采购。采购时如无规格可供采用，可以性能作为采购物的要求条件，要求厂商先行提供规格，经选定可用规格后，再要求规格可用的厂商进行比价，决标签约。经选定的厂商规格、决标、签约、交货情形良好者，此种规格可列为日后采购的参考。三是蓝图、照片、说明书，这些仅能作为规格的补助资料，不能单独用以作为采购的唯一依据。

当品质标准与规格决定之后，应予以书面化，包括"规格说明书"或"规格规范手册"，作为买卖双方签订契约的依据。

2. 选择优秀的供应商

采购在品质管理事前规划的另一个重点是供应商的选择。许多公司能够把他们的原料品质问题减至最低，就是因为他们在开始就选择了有能力而且愿意合作的供应商，因此品质水准得以维持并提升。

3. 合约控制

企业与供应商之间应通过合约控制来保证产品质量符合要求，具体措施如表 13-3 所示。

表 13-3 合约控制的主要内容

协议名称	目的	具体内容
质量保证协议	明确规定供应商应负的质量保证责任	• 信任供应商的质量体系 • 随发运的货物提交规定的检验/试验数据及过程控制记录 • 由供应商进行 100% 的检验/试验 • 由供应商进行批次接收抽样检验/试验 • 实施本企业规定的正式质量体系 • 由本企业或第三方对供应商的质量体系进行定期评价 • 内部接收检验或筛选
验证方法协议	与供应商就验证方法达成明确的协议，以验证产品是否符合要求	• 规定检验项目 • 检验条件 • 检验规程 • 抽样方法 • 抽样数据 • 合格品判断标准 • 供需双方需交换的检测资料 • 验证地点
解决争端协议	解决供应商和本企业之间的质量争端，就常规问题和非常规问题的处理做出规定	• 常规问题，即不符合产品技术标准的一般性质量问题 • 非常规问题，即产品技术标准范围之外的质量问题或成批不合格或安全特性不合格等 • 制定疏通本企业和供应商之间处理质量事宜时的联系渠道和措施等

13.3.2 质量管理的事中执行

品质检验不只是生产与品质管理部门的责任，采购部门也必须恪尽职守，不仅要检视供应商是否按照规范施工，还要派驻检验员抽查供应商在制品的品质，并要求供应商提供试制品供品质检测，此外还要检视供应商的品质管理措施是否落实，确保采购原物料的品质没有异常状况。

采购部门对执行品质管理必须有所依循，这是与供应商签订合作契约中的主要部分。在契约书中必须提到"品质保证协定"。这份协定主要是买卖双方为确保交货物品的品质，相互规定必须实施的事项，并根据这些事项，执行品质检验。这对于双方的合作，生产效率与利润的提高均有助益。

在品质保证协定中，首先要把品质规格的内容说明清楚，包括有关材料、零部件的品质规格及其检验标准与方法。其次，双方必须成立能充分实施品质管制的组织，在采购、制造、检验、包装、交货等作业中，建立彼此协调的标准作业程序，以便双方能按照作业标准来完成合作事宜。

1. 供应商的品质检验作业

供应商的品质检验作业应包括下列三个阶段。

1）进料检验

供应商为了提供买方所需物品而外购的材料、零件，必须实施验收。当买方想了解进货的品质时，供应商应提供相关资讯，也就是买方应追踪供应商购料的品质，以确保物品的品质水准。

2）制造过程中的品质管制

买方对于供应商加工材料及设备的保养、标准化作业的实行及其他必要的项目实施检查，防止制造过程中发生不良产品，也就是要派驻厂检验员抽查在制品的品质及检视供应商是否按照规范施工。

3）制成品出货的品质管制

采购部门在供应商进行大量生产以前，可以要求供应商提供试制品供工程人员进行品质检测。供应商在制成品出货时，必须按照双方谈好的标准实施出货检验，并且要附上相关材料（如制造商的试验检查表），让品质管制做到环环相扣。

一般而言，采购部门对于供应商运送来的物料，会先进行检验才可入库。然而，若事先对供应商的品质管制做得相当彻底，就可以省略此步骤直接入库，以便节省人力与检验成本。当然，这种做法是建立在彼此对品质管理都非常严谨，而且合作无间的基础上的，目前盛行的全面品质管理就是试图要达到这样的程度。大部分的采购部门对于进货的物品仍实施检验。

2. 采购商进货检验

在进货检验中，有以下三项要点：

（1）制定抽样检验的标准与程序，作为双方配合的依据；

（2）根据检验标准，针对供应商发来的物品进行检验、比对，以做出合格接收、退回返工或退回废弃等决定；

（3）在检验时，发现有不合格的地方，应要求供商迅速调查原因，并报告处理对策。

13.3.3 质量管理的事后考核

采购部门对于供应商品质量管理的考核,在于严格执行验收标准,提供品质异常报告,要求供应商承担保证,以积极的态度解决买卖双方有关品质歧见的问题,考核的结果可作为淘汰不合格供应商的依据。因此买卖双方在签订合作契约之前,要保持正确的品质管理信念,了解彼此的要求,共同研讨相关规范,避免日后产生品质方面的争端。下列 10 项品质管理原则是买卖双方在制定品质保证协定时应该遵守的重要准绳:

(1) 买方和卖方具有相互了解对方的品质管理体制,协力实施品质管理的责任。
(2) 买方和卖方务必相互尊重对方的自主性(双方对等、相互尊重)。
(3) 买方有责任提供给卖方有关产品的充分资讯。
(4) 买方和卖方在交易开始时,对于有关质、量、价格、交货期、付款条件等事项,须签订合理的契约。
(5) 卖方有责任保证产品是买方使用上可满足的品质,必要时有责任提供必要的客观资料。
(6) 买方和卖方在签订契约时,务必制定双方可接受的评价方法。
(7) 买方和卖方对于双方之间的各种争议解决方法及程序,务必于订约时确定。
(8) 买方和卖方应相互站在对方的立场,交换双方实施品质管理所必要的资讯。
(9) 买方和卖方为了双方的合作能够做到更圆满顺利,对于订购作业、生产管制、存货计划等应妥善管理。
(10) 买方和卖方在交易时,都应充分考虑最终消费者的利益。

买卖双方根据上述品质管理的原则建立彼此认同的品质规范,并依据这项协定做日后的考核与评价。

品质考核的目的在于通过对供应商的奖惩,期望品质能日益精良,对于绩效优的厂商给予荣誉奖牌、提前付款、订购量提高及当有新产品开发时,列入优先考虑的合作对象;对于绩效差的厂商则降低订购量、加强辅导、扣款,甚至淘汰。

13.4 质量检验

13.4.1 质量检验的基本概念

质量检验是人们所最熟悉、最传统的质量保证方法。时至今日,质量控制的重点虽然已经转移至产前阶段的设计、工艺工程和物料采购等各种预防活动上,但检验仍是各类组织质量体系中必不可少的质量管理要素。

1. 检验的含义和任务

检验(Inspection)是"通过观察和判断,适当时结合测量、试验所进行的符合性评价"。检验包括四个基本要素:

(1) 度量:采用试验、测量、化验、分析与感官检查等方法测定产品的质量特性;
(2) 比较:将测定结果同质量标准进行比较;
(3) 判断:根据比较结果,对检验项目或产品做出合格性的判定;

（4）处理：对单件受检产品，决定合格放行还是不合格返工、返修或报废。对批量受检产品，决定接收还是拒收。对拒收的不合格批产品，还要进一步做出是否重新进行全检或筛选甚至报废的结论。

一般来说，质量检验有五项基本任务：

（1）鉴别产品（或零部件、外购物料等）的质量水平，确定其符合程度或能否接收；

（2）判断工序质量状态，为工序能力控制提供依据；

（3）了解产品质量等级或缺陷的严重程度；

（4）改善检测手段，提高检测作业发现质量缺陷的能力和有效性；

（5）反馈质量信息，报告质量状况与趋势，提供质量改进建议。

为了做好质量检测，必须具备下述四个条件：

（1）要有一支熟悉业务、忠于职守的质量检验队伍；

（2）要有可靠和完善的检测手段；

（3）要有一套齐全明确的检测标准；

（4）要有一套既严格又合理的检测管理制度。

2. 质量检验的方式

在实践中，常按不同的特征对质量检验的方式进行分类。

1）按检验的数量特征划分检验方式

（1）全数检验。全数检验就是对待检产品批100%地逐一进行检验，又称全面检验或100%检验。

全数检验存在如下一些缺点或局限性：

第一，检验工作量大、周期长、成本高、占用的检验人员和设备较多，难以适应现代化大生产的要求。

第二，虽然投入了很大的检验力量，却由于受检个体太多，往往导致每个受检个体检验标准降低或检验项目减少，因此反而削弱了检验工作的质量保证程度。

第三，检验的质量鉴别能力受到各种因素的影响，差错难以完全避免。在全数检验中，这个问题往往更加突出。由于错检和漏检的客观存在，全数检查的结果并不像人们想象中的那么可靠。

第四，不能适用于破坏性的或检验费用昂贵的检验项目。

第五，对批量大，但出现不合格品不会引起严重后果的产品，全数检验在经济上得不偿失。

由于上述原因，在质量检验中，如无必要一般不采用全数检验的方式。全数检验常用于下述场合：

第一，精度要求较高的产品和零部件；

第二，对后续工序影响较大的质量项目；

第三，质量不太稳定的工序；

第四，需要对不合格交验批进行100%重检及筛选的场合。

（2）抽样检验。所谓抽样检验，是按照数理统计原理预先设计抽样方案，从待检总体（一批产品、一个生产过程等）随机取得一个样本，对样本中每一个体逐一进行检验，获得质量特性值的样本统计值，并和相应标准比较，从而对总体质量做出判断（接收或拒收、受控或失控等）。由于抽样检验只检验总体中一部分个体，其优点是显而易见的。可以认为，全数检验的缺点或局限性恰恰是抽样检验的优点或长处。然而，抽样检验也有其固有的缺点。抽样检验的缺点主要表现在两个方面：一方面，在被判为合格的总体中，会混杂一些不合格品，或反之；另一方面，抽样检验的结论是对整批产品而言，因此错判（如将合格批判为不合格批而拒收，将不合格批判为合格批而接收）造成的损失往往很大。虽然运用数理统计原理精心设计抽样方案可以减小和控制错判风险，但不可能绝对避免。

抽样检验一般适用于全数检验不必要、不经济或无法实施的场合，应用非常广泛。

2）按检验的质量特性值的特征划分检验方式

（1）计数检验。计数值质量数据不能连续取值，如不合格数、疵点数等。计数检验适用于质量特性值为计点值或计件值的场合。

（2）计量检验。计量值质量数据可以连续取值，如长度、容积、重量等。计量检验适用于质量特性值为计量值的场合。

3）按检验方法的特征划分检验方式

（1）理化检验。理化检验是应用物理或化学的方法，依靠量具、仪器及设备装置等对受检物进行检验。理化检验通常测得检验项目的具体数值，精度高，人为误差小。

理化检验是各种检验方式的主体，特别受到人们的关注。随着现代科学技术的进步，理化检验的技术装备不断得到改进和发展。如过去的破坏性试验有些已用无损检测手段来代替；钢材化学成分的快速分析由于光谱分析技术的发展而得到实现等。

（2）感官检验。感官检验就是依靠人的感觉器官对质量特性或特征做出评价和判断。如对产品的形状、颜色、气味、伤痕、污损、锈蚀和老化程度等，往往要靠人的感觉器官来进行检查和评价。

感官质量的判定基准不易用数值表达，感官检验在把感觉数量化及比较判断时也常受人的自身个性及状态的影响。因此，感官检验的结果往往依赖于检验人员的经验，并有较大的波动性。虽然如此，但由于目前理化检验技术发展的局限性的以及质量检验问题的多样化，感官检验在某些场合仍然是质量检验方式的一种选择或补充。

4）按检验对象检验后的状态特征划分检验方式

（1）破坏性检验。

（2）非破坏性检验。

破坏性检验后，受检物的完整性遭到破坏，不再具有原来的使用功能。如寿命试验、强度试验以及爆炸试验等往往是破坏性检验。随着检验技术的发展，破坏性检验日益减少，而非破坏性检验的使用范围在不断扩大。

破坏性检验只能采用抽样检验方式。

5）按检验实施的位置特征划分检验方式

（1）固定检验。固定检验就是集中检验，是指在生产单位内设立固定的检验站，各工作地上的产品加工以后送到检验站集中检验。固定检验站专业化水平高，检验结果比较可靠，但也有不足之处，如需要占用生产单位一定的空间，易使生产工人对检验人员产生对立情绪，以及可能造成送检零件之间的混杂等。

（2）流动检验。流动检验就是由检验人员直接去工作地检验。流动检验的应用场合有其局限性，但由于不受固定检验站的束缚，检验人员可以深入生产现场，及时了解生产过程质量动态，容易和生产工人建立相互相任的合作关系，有助于减少生产单位内在制品的占用。

6）按检验目的的特征划分检验方式

（1）验收检验。验收检验广泛存在于生产全过程，如原材料、外购件、外协件及配套件的进货检验，半成品的入库检验，产成品的出厂检验等。验收检验的目的是判断受检对象是否合格，从而做出接收或拒收的决定。

（2）监控检验。监控检验也叫过程检验，目的是检验生产过程是否处于受控状态，以预防由于系统性质量因素的出现而导致不合格品的大量出现。如生产过程质量控制中的各种抽样检验就是监控检验。

质量检验方式的分类还有其他方法，在此不一一列举。实际上，一种检验活动往往具有多种特征，因此，可以同时属于多种检验方式。

3. 质量检验的基本类型

实际的检验活动可以分成三种类型：

1）进货检验

进货检验是对外购货品的质量验证，即对采购的原材料、辅料、外购件、外协件及配套件等入库前的接收检验。为了确保外购货品的质量，进厂时的进货检验应由专职质检人员按照规定的检查内容、检查方法及检查数量进行严格的检验。

进货检验的力度主要取决于需方对供方质量保证体系的信任程度。需方可制定对供方的质量监督制度，如对供方的定期质量审核，以及在生产过程的关键阶段派员对供方的质量保证活动进行现场监察等。需方对供方进行尽可能多的质量验证，以减少不合格品的产出，是需方保证进货物品质量的积极措施。

进货必须有合格证或其他合法证明，否则不予验收。供方的检验证明和检验记录应符合需方的要求，至少应包括影响货品可接受性的质量特性的检验数据。

进货检验有首件（批）样品检验和成批进货检验两种。

（1）首件（批）样品检验。首件（批）样品检验是需方对供方提供的样品的鉴定性检验认可。供方提供的样品必须有代表性，以便作为以后进货的比较基准。

首件（批）样品检验通常用于以下三种情况：

① 供方首次交货；

② 供方产品设计或结构有重大变化；

③ 供方产品生产工艺有重大变化。

（2）成批进货检验。成批进货检验是对按购销合同的规定供方持续性的后继供货的正常检验。成批进货检验应根据供方提供的质量证明文件实施核对性的检查。针对货品的不同情况，有如下两种检验方法：

① 分类检验法。对外购货品按其质量特性的重要性和可能发生缺陷的严重性，分成A、B、C三类。A类是关键的，必须进行严格的全项检查；B类是重要的，应对必要的质量特性进行全检或抽检；C类是一般的，可以凭供货质量证明文件验收，或做少量项目的抽检。

② 接受抽样检验。对正常的大批量进货，可根据双方商定的检验水平及抽样方案，实

行抽样检验。

2）工序检验

工序检验也称为过程检验或阶段检验。工序检验的目的是在加工过程中防止出现大批不合格品，避免不合格品流入下道工序。因此，工序检验不仅要检验在制品是否达到规定的质量要求，还要检定影响质量的主要工序因素，以决定生产过程是否处于正常的受控状态。工序检验的意义并不是单纯剔除不合格品，还应看到工序检验在工序质量控制乃至质量改进中的积极作用。

工序检验通常有三种形式：

（1）首件检验。所谓首件，是指每个生产班次刚开始加工的第一个工件，或加工过程中因换人、换料、换活以及换工装、调整设备等改变工序条件后加工的第一个工件。对于大批量生产，"首件"往往是指一定数量的样品。实践证明，首件检验的制度是一项尽早发现问题，防止系统性质量因素导致产品成批报废的有效措施。

（2）巡回检验。巡回检验要求检验人员在生产现场对制造工序进行巡回质量检验。检验人员应按照检验指导书规定的检验频次和数量进行，并做好记录。工序质量控制点应是巡回检验的重点，检验员人员应把检验结果标识在工序控制图上。

（3）末件检验。末件检验是指主要靠模具、工装保证质量的零件加工场合，当批量加工完成后，对最后加工的一件或几件进行检查验证的活动。末件检验的主要目的是为下批生产做好生产技术准备，保证下批生产时能有较好的生产技术状态。

3）完工检验

完工检验又称最终检验，是全面考核半成品或成品质量是否满足设计规范标准的重要手段。由于完工检验是供方验证产品是否符合顾客要求的最后一次机会，所以是供方质量保证活动的重要内容。

完工检验必须严格按照程序和规程进行，严格禁止不合格零件投入装配，对有让步回用标识的零件经确认后才准许装配。只有在程序中规定的各项活动已经圆满完成，以及有关数据和文件齐备并得到认可后，产品才能准许发出。

4. 进货检验流程及内容

在现今的采购活动中，实施工序检验和完工检验的情况并不普遍，绝大多数企业对外购产品质量实施进货检验控制。通常的验收作业流程及内容如下：

1）验收准备

在仓库接到到货通知后，应根据商品的性质和批量做好验收前的准备工作，准备工作大致包括以下内容：

（1）人员准备。安排好负责质量验收的技术人员或用料单位的专业人员及配合质量验收的装卸搬运人员。

（2）资料准备。收集并熟悉待验收商品的有关资料，例如技术标准、订货合同等。

（3）器具准备。准备好验收用的检验工具，例如衡器、量具等，并校验准确。

（4）货位准备。确定验收入库时的存放货位，计算和准备堆码苫垫材料。

（5）设备准备。大批量商品的数量验收，必须有装卸搬运机械的配合，应做好设备的申请调用。

此外，对于有些特殊商品的验收，例如有毒品、腐蚀品、放射品等，还要准备相应的防护用品。

2）核对凭证

入库商品必须具备下列凭证：

（1）入库通知单和订货合同副本，这是仓库接受商品的凭证。

（2）供货单位提供的材质证明书、装箱单、磅码单、发货明细表等。

（3）商品承运单位提供的运单，若商品入库前发现残损情况，还要有承运部门提供的货运纪录，作为向责任方交涉的依据。

3）实物验收

所谓实物验收，就是根据入库单和有关技术资料对数量和质量进行检验。

（1）数量检验。数量检验是保证物资数量不可缺少的重要步骤，一般在质量验收之前，由仓库保管职能机构组织进行。按商品性质和包装情况，数量检验分为三种形式，即计件、检斤、检尺求积。

① 计件是按件数供货或以件数为计量单位的商品，做数量验收时清点件数。

② 检斤是按重量供货或以重量为计量单位的商品，做数量验收时的称重。

③ 检尺求积是以体积计量的商品，例如木材、沙石等，先检尺，后求体积的数量验收。

（2）质量检验。质量检验包括外观检验、尺寸检验、机械物理性能检验和化学成分检验四种形式。

① 商品的外观检验。外观检验是通过人的感觉器官，检验商品的包装外形或装饰物有无缺陷；检查商品有无损伤；检查商品是否被雨、雪、油污等污染，有无受潮、霉腐、生虫等。

② 商品的尺寸检验。进行尺寸检验的商品，主要是金属材料中的型材、部分机电产品和少数建筑材料。

③ 理化检验。理化检验是对商品内在质量和物理化学性质所进行的检验。通常主要是对进口商品进行理化检验。

对商品内在质量的检验，要求具备一定的技术知识和检验手段，所以，一般有专门的技术检验部门进行。应当指出的是，以上的质量检验是商品交货时或入库前的验收，仅此是不够的，因为检验中一旦发现产品存在质量问题，会给供需双方带来巨大的经济损失所以单靠交货时的事后控制是不够的。在条件允许的情况下，采购产品的质量管理，应当提前到产品生产的加工和装配阶段，如果供需双方是供应链上的战略合作伙伴关系就更应当这样做了。

13.4.2 质量缺陷与不合格品管理

1. 产品质量缺陷严重性分级

产品加工制造过程中不可能完全避免质量缺陷。对于不能满足预期使用要求的质量缺陷，在质量特性的重要程度、偏离规范的程度，以及对产品适用性的影响程度等客观上存着或大或小的差别。对这些质量缺陷实施严重性分级有利于质量检验职能的有效发挥，以及质量管理综合效能的提高。

表13-4列出了一个检验用产品质量缺陷严重性分级原则的模式，供实践中参考。

表13-4 检验用产品质量缺陷严重性分级原则的模式

缺陷的级别 涉及的方面	致命缺陷 （A）	严重缺陷 （B）	一般缺陷 （C）	轻微缺陷 （D）
安 全 性	影响安全的 所有缺陷	不涉及	不涉及	不涉及
运转或运行	会引起难于 纠正的非正常情况	可能引起易于 纠正的非正常情况	不会影响 运转或运行	不涉及
寿 命	会影响寿命	可能影响寿命	不影响	不涉及
可 靠 性	必然会造成 产品故障	可能会引起易 于修复的故障	不会成为故障 的起因	不涉及
装 配	设备无法装配	肯定会造成 装配困难	可能会影响 装配顺利	不涉及
使用安装	会造成产品 安装困难	可能会影响产品 安装的顺利	不涉及	不涉及
外 观	一般外观缺陷 不构成致命缺陷	使产品外观 难以接受	对产品外观 影响较大	对产品外观 有影响
下道工序	肯定造成下道 工序的混乱	给下道工序 造成较大困难	对下道工序 影响较大	可能对下道 工序有影响
本系统内处理权限	总质量师	检验部门负责人 （处长、科长）	检验工程师	检验站、组长
检验严格性	100%严格检验 加严检验	严格检验正常 检验	一般正常检验 抽样检验	抽样检验放宽 检验

2. 检验指导书

检验指导书是产品检验规程在某些重要检验环节上的具体化，是产品检验计划的构成部分。编制检验指导书的目的在于为重要的检验作业活动提供具体的指导。通常对于工序质量控制点质量特性的检验作业活动，以及关于新产品特有的、过去没有类似先例的检验作业活动都必须编制检验指导书。

检验指导书的基本内容如下：

1）检验对象

包括受检物的名称、图号及其在检验流程图上的位置（编号）。

2）质量特性

规定的检验项目、需鉴别的质量特性、规范要求、质量特性的重要性级别、所涉及的质量缺陷严重性级别。

3）检验方法

检验基准（或基面）、检测程序与方法、检测中的有关计算方法、检测频次、抽样检验的有关规定及数据。

4）检测手段

检验使用的工具、设备（装备）及计量器具，这些器物应处的状态，使用中必须指明的注意事项。

5）检验判断

正确指明对判断标准的理解、判断比较的方法、判定的原则与注意事项、不合格的处理程序及权限。

6）记录与报告

指明需要记录的事项、方法和记录表的格式，规定要求报告的内容与方式、程序与时间要求。

7）对于复杂的检验项目

检验指导书应给出必要的示意图表及提供有关的说明资料。

3. 不合格品管理

不合格品的管理是质量检验，也是整个质量管理中的重要问题。

1）不合格品的确定

ISO 9000：2000 中对不合格品的定义为，"未满足要求"。在质量检验工作中，对可疑的不合格品或生产批次，必须认真加以鉴别。

对质量的鉴别有两种标准：一种是符合性标准，即产品是否符合规定的技术标准。这种鉴别有明确的标准可以对照，是质量检验人员及机构的经常性工作。另一种是适用性标准，即产品是否符合用户要求。用户要求往往因人、因时、因地而异，较多个性而较少共性，因此，产品质量的适用性标准可能会超出质量鉴定的范畴。从现代质量观来看，产品质量的符合性标准和适用性标准在本质上应该是一致的，但在现实生活中这两种标准未必总能合拍。一个完全符合质量标准的产品对某些用户可能会觉得并不称心如意，而一个不完全符合质量标准的产品对某些用户反而觉得其性能和质量正合心意。但不管怎样，为了真正发挥质量检验的把关和预防职能，任何情况下都应坚持质量检验的"三不放过"原则，即"不查清不合格原因不放过，不查清责任者不放过，不落实改进措施不放过"。

2）不合格品的管理

不合格品的管理不仅包括对不合格品本身的管理，还包括对出现不合格品的生产过程的管理。

当生产过程的某个阶段出现不合格品时，决不允许对其进行进一步的加工。同时，根据"三不放过"的原则，应立即查明原因。如果是生产过程失控造成，则在采取纠正措施前，应暂停生产过程，以免产生更多的不合格品。根据产品质量缺陷的性质，可能还需对已生产的本批次产品进行复查全检。

对于不合格品本身，应根据不合格品管理程序及时进行标识、记录、评价、隔离和处置。

对不合格品的标识和记录，是指应按产品特点和质量体系程序文件的规定进行。对不合格品的标识应当醒目清楚，并应采用不能消除或更改的标识方法。对不合格品及其标识必须按统一的格式认真做好记录。

对已做了标识和记录的不合格品，供方应在等候评审和最终处置期间将其放置在特定的隔离区，并实行严格控制，以防在此之前被动用。

3) 不合格品的处置

对不合格品（产品、原材料、零部件等）应通过指定机构负责评审。经过评审，对不合格品可以做出如下处置：

（1）返工（Rework）。可以通过再加工或其他措施使不合格品完全符合规定要求。如机轴直径偏大，可以通过机械加工使其直径符合公差范围成为合格品。返工后必须经过检验人员的复验确认。

（2）返修（Repair）。对不合格品采取补救措施后，仍不能完全符合质量要求，但能基本满足使用要求，判为让步回用品。在合同环境下，修复程序应得到需方的同意。修复后，必须经过复验确认。

（3）让步（Concession）。不合格程度轻微，不需采取返修补救措施，仍能满足预期使用要求，而被直接让步接收回用。这种情况必须有严格的申请和审批制度，并得到用户的同意。

（4）降级（Regrade）。根据实际质量水平降低不合格品的产品质量等级或作为处理品降价出售。

（5）报废（Scrap）。如不能采取上述种种处置时，只能报废。报废时，应按规定开出废品报告。

思考题

1. 为什么说产品质量是企业竞争力的重要因素？
2. 试述产品定义和类别。
3. 产品质量特性是什么？
4. 产品优良品质应具备哪些特性？
5. 质量管理的实施中，事前规划包括哪些内容？
6. 质量检验的方式及基本类型有哪些？

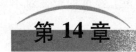

运输管理

本章重点

本章重点介绍铁路运输、公路运输、水路运输、航空运输和多式联运的优缺点,并就选择运输方式时应注意的问题进行了说明。

在企业采购的诸多环节中,如何将供应商提供的原材料和半成品运达企业,必须选择合适的运输方式。从可供选择的运输方式看,基本上可分为铁路运输、公路运输、水路运输、航空运输及综合运输形式的多式联运。关于管道运输,鉴于企业在选择运输方式时,很少使用,故本章不做讨论。

14.1 铁路运输和公路运输

14.1.1 铁路运输

1. 铁路运输的概念

铁路运输是靠机车的牵引,以车厢为载体,靠铁轨的支撑,实现货物的空间转移。铁路货物运输是现代运输的主要方式之一,也是构成陆上货物运输的两个基本运输方式之一。在整个运输领域中占有重要地位,并发挥着越来越重要的作用。

2. 铁路运输的优缺点

1) 铁路运输的优点

(1) 运输能力大,这使它适合于大批量低值产品的长距离运输;

(2) 单车装载量大,加上有多种类型的车辆,使它几乎能承运任何商品,几乎可以不受重量和容积的限制;

(3) 车速较高,平均车速在五种基本运输方式中排在第二位,仅次于航空运输;

(4) 铁路运输受气候和自然条件影响较小,在运输的经常性方面占优势;

(5) 可以方便地实现驮背运输、集装箱运输及多式联运。

2) 铁路运输的缺点

(1) 铁路线路是专用的,固定成本很高,原始投资较大,建设周期较长;

(2) 铁路按列车组织运行,在运输过程中需要有列车的编组、解体和中转改编等作业环节,占用时间较长,因而增加了货物在途的时间;

(3) 铁路运输中的货损率较高,而且由于装卸次数多,货物损毁或丢失事故通常比其他运输方式多;

(4) 不能实现"门对门"的运输,通常要依靠其他运输方式配合,才能完成运输任务,除非托运人和收货人均有铁路支线。

3. 铁路运输的种类

按中国铁路技术条件,现行的铁路货物运输分为整车、零担、集装箱三种。整车运输适于运输大宗货物;零担运输适于运输小批量的零星货物;集装箱运输适于运输精密、贵重、易损的货物。

4. 危险货物的运输

危险货物具有与一般货物不同的特性,而且性质各异,危险性大小不一,其危险性主要取决于物质本身的理化性质,不具备一定的条件是不会单独引起危险的。当它们受到一定外界条件的影响,如摩擦、撞击、震动、接触火源、日光照射、遇水受潮、温度变化,或与其性质抵触的物质相接触,往往会造成燃烧、爆炸、毒害、腐蚀和放出射线等严重事故。因此,要以科学的态度掌握各类危险货物的性质及变化规律,认真做好危险货物的运输、包装、装卸、储存、配放、防护等各项工作,控制可能导致发生事故的各种外界条件,实现危险货物的安全运输。

5. 铁路运输合同

托运人以铁路运输货物,应与承运人签订货物运输合同。按季度、半年度、年度或更长期限签订的整车大宗物资运输合同并须提出月度要车计划表,其他整车货物可用月度要车计划表作为运输合同,交运货物时还须向承运人递交货物运单。零担货物和集装箱运输的货物使用货物运单作为运输合同。月度货物运输计划的编制按《铁路月度货物运输计划编制办法》的规定办理。

14.1.2 公路运输

1. 公路运输的概念

公路运输是构成陆上运输的两种基本运输方式之一。所谓公路是指以公路为运输线,利用汽车等陆路运输工具,做跨地区或跨国的移动,以完成货物位移的运输方式。它是对外贸易运输和国内货物运输的主要方式之一,既是独立的运输体系,也是车站、港口和机场物资集散的重要手段。中国公路运输能力和水平都有了很大提高,公路交通在国民经济中的基础性地位和作用显著增强,对经济发展和社会进步的推动作用越来越大,但是也存在许多突出问题。

2. 公路运输的优缺点

1) 公路运输的优点

(1) 公路汽车运输具有直达性,有"门到门"的特点。汽车运输的直达性可转换为三个效益,即距离差效益,主要指汽车运输可以抄近路,而使运距少于铁路运输和水运;时间差效益,指公路汽车运输的送达速度比铁路运输、水运快而带来的经济效益;质量差效益,主要表现为汽车直达运输,只要一装一卸,货物损伤少,而铁路运输通常需要多次装卸,货物损伤要大得多。

（2）汽车运输机动灵活。汽车运输以一人一车为基本特点，体形小，操作方便，又无需铁路那样的专门轨道，对各种自然条件有较强的适应性。

（3）投资少。修建公路的材料和技术比较容易解决，易在全社会广泛发展，可以说是公路运输的最大优点。

（4）在中、短途运输中，由于公路运输可以实现"门到门"直达运输，中途不需要倒运、转乘就可以直接将客货运达目的地，因此，与其他运输方式相比，其客、货在途时间较短，运送速度较快。

（5）掌握车辆驾驶技术较易。与火车司机或飞机驾驶员的培训要求比较起来，汽车驾驶技术比较容易掌握，对驾驶员各方面素质要求相对也比较低。

2）公路运输的缺点

（1）运输能力低。每辆普通载重汽车每次只能运送5吨货物，长途客车可送50位旅客，大大低于铁路列车的运输量。

（2）运输能耗很高。其能耗是铁路运输能耗的10.6倍，是沿海运输能耗的11.2倍，内河运输的13.5倍。

（3）运输成本高。是铁路运输的11.1倍，沿海运输的27.7倍。

（4）劳动生产率低。只有铁路运输的10.6%，沿海运输的1.5%，内河运输的7.5%。

（5）安全性较低，环境污染较严重。

据历史记载，自汽车诞生以来，已经吞食3 000多万人的生命，特别是20世纪90年代开始，死于汽车交通事故的人数急剧增加，平均每年达50多万。这个数字超过了艾滋病、战争和结核病人每年的死亡人数。汽车所排出的尾气和引起的噪声也严重地威胁着人类的健康，是城市环境污染的最大污染源之一。

3. 公路运输方式

（1）集装箱汽车运输：指采用集装箱为容器，使用汽车运输。

（2）整批货物运输：指托运人一次托运货物计费重量3吨以上，或有的货物重量虽然不足3吨，但其公路运输性质、体积、形状需要一辆汽车运输。

（3）大型特型笨重物件运输：指因货物的体积、重量的要求，需要大型或专用汽车运输。

（4）快件货物运输：指在规定的距离和时间内将货物运达目的地，应托运人的要求，采取即托即运的。

（5）货运：采用装有出租营业标志的小型货运汽车，供货主临时雇用，并按时间、里程和规定费率收取运输费用。

（6）搬家货物运输：为个人或单位搬迁提供运输和搬运装卸服务，并按规定收取费用。

（7）危险货物汽车运输：指承运《危险货物品名表》列名的易燃、易爆、有毒、有腐蚀性、有放射性等危险货物和虽未列入《危险货物品名表》但具有危险货物性质的新产品的运输。

4. 公路运输费用

（1）公路运费均以"吨/里"为计算单位，一般有两种计算标准：① 按货物等级规定基本运费费率；② 以路面等级规定基本运价。凡是一条运输路线包含两种或两种以上的等级公路时，则以实际行驶里程分别计算运价。特殊道路，如山岭、河床、原野地段，则由承托双方另行商定。

（2）公路运费费率分为整车和零担两种，后者一般比前者高 30%～50%。按我国公路运输部门规定，一次托运货物在 2.5 吨以上的为整车运输，适用整车费率；不满 2.5 吨的为零担运输，适用零担费率。凡 1 kg 重的货物，体积超过 4 L 的为轻泡货物（或称尺码货物）。整车轻泡货物的运费按装载车辆核定吨位计算；零担轻泡货物，按其长、宽、高计算体积、每 4 L 折合 1 kg，以 kg 为计费单位。此外，尚有包车费率，即按车辆使用时间（小时或天）计算。

14.2　水路运输和航空运输

14.2.1　水路运输

1. 水路运输的概念

水路运输是以船舶为主要运输工具、以港口或港站为运输基地、以水域（包括海洋、河流和湖泊）为运输活动范围的一种运输方式。水运至今仍是世界许多国家最重要的运输方式。

2. 水路运输的历史

水路运输有着悠久的历史。石器时代人类就以木作舟在水上航行，后来才有了独木舟和船。人类在古代就已利用天然水道从事运输。最早的运输工具是独木舟和排筏，以后出现木船。帆船出现于公元前 4000 年。15—19 世纪是帆船的鼎盛时期。

中国是世界上水路运输发展较早的国家之一。公元前 2500 年已经制造舟楫，商代有了帆船。公元前 500 年前后中国开始工凿运河。公元前 214 年建成了连接长江和珠江两大水系的灵渠。京杭大运河则沟通了钱塘江、长江、淮河、黄河和海河五大水系。唐代对外运输丝绸及其他货物的船舶直达波斯湾和红海之滨，其航线被誉为"海上丝绸之路"。明代航海家郑和率领大型船队七下西洋，途经亚洲、非洲 30 多个国家和地区。

1807 年，美国人富尔顿把蒸汽机装在"克莱蒙特号"船上，航行在纽约至奥尔巴尼之间，航速达 6.4 km/h，成为第一艘机动船。19 世纪，蒸汽机驱动的船舶出现后，水路运输工具产生了飞跃。1872 年，我国自制的蒸汽机船开始航行于海上和内河。

当代世界上水路运输发达，许多国家拥有自己的商船队。现代商船队中已有种类繁多的各种现代化运输船舶。

中国水路运输发展很快，特别是近 40 多年来，水路客、货运量均增加 16 倍以上，目前中国的商船已航行于世界 100 多个国家和地区的 400 多个港口。中国当前已基本形成一个具有相当规模的水运体系。在相当长的历史时期内，中国水路运输对经济、文化发展和对外贸易交流起着十分重要的作用。

3. 水路运输的优缺点及适用范围

1）水路运输的优点

（1）运能大，能够运输数量巨大的货物。

（2）通用性较强，客货两宜。

(3) 远洋运输大宗货品,连接被海洋所分割的大陆,远洋运输是发展国际贸易的强大支柱。

(4) 运输成本低,能以最低的单位运输成本提供最大的货运量,尤其在运输大宗货物或散装货物时,采用专用的船舶运输,可以取得更好的技术、经济效果。

(5) 平均运输距离长。

2) 水路运输的缺点

(1) 受自然气象条件因素影响大。由于季节制约的程度大,因而一年中中断运输的时间较长。

(2) 营运范围受到限制,如果没有天然航道则无法运输。

(3) 航行风险大,安全性略差。

(4) 运送速度慢,准时性差,经营风险增加。

(5) 搬运成本与装卸费用高,这是因为运能最大,所以导致了装卸作业量最大。

3) 水路运输的主要适用范围

(1) 承担大批量货物,特别是集装箱的运输任务。

(2) 承担原料半成品等货物的运输。

(3) 承担国际贸易运输,即远距离、运量大,不要求快速抵达国外目的港的客货运输。

4. 水路运输的分类

根据航行水运性质,水运分海运和河运两种。它们是以海洋和河流作交通线的。

1) 海运

即海洋运输,是使用船舶等水运工具经海上航道运送货物和旅客的一种运输方式,具有运量大、成本低等优点,但运输速度慢,且受自然条件影响。

2) 河运

即内河运输,用船舶和其他水运工具,在国内的江、河、湖泊、水库等天然或人工水道运送货物和旅客的一种运输方式。河运具有成本低、耗能少、投资省、少占或不占农田等优点,但其受自然条件限制较大,速度较慢,连续性差。需要通航吨位较高的船舶,窄的河道要加宽,浅的要挖深,有时还得开挖沟通河流与河流之间的运河,才能为大型内河船舶提供四通八达的航道网。

5. 水路运输的形式

水路运输有以下四种形式:

(1) 沿海运输。是使用船舶通过大陆附近沿海航道运送旅客或货物的一种形式,一般使用中、小型船舶。

(2) 近海运输。是使用船舶通过大陆邻近国家海上航道运送旅客或货物的一种运输形式,视航程可使用中型船舶,也可使用小型船舶。

(3) 远洋运输。是使用船舶跨大洋的长途运输形式,主要依靠运量大的大型船舶。

(4) 内河运输。是使用船舶在陆地内的江、河、湖、川等水道进行运输的一种形式,主要使用中、小型船舶。

6. 水路运输合同

运单是国内水路货物运输最基本的合同形式。我国《水路货物运输合同实施细则》规定"大宗物资运输,可按月签订货物运输合同。对其他按规定必须提送月度托运计划的货物，经托运人和承运人协商同意，可以按月签订货物运输合同或以运单作为运输合同"。

以运单作为运输合同，托运人只需根据货物的基本情况，以及承托双方商定的运输条件填写运单，承运人在运单上加盖承运日期戳，运输合同即告成立。首先，运单是货物运输合同，以确定承托双方的权利义务关系。其次，运单也是承运人接收货物的收据。运单记载的货物数量或重量是承运人接收货物的初步证据，至卸货港发生货物灭失、短少或损坏，承运人应承担赔偿责任，除非承运人能够证明货物的灭失、短少或损坏是由于承运人可以免责的事由造成的。再次，运单还是承运人据以交付货物的主要凭证。承运人在目的港必须核对收货人的身份，将货物交给运单记载的收货人。

14.2.2 航空运输

1. 航空运输的定义

航空运输又称飞机运输，是在具有航空线路和飞机场的条件下，利用飞机作为运输工具进行货物运输的一种运输方式。航空运输在我国运输业中，其货运量占全国运输量比重还比较小，主要是承担长途客运任务，伴随着物流的快速发展，航空运输在货运方面将会扮演重要角色。

2. 航空运输的优缺点

1) 航空运输的优点

（1）速度快。"快"是航空运输的最大特点和优势。现代喷气式客机，巡航速度为 800～900 km/h，比汽车、非高铁火车快 5～10 倍，比轮船快 20～30 倍。距离越长，航空运输所能节约的时间越多，快速的特点也越显著。

（2）机动性强。飞机在空中飞行，受航线条件限制的程度比汽车、火车、轮船小得多。它可以将地面上任何距离的两个地方连接起来，可以定期或不定期飞行。尤其对灾区的救援、供应、边远地区的助救等紧急任务，航空运输已成为必不可少的手段。

（3）舒适、安全。喷气式客机的巡航高度一般在 10 000 m 左右，飞行不受低气流的影响，平稳舒适。现代民航客机的客舱宽畅，噪声小，机内有供膳、视听等设施，旅客乘坐的舒适程度较高。由于科学技术的进步和对民航客机适航性的严格要求，航空运输的安全性比以往大大提高。

（4）基本建设周期短、投资省。要发展航空运输，从设备条件上讲，只要添置飞机和修建机场，与修建铁路和公路相比，一般来说建设周期短、占地少、投资省、收效快。

2) 航空运输缺点

（1）运输费用高。其原因是固定成本和可变成本都比较高，固定成本包括开拓航线、修建机场和机场维护需要大量资金；可变成本高主要是由于燃料、飞行员薪资、飞机的维护保养等方面的支出很大。

（2）载运量低。由于航空器的运行依靠的是空气动力的作用，所以其运载能力远远低于其他运输方式，因此不适宜大宗货物的运输。

（3）航空运输速度快的优势在短途运输中难以发挥。

3. 航空运输的方式

航空运输方式主要有班机运输、包机运输、集中托运和急件专递业务。

1）班机运输

班机运输指具有固定开航时间、航线和停靠航站的飞机运输。通常为客货混合型飞机，货舱容量较小，运价较高；但由于航期固定，有利于客户安排鲜活商品或急需商品的运送。

2）包机运输

包机运输是指航空公司按照约定的条件和费率，将整架飞机租给一个或若干个包机人（包机人指发货人或航空货运代理公司），从一个或几个航空站装运货物至指定目的地。包机运输适合于大宗货物运输，费率低于班机，但运送时间则比班机要长些。

3）集中托运

集中托运可以采用班机或包机运输方式，是指航空货运代理公司将若干批单独发运的货物集中成一批向航空公司办理托运，填写一份总运单送至同一目的地，然后由其委托当地的代理人负责分发给各个实际收货人。这种托运方式可降低运费，是航空货运代理的主要业务之一。

4）急件专递

急件专递是目前航空运输中最快捷的方式，由专门经营此项业务的部门与航空公司合作，以最迅速的方式传送急件。

4. 航空运输的物质基础

1）航路

物质基础主要包括航路、航空港、飞机和通信导航设施等。

航路是根据地面导航设施建立的走廊式保护空域，是飞机航线飞行的领域。其划定是以连接各个地面导航设施的直线为中心线，在航路范围内规定上限高度、下限高度和宽度。对在其范围内飞行的飞机，实施空中交通管制。

2）航空港

航空港是民用飞机场及有关服务设施构成的整体，是飞机安全起降的基地，也是旅客、货物、邮件的集散地。飞机是主要载运工具。

3）机型选用

机型选用是根据所飞航线的具体情况和考虑整体经济技术性能而定。

4）通信导航设施

通信导航设施是沟通信息、引导飞机安全飞行并到达目的地安全着陆的设施。

5. 航空运输的责任与义务

《华沙公约》明确规定了承运人应承担责任的三种责任形态：

1）旅客人身伤亡

因发生在民用航空器上或者在旅客上、下民用航空器过程中的事件，造成旅客人身伤亡的，承运人应当承担责任；但是，旅客的人身伤亡完全是由于旅客本人的健康状况造成的，承运人不承担责任。

2）行李、货物灭失、损坏

对旅客托运的行李、随身携带物品或货物在航空运输期间毁灭、遗失或损坏的，承运人应当承担责任。

3）延误

承运人应当对因延误造成的损失承担责任，"如有正当理由"，则不构成延误责任，举证责任由承运人承担。

旅客人身伤亡、行李或者货物的毁灭、遗失、损坏和承运人对旅客、行李或者货物延误造成的损失既是承运人违反航空运输合同的行为,也是承运人侵犯旅客人身权、财产权的行为,存在责任竞合。对侵权责任和违约责任的竞合,无论何人就航空运输中发生的损失提起诉讼,也无论其根据航空运输合同提起诉讼,或是根据侵权行为法提起诉讼,或是根据民航法或者有关的国际公约提起诉讼,均只能依照民航法规定的条件和赔偿责任限额提起诉讼。航空运输的诉讼时效期限为2年,自民用航空器到达目的地点、应当到达目的地点或者运输终止之日起算。

6. 特殊规定

(1) 凡对人体、动植物有害的菌种、带菌培养基等微生物制品,非经民航总局特殊批准不得承运。

(2) 凡经人工制造、提炼,进行无菌处理的疫苗、菌苗、抗菌素、血清等生物制品,如托运人提供无菌、无毒证明可按普货承运。

(3) 微生物及有害生物制品的仓储、运输应当远离食品。

(4) 植物和植物产品运输须凭托运人所在地县级(含)以上的植物检疫部门出具的有效"植物检疫证书"。

(5) 托运人要求急运的货物,经承运人同意,可以办理急件运输,并按规定收取急件运费。

(6) 骨灰应当装在封闭的塑料袋或其他密封容器内,外加木盒,最外层用布包装。

7. 航空运输费用

(1) 航空运输是在航空承运人与消费者之间进行的一种服务交换活动。航空运输作为一种新的交通运输类别,距今只有百余年历史,其产品表现为生产过程在流通过程中的延续,产品形态是运输对象在空间上的位移,通过航空运输使用人的购买,完成其商品属性。航空运输可分为国内运输和国际运输;航空旅客运输、行李运输和货物运输等类别。

(2) 货物重量按毛重计算。计算单位为千克。重量不足 1 kg,按 1 kg 算,超过 1 kg 的尾数四舍五入。

(3) 非宽体飞机装载的每件货物重量一般不超过 80 kg,体积一般不超过 $40\times60\times100$ cm。宽体飞机装载每件货物重量一般不超过 250 kg,体积一般不超过 $250\times200\times160$ cm。每千克的体积超过 6 000 cm^3 的货物按轻泡货物计重,轻泡货物以每 6 000 cm^3 折合 1 kg 计量。

8. 航空运输手续的办理

(1) 托运人托运货物应向承运人填交货物运输单,并根据国家主管部门规定随附必要的有效证明文件。托运人应对运输单填写内容的真实性和正确性负责。托运人填交的货物运输单经承运人接受,并由承运人填发货物运输单后,航空货物运输合同即告成立。

(2) 托运人要求包用飞机运输货物,应填交包机申请书,经承运人同意接受并签订包机运输协议书以后,航空包机货物运输合同即告成立。签订协议书的当事人,均应遵守民航主管机关有关包机运输的规定。

(3) 托运人对运输的货物,应当按照国家主管部门规定的包装进行标准包装;没有统一规定包装标准的,托运人应当根据保证运输安全的原则,按货物的性质和承载飞机等条件包装。凡不符合上述包装要求的，承运人有权拒绝承运不符合规格的货物。

（4）托运人必须在托运的货物上标明发站、到站和托运人、收货人的单位、姓名和地址。按照国家规定标明包装储运指标标志。

（5）国家规定必须保险的货物，托运人应在托运时投保货物运输险。

（6）托运人托运货物，应按照民航主管机关规定的费率缴付运费和其他费用。除托运人和承运人另有协议外，运费及其他费用一律于承运人开具货物运单时一次性付清。

（7）承运人应于货物运达到货地点后 24 h 内向收货人发出到货通知，收货人应及时凭提货证明到指定地点提取货物。货物从发出到货通知的次日起，免费保管 3 天。收货人逾期提取，应按运输规则缴付保管费。

（8）收货人在提取货物时，对货物半途而废或重量无异议，并在货物运输单上签收，承运人即解除运输责任。

（9）因承运人的过失或故意造成托运人或收货人损失，托运人或收货人要求赔偿，应在填写货物运输事故记录的次日起 180 日内，以书面形式向承运人提出，并附有关证明文件。

14.3 多式联运和运输方式的选择

14.3.1 多式联运

1. 多式联运的定义

多式联运，指由两种及以上的交通工具相互衔接、转运而共同完成的运输过程，统称为复合运输，我国习惯上称为多式联运。国际多式联运，指国际贸易意义上的多式联运，不仅要具备多式联运的前提，而且要有"多式联运提单"，即"多式联运"合同。

2. 多式联运的特点

（1）根据多式联运合同进行操作，运输全程中至少使用两种运输方式，而且是不同方式的连续运输。

（2）多式联运的货物主要是集装箱货物，且具有集装箱运输的特点。

（3）多式联运是一票到底，实行单一运费率的运输。发货人只要订立一份合同，一次付费，一次保险，通过一张单证即可完成全程运输。

（4）多式联运经营人是实现不同运输方式的组织。多式联运无论涉及几种运输方式，分为几个运输区段，多式联运经营人都要对货运全程负责。

3. 多式联运业务程序

多式联运经营人是全程运输的组织者，在多式联运中，其业务程序主要有以下几个环节：

（1）接受托运申请，订立多式联运合同。

（2）集装箱的发放、提取及运送。

（3）出口报关。

（4）订舱及安排货物运送。

（5）办理保险。

(6) 货物交付。

(7) 货运事故处理。

4. 陆桥运输

在国际多式联运中，陆桥运输起着非常重要的作用，它是远东/欧洲国际多式联运的主要形式。所谓陆桥运输是指采用集装箱专用列车或卡车，把横贯大陆的铁路或公路作为中间"桥梁"，使大陆两端的集装箱海运航线与专用列车或卡车连接起来的一种连贯运输方式。严格地讲，陆桥运输也是一种海陆联运形式，只是因为其在国际多式联运中的独特地位，故在此将其单独作为一种运输组织形式。

1) 西伯利亚大陆桥

西伯利亚大陆桥是指使用国际标准集装箱，将货物由远东海运到俄罗斯东部港口，再经跨越欧亚大陆的西伯利亚铁路运至波罗的海沿岸，如爱沙尼亚的塔林或拉脱维亚的里加等港口，然后再采用铁路、公路或海运到欧洲各地的国际多式联运的运输线路。

2) 北美大陆桥

北美大陆桥是指利用北美的大铁路从远东到欧洲的"海陆海"联运。该陆桥运输包括美国大陆桥运输和加拿大大陆桥运输。美国大陆桥有两条运输线路：一条是从西部太平洋沿岸至东部大西洋沿岸的铁路和公路运输线；另一条是从西部太平洋沿岸至东南部墨西哥湾沿岸的铁路和公路运输线。

3) 其他陆桥运输

北美地区的陆桥运输不仅包括上述大陆桥运输，而且还包括小陆桥运输和微桥运输等运输组织形式。

（1）小陆桥运输，从运输组织方式上看与大陆桥运输并无大的区别，只是其运送货物的目的地为沿海港口。北美小陆桥运送的主要是日本经北美太平洋沿岸到大西洋沿岸和墨西哥湾地区港口的集装箱货物。

（2）微桥运输与小陆桥运输基本相似，只是其交货地点在内陆地区。北美微桥运输是指经北美东、西海岸及墨西哥湾沿岸港口到美国、加拿大内陆地区的联运服务。

14.3.2 运输方式的选择

运输方式是为完成货物运输任务而采取一定类别的运输线路和运输工具的手段。现代运输方式中，企业常用的有铁路运输、公路运输、水上运输、航空运输和多式联运等。在各种运输方式中，如何选择适当的运输方式是物流合理化的重要问题。一般来讲，应根据物流系统的服务水平和允许的物流成本来决定。在具体选用运输方式时，可以使用一种运输方式也可以使用多式联运方式，具体可从下述五个方面予以考虑：

1) 货物品种

关于货物品种及性质、形状，应在包装项目中加以说明，同时要选择适合这些货物特性和形状的运输方式，货物对运费的负担能力如何也是应考虑的因素之一。

2) 运输期限

运输期限必须与交货日期相联系，不得超过运输时限。必须调查各种运输工具所需要的运输时间，根据运输时间来选择运输工具。运输时间的快慢顺序一般情况下依次为航空运输、汽车运输、铁路运输、船舶运输。各运输工具可以按照它的速度编组来安排日程，加上它的两端及中转作业时间，就可以算出所需的运输时间。在商品流通中，要研究这些运输方式的现状，进行有计划的运输，确保有一个准确的交货日期。

3）运输成本

运输成本因货物的种类、重量、容积、距离远近不同而不同。而且运输工具不同，运输成本也会发生变化。在考虑运输成本时，必须注意运费与其他物流子系统之间存在着互为利弊的关系，不能只根据运输费用来决定运输方式，还要受到系统总成本的制约。

4）运输距离

从运输距离看，一般情况下可以依照以下原则：300 km 以内，用汽车运输；300～500 km 的区间，用铁路运输；500 km 以上，用船舶运输。通常采取这样的选择是经济合理的。

5）运输批量

因为大批量运输成本低，一般来说，15～20 t 以下的商品用汽车运输；15～20 t 以上的商品用铁路运输；数百吨以上以船舶运输为宜。

当然，在实际的运输方式选择中，需将上述五种因素及其他相关因素进行综合考虑，才可做出正确决策。

思考题

1. 铁路、公路、水路和航空运输各有什么优缺点？
2. 水路运输有哪几种形式？
3. 航空运输的物质基础是什么？
4. 《华沙公约》规定的航空运输承运人的三种责任形态是什么？
5. 多式联运的含义是什么？
6. 运输方式的选择要考虑哪些因素？

第 15 章

采购信息管理

本章重点

本章在介绍物流信息系统概念的基础上,对条形码系统、射频识别系统、全球卫星定位系统和地理信息系统的结构、工作原理和实际应用进行了介绍。

15.1 物流信息系统概述

企业采购过程涉及大量物流运作,只有建设一个完善的物流信息系统,为物流活动提供有效信息支持,才能高效率地完成采购任务。

15.1.1 物流信息系统的含义

物流信息系统有如下多种表述:

(1) 物流信息系统是指由人员、设备和程序组成的,为物流管理者执行计划、实施、控制等职能提供信息的交互系统,它与物流作业系统一样都是物流系统的子系统。

(2) 所谓物流信息系统,实际上是物流管理软件和信息网络结合的产物,小到一个具体的物流管理软件,大到利用覆盖全球的互联网将所有相关的合作伙伴、供应链成员连接在一起提供物流信息服务的系统,都叫做物流信息系统。

(3) 对一个企业而言,物流信息系统不是独立存在的,而是企业信息系统的一部分,或者说是其中的子系统。例如,对于一个企业的 ERP 系统而言,物流信息系统就是其中的一个子系统。

(4) 物流信息系统作为企业信息系统中的一类,可以理解为对通过与物流相关信息的加工处理来达到对物流、资金流的有效控制和管理,并为企业提供信息分析和决策支持的人机系统。

15.1.2 物流信息系统分类

(1) 按物流信息系统的功能,可分为事物处理信息系统、办公自动化系统、管理信息系统、决策支持系统、高层支持系统、企业间信息系统。

（2）按管理决策的层次，可分为物流作业管理系统、物流协调控制系统、物流决策支持系统。

（3）按系统的应用对象，可分为面向制造企业的物流管理信息系统，面向零售商、中间商、供应商的物流管理信息系统，面向物流企业的物流管理信息系统（3PLMIS）。

（4）按系统采用的技术，可分为单机系统、内部网络系统、与合作伙伴客户互联的系统。

15.1.3 物流信息系统功能

由人员、计算机硬件、软件、网络通信设备及其他办公设备组成的人机交互系统，其主要功能是进行物流信息的收集、存储、传输、加工整理、维护和输出，为物流管理者及其他组织管理人员提供战略、战术及运作决策的支持，以达到组织的战略最优，提高物流运作的效率与效益。其功能层次如图 15-1 所示。

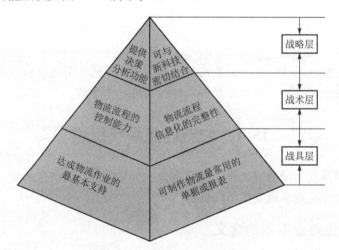

图 15-1　物流信息系统的功能层次

物流信息系统是物流系统的神经中枢，作为整个物流系统的指挥和控制系统，可以分为多种子系统或者多种基本功能。通常，可以将其基本功能归纳为以下五个方面：

（1）数据收集。物流数据的收集，首先是将数据通过收集子系统从系统内部或者外部收集到预处理系统中，并整理成为系统要求的格式和形式，然后再通过输入子系统输入到物流信息系统中。这一过程是其他功能发挥作用的前提和基础，如果一开始收集和输入的信息不完全或不正确，在后续过程中得到的结果就可能与实际情况完全相左，将会导致严重的后果。因此，在衡量一个信息系统性能时，应注意其收集数据的完善性、准确性，以及校验能力、预防和抵抗破坏能力等。

（2）信息存储。物流数据经过收集和输入阶段后，在其得到处理之前，必须在系统中存储下来。即使在处理之后，若信息还有利用价值，也要将其保存下来，以供以后使用。物流信息系统的存储功能，就是要保证已得到的物流信息能够不丢失、不走样、不外泄、整理得当、随时可用。无论哪一种物流信息系统，在涉及信息的存储问题时，都要考虑到存储量、信息格式、存储方式、使用方式、存储时间、安全保密等问题。如果这些问题没有得到妥善解决，信息系统是不可能投入使用的。

(3) 信息传输。物流信息在物流系统中，一定要准确、及时地传输到各个职能环节，否则信息就会失去其使用价值。这就需要物流信息系统具有克服空间障碍的功能。物流信息系统在实际运行前，必须要充分考虑所要传递的信息种类、数量、频率、可靠性要求等因素。只有这些因素符合物流系统的实际需要时，物流信息系统才是有实际使用价值的。

(4) 信息处理。物流信息系统的最根本目的就是要将输入的数据加工处理成物流系统所需要的物流信息。数据和信息有所不同，数据是得到信息的基础，但数据往往不能直接利用，而信息是从数据加工得到，它可以直接利用。只有得到了具有实际使用价值的物流信息，物流信息系统的功能才能发挥。

(5) 信息输出。信息的输出是物流信息系统的最后一项功能，也只有在实现了这个功能后，物流信息系统的任务才算完成。信息的输出必须采用便于人或计算机理解的形式，在输出形式上力求易读易懂，直观醒目。

上述五项功能是物流信息系统的基本功能，缺一不可。而且，只有五个过程都没有出错，最后得到的物流信息才具有实际使用价值，否则会造成严重后果。

15.1.4 物流信息系统的特征和发展前景

1. 物流信息系统的特征

尽管物流系统是企业经营管理系统的一部分，物流信息系统与企业其他的管理信息系统在基本面上没有太大的区别，如集成化加模块化、网络化加智能化的特征，但物流活动本身具有时空上的特点，决定了物流信息系统具有自身独有的特征。

(1) **跨地域连接**。在物流活动中，由于订货方和接受订货方一般不在同一场所，如处理订货信息的营业部门和承担货物出库的仓库一般在地理上是分离的，发货人和收货人不在同一个区域等，这种在场所上相分离的企业或人员之间的信息传送需要借助于数据通信手段来完成。在传统的物流系统中，信息需要使用信函、电话、传真等传统手段实现传递，随着信息技术进步，利用现代电子数据交换技术可以实现异地间数据实时、无缝的传递和处理。

(2) **跨企业连接**。物流信息系统不仅涉及企业内部的生产、销售、运输、仓储等部门，而且与供应商、业务委托企业、送货对象、销售客户等交易对象以及在物流活动上发生业务关系的仓储企业、运输企业和货代企业等众多的独立企业之间有着密切关系，物流信息系统可以将这些企业内外的相关信息实现资源共享。

(3) **信息的实时传送和处理**。物流信息系统一方面需要快速地将搜集到的大量形式各异的信息进行查询、分类、计算、存储，使之有序化、系统化、规范化，成为能综合反映某一特征的真实、可靠、适用而有使用价值的信息；另一方面，物流现场作业需要从物流信息系统获取信息，用以指导作业活动，即只有实时的信息传递，使信息系统和作业系统紧密结合，实现物流作业的准确性和及时性。

2. 物流信息系统发展前景

从我国的现实情况看，多数企业物流信息系统的结构不够健全，从功能发挥的角度考察，功能简单层次低，信息系统只有简单的记录、查询和管理功能，缺少决策分析、互动等功能。从长远发展看，要花大力气解决"三化"问题。

(1) **智能化**。智能化是自动化、信息化的一种高层次应用。物流作业过程涉及大量的运筹和决策，如物流网络的设计与优化、运输（搬运）路径的选择、每次运输的装载量选择、多种货物的拼装优化、运输工具的排程和调度、库存水平的确定、补货策略的选择、有限资源的调配、配送策略的选择等问题都需要进行优化处理，这些都需要管理者借助智能工具和大量的现代物流知识来解决。同时，专家系统、人工智能、仿真学、运筹学、智能商务、数据挖掘和机器人等相关技术在国际上已经有比较成熟的研究成果，并在实际物流作业中得到了较好的应用。因此，智能化已经成为物流发展的一个新趋势。

（2）标准化。标准化技术也是现代物流技术的一个显著特征和发展趋势，同时也是现代物流技术实现的根本保证。货物的运输配送、储存保管、装卸搬运、分类包装、流通加工等各个环节中信息技术的应用，都要求必须有一套科学的作业标准。例如，物流设施、设备及商品包装的标准化等，只有实现了物流系统各个环节的标准化，才能真正实现物流技术的信息化、自动化、网络化、智能化等。特别是在经济全球化和贸易全球化的新世纪中，如果没有形成物流作业的标准化，就无法实现高效的全球化物流运作，这将阻碍经济全球化的发展进程。

（3）全球化。物流企业的运营随着企业规模和业务跨地域发展，必然要走向全球化发展的道路。在全球化趋势下，物流目标是为国际贸易和跨国经营提供服务，选择最佳的方式与路径，以最低的费用和最小的风险，保质、保量、准时地将货物从某国的供方运到另一国的需方，使各国物流系统相互接轨，代表物流发展的更高阶段。面对着信息全球化的浪潮，信息化已成为加快实现工业化和现代化的必然选择。我国提出要走新型工业化道路，其实质就是以信息化带动工业化、以工业化促进信息化，达到互动并进，实现跨越式发展。

15.2　物流条形码系统

15.2.1　条形码的基本知识

条形码或称条码（barcode）是将宽度不等的多个黑条和空白，按照一定的编码规则排列，用以表达一组信息的图形标识符（图15-2）。常见的条形码是由反射率相差很大的黑条（简称条）和白条（简称空）排成的平行线图案。条形码可以标出物品的生产国、制造厂家、商品名称、生产日期、分类号、邮件起止地点、类别、日期等信息，因而在商品流通、图书管理、邮政管理、银行系统等许多领域都得到了广泛的应用。

图15-2　条形码示意图

15.2.2　条形码数字含义及条形码的分类

1. 条形码数字的含义（EAN-13）

条形码一般都是指商品条码，这种条码要在国家物品编码中心备案，所以条码数字代表的意思是可以查询到的。以条形码 6936983800013 为例，此条形码分为4个部分，从左到右分别为：

（1）1~3位：共3位，对应该条码的693，是中国的国家代码之一。（690~695都是中国的代码，由国际上分配）。

(2) 4~8 位：共 5 位，对应该条码的 69838，代表着生产厂商代码，由厂商申请，国家分配。

(3) 9~12 位：共 4 位，对应该条码的 0001，代表着厂内商品代码，由厂商自行确定。

(4) 第 13 位：共 1 位，对应该条码的 3 是校验码，依据一定的算法，由前面 12 位数字计算而得到。

公式第 13 位算法：

① 取出该数的奇数位的和，$c_1 = 6+3+9+3+0+0 = 21$；

② 取出该数的偶数位的和，$c_2 = 9+6+8+8+0+1 = 32$；

③ 将奇数位的和与"偶数位的和的 3 倍"相加等于 117；

④ 取出结果的个位数：结果 117 的个位数为 7；

⑤ 用 10 减去这个个位数：$10-7=3$；

⑥ 得到的数再取个位数就是 3；

2. 条形码的分类

条形码大体分为：Codebar 码（库德巴码）、Code39 码（标准 39 码）、Code25 码（标准 25 码）、ITF25 码（交叉 25 码）、Matrix25 码（矩阵 25 码）、UPC-A 码、UPC-E 码、EAN-13 码（EAN-13 国际商品条码）、EAN-8 码（EAN-8 国际商品条码）、中国邮政码（矩阵 25 码的一种变体）、Code-B 码、MSI 码、Code11 码、Code93 码、ISBN 码、ISSN 码、Code128 码（Code128 码，包括 EAN128 码）、Code39EMS（EMS 专用的 39 码）等一维条形码和 PDF417 等二维条形码。

目前，国际广泛使用的条形码种类有：

(1) EAN、UPC 码（商品条码，用于在世界范围内唯一标识的一种商品，我们在超市中最常见的就是这种条形码）。

(2) Code39 码（可表示为数字和字母，在管理领域应用最广）。

(3) ITF25 码（在物流管理中应用较多）。

(4) Codebar 码（多用于医疗、图书领域）。

(5) Code93 码、Code128 码等。

其中，EAN 码是当今世界上广为使用的商品条形码，已成为电子数据交换（EDI）的基础；UPC 码主要为美国和加拿大使用；在各类条形码应用系统中，Code39 码因其可采用数字与字母共同组成的方式而在各行业内部管理上被广泛使用；在血库、图书馆和照相馆的业务中，Codebar 码也被广泛使用。除以上列举的一维条形码外，二维条形码也在迅速发展，并在许多领域得到了应用。

15.2.3 条形码扫描器的工作原理及应用

1. 条形码扫描器的工作原理

条形码扫描器通常也称为条形码扫描枪/阅读器，是用于读取条形码所包含信息的设备，可分为一维、二维条形码扫描器。条形码扫描器的结构通常包括以下几部分：光源、接收装置、光电转换部件、译码电路、计算机接口。扫描枪的基本工作原理为：由光源发出的光线经过光学系统照射到条形码符号上面，被反射回来的光经过光学系统成像在光电转换器上，经译码器解释为计算机可以直接接收的数字信号。

2. 条形码扫描器的应用

现今，条形码扫描技术已经被广泛运用到诸多领域和行业中了，如零售行业、制造业、物流、医疗、仓储、乃至安保等。近年最为大热的是微信上的二维码扫描技术，可以快速准确地甄别信息。手机安装了可识别新版微信（含二维码的软件）后，可以直接用手机摄像头来扫描和识别二维码所包含的信息。每个微信用户都可以生成自己唯一的二维码，遇有二维码时，通过手机扫描就可以准确出现想要查找的信息，至于用手机扫描付款已相当普遍了。

15.3 射频识别系统

15.3.1 基本概念

射频识别系统（RFID System）是由射频标签、识读器和计算机网络组成的自动识别系统。通常，识读器在一个区域发射能量形成电磁场，射频标签经过这个区域时检测到识读器的信号后发送存储的数据，识读器接收射频标签发送的信号，解码并校验数据的准确性以达到识别的目的。其应用如图15-3所示。

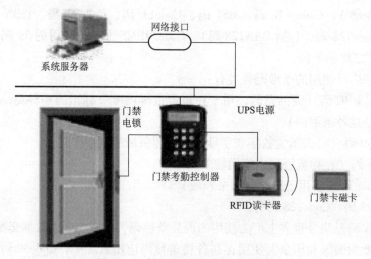

图15-3 射频识别系统应用示意图

15.3.2 射频识别系统构成

射频识别系统的构成包括：

（1）标签（Tag）：由耦合元件及芯片组成，每个标签具有唯一的电子编码，附着在物体上，标识目标对象。

（2）阅读器（Reader）：它通过天线与RFID电子标签进行无线通信，可以实现对标签识别码和内存数据的读出或写入操作。典型的阅读器包含有高频模块（发送器和接收器）、控制单元以及阅读器天线。

（3）天线（Antenna）：在标签和读取器间传递射频信号。

15.3.3 工作原理

阅读器接收指令发射能量，形成磁场，则有附着在标识目标对象物体上的标签进入磁场，其解读器接收由标签发出的射频信号，凭借感应电流所获得的能量发送储存在芯片中的产品信息（Passive Tag，无源标签或被动标签），或者由标签主动发送某一频率的信号（Active Tag，有源标签或主动标签），解读器读取信息并解码后，送至中央信息系统进行有关数据处理。

15.3.4 工作频率

通常阅读器发送时所使用的频率被称为 RFID 系统的工作频率。常见的工作频率有：

（1）低频系统。一般指其工作频率小于 30 MHz，典型的工作频率有 125 kHz、225 kHz、13.56 MHz 等，这些频点应用的射频识别系统一般都有相应的国际标准予以支持。其基本特点是电子标签的成本较低，标签内保存的数据量较少，阅读距离较短，阅读天线方向性不强。

（2）高频系统。一般指其工作频率大于 400 MHz，典型的工作频段有 915 MHz、2.45 GHz、5.8 GHz 等。高频系统在这些频段上也有众多国际标准予以支持。高频系统的基本特点是电子标签及阅读器成本均较高，标签内保存 s 的数据量较大，阅读距离较远（可达几米至十几米），适应物体高速运动性能好，阅读天线及电子标签天线均有较强的方向性。

15.3.5 系统优势

射频识别系统与条形码系统比较主要有以下几个方面的优势：

（1）识别速度快：标签一进入磁场，解读器就可以即时读取其中的信息，而且能够同时处理多个标签，实现批量识别。

（2）数据容量大：数据容量最大的二维条形码（PDF417），最多也只能存储 2 725 个数字，若包含字母，存储量则会更少；RFID 标签则可以根据用户的需要扩充到数十 K 个数字。

（3）使用寿命长，应用范围广：其无线电通信方式，使其可以应用于粉尘、油污等高污染环境和放射性环境，而且其封闭式包装使得其寿命大大超过印刷的条形码。

（4）标签数据可动态更改：利用编程器可以向标签写入数据，从而赋予 RFID 标签交互式便携数据文件的功能，而且写入时间相比打印条形码更少。

（5）更好的安全性：不仅可以嵌入或附着在不同形状、类型的产品上，而且可以为标签数据的读写设置密码保护，从而具有更高的安全性。

（6）动态实时通信：标签以每秒 50~100 次的频率与解读器进行通信，所以只要 RFID 标签附着的物体出现在解读器的有效识别范围内，就可以对其位置进行动态的追踪和监控。

15.4 全球卫星定位系统

全球卫星定位系统（Global Positioning System，GPS）是一个中距离圆形轨道卫星导航系统（图 15-4），它可以为地球表面绝大部分地区（98%）提供准确的定位、测速和高精度的时间标准。

图 15-4　GPS 全球卫星定位系统

15.4.1　GPS 系统的组成

GPS 由三个独立的部分组成：

(1) 空间部分：21 颗工作卫星，3 颗备用卫星。

(2) 地面支持系统：1 个主控站，3 个注入站，5 个监测站。

(3) 用户设备部分：GPS 接收机。接收机硬件一般由主机、天线和电源组成。接收机接收 GPS 卫星发射信号，以获得必要的导航和定位信息，经数据处理，完成导航和定位工作。

15.4.2　GPS 定位原理

GPS 定位的基本原理是根据高速运动的卫星瞬间位置作为已知的起算数据，采用空间距离后方交会的方法，确定待测点的位置。假设 t 时刻在地面待测点上安置 GPS 接收机，可以测定 GPS 信号到达接收机的时间 Δt，再加上接收机所接收到的卫星星历（描述太空飞行体位置和速度的表达式——两行式轨道数据系统）等其他数据，可以确定 4 个方程式，由这 4 个方程即可解算出待测点的坐标 x、y、z 和接收机的钟差 Vt_0（即接收机的钟面时与 GPS 标准时之间的差异），并转换成当地时间。

15.4.3　GPS 特点

(1) 全天候，不受任何天气的影响。

(2) 全球覆盖（高达 98%）。

(3) 三维定点、定速、定时高精度。

(4) 快速、省时、高效率。

(5) 可移动定位。

15.4.4　GPS 功能

1. 定时和测绘功能

(1) 精确定时：广泛应用在天文台、通信系统基站、电视台中。

(2) 工程施工：道路、桥梁、隧道施工中大量采用 GPS 设备进行工程测量。
(3) 勘探测绘：野外勘探及城区规划中都有用到。

2. 导航功能

(1) 武器导航：精确制导导弹、巡航导弹。
(2) 车辆导航：车辆调度、监控系统。
(3) 船舶导航：远洋导航、港口/内河引水。
(4) 飞机导航：航线导航、进场着陆控制。
(5) 星际导航：卫星轨道定位。
(6) 个人导航：个人旅游及野外探险。

3. 定位防盗等功能

(1) 电子地图，定位系统。
(2) 车辆防盗系统。
(3) 手机、PDA、PPC 等通信移动设备防盗等。

目前正在运行的全球卫星定位系统有美国的 GPS 系统、欧盟的"伽利略"系统和俄罗斯的 GLONASS 系统。我国独立研制了一个区域性的卫星定位系统——北斗导航系统，该系统的覆盖范围限于中国及周边地区。

15.5 地理信息系统

顾名思义，地理信息系统（Geographic Information System，GIS）是处理地理信息的系统。地理信息是指直接或间接与地球上的空间位置有关的信息，又常称为空间信息。

15.5.1 地理信息系统的定义

一般来说，GIS 可作如下定义：

(1) 从技术的角度定义：GIS 是用于采集、存储、管理、处理、检索、分析和表达地理空间数据的计算机系统。

(2) 从学科的角度定义：GIS 是在地理学、地图学、测量学和计算机科学等学科基础上发展起来的一门学科，具有独立学科体系的系统。

(3) 从系统应用角度定义：GIS 是由计算机系统、地理数据和用户组成，通过对地理数据的集成、存储、检索、操作和分析，生成并输出各种地理信息，从而为土地利用、资源评价与管理、环境监测、交通运输、经济建设、城市规划以及政府部门行政管理提供新知识的应用系统。

15.5.2 地理信息系统的发展历程

地理信息系统萌芽于 20 世纪 60 年代。1962 年，加拿大的 Roger F. Tomlinson 提出利用数字计算机处理和分析大量的土地利用地图数据，并建议加拿大土地调查局建立加拿大地理信息系统（CGIS），以实现专题地图的叠加、面积量计算、自然资源的管理和规划等。与此同时，美国的 Duane F. Marble 在美国西北大学研究利用数字计算机研制数据处理软件系统，支持大规模城市交通研究，并提出建立地理信息系统的思想。

20世纪70年代是地理信息系统走向实用的发展期。美国、加拿大、英国、德国、瑞典和日本等国均对GIS的研究投入了大量人力、物力和财力。1974年，日本国土地理院开始建立数字国土信息系统，存储、处理和检索地理测量数据、航空相片信息、行政区划、土地利用、地形地质等信息。瑞典在中央、区域和城市三级建立了许多与地理信息相关的系统，如土地测量信息系统、斯德哥尔摩地理信息系统、城市规划信息系统等。

20世纪80年代是GIS的推广应用阶段，由于计算机技术的飞速发展，在性能大幅度提高的同时，价格迅速下降，特别是工作站和个人计算机的出现与完善，使GIS的应用领域与范围不断扩大。GIS与卫星遥感技术相结合，开始用于全球性问题的研究，如全球沙漠化、全球可居住区评价、厄尔尼诺现象及酸雨、核扩散及核废料的处置等。

20世纪90年代为GIS的用户时代，随着地理信息产业的建立和数字化信息产品在全世界的普及，GIS成为一个产业，投入使用的GIS系统每两三年就翻一番，GIS市场增长也很快。

目前，GIS的应用在走向区域化和全球化的同时，已渗透到各行各业，涉及千家万户，成为人们生产、生活、学习和工作中不可缺少的工具和助手。与此同时，GIS也从单机、二维、封闭向开放、网络（包括Web GIS）、多维的方向发展。

15.5.3 地理信息系统的组成

从应用的角度分析，地理信息系统由硬件、软件、数据、方法和人员五部分组成。

（1）硬件主要包括计算机和网络设备、存储设备、数据输入、显示和输出等外围设备。

（2）软件主要包括操作系统软件、数据库管理软件、系统开发软件、GIS软件等。GIS软件的选型，直接影响其他软件的选择，影响系统解决方案，也影响着系统建设周期和效益。

（3）数据是GIS的重要内容，也是GIS系统的灵魂和生命。数据组织和处理是GIS应用系统建设中的关键环节，涉及许多问题，如采用何种方法进行数据的更新和维护等。

（4）方法指系统需要采用何种技术路线，采用何种解决方案来实现系统目标。方法的采用会直接影响系统性能，影响系统的可用性和可维护性。

（5）人是GIS系统的能动部分。人员的技术水平和组织管理能力是决定系统建设成败的重要因素。系统人员按不同分工有项目经理、项目开发人员、项目数据人员、系统文档撰写和系统测试人员等。

总之，硬件和软件为地理信息系统建设提供环境；数据是GIS的重要内容；方法为GIS建设提供解决方案；人员是系统建设中的关键和能动性因素，直接影响和协调其他几个组成部分。各个部分齐心协力、密切配合是GIS系统成功建设的重要保证。

15.5.4 地理信息系统的应用

1. 资源管理

主要应用于农业和林业领域，解决农业和林业领域各种资源（如土地、森林、草场）分布、分级、统计、制图等问题。

2. 资源配置

在城市中各种公用设施、救灾减灾中的物资分配、全国范围内能源保障、粮食供应，到政府机构在各地设立的层级和密度等都是资源配置问题。GIS 在这类应用中的目标是保证资源的最合理配置和发挥最大效益。

3. 城市规划和管理

空间规划是 GIS 的一个重要应用领域，城市规划和管理是其中的主要内容。例如，在大规模城市基础设施建设中如何保证绿地的比例和合理分布，如何保证学校、公共设施、运动场所、服务设施等能够有最大的服务面（城市资源配置问题）等。

4. 土地信息系统和地籍管理

土地和地籍管理涉及土地使用性质变化、地块轮廓变化、地籍权属关系变化等许多内容，借助 GIS 技术可以高效、高质量地完成这些工作。

5. 生态、环境管理与模拟

包括区域生态规划、环境现状评价、环境影响评价、污染物削减分配的决策支持、环境与区域可持续发展的决策支持、环保设施的管理、环境规划等。

6. 应急响应

解决在发生洪水、战争、核事故等重大自然或人为灾害时，如何安排最佳的人员撤离路线、并配备相应的运输和保障设施的问题。

7. 地学研究与应用

地形分析、流域分析、土地利用研究、经济地理研究、空间决策支持、空间统计分析、制图等都可以借助地理信息系统工具完成。

8. 商业与市场布局

商业设施的建立应充分考虑其市场潜力。例如，大型商场的建立，如果不考虑其他商场的分布、待建区周围居民区的分布和人数，建成之后就可能无法达到预期的市场和服务面，有时甚至商场销售的品种和市场定位都必须与待建区的人口结构（年龄构成、性别构成、文化水平）、消费水平等结合起来考虑。地理信息系统的空间分析和数据库功能可以解决这些问题。房地产开发和销售过程也可以利用 GIS 功能进行决策和分析。

9. 基础设施管理

城市的地上地下基础设施（电信、自来水、道路交通、天然气管线、排污设施、电力设施等）广泛分布于城市的各个角落，且这些设施明显具有地理参照特征。它们的管理、统计、汇总都可以借助 GIS 完成，而且可以大大提高工作效率。

10. 选址分析

根据区域地理环境的特点，综合考虑资源配置、市场潜力、交通条件、地形特征、环境影响等因素，在区域范围内选择待建设施的最佳位置，是 GIS 的一个典型应用领域，充分体现了 GIS 的空间分析功能。

11. 可视化应用

以数字地形模型为基础，建立城市、区域或大型建筑工程、著名风景名胜区的三维可视化模型，实现多角度浏览，可广泛应用于宣传、城市和区域规划、大型工程管理和仿真、旅游等领域。

12. 分布式地理信息应用

随着网络和 Internet 技术的发展，运行于 Intranet 或 Internet 环境下的地理信息系统应用类型，其目标是实现地理信息的分布式存储和信息共享，以及远程空间导航等。

思考题

1. 物流信息系统的基本功能有哪些?
2. EAN-13 商品条形码由多少位数字组成? 各部分的含义是什么?
3. 射频识别系统由哪几部分构成? 各部分的功能是什么?
4. 射频识别系统较之条形码系统有哪些优势?
5. GPS 的三个组成部分分别包含哪些构件?
6. GIS 具备哪些功能?

第 16 章 政府采购

本章重点

本章重点介绍集中招标采购的流程，公开招标，邀请招标，竞争性谈判，询价，单一来源采购等过程，并着重介绍政府采购制度的法律方面内容，包括政府采购合同管理和政府采购的救济机制，其目的是明确政府采购当事人的权利和义务，维护供应商的权益，确保政府采购顺利进行。

16.1 政府采购概述

16.1.1 政府采购的概念和特征

1. 政府采购的概念

政府采购（Government Procurement）是指一国政府部门、机构、机关以及直接或间接接受政府控制的企事业单位，为实现政府职能或公共利益，使用公共资金获得货物、工程和服务的行为。《中华人民共和国政府采购法》（以下简称《政府采购法》）将政府采购定义为：政府采购是指各级国家机关、事业单位和团体组织使用财政性资金采购集中采购目录以内的或者采购限额标准以上的货物、工程和服务的行为。

2. 政府采购的特征

根据政府采购的定义和对政府采购含义的理解，可以归纳出政府采购的特征：

1）政府采购主体的特定性

从各国政府采购立法对政府采购主体规定来看，作为政府采购主体的"政府"，其含义是十分宽泛的，不仅包括中央政府、地方政府部门，机构或机关，还包括受政府控制的公共机构以及国有企业。《政府采购法》将政府采购的主体限定在国家机关、事业单位和团体组织，不包括国有企业。

2）政府采购资金的公共性

政府采购资金主要来源于政府财政拨款，即财政性资金。它是由纳税人的税收所形成的公共资金。此外，还应当包括政府性基金、行政事业性收费、罚没收入等。

3）政府采购对象的广泛性

政府采购不仅仅是货物的购买，政府采购的对象已经从货物扩大到工程和服务。工程是指建设工程，包括所有的建筑物和构筑物。而服务的范围是指货物和工程以外的其他政府采购对象，包括专业服务、技术服务等。《政府采购法》也规定了政府采购的对象包括货物、工程和服务。

4）政府采购方式程序的法定性

政府采购是公共管理的一个重要执行环节，而公共管理是国家管理经济的一种重要手段，政府采购应当维护国家利益和社会公共利益。政府采购引入市场机制，公平、公正是各国政府采购的基本原则，政府采购必须按照法定的方式进行，各种方式都有其特定的程序。

16.1.2 政府采购制度的功能和作用

1. 政府采购制度的功能

1）政府采购制度具有宏观调控的功能

所谓政府采购的宏观调控功能，是指政府利用政府采购的资源优势，在满足采购基本要求的前提下，实现政府的经济宏观调控目标。这些宏观经济目标，包括有效的启动经济和调节经济，即通过集中政府采购，一方面，可以实现对国民经济的总量控制，通过政府采购可以有效调节市场的供求关系，保持国民经济持续、稳定、协调发展；另一方面有助于政府优化经济结构和产业结构，通过政府采购引导企业投资方向，保持经济协调发展。

2）政府采购制度的社会政策功能

通过政府采购实现国家的社会政策目标，该政策目标主要体现在扶持不发达地区和少数民族地区，促进中小企业、环境保护企业、高科技企业的发展。对此，各国政府采购法都有明确的规定，我国《政府采购法》规定，政府采购应当有利于实现国家的经济和社会发展，保值和增值政府财产，包括保护环境，扶持不发达地区和少数民族地区，促进中小企业发展等。

3）政府采购制度的政治功能

政治功能表现在政府采购制度具有抑制腐败，提升政府的道德功能。在我国，建立政府采购制度，促进廉政建设是《政府采购法》的立法宗旨之一。推行政府采购制度的初衷就是要从源头上抑制腐败，杜绝商业贿赂的现象出现，希望政府采购是"阳光下的交易"，政府采购是否能担当此重任，还有待于政府采购的法律制度的真正实施。

我国在推行政府采购制度以来，采购规模不断扩大，产生了巨大的节资效应。但是对于政府采购的经济、政治和社会功能，还应该有一个正确的认识。在实现《政府采购法》规定的政策目标上，还有待于政府在实施条例和具体的采购规章上进一步明确。各地政府采购监督管理部门应当根据本地经济发展的实际情况制定实施政府采购，政策目标实施办法。

2. 政府采购制度的作用

政府采购制度将市场竞争机制引入政府采购领域。通过市场对政府采购的资源进行有效配置，使政府采购成为市场经济的一个重要组成部分。

1）政府采购制度有利于促进市场经济的发展

政府采购引入市场竞争机制，按照市场规则运行，政府采购成为市场交易的组成部分，政府在进行采购时不是行使其行政职权的管理者，而是与供应商处于同等法律地位的民事关系的参与者。在市场经济国家，根据采购需求主体的不同，通常将采购市场划分为私人采购市场和政府采购市场。由于政府采购规模庞大，是一国最大的消费者，所以，政府采购市场是否以市场法则运行，关系到市场体系是否完善，市场经济是否健康发展的主要方面。纵观各国政府采购制度的发展，不难看出政府采购与市场经济发展的互动性。政府采购就是试图通过市场化的方式把政府购买行为从其执行的社会管理职能中分离出来，让它成为一种高效、先进、节约资金的财政分配管理制度。

在我国，计划经济时期采取实物分配制度，控购是计划经济体制下财政对实物性质的经济系统进行直接管理的方式。在支出预算实现方式上，由财政将预算资金直接拨给预算单位，由其自行采购，或自行组织所需物品和劳务的生产供给。这种自行采购方式的弊端十分明显。一是造成交易成本增加，财力使用上不经济，浪费财政性资金；二是未能发挥规模购买优势，不利于降低采购成本，也不利于运用市场竞争机制作用的发挥；三是给以权谋私者带来可乘之机。传统的财政支出体制已经严重制约市场经济的发展。

市场经济的发展亟须建立与之相适应的公共财政支出体系。公共财政（Public Finance）是政府在市场经济条件下提供公共产品和公共服务的分配活动与分配关系。在市场经济体制国家，公共财政对经济的影响主要体现在公共支出上，政府调控经济的职能也主要是通过公共支出来实现的。公共支出（Public Expenditures）是政府为履行其职能而支出的一切费用的总和，包括购买性支出（Exhanstive Expenditures）和转移性支出（Transfer Expenditures），购买性支出直接表现为政府购买物品和劳务的活动。现阶段我国财政支出体制的改革是以建立政府采购制度为核心，实现部门预算和国库集中支付。政府采购引入市场竞争机制，在公开、公平和公正的原则下，依照市场竞争法则运作。政府采购有利于我国财政支出管理，优化支出结构，提高财政性资金使用效益；有利于政府实施宏观经济政策，调节经济结构；有利于促进市场经济的发展，培养企业乃至国家的竞争力。

2）政府采购制度建设有利于市场经济体制的构建

政府采购是市场经济发展的客观要求，而政府采购制度的建设将会对市场经济体制的构建起到巨大的促进性作用。

（1）政府采购制度有利于建立国家宏观间接调控体制。由于政府采购规模巨大，政府采购的数量、品种和频率，对整个国民经济有着直接的影响。它不仅可以促进经济发展，调节产业结构，而且对提高经济运行质量，实现国家社会政策目标具有重要意义。

（2）政府采购有利于推动公平竞争的市场发育。政府采购引进市场竞争机制，以公开透明、公平竞争和公正为基本原则，政府以平等民事主体身份进入市场，促进市场的充分竞争。同时政府采购遵循法定方式和程序，制止市场中的不正当竞争行为，可以整顿市场竞争的秩序。

（3）政府采购有利于政府职能的转变。市场经济的进一步发展，要求政府退出竞争性市场，彻底转变自身的经济职能，政府采购时政府的需求不再直接依靠企业的供给，而是通过市场交易，所以政府采购在一定程度上为政企分离创造了有利条件。

（4）政府采购有利于市场的进一步对外开放。一方面，政府采购打破地区封锁，促进了国内市场的统一；另一方面，政府采购可以不断提高国产产品质量及市场竞争力，为国内企业进军国际政府采购市场做好充分准备。

在计划经济体制下，政府直接干预市场，以行政管理的办法管理企业，不可避免地形成地区分割与行业垄断。政府采购的采购领域也就自然被政府部门所独占,不可能形成以市场竞争为机制的政府采购制度。当市场经济体制初步建立,政府采购会应运而生,但政府采购制度不会随着市场体制的建立而立即变得十分完善。政府采购市场只有在打破计划经济体制下形成的地区分割和行业垄断后才能最后形成。

随着经济全球化和贸易自由化,政府采购市场最终将形成国内外统一的政府采购市场。我国在加入 WTO 时承诺,尽快就我国加入《政府采购协定》进行谈判,而且承诺在加入该协定之前遵循透明度原则和实行最惠国待遇。开放政府采购市场,应该说有利于进一步整合国内市场资源,促进国内市场与国外市场的对接。同时,对我国市场经济的健康发展也有促进作用。但在目前,我国的政府采购制度尚未完全建立,在我国企业尚缺乏国际竞争力的情况下,政府采购市场还不能对外开放。所以,应该尽快建立完善的政府采购制度,规范政府采购市场,真正形成以市场为中心来配置资源,以市场机制为基础调节经济的运行。

16.2　政府采购制度和程序

16.2.1　政府采购基本制度

当今世界各国通行的政府采购组织模式,总的来说可分为以下三种。

1. 集中采购组织模式

由政府设立独立的采购执行机构,统一为政府采购货物、工程和服务的一种采购组织形式。实际运作中,有一个部门负责本级政府所有的采购,采购作业也由统一的机构承担。如中国香港除了土地、建筑物和个别低价商品外,其余都由中国香港特别行政区政府物流服务署根据《公共采购条例》集中采购。

2. 分散采购组织模式

即由各政府机构自行进行采购活动的一种采购组织实施形式。实际运作中,由各支出单位自行组织采购活动,采购作业分散在不同的机构中。新加坡实行高度分散的采购制度,只有有限的物品如计算机、纸张等是通过集中采购的,其他物品都由各部门根据财政部(预算署)制定的《政府采购指南》自行采购。

3. 半集中半分散采购组织模式

在政府采购组织实施形式中,既有集中采购也有分散采购,二者同时并存。即除部分产品或服务由专门部门采购外,其余由各支出单位自行采购的采购模式。从物流作业上看,有的商品集中在一个机构,其他商品物流分散在多家机构中进行。如英国规定,财政部的支出可在一定范围内使用(在资金额内),但在大项目上的支出通常需要同财政部经费小组协商。

集中采购与分散采购各有利弊,集中采购的有利之处在于:一是能够集中需求,形成批量采购,取得规模效益,减少重复采购,降低采购成本;二是有利于培养专业的采购队伍,确保采购质量;三是有利于监督管理,促进采购执行机构依法采购;四是有利于贯彻落实政府采购政策目标。集中采购之弊端在于:较难适应采购机构的特殊要求,由于采购方式和程序的制约,往往导致采购周期较长,影响采购效率。分散采购的特点在于:能够满足采购单位对及时性和多样性的要求,但无法产生规模效益,且由于重复采购,造成采购成本高,也不利于监督管理。

我国《政府采购法》规定，纳入集中采购目录以内的政府采购项目必须委托集中采购机构采购，我国政府的集中采购有复杂的供应链。我国台湾地区的采购学专家叶彬认为，集中化采购代表着现代政府采购组织的一种趋势。各国的政府采购实践表明，适当的集中化采购能够促进政府采购各项目标的实现。

16.2.2 政府采购方式

政府采购方式是政府采购主体在进行采购时所使用的方法和依据的程序。政府采购的方式是法定的，政府采购过程必须依照法定的方式和特定流程进行。

政府采购方式可分为两大类：招标性采购与非招标性采购。

（1）招标性采购是指通过招标的方式，邀请所有或一定范围的潜在供应商参加投标，采购主体通过事先确定并公布的标准从所有投标人中评出中标供应商，并与之签订合同的一种订购方式。招标性采购依其是否邀请特定的供应商参加投标，区分为公开招标采购和邀请招标采购，公开招标是指通过媒体公开发售招标公告，邀请所有符合要求的供应商参加投标的一种方式。而邀请招标是指向特定供应商发出邀请投标的一种采购方式。

（2）非招标性采购是招标采购方式以外的采购方式。除招标限额以下的采购项目采用非招标性采购外，招标限额以上的采购项目，如出现紧急采购或者采购来源单一等情形，也需要采用招标方式以外的采购方式。非招标采购的方式很多，主要有竞争性谈判、询价、单一来源采购、自营工程等。

① 竞争性谈判是指采购主体通过与多家供应商进行谈判，根据谈判结果确定成交供应商的一种采购方式。主要适用于紧急采购，或者涉及高科技应用产品和服务的采购。

② 询价是指采购主体向供应商发出询价单，要供应商在规定时间报价，采购主体的询价小组在比较供应商报价的基础上，确定成交供应商的一种采购方式。询价采购适用于采购货物规格、标准统一，现货货源充足且价格变化幅度小的采购项目。

③ 单一来源采购，即采购活动在适当的条件下，向单一供应商承包商或服务商征求建议或报价采购货物、工程或服务。一般适用于专利首次制造，或者原有采购项目的后续采购等特殊情形的采购。

④ 自营工程是土建项目中采用的一种采购方式，是指采购主体不通过招标，或其他采购方式而直接使用当地的施工队伍来承建土建工程。自营工程采购在政府采购中是受严格限制的。

我国《政府采购法》规定的政府采购方式有公开招标、邀请招标、竞争性谈判、询价、单一来源采购等方式，并规定了具体的程序和使用条件。同时规定，公开招标应当作为政府采购的主要采购方式。但公开招标的采购方式并不完全适用于政府采购的所有项目，因为公开招标采购周期太长，费时太多，且招标程序复杂，招标条件烦琐，所以在实际采购工作中，真正使用公开招标采购进行政府采购的一般占30%～40%。从整体上来看，公开招标采购的比例还将不断下降。而竞争性谈判采购所占比重不断提高，因为竞争性采购既能体现充分竞争，又能体现灵活协商，因此逐渐在采购方式中占主导地位。

16.2.3 政府采购程序

政府采购的每一种采购方式都有其特定的程序，本教材着重介绍招标采标程序，竞争性采购程序和询价采购程序。

1. 政府招标采购

招标采购程序包括以下一些阶段：招标阶段、投标阶段、开标阶段、评标阶段、定标阶段。

招标阶段的程序包括资格预审，准备招标文件，发布招标公告，发售招标文件等环节。资格预审是指采购项目对供应商的资质和供应条件有特殊需要的，通过发布资格预审公告对供应商资质和能力进行预先审查。资格预审的内容包括基本资格预审和专业资格预审，基本资格预审是指审查供应商的法律地位，资质等级，经营状况和信誉等，专业资格预审是指审查供应商履行招标项目的能力，包括技术条件、以往业绩、技术人员的技术状况等。

招标文件是要约邀请，它是供应商准备投标文件和参加投标的依据，同时也是评标以及签订合同的重要依据。其主要内容包括招标公告、投标须知、合同条款、技术规格、投标书的编制要求、投标保证金、供货明细表、报价单和工程量清算单等。

招标公告应当在政府指定的媒体上发布。招标阶段的工作完成以后，采购进入投标、开标阶段。投标供应商根据招标文件的要求，制作投标文件。投标文件是要约，但投标文件应当实质性响应招标文件的要求。

开标应当按照招标文件规定的时间、地点公开进行，并邀请投标人或其委托的代表参加。

评标是评标委员会根据招标文件确定评审标准和方法，对投标文件进行评审和比较，以确定中标候选人的过程。招标人根据评标委员会的评标报告和推荐的中标候选人选定中标人，并向中标人发出中标通知书。

邀请招标与公开招标比较，具有以下特征：一是发布信息的方式为投标邀请书；二是竞争范围有限，只在一定的范围内邀请特定供应商参加投标。邀请招标的程序与公开招标的程序基本相同。

2. 竞争性谈判采购

竞争性谈判是政府采购的主要方式之一。从国际政府采购规则和各国政府采购法律来看，竞争性谈判一般按照以下五个步骤进行：

（1）成立谈判小组。使用竞争性谈判方式的采购项目，一般采购金额较大，技术复杂，性质特殊或具有不确定性等特征，所以谈判前需成立包括专家参加的谈判小组。

（2）制定谈判文件。谈判文件与招标文件同样要明确规范。谈判文件的主要内容应当包括：谈判的具体程序；谈判项目的内容，包括技术规格、价格、服务等；评定成交的标准；合同的主要条款。

（3）确定邀请参加谈判的供应商。谈判小组首先要确定参加谈判代表的资格条件，然后从符合条件的供应商名单中确定并邀请不少于3家的供应商参加谈判。

（4）谈判。谈判由谈判小组与参加谈判的供应商分别进行。

（5）确定成交供应商。谈判小组在谈判结束后，要求所有参加的供应商在规定的时间内交出最后的报价，谈判小组对供应商的报价进行评审，确定成交候选人名单。采购人从成交候选人中选出合格供应商，并向成交供应商发出通知。

3. 询价采购

询价采购作为适用于采购货物规格标准统一，现货货源充足且价格变化幅度不大的采购

项目的采购方式,其必要程序为:

(1) 成立询价小组。询价小组由采购人代表和有关专家组成,询价小组应当对采购项目的价格构成和评定成交的标准等事项做出规定。

(2) 确定被询价的供应商名单。询价小组根据采购要求,从符合相应资格条件的供应商名单中确定不少于三家的供应商,并向其发出询价通知书让其报价。

(3) 询价小组要求被询价供应商一次报出不得更改的价格。

(4) 确定成交供应商。采购人从符合采购需求、质量和服务水平相等且报价最低者中确定成交供应商,并向成交供应商发出成交通知,最后将成交结果通知所有参加谈判的未成交的供应商。

随着我国政府采购制度的发展,在政府采购中引入配送服务,将是政府采购制度的很好补充和完善。配送服务可以通过招标投标制度选择合格的供应商的配送中心来提供,或者设立政府自己的物料供应处来提供。政府物料供应处有自己的专职物流人员、仓库和其他物流设施等,充当政府的采购代理角色,承担并履行对各级政府的物料供应职能,当然也包括商品采购的具体物流作业。

案 例

中国香港特别行政区政府(简称"香港政府")物流服务署,是"香港政府"的中央采购代理,职责是以物有所值的价钱和在最切合需要的时间,为各个政府部门和许多非政府部门采购物品、器材和服务。政府物料供应处拥有现代化的仓库和运送队伍,亦提供中央储存服务,以及发放通用物品(经常使用的物品)给各用户使用。经过多年的发展,政府物流服务署的工作日益繁重,每年经该处采购的货品和服务,总值超过 40 亿港元,货源遍及 30 多个国家,储存物品 1 400 多种,为 2 700 多个用户地点提供送货服务。

"香港政府"的政府仓储业称之为政府物料营运中心,可供多个政府部门使用,包括政府物料供应处、卫生处、海关等。这座物料供应仓库,配备有现代化器材,并以计算机辅助操作。该物料仓库由两栋建筑物组成,包括楼高 14 层的高座货仓及楼高 3 层的低座危险物品货仓。货仓内设有窄巷高排叠货机、电机堆货机、电动铲车及笼车,用以叠放及运输货物,有效地提高了工作效率。仓库购置不同类型的贮货叠货板,满足货品不同形状、体积和种类的需要,确保货品安全向上叠放,有利于使用空间。为了尽量增加储存容积,危险物品仓还设有电动折叠式贮货架,货架可以向左右两边移动,每次只开一条拣货窄巷,大大提高了储货容积。

物料供应仓库购置了一套线上计算机系统,来协助仓库的运作。当货品交来仓库时,验货人员将货品的名称、编号、有效日期、数量等资料输入计算机,计算机会根据这些资料,依照已定下的规则,编排这些货品的存放位置。未经验妥的货品列为不可提取的货品,待有关验货程序完成后,验货部会将货品定位、可提取货品,供应给用户使用。这套计算机系统连接了主要用户的计算机终端机,用户可以透过其计算机终端机,实行线上订货。

16.3 政府采购的法律制度

16.3.1 政府采购合同管理

我国"政府采购法"第四十三条明确规定,政府采购合同适用"合同法"。但政府采购合同不同于一般的民事合同,政府采购合同适用于"合同法"的内容包括:

(1) 政府采购合同遵循合同法的一般原则即平等原则、自愿原则、公平原则和诚信原则等;

(2) 政府采购合同的订立和合同效力的认定,除政府采购法规定应当适用政府采购程序外,也应当依据要约和承诺的一般规则,政府采购合同的形式、合同效力认定适用于合同法的有关规定;

(3) 政府采购合同的履行适用合同履行的一般规则,如同时履行抗辩、先履行抗辩和不抗辩等;

(4) 政府采购合同的变更、解除、终止适用于合同法的一般规定。

16.3.2 政府采购合同的违约责任约定

政府采购过程是合同订立和履行的过程。政府采购是以法定的方式和程序确定中标或成交供应商,并与之订立政府采购合同。政府采购合同的当事人是政府采购人和供应商,供应商是指向采购人提供货物工程或服务的法人,其他组织或者自然人。合同内容是确定采购人和供应商之间在采购货物、工程或服务中的权利和义务。合同的客体是货物、工程或者服务。在合同履行过程中,政府采购人或者政府采购管理部门有权对供应商履行合同的情况进行监督和干预,包括对合同履行的检查权、调查权、变更解除权等。

在合同履行过程中,应当保证政府采购人行使的权利。

1. 合同履行的监督权

在合同履行过程中,采购人或者政府采购部门对供应商履行合同义务享有一定监督干预权。监督干预权包括对合同履行的检查权、调查权、变更合同权,终止或解除合同权等。具体表现在:

(1) 合同备案制度,合同备案目的是为了对政府采购监督管理,加强对政府采购活动的监督检查。

(2) 当政府采购合同继续履行将损害国家利益或社会利益时,采购人有权变更或解除合同。政府采购人在行使合同的变更、解除权时,应当严格遵循法定的程序,给供应商造成损失的应予以适当的补偿。

2. 对违法供应商的制裁权

政府采购监督管理部门有权对违法供应商依法予以制裁,如给予罚款或一定时间的政府采购市场准入禁止,对供应商经营运作情况进行跟踪检查。

(1) 合同履行过程存在许多不确定的因素,如供应商违法行为,不可抗力和涉及的其他利益。

(2) 质疑程序中应有"暂时的果断措施",以及纠正违反《政府采购协定》的行为。

（3）透明度原则。每一参加方应以书面形式规定其质疑程序并使其可普遍获得，有关采购过程所有书面文件应保留3年；在提出意见或做出决定前得听取参加人的意见；参加人应可参加所有程序且所有程序可公开进行。

（4）有效原则。包括质疑案件审理中或完成后，受理质疑的机关应有权纠正采购机关的违法决定，以制止违反《政府采购协定》行为并保持商业机会。

16.3.3 政府采购救济

1. 政府采购救济机构

关于政府采购的救济机构，各国（地区）的做法不尽一致，有的国家将机构设在财政部门，如新加坡、韩国等；有的国家或地区设立独立的机构，如澳大利亚的联邦政府调查委员会、日本的政府采购调查委员会、中国香港的申诉管理委员会。尤其在美国，为保护政府采购当事人的利益，建立了健全的监督权利机制，值得借鉴。我国《政府采购法》规定救济机构是政府采购监督管理部门与行政诉讼部门。

2. 政府采购救济途径

我国《政府采购法》规定，救济的途径包括：询问、质疑、投诉、行政复议和行政诉讼。

（1）询问是指供应商对采购活动有疑问，可直接向采购人提出。采购人如果委托采购代理机构进行采购活动的，供应商也可以向采购代理机构提出询问。询问是针对采购活动中的疑问提出的。询问的范围广泛，包括政府采购活动的任何事项，对于提起询问的时间，法律上没有规定限制，在政府采购活动的任何时间均可提出。询问的方式法律上不作限制，既可以是口头也可以书面形式。采购人对供应商询问的答复应当准确及时，但答复的内容不得涉及国家机密和商业秘密。

（2）质疑是指供应商认为采购文件、采购过程和中标成交结果使自己的权益受到损害而向采购人或采购代理机构提出要求。要求纠正等情形可能导致合同目的落空，所以，针对供应商违约行为要及时应对，并根据合同的约定，依法追究供应商的违约责任。为了能及时应对，采购人或采购机构应当建立合同跟踪制度，实时对供应商的履约状况进行跟踪调查。

阅读材料

政府采购合同的双方当事人都应当严格按照合同的规定履行合同义务。"合同法"第八条规定，依法成立的合同，对当事人具有法律效力。当事人应当按照约定履行自己的义务，不得擅自变更或者解除合同。依法成立的合同，受法律保护。合同的订立是合同当事人协商一致的结果，所以，在合同履行过程中，如果履行合同的条件变化，如发生形势变更等，经当事人协商一致，可以变更合同。但任何一方擅自变更合同的内容，均构成违约，应当承担违约责任。同样，政府采购合同一经订立，合同当事人应当严格履行合同义务，除继续履行合同将损害国家利益或社会公共利益的，采购人有权终止合同外，一般情况下，当事人不得擅自变更合同的主要内容。

3. 政府采购救济机制的程序和原则

政府采购的救济机制是为了维护供应商合法权益，确保政府采购顺利进行的一项法律保障制度。WTO 的《政府采购协定》和各国政府采购法都规定了政府采购的救济程序。在政府采购过程中，由于采购主体处于主导地位，政府采购行为带有一定的行政性，供应商处于较为被动的状态，故其权益容易受到损害。所以，设置专门的救济机制是很有必要的。

救济机制的程序分为磋商和质疑，在质疑程序中，应当遵循的原则是：

（1）不歧视原则，指在质疑程序中，采购机关对于同样来自缔约方的供应商一视同仁。

（2）及时原则，是指在正常情况下应及时完成，以保护商业利益或予以赔偿的一种救济方式。

我国《政府采购法》对质疑的范围、质疑的时限、质疑的形式、质疑的机构都有明确的规定。

（1）质疑的范围。质疑的范围仅限于采购文件、采购过程和中标成交结果。供应商认为采购文件，采购过程和中标成交结果造成其合法权益受到损害的，可以向采购人提出质疑。而对履约过程中发生的争议，属于违约责任，应当适用合同法规定进行救济。

（2）质疑的期间。我国《政府采购法》规定，供应商提出质疑应当在知道或者应当知道其权益受到损害之日起 7 个工作日内向采购人提出。

（3）质疑的形式。质疑供应商在质疑的期间内以书面形式向采购人提出质疑请求的内容，应当包括质疑人和被质疑人的名称、住所、电话、邮编等具体情况，质疑的具体请求事项，质疑人受到损害的理由和事实。

（4）质疑的处理。采购人或采购代理机构在收到供应商的书面质疑后，应当在 7 个工作日内，以书面形式答复质疑的供应商和其他有关供应商。采购人在受理供应商质疑之后，可向采购部门调取有关的采购文件，对质疑的事实进行全面调查，审查政府采购文件和程序的合法性。

（5）投诉。质疑供应商对采购人、采购代理机构答复不满或者采购人、采购代理机构未在规定时间内答复的，可以在答复期满后 15 个工作日，向同级政府采购监督管理部门投诉。政府采购监督管理部门在收到投诉后 30 个工作日内，对投诉事项做出处理决定，并以书面形式通知投诉人和与投诉事项相关的当事人。在处理投诉期间，政府采购监督管理部门可以视其具体情况书面通知采购人暂停采购活动。法律赋予政府采购监督管理部门的暂停采购权的行使，也要视具体情况而定。在一般情况下，采购的继续进行将会给供应商造成不可弥补的损失，或在损害国家利益或社会公共利益时，政府采购监督管理部门才可以行使暂停采购权，但暂停采购的时间最长不得超过 30 日。

（6）行政复议或行政诉讼

我国《政府采购法》规定，投诉供应商对政府采购监督管理部门的投诉处理决定不服或者政府采购监督管理部门逾期未做处理的，投诉供应商还可以依法申请行政复议或者直接向人民法院提起行政诉讼。这规定明确规定了政府采购行为的司法审查制度，符合 WTO 的要求。供应商申请行政复议或提起行政诉讼应当按照《中华人民共和国行政复议法》和《中华人民共和国行政诉讼法》进行。

16.4　国外的集中采购机构

在实行集中采购或集中采购与分散采购相结合的国家和地区，都设立了集中采购机构。

其形式有以下几种。

16.4.1 美国联邦政府集中采购机构——联邦事务服务总局（General Services Administration，简称GSA）

美国联邦政府采购已有200多年的历史。1792年颁布了第一部政府采购的法律，确定了美国政府采购的基本制度，此后，又颁布了大量的政府采购法律法规，形成了完整的政府采购法律体系。与此同时，美国联邦政府采购法之也发生演变。1949年以前，由各部门依法自行采购，这种完全的分散采购的模式造成重复采购、过度采购以及采购效率低下。1949年，美国国会通过了《联邦财产与行政服务法》（Federal and Administrative Service Act），依据该法设立了联邦事务服务总局，在全美设立一个地区分局，负责联邦政府的采购工作。为了促进各个政府采购机构采购规则的协调和统一，联邦事务服务总局有权为几乎所有的联邦政府机构进行采购，有权设立标准和规范，有权为将来之需而进行采购和存储，有权在政府部门之间调剂采购商品。由此，美国联邦政府确立了集中采购的管理体制。

联邦事务服务总局设立供应管理、购储标准、运输管理和动产利用四个司。集中采购供应由联邦供应系统具体运作，该系统使用了一个供应—销售—设施系统。由20个批发站和73个自助式零售商店组成，零售商店可以随时提供标准的办公用品货源，从而方便联邦政府机构采购。在集中采购的程度上，联邦事务服务总局实行"放大集小"和"集大放小"相结合的政府采购体制。联邦事务服务总局还设立合同争议委员会，处理招标过程以及合同执行中的争议，供应商对合同争议委员会处理不服的可以向会计总署投诉，或向联邦索赔法院起诉。

1974年，美国联邦采购政策办公室成立，该办公室作为总统行政办公室管理与预算局的一个组成部分，其职责是制定统一的政府采购政策，建立和发展统一协调的政府采购制度，联邦事务服务总局的职能得到了进一步的发挥。随着组织采购职能的不断提升，也由于采购业务日益复杂，专业技能不断提高，以及电子采购的广泛运用，政府集中采购的趋势得到了加强。

16.4.2 加拿大联邦政府集中采购机构——加拿大公共工程政府服务部（Public Works and Government Services Canada，简称PWGSC）

加拿大公共工程和政府服务部是加拿大联邦政府的集中采购机构，根据加拿大《政府服务规划》规定，PWGSC的主要业务领域包括：建筑和工程咨询服务，建筑、维修货物和服务。PWGSC在整个加拿大、美国和欧洲拥有近14 000个雇员为大约140个联邦政府机构、部门的采购项目，以及主要的国有项目进行采购，每年的采购额近60亿美元。

PWGSC主要通过加拿大投标服务系统公布采购信息，并通过灵活多样的采购方式进行采购，主要采购方式有电话采购、要求报价、邀请招标、要求提供建议、要求固定报价和单一来源采购。PWGSC合同办公室官员有权处理供应商在采购过程中提出的争议，供应商对合同办公室处理不服的可以向加拿大国际贸易仲裁委员会提出质疑。PWGSC有权根据采购项目情况确定采购方式，根据招标文件中确定的标准评估投标文件，以确定中标供应商并将政府采购合同授予供应商。一些重大、复杂的政府采购合同必须经过加拿大财政委员会部批准。

16.4.3 韩国政府集中采购机构——采购厅

韩国政府采购采取高度集中采购。韩国政府在财政部下设采购厅,由采购厅统一负责政府集中采购工作。采购厅是副部级单位,厅长由总理任命,工作完全独立自主。集中采购的程度是采取"集大放小"原则,根据不同的采购主体确定不同的限额标准。中央政府部门及所属单位,采购价值在 30 亿韩元(约合 250 万美元)以上的工程项目和价值 5 000 万韩元(约合 4.1 万美元)以上的货物和服务项目,地方政府采购价值在 100 亿韩元(约合 830 万美元)以上的工程项目和价值在 5 000 万韩元以上的货物和服务项目,都必须由采购厅集中采购。采购厅还有权接受并处理供应商的质疑。

16.5 中国中央政府及香港特别行政区政府的集中采购

16.5.1 我国的集中采购机构

在我国,《政府采购法》颁布前,许多地方在财政部门内设立集中采购机构——政府采购中心,履行集中采购职能。《政府采购法》实施后,各地都依法设立集中采购机构,在中央设立中央国家机关政府采购中心,负责统一组织实施中央国家机关政府集中采购目录中项目的采购。《政府采购法》规定,各级人民政府的财政部门是负责政府采购监督管理的部门,政府采购监督管理部门不得设置集中采购机构。各地根据实际情况,将集中采购机构逐渐从财政部门分离,由政府独立设置,依法独立履行集中采购的职能。

集中采购机构的主要职责,《政府采购法》没有明确的规定。《上海市政府采购管理办法》规定,上海市政府采购中心履行以下职责:① 组织实施集中采购;② 接受采购人委托,代理采购;③ 建立与上海市政府采购相适应的信息系统;④ 上海市人民政府规定的其他职责。根据《政府采购法》的规定和各地政府的采购实践,集中采购机构的主要职责应包括:① 组织对内集中采购目录内的政府采购项目依法进行独立采购;② 接受采购人员的委托,代理采购属于分散采购的政府采购项目;③ 建立符合业务要求的供应商信息库、商品信息库和专家库。

16.5.2 中国香港特别行政处政府集中采购机构——政府物流服务署

中国香港实行中央采购制度。政府物流服务署为香港政府的中央采购机构。香港政府由财政司、政务司、律政司和 11 个资源及政策局组成。政府物流服务署是这 11 个局中的财经事务及库务局下的一个部门,是香港特别行政区政府集中采购机构。该署为特区政府部门及许多非政府机构采购货物、服务和工程,货物的范围非常广泛,几乎包括所有的办公用品,服务的范围也相当广泛,包括财务和管理方面的顾问服务,以及其他类型的合约服务等。

政府物流服务署根据《物料供应及采购规例》所规定的方式和程序依法采购,政府物料供应处设有供应商和承包商名册,目前有 4 000 多个在册供应商。该处拥有现代化的仓库和运输队,为政府部门及许多非政府机构采购各种常用物品,包括文具、电器、药物、清洁品等。采购来的物品存放于中央仓库,在用户提出需求时送交用户。该处设有一个暂支账目支出款项,用于缴付购货费用,待用户从该处提取物品时,才向用户收回费用。此外,政府物料供应处也为各政府部门及非政府机构采购特定的物料和设备，代理采购的商品种类繁多，包括飞机、枪支弹药、仪表、仪器、日用品，食品饮料等。但也有少数物品由部门自行采购，如政府车辆管理处自行采购车辆，海事处自行采购汽艇，政府印务局自行采购印刷机械和纸张等。建造工程是由个别工务部门在工务局总体监督下自行雇用承造商。

综上所述，可以发现，政府采购机构的主体都属于国家行政机关，集中采购机构的工作人员属于国家公务员，享有广泛的职权，这使得集中采购机构能够独立依法运作。不言而喻，集中采购机构在实现政府采购财务目标方面其作用是巨大的。特别是在实现政府采购的深层次目标方面，即实现政府采购对国家宏观经济的调控作用，以及实现社会政策目标方面的作用是不可替代的。

思考题

1. 政府采购有哪些政策功能？
2. 政府采购组织模式的选择对政府采购产生什么影响？
3. 如何认识公开招标的程序及在政府采购中的作用？
4. 我国《政府采购法》规定的供应商质疑程序是什么？
5. 目前政府集中采购的机构在各国有哪些类型？我国的政府采购机构是哪个部门？有何职责？

第 17 章

国际采购

本章重点

随着经济发展的全球化,国际采购已成为采购发展的新方向。本章在介绍国际采购基本内容的基础上,重点讨论了国际采购谈判的程序、国际采购对象的说明(商品的名称、品质、数量与包装)、国际采购价格中的贸易术语和国际采购运输与保险等内容。

17.1 国际采购概述

17.1.1 国际采购的背景及含义

世界市场的形成是社会分工逐渐细化以及社会化大生产发展的必然结果,它打破了国与国之间的界限,使世界各国之间的经济联系日益密切。世界各国都积极主动地参与国际交流和国际合作,努力开拓国内国外两个市场,充分利用国内国外两种资源,以加速本国经济与世界经济的接轨,加入国际大流通。经济全球化的发展趋势,促使各国企业以及各国政府的采购工作向国际采购的方向发展。

国际采购是指利用全球的资源,在全世界范围内去寻找供应商,寻找质量最好、价格合理的产品(货物与服务)。

17.1.2 国际采购的缘由、优势及发展障碍

1. 国际采购的缘由

(1)品质:国外产品的性能是国内生产的同类型产品所达不到的。

(2)成本:国际采购的商品可能因订购量大、工资低、生产力高、工厂好或货币兑换汇率的原因而便宜。

(3)时间:国外供应商有及时交货的可靠性。

(4)扩大供应基地:这是战略上的原因,为了拥有具有竞争力的供应基础及保证供给,开发国际供应商是必需的。

(5)补充供应缺口:国内生产可能满足不了需求,其差额必需要用国外资源来补充。

（6）互惠贸易：以货易货、冲销或互惠贸易。

2. 国际采购的优势

（1）价格优势：对发达国家来说，国外供应商提供产品的总成本要比国内低一些，主要因为：发展中国家劳动力成本低很多；由于汇率的影响，许多企业购买国外产品更为有利；国外供应商所提供的设备和工艺比国内厂家的效率更高；国际上有些原材料供应商将生产集中在某些商品上，从而实现经济学意义上的自然垄断，可以将出口商品定位在一个相对较低的价位上以便大量出口。

（2）质量优势：在某些产品上，国外供应商的产品质量更稳定，比如以色列的滴水灌溉设备相对更好一些。

（3）特色优势：某些原材料，特别是自然资源，国内没有储存，只能从国外大量进口。

（4）供应优势：受设备及生产能力所限，在一般情况下，国外的大型供应商交货速度要比国内快。

（5）技术服务优势：由于国际化分工的不断发展，特定专业的专有技术在不断变化，领先的国家也不断交替。

（6）营销优势：为了能在其他国家出售本国产品，企业可能会答应向那些国家的供应商采购一定金额的货物。

（7）竞争优势：引进国外供应商带来的竞争，通常会给国内的供应商施加压力。

3. 国际采购发展的障碍

（1）语言沟通问题。各国文化差异的存在，遵守的行为规则不同，特定人群的利益、习惯、价值观、交流方式和谈判风格不同，不同的文化、语言或专有名词都会造成沟通问题。

（2）货币问题。至少一方要使用外币进行计价、结算和支付。而整个交易会有一个期限，外币与本国货币的汇率会在这个期限内发生变化，因此存在汇兑风险。

（3）价格水平不同。商品价格以商品的国际价值为依据，随着国际市场上商品供求关系的变化而变化，具有更大的价格风险。

（4）贸易手续复杂。除了国内采购几乎所有的手续和程序外，国际采购还涉及进出口许可证的申请、货币兑换、保险、租船订舱、商品检验、通关、争议处理等复杂手续和相关事宜。

（5）运输成本问题。国际采购意味着长距离的商品运输，必须考虑由此带来的时间成本和费用成本。

（6）前置时间较长。运输时程不确定，无法预估各种不同活动所需的时间，所以国际采购需要更多的沟通协调。

17.2　商品的名称、品质、数量与包装

在国际采购中，主要是以有形的实物商品为主。交易中的各种商品都有其具体的名称，并表现为一定的品质。每笔进出口商品交易，都要规定一定的数量，而交易的大多数商品，通常都需要有适当的包装。因此，国际采购的双方在洽商交易和订立合同时，必须就交易商品的名称、品质、数量与包装这些主要交易条件商妥，并在买卖合同中做出具体规定。

17.2.1 商品的名称（Name of Commodity）

1. 列明品名的意义

按照有关的法律和惯例，对交易标的物的描述，是构成商品说明的一个主要组成部分，是买卖双方交接货物的一项基本依据。这关系到买卖双方的权利和义务。

2. 品名条款的内容

品名条款包括的内容，要明确标明商品的具体名称。如所提供的商品是茶叶，就要注明该茶是红茶、绿茶或乌龙茶等——目的是避免在交货验收时出现争议。

3. 规定品名条款的注意事项

（1）品名必须明确、具体，避免空泛、笼统的规定。

（2）针对商品实际做出实事求是的规定，必须是卖方能够供应且买方所需要的商品，凡做不到或不必要的描述词句都不应列入。

（3）尽可能使用国际上通用的名称，以免产生误解。如"西红柿"这一品名不是国际通用的名称，而应用"番茄"这一国际通用名称进行买卖。

（4）注意选择合适的品名，以利减低关税，方便货物的进出口并可以节省运费。

17.2.2 商品的品质（Quality of Commodity）

商品的品质，是指商品的外观形态和内在质量的综合。外观形态，包括如造型、色泽、大小、长短、味觉、结构、透明度等；内在质量，包括化学成分、物理机械性能和生物特征等技术指标。

1. 表示品质的方法

1）用文字说明表示

（1）凭规格（Specification）、等级（Grade）或标准（Standard）。① 规格是反映商品品质的若干主要指标，如成分、含量、纯度、大小、长短、粗细等。如凭规格买卖白籼米的品质规定：碎粒（最高）：25%；杂质（最高）：0.25%；水分（最高）：15%。② 等级是指同一类的商品，根据长期生产和贸易实践，按其品质差异、重量、成分、外观或效能等的不同，用文字、数码或符号所作的分类。③ 标准是指经过政府机关或工商业团体统一制定和公布的规格。用标准标明品质，要标明标准的日期。

一个重要术语："良好平均品质"——Fair Average Quality，简写为 FAQ，是指一定时期内某地出口货物的平均品质水平。我国使用此标准，是以我国产区当年生产平均品质为依据而确定的，一般是对中等货或大路货而言。"FAQ"适用于交易双方事先有协议或者对方是老客户。

（2）凭产地名称（Name of Origin）。适用于农副土特产品等商品。

（3）凭说明书和图样。适用于结构复杂型号繁杂等特征的商品，如机械、电器、仪表等。

（4）凭牌号和商标（Brand or Trade Mark）。适用于在国际市场上信誉良好、品质稳定，并为买方所熟悉的商品。

2）用样品（实物）表示

（1）看货买卖，一般只适用于一些具有独特性质的商品，如特殊工艺品、古玩、首饰、名人字画等。而且看货买卖通常在拍卖、寄售和展卖等时采用，不易实行，较少见。

（2）凭样品买卖（Sale by Sample），适用于工艺品、服装、土特产品等难以用文字说明的货物。

样品（Sample），是指从一批商品中抽取出来的或由生产、使用部门加工、设计出来的，足以反映和代表整批商品品质的少量实物。凭样买卖，是指买卖双方同意根据样品进行磋商和制定合同，并以样品作为交货品质的依据。凭样买卖有两种方式：

① 凭卖方样品买卖（Sale by Seller's Sample），是指凭卖方样品作为交货依据的。应注意的问题：

a. 样品要有代表性，即卖方所提供的是能代表日后整批交货品质的样品，不能太好也不能太差。

b. 在向国外客户寄送代表性样品时，应留存一份或数份同样的样品，以备日后交货或处理争议时核对之用，该样品称为"复样"（Duplicate Sample）。某些商品由于其特点和交易的需要，必要时可使用"封样"（Sealed Sample）。

② 凭买方样品买卖（Sale by Buyer's Sample），指凭买方提供的样品作为交货依据，也称"来样成交"。需注意的问题包括：

a. 原材料供应、加工生产技术和生产安排的可能性。

b. 防止侵犯第三者的工业产权。在凭来样成交时，应声明：如果发生由来样引起的工业产权等第三者权利问题与卖方无涉，均由买方负责。

c. 为了争取主动，防止日后交货困难，也可按买方来样复制或选择品质相近的我方样品，即"回样"（Return Sample）或"对等样品"（Counter Sample）寄交买方，在得到其确认后就等于把"来样成交"转变为凭卖方样品销售了。

2. 合同中的品质条款

1）规定品质条款时应注意的事项

（1）按照商品的特点选择适当的表示品质的方法。

（2）明确清楚。在合同中规定商品的规格或说明必须明确和具体。

（3）切合实际。符合产品内在和外在的实际情况；订定商品的品质规格时不能偏低。

（4）产品要符合买方的要求。在合同的制定和履行过程中，要按合同的规定来履行。

（5）科学灵活，便于履行：

① 品质公差（Quality Tolerance），是指为国际同行业所公认的，允许卖方交货品质可高于或低于一定品质规格的误差（合理差异）。品质公差一般适用于制成品的交易。按照惯例，在品质公差的范围内，交货品质如有上下，一向都不另行计算增减价，即按照合同价格计收价款。如出口手表，允许每48 h误差1 s。

② 品质机动幅度，适于一些初级产品的交易。在合同中，同时订立"增减价条款"。规定品质机动幅度的方法有三种：

a. 规定范围。规定某项品质指标有差异的范围，如纱管重量，每只33～35 g。

b. 规定极限。对某些商品的规格使用上下限，常用词有：最小、最低（minimum 或 min）；最高、最大（maximum 或 max）。如大豆，含油量最低18%，水分最高14%，杂质最高2%。

c. 规定上下差异。如大豆，含油量18%，水分14%，杂质2%，均可增减1%。

2）品质条款的具体内容
（1）列明商品的品名；
（2）写出规格或等级；
（3）写出标准和牌名；
（4）凭样品销售时则列明样品的编号或寄送日期。

17.2.3 商品的数量

1. 计量单位（国际公制）

在国际采购中，通常采用的计量单位有重量、个数、长度、面积、体积和容积六类。

（1）重量（Weight）。如克、盎司、磅、公吨、长吨、短吨等，多用于粮油、食品、天然产品及其制品等。

（2）个数（Numbers）。如只、件、套、打、罗、令等，多用于一般杂货及工业制品，如化妆品、洗衣机、牙膏等。

（3）长度（Length）。如米、英尺、码等，多用于金属绳索、纺织品等。

（4）面积（Area）。如平方米、平方英尺、平方码等，多用于纺织品、玻璃等商品，如地毯、皮革等。

（5）体积（Volume）。如立方米、立方英尺、立方码等，仅用于化学气体、木材等。

（6）容积（Capacity）。如公升、加仑、蒲式耳等，多用于小麦、谷类以及大部分的液体商品等。

2. 重量的计算

1）按毛重（Gross Weight）计算

毛重是指商品本身的重量加皮重（Tare），即加上包装材料的重量。

2）按净重（Net Weight）计算

净重是指货物的本身重量，即不包括皮重的商品实际重量。

皮重的计算方法有四种：

（1）平均皮重：部分包装的平均值求全部重量，较为少用。

（2）约定皮重：按双方约定的重量计算，而不必过秤。

（3）习惯皮重：规格化的包装，其重量已被公认。

（4）实际皮重：将整批商品的包装逐一过秤，再求得总重量。

一个重要术语："以毛作净"（Gross for Net），即有些单位价值不高，如报纸等，或因包装与商品价格相差不多，如农副产品等，可采用按毛重计量的方法，即按毛重作为计算价格的基础。

3）按公量计算

即去除商品所含的实际水分，加上标准水分求得重量，用于经济价值较大而水分含量不稳定的商品，如羊毛、棉纱等。

4）按理论重量计算

即每件重量大体相同，从件数推出总重量，主要用于固定规格和固定尺寸的商品如马口铁、钢板等。

5）按法定重量和实际净重计算

法定重量是商品重量加上直接接触商品的包装物料；除去这部分重量所表示的纯商品的重量，称为实物净重。

3. 规定数量机动幅度

（1）规定数量机动幅度的原因：由于商品特性、生产条件、运输工具的承载能力等因素。

（2）数量机动幅度适用于大宗农副产品、矿产品，以及某些工业制成品等。

（3）规定数量机动幅度的方法有：

① 合同中未明确规定数量机动幅度，但在交易数量前加上"约""大约"等字。由于双方对"约""大约"的理解是不同的，易发生摩擦，故一般不采用。

② 合同中明确规定数量机动幅度，一般称为"溢短装条款"（More or Less Clauses），这种方法较多使用。

4. 合同中的数量条款

1）数量条款的内容

（1）购买和销售的总量。

（2）计量单位。

（3）数量机动幅度——溢短装条款。

2）规定数量条款的注意事项

（1）正确掌握成交数量。

（2）明确具体。对于出口方和进口商，以个数来规定商品数量时要做到明确具体。如规定棉纱"1 000包"——"每包400磅"；规定罐头食品"2 500纸箱"——"每箱24听，每听500 g"。

（3）规定数量机动幅度。

① 合同中没有明确规定数量机动幅度。

根据国际商会《跟单信用证统一惯例》（500号出版物）第三十九条的规定："除非信用证规定所列的货物数量不得增减，在支取金额不超过信用证金额的条件下，即使不准分批装运，货物数量亦允许有5%的伸缩。但信用证规定货物数量按包装或个体计数时，此项伸缩则不适用。"

② 合同中未明确规定数量机动幅度，但在交易数量前加上"约"字。在国际上对"约"字的含义解释不一，有的解释为2.5%，有的则为5%等。《跟单信用证统一惯例》则认为：信用证上如规定"约"字，应解释为允许10%上下。鉴于"约"数在国际上解释不一，为防止纠纷，使用时双方应先取得一致的理解，并达成书面协议。

③ 合同中明确规定数量机动幅度。合同中明确规定数量机动幅度一般称为溢短装条款，如"5% More or Less Clauses is Acceptable"。溢短装部分的计价方法有：按合同价格计算；不按合同价格计算，代之以按装船日的行市或货到日的市场价格计算。

17.2.4 商品的包装

1. 包装的种类和作用

按包装在流通领域中所起的作用分为运输包装和销售包装。

1）运输包装

运输包装，又称外包装（Outer Packing）、大包装，指在货物运输途中采用的包装。运输包装的作用在于：保护商品、方便运输、减少运费、便于储存、节省仓租。

（1）对于运输包装的要求：适应商品的特性；适应各种不同的运输方式；考虑有关国家的法律规定和客户的要求；便于各环节有关人员进行操作；要在保证包装牢固的前提下节省费用。

（2）运输包装的方式（种类）。按包装方式分为单件和集合两种。

① 单件运输包装，按包装造型、包装材料不同，可分为：箱（Case），凡价值较高，容易受损货物，大都用箱装；包（Bale），凡可紧压而品质不受损坏的货物，可以机压打包；桶（Drum、Barrel），液体、半液体以及粉状等货物，可用桶装；袋（Bag），有些农产品及化学原料等常用袋装；袋的材料通常为棉质、麻质；捆（Bundle）。此外，还有篓、筐、氅、坛和罐等方式。

② 集合运输包装有提高装卸效率、保护商品、节省费用的作用和优势。常见的集合运输包装方式主要有集装箱、集装包和集装袋等。

2）销售包装

销售包装，又称内包装（Inner Packing）、小包装（Small Packing）或直接包装（Immediate Packing）。

（1）主要作用：除了保护商品外，还具有美化商品、宣传推广、便于销售和使用等作用。

（2）对销售包装的要求：便于陈列展售；便于识别商品；便于携带和使用；要有艺术吸引力。

（3）销售包装的方式：主要包括易开包装、喷雾包装、复用包装、携带式包装、配套包装、挂式包装、堆叠式包装、礼品包装。

2. 包装标志

包装标志，即为了在运输过程中便于识别货物，在商品外包装上要刷制一定的包装标志。

按用途分为运输标志和指示性、警告性标志两种。

1）运输标志

运输标志（Shipping Mark），又称"唛头"，即为防止错发错运、防止损坏货物与伤害人身的事故，以保证货物安全、准确地运交收货人，需在运输包装上书写、压印、刷制各种有关的标志，以识别和提醒人们操作时注意。运输标志由简单的几何图形和一些字母、数字及简单文字组成。

运输标志的主要内容包括由四个部分，按顺序排列组成：收货人或买方的名称字首或简称；参照号，如合同号、订单号、发票号等；目的地；件数号。

例1：Y F 　　　　　　　　例2：SUNTEX
　　　WG056　　　　　　　　　　77GST082
　　　HONGKONG　　　　　　　　SHANGHAI
　　　C/N 1-120　　　　　　　　NO.1-150

2）指示性、警告性标志

在外包装上，除唛头外还往往根据商品的性质刷上一些指示性、警告性的标志，以促使搬运人员及开箱拆包人员注意，以保障货物和操作人员的安全。

指示性标志（Indicative Mark），又称操作标志。根据商品的性能特性，在包装外部用简单醒目的图形或文字对一些容易破碎、残损、变质的商品做出指示标志，以引起有关人员在装卸、搬运、存放和保管过程中注意。常用的指示性标志如图17-1所示。

图17-1 常用的指示性标志

警告性标志（Warning Mark）是为了在运输、保管和装卸危险货物的过程中使有关人员加强防护措施，以保护物资和人身的安全而加在外包装上的危险货物标志。常用的警告性标志如图17-2所示。

图17-2 常用的警告性标志

除上述包装标志外，外包装上一般还刷上有关包件的重量、尺码和商品生产国别或地区，这些标志习惯上称作其他标志，如：

GROSS WEIGHE   55 kg
NET WEIGHT   53 kg
MEASUREMENT   50 cm×45 cm×25 cm
MADE IN CHINA

3. 合同中的包装条款

1）包装条款的内容

合同中的包装条款一般包括包装材料、包装方式、包装标志和包装费用。

2）注意的问题

（1）规定包装条款要具体明确。应避免使用笼统的规定，不宜采用"适合海运包装"（Seaworthy Packing）、"习惯包装"（Usual Packing）、"合适的包装"（Suitable Packing）之类的术语。要明确具体，如"茶叶，木箱装，外裹麻包，净重38 kg"；"阿司匹林，纸箱装，每箱60听，每听1 000片"。

（2）货物的外包装上的运输标志。按国际贸易习惯，一般可由卖方自行设计决定。

（3）包装费用。一般包括在货价之内不另计收；不计在货价中的，应在合同中订明费用究竟由何方负担。

（4）包装材料的提供。经双方商定，全部或部分包装材料由买方负责供应的，合同中应同时规定包装材料最迟到达卖方的时限和逾期到达情况下买方应承担的责任。

17.3 国际采购价格

17.3.1 国际采购中的价格术语及解释

国际采购中的价格，除个别交易按总价或总值（Total Amount）达成外，通常是指商品的单价（Unit Price），它由计价金额、计价货币、计量单位和价格术语四项内容组成。

价格术语又称贸易术语（Price Terms，Trade Terms）。按《2000年国际贸易术语解释通则》（《INCOTERMS 2000》），根据卖方承担义务的不同，将13个贸易术语划分为下列四组（见表17-1）。

表17-1 国际贸易术语分类

组别	贸易术语	适用的运输方式	风险转移界限	共同特征
Group E	EXW：工厂交货	任何方式	卖方所在地货交买方处置时	卖方责任最小，买方责任最大
Group F	FCA：货交承运人 FAS：装运港船边交货 FOB：装运港船上交货	任何方式 海运和内河运输 海运和内河运输	货交承运人监管时 装运港船边 装运港船舷	买方订立运输合同，支付主运费。合同属于装运合同
Group C	CFR：成本加运费 CIF：成本加保险费、运费 CPT：运费付至 CIP：运费、保险费付至	海运和内河运输 海运和内河运输 任何方式 任何方式	装运港船舷 装运港船舷 货交承运人监管时 货交承运人监管时	卖方订立运输合同，支付主运费。合同属于装运合同，风险划分点与费用划分点分离
Group D	DAF：边境交货 DES：目的港船上交货 DEQ：目的港码头交货 DDU：未完税交货 DDP：完税后交货	任何方式 海运和内河运输 海运和内河运输 任何方式 任何方式	货交买方处置时 货交买方处置时 货交买方处置时 指定目的地货交买方处置时 指定目的地货交买方处置时	卖方将货物运送到约定的目的地或地点，并承担货物运至该处的一切风险和费用。合同属于到达合同

1. 装运港船上交货

装运港船上交货（FOB）是指卖方负责在合同规定的日期或期限内，在指定的装运港把货物装到买方指定的船上，并负担货物装上船为止的一切费用和风险。FOB 只适用于海运和内河运输。

1）卖方义务

（1）在合同规定的装运港和日期或期限内，将货物装上买方指定的船只，并及时通知买方；

（2）负担货物在装运港越过船舷为止的一切费用和风险；

（3）负责办理出口手续，提供出口国政府或有关方面签发的证件、出口许可证，支付出口税和费用；

（4）负责提供有关货运单据以及相关的电子单证。

2）买方义务

（1）负责租船订舱、支付运费，并将船名和船期及时通知卖方；

（2）负担货物在装运港越过船舷时发生的一切费用和风险；

（3）接受卖方提供的符合合同规定的单据及相关的电子单证，并按合同规定支付货款；

（4）办理保险及支付运费、目的港收货和进口手续。

3）签订 FOB 合同时应注意的问题

（1）装船的概念及风险划分的界限。INCOTERMS 规定卖方负担货物在装运港越过船舷为止的一切风险，这就是说 FOB 卖方的交货点是船舷。在实际业务中，以货物安全地装到船上作为买卖双方风险的划分界限较为切实可行。

（2）船货衔接，买方在合同规定的期限内安排船只到合同指定的装运港装货，如果船只按时到达装运港，而卖方货未备妥，则卖方应承担由此造成的空舱费和滞期费；如果买方延迟派船，由此而引起的卖方仓储等费用支出的增加，以及因迟收货款而造成的利息损失，均将由买方负担。

（3）费用划分——贸易术语的变形

① FOB 班轮条件（FOB Liner Terms），卖方不负担有关装船的费用；

② FOB 包括理舱（FOB Stowed），卖方负责将货物装入船舱，并支付包括理舱费在内的装船费用；

③ FOB 包括平舱（FOB Trimmed），卖方负责将货物装入船舱，并支付包括平舱费在内的装船费用；

④ FOB Stowed and Trimmed，卖方负责将货物装入船舱，并支付包括理舱费、平舱费在内的装船费用；

⑤ FOB 吊钩下交货（FOB Under Tackle），卖方仅负责将货物交到买方指定船只的吊钩可及之处，有关装船的各项费用概由买方负担。

FOB 术语的变形不改变交货点和风险的划分，只对费用和手续进行明确划分。

（4）个别国家使用 FOB 术语的特殊含义。美国、加拿大和一些拉丁美洲国家较多采纳《1941 年美国对外贸易定义修正本》的解释，在对上述国家贸易时如使用 FOB 术语，须注意在 FOB 和装运港港名之间加上"VESSEL"字样，这才指卖方负责将货物交到装运港的船上。

2. 成本加运费

成本加运费（CFR）是指卖方负责租船订舱，在合同规定的装运期内将货物装上运往约定目的港的船舶，负担货物装上船前的一切费用和风险，并支付运费。CFR 只适用于海运及内河运输。

1）卖方义务

（1）负责租船订舱，在合同规定的装运港和规定的期限内，将货物装上船并支付至目的港的运费，装船后及时通知买方；

（2）负担货物装上船以前的一切费用和风险；

（3）负责办理出口手续，提供出口国政府或有关方面签发的证件；

（4）负责提供有关货运单据及相关的电子单证。

2）买方义务

（1）负担货物越过船舷以后产生的一切费用和风险；

（2）接受卖方提供的有关符合合同规定的货运单据，并按合同规定支付货款；

（3）办理在目的港的收货和进口手续；

（4）办理货物在运输途中的保险，并支付保险费用。

3）使用 CFR 术语应注意的事项

（1）装船的概念及风险划分的界限。在实际业务中，以货物安全地装到船上作为买卖双方风险的划分界限较为切实可行。

（2）租船订舱，按照 CFR 的含义，卖方负责办理租船订舱。按国际惯例，卖方只要选择适航的船舶、惯常的航线即可。

（3）装船通知，在 CFR 合同中，卖方能否及时发出装船通知，关系到买方能否为进口货物及时办理保险事宜的问题。在出口贸易中，由于卖方未向买方发出装船通知，而致使买方未及时办理保险，货物在海运途中的风险应被视为由卖方负担。

（4）卸货费用的划分——贸易术语的变形：

① CFR 班轮条件（CFR Liner Terms），买方不负担卸货费用，而由卖方承担。

② CFR 卸到岸上（CFR Landed），卖方负担卸货费用，包括驳船费和码头费。

③ CFR 吊钩下交货（CFR Exship's Tackle），货物到达目的港后，卖方只负担自船舱底起吊的费用，泊船费和码头费均由买方负担。

④ CFR 舱底交货（CFR Exship's Hold），货物运抵目的港后，自船舱底起吊直到卸到码头的卸货费均由买方负担。

CFR 术语的变形不改变交货点和风险的划分，只是对相关费用进行划分。

3. 成本加保险费、运费

成本加保险费加运费（CIF）就是 FOB 加保险费和运费。CIF 后加目的港名称。具体地说，CIF 是指卖方负责租船或订舱，在合同规定的装运期内将货物装上运往约定目的港的船舶，负担货物装上船前的一切费用和风险，支付运费，办理保险，支付保险费。

1）卖方义务

（1）负责租船订舱，在合同规定的装运港和规定的期限内，将货物装上船并支付至目的港的运费，装船后及时通知买方；

（2）负担货物装上船以前的一切费用和风险；

（3）负责办理出口手续，提供出口国政府或有关方面签发的证件；
（4）负责提供有关货运单据及相关的电子单证；
（5）负责办理保险并支付保险费。

2）买方义务

（1）负担货物越过船舷时产生的一切费用和风险；
（2）接受卖方提供的有关符合合同规定的货运单据，并按合同规定支付货款；
（3）办理在目的港的收货和进口手续。

3）使用 CIF 贸易术语应注意的问题

（1）装船概念以及风险界限的划分。
（2）租船订舱。
（3）卸货费用的划分——贸易术语的变形：
① CIF 班轮条件（CIF Liner Terms），买方不负担卸货费用，而由卖方承担。
② CIF 卸到岸上（CIF Landed），卖方负担卸货费用，包括驳船费和码头费。
③ CIF 钩钩下交货（CIF Exship's Tackle），货物到达目的港后，卖方只负担自船舱底起吊的费用，泊船费和码头费均由买方负担。

（4）保险险别与保险金额。在 CIF 术语下，卖方必须自费办理货物运输保险。按 INCOTERMS，卖方只需投保保险公司责任范围最小的一种险别——平安险即可。

按 INCOTERMS，在国际贸易业务中，CIF 下卖方按发票金额加成（加一成即 10%）投保即可。若买方想加成更多，对由此产生的金额经双方友好协商达成协议，卖方可以考虑。

（5）凭单交货，凭单付款。CIF 合同的卖方将有关货运单据交给买方后，使买方与轮船公司和保险公司建立起了直接的关系，如货物在运输途中发生损坏或灭失，买方可凭所取得的货运单据，向轮船公司或保险公司交涉索赔。按 CIF 术语达成的交易可以被认为是一种单据买卖，但出口方所交货物必须符合合同规定。

只要卖方所交的单据齐全和正确，买方就必须付款；即使在付款时货物已经损坏或灭失，买方也不得拒付货款。

卖方所须提供的单据包括：货物单据，如原产地证书、各种检验证书、出口许可证等；运输单据，如装箱单、提单等；保险单据；资金单据（汇票）等。

4. 货交承运人

货交承运人（FCA）是指卖方在指定地点将经出口清关的货物交给买方指定的承运人，即完成了交货。承运人指在运输合同中，通过铁路、公路、空运、海运、内河运输或上述运输的联合运输方式承担履行运输或承担办理运输业务的任何人。FCA 术语适用于各种运输方式，包括多式联运。

1）卖方义务

（1）取得出口许可证或其他官方批准证件，办理出口手续；
（2）在合同规定时间、地点将货物置于买方指定的承运人控制下，并及时通知买方；
（3）承担将货物交给承运人之前的一切费用和风险；
（4）负责提供交货的通常单据。

2）买方义务

（1）负责办理进口手续，取得进口许可证和其他官方证件；

（2）签订从指定地点承运货物的合同，支付有关运费，并将承运人名称及有关情况及时通知卖方；

（3）承担货物交给承运人之后所发生的一切费用和风险；

（4）根据买卖合同的规定受领货物并支付货款。

3）注意事项

（1）关于交货问题。如卖方在其所在地交货，卖方应负责装货；如卖方在任何其他地点交货，卖方不负责卸货。如没有指定具体交货地点，卖方可选择最适合的交货地点。

（2）关于运输合同。由买方负责订立从指定地点承运货物的运输合同，卖方无此义务，可办理也可拒绝。

5. 运费付至

运费付至（CPT）是指卖方应向其指定的承运人交货，支付将货物运至目的地的运费，办理出口清关手续。买方承担交货之后的一切风险和其他费用。CPT术语适用于各种运输方式，包括多式联运。

1）卖方义务

（1）取得出口许可证或其他官方批准证件，办理出口手续；

（2）订立将货物运往指定目的地的运输合同，并支付运费。在合同规定的时间、地点将货物交给承运人，并及时通知卖方；

（3）承担将货物交给承运人之前的一切费用和风险；

（4）负责提供交货的通常单据。

2）买方义务

（1）负责办理进口手续，取得进口许可证和其他官方证件；

（2）支付运输途中所产生的其他费用（除运输费）和卸货费；

（3）承担货物交给承运人之后所发生的一切费用和风险；

（4）根据买卖合同的规定受领货物并支付货款。

3）注意事项

（1）风险划分的界限问题。卖方承担货物交给承运人控制之前的风险；货物自交货地点至目的地的运输途中的风险由买方承担。

（2）责任和费用的划分问题。卖方订立运输合同，双方要在合同中规定装运期和目的地。卖方承担从交货地点到指定目的地的正常运费，正常运费外的其他有关费用一般由买方负担。

6. 运费、保险费付至

运费、保险费付至（CIP）指卖方除了须承担在CPT术语下同样的义务外，还须对货物在运输途中灭失或损坏的买方风险取得货物保险，一般按合同价款的110%合同货币投保，并支付保险费。CIP适用于各种运输方式，包括多式联运。

1）买卖方双方义务

同CPT，卖方除了应订立运输合同和支付通常的运费外，还应负责订立保险合同并支付保险费。

2）注意事项

（1）风险和保险问题。货物从交货地点运往目的地的运输途中的风险由买方承担，保险由卖方负责办理，并支付保险费，金额为在合同价格的基础上加成10%。如合同未规定险别，则由卖方按惯例投保最低险别。

（2）应合理确定价格。卖方承担的费用都反映在货价之中，所以卖方对外报价时，要认真核算成本和价格。在核算时，应考虑运输距离、保险险别、各种运输方式和各类保险收费情况，并要预计运价和保险费的变动趋势等方面问题。

7. 工厂交货

工厂交货（EXW）指卖方在其所在地（如工厂、工场或仓库）将货物置于买方处置之下时，即履行了交货义务，适用于各种运输方式。EXW是卖方承担责任、费用和风险最小的一种贸易术语。

8. 船边交货

船边交货（FAS）指卖方在装运港将货物送到指定的装运港船边，即完成交货。它只适用于海运或内河运输。

9. 边境交货

边境交货（DAF）指卖方在约定的日期或期限内，在边境指定的交货地点，将仍处于运输工具上尚未卸下的货物交给买方处置，即完成交货义务。边境，可用于任何边境，包括出口国边境，双方应确切指定具体地点，否则卖方可选择。DAF适用于陆地边界交货的各种运输方式，但主要用于铁路或公路运输。

10. 目的港船上交货

目的港船上交货（DES）指卖方在指定的目的港船上向买方提交未经进口清关的货物时，即履行了交货义务。适用于海运、内河运输或多式联运。DES下运输途中的风险由卖方负责，须负担货物运抵目的港交货前的一切费用。

11. 目的港码头交货

目的港码头交货（DEQ）指卖方在指定的目的港码头将货物交给买方，不负责办理进口清关手续，即完成交货。DEQ适用于货物经由海运、内河运输或多式联运且在目的港码头卸货。

12. 未完税交货

未完税交货（DDU）指卖方在规定的期限内，在指定的目的地将运输工具上尚未卸下的货物交给买方，即完成交货。卖方应承担将货物运至指定目的地的一切费用和风险，但不负责卸货。由买方负责办理进口清关手续，并支付在目的国进口应交纳的任何税费，以及因未能及时办理货物进口清关手续而引起的费用和风险。DDU适用于各种运输方式。

13. 完税后交货

完税后交货（DDP）指卖方在规定的期限内，在指定的目的地将在运输工具上尚未卸下的货物交给买方，即完成交货。卖方须承担将货物运至目的地的一切风险和费用，办理进口清关手续，交纳任何进口税费，包括办理一切海关手续，交纳海关手续费、关税及其他费用。DDP适用于任何运输方式。DDP是卖方承担责任最大的一种术语。

17.3.2　国际采购商品的作价方法和币种选择

1. 作价方法

贸易合同中的价格可以是明确规定的，也可以只规定作价的方法而不明确规定价格。国际采购中的作价方法，一般均采用固定作价。

1) 固定价格

指在价格条款中明确规定的价格，任何一方不得随意变更。这种方法适用于交货期较短的交易，因为贸易双方均承担市场变化的风险。

2) 暂不固定价格

又称"活价"，贸易双方只规定作价的方法和期限，不规定具体价格而约定将来如何确定价格。但容易造成履约困难，往往只在长期交往的贸易伙伴间使用。

3) 浮动价格

又称滑动价格，在价格条款中规定一个基础价格，并同时明确调整价格的依据和方法。例如，规定在合同履行期间该商品的市场价格、生产该商品人员的工资或原料价格等指数一有变动，或超过规定的幅度，基础价格则做相应调整。也可规定以某金融交易所的价格变化作为调整基础价格的依据（实际上这就是保值条款）。这种作价方法适用于价格变动频繁的大宗贸易或交货周期长的成套设备贸易。

4) 暂定价格

买卖双方在洽谈某些市价变化较大的货物的远期交易时，可先在合同中规定一个暂定价格，待日后交货前的一定时间，再由双方按照当时市价商定最后价格，有较大的不确定性。

2. 币种选择

1) 计价货币和支付货币

计价货币（Money of Account）是合同中计算价格的货币。支付货币（Money of Payment）是合同中双方约定的、可用来清偿按计价货币表示的货款的等值货币。

国际采购中，二者通常为同一种货币，但也可以不同。如果在合同中既规定了计价货币，又规定了支付货币，一般按付款日两种货币的汇率，将计价货币表示的价款折成等值的支付货币来支付。除非买卖双方另有规定。

2) 币种选择

在国际采购业务中，选择何种货币计价和支付，首先应考虑使用可自由兑换并且汇率相对稳定的货币。使用可自由兑换的货币，有利于调拨和运用，也有助于在必要时转移货币汇价风险。在出口业务中，一般应尽可能争取使用从成交到收汇这段时期内汇价较稳定且趋势上浮的货币，即所谓"硬币"。在进口业务中，则应争取使用从成交到收汇这段时期内汇比较疲软且趋势下浮的货币，即所说的"软币"或"弱币"。

其次应结合企业的经营意图、国际市场供需情况和价格水平等情况，做全面综合的分析，但须避免因单纯考虑外汇风险而影响交易的正常进行。

17.3.3 国际采购合同中的价格条款

国际采购合同中的价格条款，一般包括两大部分内容：商品的单价和总价。

1. 单价

1) 单价的构成

单价（Unit Price）由四部分构成，即计价的计量单位、单位价格金额、计价货币及贸易术语，缺一不可。例如"每件10美元FOB上海"（USD 10 per pc FOB Shanghai）。其中，计量单位是"件"，价格金额是"10"，计价货币是"美元"，贸易术语是"FOB上海"。

这四部分必须表达明确、具体，并且四个部分在用中文书写时，顺序不能任意颠倒；而用英文书写时，可以将计量单位和计价货币对调。

2）单价的制定应该注意的问题

（1）计量单位。计量单位应与数量单位一致，如数量单位是"公吨"，则计量单位也应该是"公吨"。

（2）计价货币。同一货币名称，在不同的国家和地区，代表的币值不一样。因此，在合同中必须将有关货币的国别（地区）写明。如"元"，应写明美元、加元、日元、港元等。

（3）贸易术语后面的港口名或地名。如贸易术语中的地名有同名，应加注国名或地区名，以免出现差错。

2. 总值

总值（Total Amount），又称总价，是合同中货物的全部金额，是单价和数量的乘积，使用的货币应与单价一致。

计算总值时如果品质、数量在合同中有机动幅度，在机动幅度内一般按原有单价计价，在机动幅度外的在合同中写明计价方法。总值必须用大小写同时表示，除用阿拉伯数字填写外，还应用文字表示，要认真细致，计算正确。

17.4　运输与保险

在国际采购实践中，卖方将货物交付给买方，通常需通过国际长途运输，因此有必要就货物装运时间、装卸地点和运输方式以及买卖双方的有关交接和运输中的责任达成协议。而且货物经过长途运输、装卸和存储等环节，遇到各种风险而遭受损失的可能性较大，为了在货物遭受损失时能得到经济补偿，就须办理货物运输保险。

17.4.1　运输方式和运输单据

1. 运输方式

1）海洋运输

海洋运输（Ocean Transport）是国际货物运输中采用最广的一种运输方式，其运量在国际货物运输总量中占80%以上。海洋运输具有通过能力大（拥有四通八达的天然航道）、运量大、运费低等优点，但也存在航行速度慢、航期不准确、易受自然条件影响等缺点。

海洋运输按照运输船舶经营方式的不同，可分为：

（1）班轮运输（Liner Transport）：也叫定期船运输。其特点有：

① 四固定：航线固定；沿途停靠港口固定；船期固定；运费率固定。

② 三个规定：对所停靠的港口一般不论货物数量多少都可接受装运；由船方负责配载装卸，装卸费包括在运费中，船货双方也不计算滞期费和速遣费；船公司的责任是以船公司或代理人在货物装船后所签发的提单为依据。

③ 班轮承运货物的品种、数量比较灵活，货运质量较有保证，且一般采取在码头仓库交接货物，故为货主提供了较便利的条件。班轮运输有利于小额成交的小批量杂货，如五金、纺织品、食品、工艺品、某些贵重物品等。

(2) 租船运输（Shipping Chartering），又称不定期船运输，是指包租整船或部分舱位进行运输。适用于成交量大、交货集中或对方港口无直达轮停靠的场合。如粮食、矿石、石油等的运输。租船运输的种类有：

① 定程租船（Voyage Charter），也称为程租船或航次租船，是指由船舶所有人负责提供船舶，在指定港口之间进行一个航次或数个航次，承运指定货物的租船运输。按航次多寡定程租船可分为单航次租船、来回程租船、连续航次租船、包运合同等。

② 定期租船（Time Charter），是指由船舶所有人将船舶出租给承租人，供其使用一定时期的租船运输。承租人也可将此期租船充作班轮或程租船使用。

③ 光船租船，船舶所有人将船舶出租给承租人使用一个时期，但船舶所有人所提供的船舶是一艘空船，既无船长，又未配备船员，承租人自己要任命船长、船员，负责船员的给养和船舶营运管理所需的一切费用。

④ 航次期租，以完成一个航次运输为目的，按完成航次所花的时间，按约定的租金率计算租金的方式。

2) 其他运输方式

(1) 铁路运输（Rail Transport）具有运行速度快、运载量大、受气候影响小、准确性和连续性强、风险小等优点。铁路运输可分为国际铁路联运和国内铁路运输两种。

(2) 航空运输（Air Transport）是一种现代化的运输方式，具有运送迅速、安全准时、节省包装、货物破损率小、保险和储存费用少、可以运往世界各地而不受地面条件限制等优点。航空运输包括班机运输（Airline Transport）、包机运输（Chartered Carrier Transport）、集中托运方式（Consolidation Transport）、航空急件传送（Air Express Service）等方式。

(3) 邮政运输（Parcel Post Transport），又称邮包运输，是一种以邮政部门作为承运人的最简单的运输方式，包括普通邮包和航空邮包两种。

(4) 集装箱运输（Container Transport）属于成组化运输，是以集装箱为运输单位进行运输的一种现代化的先进的运输方式。它的货物的交接可以是"港到港"（Port to Port），也可以是"门对门"（Door to Door）方式，所以它可适用于各种运输方式的单独运输和不同方式的联合运输。

(5) 国际多式联运（International Multimodal Transport）是按照多式联运合同，以至少两种不同的运输方式，由多式联运经营人将货物从一国境内接受货物的地点运往另一国境内指定交付货物的地点的运输方式。

2. 装运条款

1) 交货时间

交货时间一般是规定一个期限，而不是某个具体日期，主要有三种规定方法：

(1) 规定明确具体的交货时间。

① 规定在某月内装运；

② 规定在某月月底以前装运；

③ 规定在某月某日以前装运；

④ 规定跨月装运，即规定在某几个月内装运。

(2) 规定收到信用证后一定时间内装运。对某些外汇管制较严的国家和地区，或专为买方制造的特定商品，为了防止买方不按时履行合同而造成的损失，也可采用规定在收到信用证后一定时间内装运。如果买方拖延或拒绝开证,则卖方会很被动,因此一般还应同时规定开到信用证的期限。

(3) 规定近期交货术语。在买方急需而卖方又备有现货的情况下,可采用近期交货术语作为交货时间。立即装运(Immediate Shipment)、即期装运(Prompt Shipment)、尽快装运(Shipment as soon as possible)等。由于理解上的不同,应该尽量避免使用此方法。

规定交货时间考虑的因素应包括货源、船源情况;运输情况;市场情况;商品情况;规定装运期应明确具体;考虑开证日期规定是否明确合理等。

2) 装运港和目的港

一般来说,装运港都是在洽谈贸易时由卖方提出,经买方同意后确定;而目的港则由买方提出,经卖方同意后确定。

装运港方面应考虑的问题:

(1) 考虑本方国内的运输条件和费用水平,装运港要接近货源地,以节约运杂费;

(2) 采用 FOB 贸易术语时,应考虑对方来船大小与本方装运港口的水深是否适应,以免引起争执;

(3) 采用 CFR、CIF 贸易术语时,最好订几个或写中国口岸,以便某个港口无船时改用其他港口装运。

目的港方面应考虑的问题:

(1) 不能接受我国对外政策中规定不接受的往来国家的港口为目的港;

(2) 目的港必须是船舶可以安全停泊的非疫港、非战争港,如是租船运输,还应进一步考虑码头、泊位、水深,有无冰冻期及船舶国籍有无限制等;

(3) 对没有直达船或虽有直达船但船期不固定或船期很少的港口,应规定允许转船,以利租船装运;

(4) 规定要明确具体,不能定为欧洲主要港口或非洲主要港口等;

(5) 对内陆国家的贸易如瑞士等,应选择距该国最近的我国船能到达的港口为目的港;

(6) 相对买方而言,目的港要选择接近用货单位或消费地区的港口;

(7) 注意港口有无重名;

(8) 原则上目的港只规定一个,在磋商交易时,如明确规定一个或几个目的港有困难可采用选择港(Optional Ports)的办法,即可以允许买方在几个港口中任选一个港口作为目的港。

3) 分批和转运

分批装运和转船运输,直接关系到买卖双方的权益。一般地,允许分批和转船对卖方来说比较主动。为了避免不必要的争论,争取早出口早收汇,防止交货时发生困难,除非买方坚持,原则上均应争取在销售合同中订入允许分批和转运。对于分批装运条款中明确规定分批数量,以及类似的限批、限时、限量的条款,接受时应慎重对待。

4) 装船通知

采用租船运输大宗进出口货物的情况下需要进行装船通知。装船通知的目的在于明确买卖双方的责任,促使买卖双方互相配合,共同做好船货衔接工作。

(1) 在按 FOB 条件成交时,卖方应在约定的装运期之前,一般为 30 天或 45 天向买方发出货物备妥通知,以便买方及时派船接货。买方接到卖方发出的备货通知后,应按约定的时间,将船名、船舶到港日期等通知卖方,以便卖方及时安排货物出运和准备装船。货物装船后,卖方应在约定时间,将合同号、货物的品名、件数、重量、发票金额、船名及装船日期等项内容电告买方,以便买方办理保险并做好接卸货物的准备,及时办理进口报关等手续。

(2) CIF、CFR 条件下,买方派船时,卖方对船舶的一些特殊要求如船名、国籍等,可以考虑具体情况再接受。

3. 运输单据

运输单据是承运人收到承运货物后发给出口商的证明文件,具体反映了同货物运输有关的各种关系人的责任和权益。运输单据是交接货物、处理索赔与理赔以及向银行结算货款或进行议付的重要单据。

根据运输方式分类,运输单据主要包括海运提单、国际铁路运单、承运货物收据、航空运单、邮政收据以及国际多式联运单据等。下面主要介绍海运提单。

1) 海运提单的含义

海运提单(Bill of Lading,B/L)简称提单,是船方或其代理人在收到承运货物时签发给托运人(买方或卖方或其代理人)的一种单证。提单表示承运人已收到托运的货物,而且货物也已装上指定的船舶。

提单具体反映了货物各种关系人(发货人、承运人、收货人)的责任与权益,是货物运输业务中最为重要的证件,也是结汇工作的主要单据。

2) 海运提单的性质和作用(RED)

(1) 提单是收据(Receipt for the Goods,R),表明承运人已经接管了提单所列的货物,承运人必须保证根据这个收据交付货物。

(2) 提单是承运人和托运人之间运输协议的证明(Evidence of Contract of Carriage,E),是双方当事人权利义务的主要依据。

(3) 提单是货物所有权的凭证(Documents of Title,D),谁合法取得提单,货物就属于谁,转移提单就等于转移了货物的所有关系。可以通过转让提单向银行办理抵押贷款。

(4) 提单还具有收取运费的证明、办理货物的装卸、发运和交付的凭证等方面的作用。

3) 海运提单的内容

提单内容包括正面和反面两部分。提单正面内容通常包括下列事项:

(1) 托运人;

(2) 收货人;

(3) 被通知人;

(4) 收货港或装货港;

(5) 目的港或卸货港;

(6) 船名及航次;

(7) 唛头及件号;

(8) 货名及件数;

(9) 重量和体积;

(10) 运费预付或运费到付;

(11) 正本提单的份数;

（12）船公司或其代理人的签章；

（13）签发提单的地点及日期。

提单的反面内容通常印的就是运输条款。这些条款是作为确定承运人与托运人之间，以及承运人与收货人及提单持有人之间的权利和义务的主要依据。可参照《海牙规则》《维斯比规则》《汉堡规则》等。

4）海运提单的种类

（1）根据货物是否已装船，分为已装船提单和备运提单。

① 已装船提单是指承运人已将货物装上指定船舶后所签发的提单。其特点是提单上必须以文字表明货物已装某某船上，并载装船日期，同时还应由船长或其代理人签字。

② 备运提单又称收讫待运提单，是指承运人已收到托运货物等待装运期间所签发的提单。

（2）根据提单上对货物外表状况有无不良批注，可分为清洁提单和不清洁提单。

① 清洁提单是指货物在装船时"表面状况良好"，承运人在提单上不带有明确宣称货物及/或包装有缺陷状况的文字或批注的提单。清洁提单是转让时所必备的条件。通过大副收据（Mait's Receipt）来获得清洁提单。

② 不清洁提单是指承运人在签发的提单上带有明确宣称货物或包装有缺陷状况的条款或批注的提单。

（3）根据提单收货人抬头的不同，可分为记名提单、不记名提单和指示提单。

① 记名提单是指提单上的收货人栏内填明特定收货人名称，只能由该特定收货人提货。由于这种提单不能通过背书方式转让给第三方，不能流通，故其在国际贸易中很少使用。

② 不记名提单是指提单收货人栏内没有指明任何收货人，只注明提单持有人字样，承运人应将货物交给提单持有人。此提单无须背书即可转让，流通性极强但风险很大，在国际贸易中也很少使用。

③ 指示提单是指提单上的收货人栏填写"凭指定"或"凭某某人指定"字样，可通过背书转让，在国际贸易中广为使用。背书有记名和空白之分。目前在国际业务中使用最多的是"空白抬头、空白背书"的提单。背书提单中有追索权，即后首对前首有一级一级追索的权利。

（4）根据运输方式可分为直达提单、转船提单和联运提单。

① 直达提单是指轮船中途不经过换船而驶往目的港所签发的提单。

② 转船提单是指从装运港装货的轮船，不直接驶往目的港，而须在中途换装另外船舶所签发的提单。

③ 联运提单是指经过海运和其他运输方式联合运输时由第一程承运人所签发的包括全程运输的提单。

（5）根据船舶营运方式可分为班轮提单和租船提单。

① 班轮提单是指由班轮公司承运货物后所签发给托运人的提单。

② 租船提单是指承运人根据租船合同而签发的提单。这种提单受租船合同条款的约束。银行或买方在接受这种提单时，通常要求卖方提供租船合同的副本。

17.4.2 国际货物运输保险

国际货物运输保险一般是货主（投保人）在货物发运以前，估定一定的投保金额，向保险人，即保险公司投保运输险。投保人按投保金额、投保险别及保险费率，向保险公司支付保险费并取得保险单（保险合同）。保险公司负责对投保货物在运输过程中遭受投保险别责任范围内的损失时，按投保金额及损失程度赔偿给保险单证的持有人。

1. 风险的种类

1）海上风险

海上风险，又称海难（Perils of the Sea），是保险业上的专门术语。它不包括海上的一切危险，主要包括自然灾害和意外事故。

（1）自然灾害（Natural Calamities），指自然力量所造成的灾害，如暴风雨（Heavy Weather）、雷电（Lightening）、海啸（Tsunami）等人力不可抗拒的灾害。

（2）海上意外事故（Accidents），指船舶搁浅、触礁、沉没、互撞或与流冰等其他物体碰撞以及失火、爆炸等由于偶然的非意料中的原因而造成的事故或其他类似事故。

此外，货物原有的缺陷、发货人的故意或过失、商品的特性、货物的自然损耗以及运输等原因导致的损失一般都不包括在上述风险内。

2）外来风险

外来风险（Extraneous Risks），指由于外来原因引起风险所造成的损失。外来风险包括一般外来风险（如偷窃、雨淋、短量、玷污、渗漏、破碎、串味、受潮、锈损、钩损等）和特殊外来风险（如战争、罢工、船舶中途被扣而导致交货不到、被当局没收等）。

2. 海上损失

海上损失可按损失的程度划分为全部损失和部分损失两类。

$$
\text{海上损失}\begin{cases}\text{全部损失}\begin{cases}\text{实际全损}\\\text{推定全损}\end{cases}\\\text{部分损失}\begin{cases}\text{共同海损}\\\text{单独海损}\end{cases}\end{cases}
$$

1）全部损失

全部损失（Total Loss）简称全损，指运输中的整批货物或不可分割的一批货物的全损。按损失情况的不同可分为实际全损和推定全损。

（1）实际全损（Actual Total Loss），又称绝对全损，指一批保险货物完全灭失，或者货物完全变质已失去原有的用途。

构成实际全损的情况有下列四种：被保险标的的实体已经完全灭失；被保险货物遭受严重损害，已丧失原有的用途和价值；被保险人对被保险货物的所有权已无可挽回地被完全剥夺；载货船舶失踪，达到一定时期（国际惯例为半年）仍无消息。

（2）推定全损（Constructive Total Loss），指被保险货物在海运中遭遇承保风险之后，虽然尚未达到完全灭失的状态，但是完全灭失将是不可避免的，或者恢复、修复货物以及运送货物到达原定目的地所耗费用估计要超过货物在目的地完好状态的价格。

构成推定全损的四种情况：修理费用超过货物修复后的价值；整理和续运到目的地的费用超过货物到达目的地的价值；为避免实际全损需要施救等所花费用，超过获救后的标的价值；失去标的所有权，而收回这一所有权所需费用，超过收回后的标的价值。

2）部分损失

部分损失（Partial Loss）是指被保险货物的损失没有达到全部损失的程度。按性质可分为共同海损和单独海损。

（1）共同海损（General Average），是指运载货物的船舶在航运途中遭遇自然灾害或意外事故，威胁到船、货等各方面的共同安全，船方为了维护船舶和所有货物的共同安全，或者为了使航程能继续完成，而有意地、合理地采取挽救措施所造成的某些特殊牺牲或支出的额外费用。如船舶发生搁浅，为了减轻船舶的负荷，使船舶起伏脱险，船方将一部分货物抛入海中；又如船舶搁浅时，船方请其他船舶来进行拖曳，使船只脱离危险而支付的费用，都属共同海损。

（2）单独海损（Particular Average），是指在海上运输中，由于承保范围内的风险所直接导致的船舶或货物的部分损失。如载货船舶在海上航行中遭遇暴风巨浪，海水进入船舱致使部分货物受损，即属货方的单独海损。

3. 我国海运货物保险的险别

中国人民保险公司根据保险业务的实际需要并参照国际保险市场的习惯做法，制定了各种不同保险条款，总称"中国保险条款"（China Insurance Clauses，CIC）。其中包括《海洋运输货物保险条款》，其险别分为基本险和附加险两大类。

1）基本险

基本险能够单独投保，包括平安险、水渍险和一切险。

（1）平安险（Free from Particular Average，FPA），其责任范围如下：自然灾害与意外事故造成的全部损失以及意外事故造成的部分损失；发生意外事故之前或之后又遭遇自然灾害所造成的部分损失；在装卸或转运时一件或数件货物落海造成的全部或部分损失。

（2）水渍险（With Average or With Particular Average，WA 或 WPA），其责任范围除包括上述平安险的各项责任外，还负责被保险货物由于自然灾害造成的部分损失。

（3）一切险（All Risks，AR），其责任范围除包括上述水渍险的责任范围外，还负责保险货物在海运途中因各种一般外来原因造成的损失。

2）基本险的除外责任

在三种基本险下，保险公司对以下情况不负赔偿责任：

（1）由被保险人故意行为或过失造成的损失；

（2）属于发货人责任引起的损失；

（3）在保险责任开始前，被保险货物已经存在的品质不良或数量短差造成的损失；

（4）被保险货物的自然损耗、本质缺陷、特性、市价跌落、运输延迟所引起的损失；

（5）海洋货物运输的战争险、罢工险规定的责任范围和除外责任。

3）对责任起讫期限的规定

（1）基本险的起讫期限均采用国际保险业中惯用的"仓至仓条款"（Warehouse to Warehouse Clauses，W/W Clauses），即保险公司的保险责任从被保险货物运离保险单所载明的起运地发货人的仓库起生效，包括正常运输中的海陆运输，直至该项货物到达保险单所载明的目的地收货人的仓库为止。运离指离开发货人仓库保险责任即开始。到达指进入目的地仓库保险责任即告终止，在仓库中发生的损失保险人概不负责。

（2）被保险货物从海轮上卸下，放在露天或海关仓库未进收货人仓库均有效。但当货物卸离货轮时起满60天，不论被保险货物有没有进入收货人的仓库或存储处，保险责任均告终止。如在上述60天内被保货物须转运到非保险单的目的地时，则以开始转运时保险责任终止。

(3) 被保险货物在运达目的地或目的地前,在某一仓库发生分配、分派,则该仓库就作为被保险人的最后仓库,责任也自货物运抵该仓库时终止。

4) 附加险

(1) 一般附加险。一般附加险涵括在一切险之内,投保人如已投保了一切险,就不须加保一般附加险。一般附加险包括偷窃提货不着险(Theft Per-forage and Non-Delivery, TPND);淡水雨淋险(Fresh Water Rain Damage);短量险(Shortage);玷污险(Contamination);渗漏险(Leakage);破碎险(Breakage);串味险(Taint of Odor);受潮受热险(Sweating and Heating);钩损险(Hook Damage);包装破裂险(Breakage of Packing);锈损险(Rusting)。

(2) 特殊附加险。特殊附加险不能独立投保,只能在基本险基础上投保。特殊附加险包括战争险(War Risk);罢工险(Strikes Risk);舱面险(On Deck Risk);进口关税险(Import Duty Risk);拒收险(Rejection Risk);黄曲霉素险(Aflatoxin Risk);交货不到险(Failure to Delivery Risk);货物运至中国香港或澳门的陈舱火险责任扩展条款(Fire Risk Extension Clause for Storage of Cargo at Destination Hong Kong, Including Kowloon or Macao)。

4. 英国伦敦保险协会海运货物保险条款

在国际保险市场上,英国伦敦保险协会所制定的协会货物保险条款(Institute Cargo Clauses, ICC)对世界各国有着广泛的影响。

1) 共分六种险别

(1) 协会货物(A)险条款(ICC(A));

(2) 协会货物(B)险条款(ICC(B));

(3) 协会货物(C)险条款(ICC(C));

(4) 协会战争险条款(货物)(Institute War Clauses-cargo);

(5) 协会罢工险条款(货物)(Institute Strikes Clauses-cargo);

(6) 恶意损害险条款(Malicious Damage Clauses)。

2) 责任范围

这里主要介绍协会货物条款(A),(B),(C)三种条款。

(1) ICC(A)险,大体相当于中国人民保险公司所规定的一切险,其责任范围最广,协会货物条款采用承保"除外责任"以外的一切风险的概括式规定办法。此险包括一般除外责任、不适航和不适货除外责任、战争除外责任和罢工除外责任等。

(2) ICC(B)险,与我国水渍险大体相当,因此协会采用"除外责任"之外列明风险的办法。此险对恶意损害的风险不负赔偿责任,如需则应加保"恶意损害险";另外,此险对海盗行为亦不负保险责任。

(3) ICC(C)险,仅承保重大意外事故的风险,而不承保自然灾害及非重大意外事故的风险,也采用列明风险的办法。此险比我国平安险的责任范围要小。

3) 保险责任起讫

使用仓至仓条款,具体规定同CIC。

5. 我国陆空邮运输货物保险的险别

1) 陆上运输货物保险险别

(1) 陆运险(Overland Transportation Risks)和陆运一切险(Overland Transportation All

Risks)。前者和海运货物保险条款中的"水渍险"相似;后者和海运货物保险条款中的"一切险"相似。

(2) 陆上运输冷藏货物险(Overland Transportation Insurance-Frozen Products),是陆上运输货物险中的一种专门险。

(3) 陆上运输货物战争险(火车)(Overland Transportation Cargo War Risk-by Train),是陆上运输货物保险的特殊附加险。

2)航空运输货物保险险别

航空运输货物保险可分为航空运输险和航空运输一切险,另外还有一种附加险,即航空运输货物战争险。

3)邮政包裹运输保险险别

邮包保险包括邮包险和邮包一切险两种基本险别。

6. 合同中的保险条款

1)险别的选择

选择险别应注意的因素:

(1) 商品的性质和特点,分析各种风险对货物致损的影响程度;

(2) 货物的包装,散装物品如粮食等应保短量险;

(3) 运输条件和装载情况;

(4) 目的地市场的变动趋势。

险别的选择应做到既要使货物得到充分的保险保障,又要注意保险费用的合理负担。

2)确定保险金额

(1) 保险金额(Insured Amount),是保险人赔偿的最高金额,也是计算保险费的基础。保险金额是根据保险价值确定的。

保险金额通常在发票金额的基础上增加一定的百分率,即所谓的"保险加成"。如合同对此未做规定,按《2000年通则》和《跟单信用证统一惯例》规定,卖方有义务按CIF、CIP价格的总值另加10%作为保险金额。

(2) 保险金额的计算公式:

$$保险金额 = CIF 或 CIP 价 \times (1 + 投保加成率)$$

如果以其他贸易术语成交,则应先折算成CIF价或CIP价,表明货物的国内成本、运费及保险费均应作为保险标的,共同加成投保。

保险金额保留整数,不设辅币,且小数点后零以上的数都应进位。

(3) 投保加成率。投保加成实际上是加入进口方的前期费用和预期利润一并进行投保,这样货物万一遭损,进口方所获得的赔偿将和未受损时一样。

在《UCP500》和《INCOTERMS2000》中均规定,最低保险金额应为货物的CIF或CIP的金额另加10%(即加110%)。如国外客户要求提高加成率也可接受,但由此而增加的保险费在原则上应由买方承担。

3)办理投保和交付保险费

出口合同采用CIF或CIP条件时,保险由卖方办理。卖方在向保险公司办理投保手续时,应根据合同或信用证规定,在备妥货物并确定装运日期和运输工具后,填制保险单。

保险费(Premium)是保险公司向被保险人收取的费用,是保险人经营业务的基本收入,也是保险人所掌握的保险基金(即损失赔偿基金)的主要来源。保险费率(Premium Rate)是计算保险费的依据,一般由保险公司规定或者由保险双方商定。

计算公式为:保险费=保险金额×保险费率=CIF或CIP价×(1+投保加成率)×保险费率

4)海运保险单据

保险单据既是保险公司对被保险人的承保证明,又是双方之间权利和义务的契约。在被保险货物遭受损失时,它是被保险人索赔的主要依据,也是保险公司理赔的主要依据。在进行银行结汇时,它还是重要结汇单据之一。

保险单据可以分为三种:

(1)大保单或保险单(Insurance Policy),是一种正规的保险合同,用于承保一个指定的航程内某一批货物发生的损失;

(2)保险凭证(Insurance Certificate),又称"小保单",是一种简化的保险契约,具有与保险单同等的效力;

(3)预约保险单(Open Policy),又称"开口保险单",是以预约方式承保被保险人在一定时期内分批发运的货物的保险单。

保险单和保险凭证可以经背书或其他方式进行转让。保险单据的形式和内容必须符合信用证的有关规定。保险单据的出单日期不得迟于运输单据的签发日期。办理投保手续的日期也不得迟于货物装运日期。

5)保险条款

(1)出口。按FOB或CFR条件成交,简单写为"保险由买方办理"或"卖方代买方办理";按CIF条件成交,规定按中国人民保险公司的保险条款办理。除将双方洽定的险别、投保金额等项目在合同条款中予以列明外,还应定明按某年某月中国人民保险公司海运货物保险条款承保。如"保险由卖方按发票金额的110%投保一切险和战争险,按1981年1月1日中国人民保险公司海洋运输货物保险条款为准。"

(2)进口。在进口情况下,我国进口货物多由买方自办保险,因而各进出口公司进口合同中对保险条款的规定比较简单。通常仅如下规定:"装船后保险由买方投保"。

6)保险单

保险单(Insurance Policy)是证明保险合同成立的法律文件,既反映保险与被保险人之间的权利与义务关系,又是保险人承保保险责任的书面证明;保险单是赔偿依据,在保险单已定的风险发生时,被保险人就可以凭保险单要求赔偿;保险单是权利凭证,通过背书转让,被背书人可将其具有的损害赔偿请求权及相应的诉讼权转让给受让人。

保险单的内容包括:

(1)保险人名称(the Name of the Insurer);

(2)被保险人(the Insured);

(3)保险标的物(Subject Matter);

(4)保险金额(Amount Insured);

(5)承保条款及险别(Clauses & Conditions);

(6)保险的船名、航次及启航日期(Vessel Name, Voyage No., Sailing Date);

(7)保险费(Premium);

(8) 赔付地点（Claim Payable at/in）；
(9) 出单地点和日期（Issuing Place and Date）；
(10) 保险人签字（the Signature of the insurer）。

填制出口货物保险单应注意的问题：

(1) 货物描述可与发票一致，也可使用统称，若使用统称，则应与其他单据使用的统称一致。
(2) 包装及数量与发票一致。
(3) 货币名称与信用证要求一致。除非信用证另有规定，保险单据上的货币名称必须与信用证上的一致。
(4) 金额大小写一致。
(5) 保险险别与信用证要求一致。
(6) 运输起讫地点与运输单据一致。
(7) 运输工具名称与运输单据一致。
(8) 理赔款地点与信用证规定一致。

17.5 检验、索赔、不可抗力与仲裁

在国际采购中，买卖双方交易的商品一般都要进行检验，如果合同履行过程中任何一方有违约的行为，另一方都有权提出索赔。采购合同签订后，若发生不可抗力事件，可按合同中不可抗力条款的规定，免除合同当事人的责任。如采购双方对履约过程中产生的争议难以和解，可采取仲裁的方式解决。因此，采购双方订立合同时，要就检验、索赔、不可抗力和仲裁条款达成一致，以减少不必要的麻烦。

17.5.1 检验

进出口商品检验检疫是国际采购活动中非常重要的组成部分。除双方另有约定外，对货物进行检验检疫是买方的一项基本权利。商品检验检疫业务包括商品质量数量的检验、包装鉴定和残损鉴定、进出口动植物产品检验检疫、质量认证制度和质量保证体系及产地签证检验等。

1. 商品检验

进出口商品检验检疫是指在国际贸易活动中，对买卖双方成交的商品，由商品检疫检验机构对商品的质量、数量、包装、安全、卫生及装运条件等进行检验，并对涉及人或动植物的传染病、病虫害、疫情等进行检疫的工作。通常简称为商检工作。

1) 商品检验工作的重要性
(1) 防止传染病的传播，保障人民身体健康；
(2) 防止动植物的传染病、寄生虫病和植物危险性病虫害传播，保障农林牧渔业生产和人民健康；
(3) 保证进出口商品的质量，维护贸易各方的合法权益以及保护环境、维护国家利益等；
(4) 维护买卖双方的正当权益，保障贸易活动的顺利进行；

(5) 国际贸易活动中各有关部门对商检工作的需要。

2) 商品检验的时间和地点

(1) 以离岸品质、重量为准（Shipping Quality，Weight）。即货物应在装运港装船前进行品质和重量（数量）的检验和衡量。

(2) 以到岸品质、重量为准（Landed Quality，Weight）。

(3) 以装运港的检验证明作为议付货款的依据，在货物到达目的港后允许买方有复验的权利。

(4) 装运港检验重量、目的港检验品质（Shipping Weight and Landed Quality）。

3) 商品检验的机构

检验机构，是指接受委托进行商品检验与公证鉴定工作的专门机构。在国际货物买卖中，有关商品检验工作，一般是由专门性的部门或企业办理的。这些部门和企业一般有四种类型：由国家设立的官方商检机构，由私人或行业公会、协会等开设的公证人或公证行，半官方的商检机构和垄断性的组织。

国际上比较著名的检验机构有：瑞士日内瓦通用鉴定公司（S.G.S.）、美国食品和药物管理局（FDA）、日本海事检定协会（NKKK）、日本海外货物检验株式会社（OMIC）、英国劳合氏公证行、美国保险人实验室（UL）、中国香港天祥公证化验行等民间或社团检验机构等。

我国检验检疫机构是中华人民共和国进出口商品检验局（SACI），是负责对我国进出口商品检验的最高机构。各省、直辖市、自治区检验检疫局及其分支机构负责管理本地区的进出口商品检验检疫工作。

4) 检验证书

检验证书（Inspection Certificate）是检验机构对进出口商品进行检验、鉴定后签发的书面证明文件。检验证书的种类有品质检验证书、重量检验证书、数量检验证书、兽医检验证书、卫生检验证书、消毒检验证书、产地检验证书、价值检验证书、验残检验证书、船舶检验证书等。在实际业务中，检验证书的作用主要有：

(1) 作为报关验放的有效证件；

(2) 买卖双方结算货款的依据；

(3) 计算运输、仓储等费用的依据；

(4) 办理索赔的依据；

(5) 计算关税的依据；

(6) 作为证明情况、明确责任的证件；

(7) 作为仲裁、诉讼举证的有效文件。

2. 检验检疫条款

1) 确定检验方式

从理论上讲，检验方式可分为自验、共验、出口商品预先检验、驻厂检验、产地检验、出口商品内地检验与口岸查验、出口商品的重新检验、复验等多种方式。

2) 确定检验内容

检验内容包括检验的项目、类别、所用的标准、检验的方法等方面。对同一种商品来讲，不同的标准或不同的检验方法将会检验出不同的结果。

3）选择检验机构

不同的检验机构的服务态度、工作作风和质量、收费标准千差万别。公正性应是选择检验机构的首要条件。其次，要看检验机构检验物品的技术水平和其他方面的硬件实力。

4）明确检验费用由谁承担

在出口业务中，检验费用一般由出口商自己承担。

3. 我国出境货物检验检疫工作

1）我国出入境货物检验检疫的一般规定

我国实行"一次报检、一次抽（采）样、一次检验检疫、一次卫生除害处理、一次收费、一次发证放行"的工作模式和先报检后报关的工作程序。对实施检验检疫的货物，只有经检验合格，检验检疫机构签发检验检疫证书，在入境货物通关单和出境货物通关单上加盖"检验检疫专用章"，海关才予放行。

2）我国出境货物检验检疫工作程序

出境货物检验检疫流程可概括为以下环节：报检（审单）→施检部门接单→现场查验或取样检验、检疫、鉴定、除害处理→出具检验检疫结果→检务审单→计费（收费）→出证。

17.5.2 索赔

1. 引起纠纷的原因

（1）由于合同条款规定不明确，买卖双方对条款解释的不同导致纠纷。

（2）卖方违约。

（3）买方违约。

（4）发生不可抗力事故，双方就是否解除合同产生纠纷。

（5）对合同是否成立发生纠纷。

2. 争议、索赔、理赔的概念

（1）争议（Disputes），是指买卖的一方认为另一方未能全部或部分履行合同规定的责任与义务所引起的纠纷。

（2）索赔（Claim），是在进出口业务中，因一方违反合同规定直接或间接给另一方造成损失，受损方向违约方提出赔偿请求，以弥补其所受损失。

（3）理赔（Settling），就是一方对另一方提出的索赔进行处理。

3. 合同中的索赔条款

（1）异议、索赔条款（Discrepancy and Claim Clause）。当一方违约时，另一方提出索赔的依据、期限以及赔偿损失的办法和金额等。

索赔依据主要规定索赔必须具备的证据以及出证的机构。提赔时必须按规定提出有效、齐全的证据，否则可能遭到拒赔。

索赔期限是指索赔方向违约方提出索赔要求的有效期限。索赔期限因不同商品而异，一般货物通常规定为货到目的地30~45天。

（2）罚金条款（Penalty Clause），是指合同中规定如由于一方未履行合同或者未完全履行合同，应向另一方支付一定数量的约定金额作为赔偿。这一条款的规定，一般适用于卖方延期交货，或买方延期接货等情况。其特点是双方在合同中预先约定一个赔偿的金额，按一般惯例，罚金数额以不超过总金额的5%为宜。

4. 索赔、理赔中应注意的问题

（1）索赔一方要在索赔期限内提出必须具备的各种有效证据，应及时向对方提出保留索赔权。

（2）有关双方应根据合同规定和违约事实，本着平等互利和实事求是的精神，合理确定损害赔偿的金额，或者其他处理的方式。

（3）从争议案情具体情况出发，灵活选择解决争议的途径，正确利用国际贸易惯例和有关法律，最好是采用友好协商办法解决。

5. 我国进出口业务争议的处理

1）进口对外索赔的处理

（1）查明造成损害的事实，分清责任，备妥必要的索赔单证。

（2）正确决定索赔的项目和金额。

（3）认真订好索赔方案。

（4）及时向国外提出索赔。在做好准备工作后，就要及时向国外发出附有各种证件的索赔函。

2）出口业务的理赔处理

（1）要认真细致地审核国外商人提出的单证和出单机构的合法性。

（2）注意搞好调查研究，弄清事实，分清责任。

（3）合理确定损失和赔偿办法。

17.5.3 不可抗力

1. 不可抗力的含义

不可抗力（Force Majeure）是指合同签订后，不是由于任何一方当事人的过失，而是由于发生了人力不可抗拒的或事先无法预防的意外事故的原因，以致不能履行或不能如期履行合同。因此，不可抗力是一项免责条款。

不可抗力的意外事故，一是由于自然力量引起的，如水灾、火灾、风暴、海啸、地震等；二是由于社会力量引起的，如战争、罢工、政府禁令、经济危机等。

不可抗力事故引起的后果，一是免除不履行合同的责任，二是免除延迟履行合同的责任。

2. 合同中的不可抗力条款

由于对不可抗力无完全统一的解释，为了避免引起不必要的纠纷，防止一方当事人任意扩大或缩小对不可抗力事故范围的解释，或在不可抗力事故发生后在履约问题上提出不合理的要求，订立不可抗力条款是非常必要的。其内容一般包括：不可抗力事故的范围、不可抗力事故的后果、出具事故证明的机构、发生事故后通知对方的期限。

3. 不可抗力条款的规定方法

（1）概括式规定。即在合同中不具体订明哪些现象是不可抗力事故。这种方法太笼统。

（2）列举式规定。即在不可抗力条款中明确规定出哪些是不可抗力事故。这种方法太具体，又说不清楚。

（3）综合式规定。即采用概括和列举综合并用的方式。这种方法比较好用。

4. 援引不可抗力条款应注意事项

(1) 任何一方遭到不可抗力时，都必须及时通知对方，并在一定的时间内提供不可抗力事故证书。

(2) 一方接到事故通知或证书后，不论同意与否都应及时答复对方，不应长期拖延不予处理。

(3) 是否可以按不可抗力事故处理，要进行严格审查、核对。

(4) 不可抗力事故的后果，应实事求是地进行处理。

17.5.4 仲裁

1. 仲裁的含义

仲裁（Arbitration）是指经买卖双方达成协议，在双方发生争议时，如通过协商不能解决，自愿将有关争议提交给双方所同意的第三者进行裁决，裁决的结果对双方都有约束力，双方必须依照执行。

2. 仲裁协议

1) 仲裁协议的作用

(1) 约束双方当事人只能以仲裁方式解决争议，不得向法院起诉。

(2) 排除法院对有关案件的管辖权，如果一方违背仲裁协议，自行向法院起诉，另一方可根据仲裁协议要求法院不予受理，并将争议案件退交仲裁庭裁断。

(3) 仲裁机构取得对争议案件的管辖权。

2) 有效的仲裁协议必须具备的事项

(1) 请示仲裁的意思表示、选定的仲裁委员会和约定仲裁事项（该仲裁事项依法应具有可仲裁性）；

(2) 必须是书面的；

(3) 当事人具有签订仲裁协议的行为能力；

(4) 形式和内容合法。

3. 合同的仲裁条款

(1) 仲裁地点。除非仲裁协议另有规定，一般都适用审判地法律。

(2) 仲裁机构。国际商事仲裁机构很多，基本有两种形式：一种是常设的，另一种是临时的。

(3) 仲裁程序，包括仲裁的申请、仲裁员的指定、仲裁案件的审理、仲裁裁决的效力、仲裁费用的支付。

(4) 仲裁费用。通常在仲裁条款中明确规定出仲裁费用由谁负担，一般规定由败诉方承担，也有的规定为由仲裁庭酌情决定。我国仲裁规则规定，败诉方所承担的费用不得超过胜诉方所得胜诉金额的10%。

(5) 仲裁裁决的执行。仲裁裁决是终局的，对双方当事人均有约束力。任何一方当事人不得向法院起诉，也不得向其他任何机构提出变更仲裁的请求，如败诉一方不愿执行裁决，胜方只能向法院提出申请，要求予以强制执行。

思考题

1. 国际采购的缘由、优势及发展障碍是什么？
2. 什么是"品质公差"和"溢短装条款"？
3. 国际采购中的主要贸易术语有哪些？
4. 国际采购合同中的单价由哪几部分组成？
5. 海运提单的性质和作用是什么？
6. 海洋运输货物保险条款中的基本险别有哪些？它们按承保责任范围由大到小的顺序是怎样的？
7. 国际采购中检验、索赔、不可抗力与仲裁的含义分别是什么？

参 考 文 献

[1] 梁军. 采购管理 [M]. 北京：电子工业出版社，2006.
[2] 滕宝红. 采购经理作业流程管理实用工具 [M]. 北京：电子工业出版社，2006.
[3] 张晓青. 现代物流概论 [M]. 武汉：武汉理工大学出版社，2005.
[4] 龚益鸣. 质量管理学 [M]. 上海：复旦大学出版社，2004.
[5] 焦叔斌. 质量管理学 [M]. 武汉：武汉大学出版社，2004.
[6] 仕春. 大学生常用法律法规汇编 [M]. 北京：中国法制出版社，2002.
[7] 王西光. 国家司法考试辅导用书 [M]. 北京：法律出版社，2003.
[8] 丁立言. 仓储规划与技术 [M]. 北京：清华大学出版社，2002.
[9] 劳动和社会保障部中国就业培训技术指导中心. 物流师 [M]. 北京：中国劳动社会保障出版社，2004.
[10] 劳动和社会保障部中国就业培训技术指导中心. 助理物流师 [M]. 北京：中国劳动社会保障出版社，2004.
[11] 郝渊晓. 现代物流采购管理 [M]. 广州：中山大学出版社，2003.
[12] 徐杰，田源. 采购与仓储管理 [M]. 北京：清华大学出版社，2003.
[13] 王自勤. 现代物流管理 [M]. 北京：电子工业出版社，2004.
[14] 储学俭. 现代物流管理教程 [M]. 上海：上海三联书店，2003.
[15] 吴清一. 物流管理 [M]. 北京：中国物资出版社，2005.
[16] 钟复台，等. 企业招投标操作规范 [M]. 北京：中国经济出版社，2003.
[17] 潘波，田建军. 现代物流采购 [M]. 北京：机械工业出版社，2005.
[18] 梁军，杨明. 物流采购与供应链管理实训 [M]. 北京：中国劳动社会保障出版社，2006.
[19] 龚国华，吴峭山，王国才. 采购与供应链 [M]. 上海：复旦大学出版社，2005.
[20] 彼得·贝利，大卫·法摩尔，大卫·杰塞，等. 采购原理与管理（第9版）[M]. 王增东，李锐，译. 北京：电子工业出版社，2006.
[21] 朱新民，林敏晖. 物流采购管理 [M]. 北京：机械工业出版社，2004.
[22] 李明奎，王生平. 采购管理 [M]. 广州：广东经济出版社，2006.
[23] 文锋. 轻松管采购 [M]. 广州：广东经济出版社，2006.
[24] 制造业内训教程编委会. 采购作业管理 [M]. 广州：广东经济出版社，2006.
[25] 陈依依，柳伟. 采购实务 [M]. 北京：中国劳动社会保障出版社，2006.
[26] 陈畴镛，于俭，曹为国，王晓耘. 电子商务供应链管理 [M]. 大连：东北财经大学出版社，2005.
[27] 姜旭平. 电子商务基础教程 [M]. 北京：机械工业出版社，2005.
[28] 理查·马丁. 用XML组建电子商务系统 [M]. 杨大珩，译. 北京：北京希望电子出版社，2005.
[29] 张涛. 传统企业e化的切入点：电子采购 [J]. 北京：中国经营报，2004.
[30] 骆驰骋. 撬动电子商务市场：B2B的电子采购趋势、机会和挑战 [J]. 2006.
[31] Jon Hughes, Mark Ralf and Bill Michels. Transform Your Supply Chain: Releasing Value in Business [M]. International Thomson Business Press, 2001.
[32] 陈宇宏. 网络经济中的电子采购模式 [J]. 计算机世界，2006.
[33] 王槐林. 采购管理与库存控制 [M]. 北京：中国物资出版社，2006.
[34] 现代物流管理课题组. 物流成本管理 [M]. 广州：广东经济出版社，2002.
[35] 鲍新中，崔巍. 物流成本管理与控制 [M]. 北京：电子工业出版社，2006.

[36] 徐丽群. 运输物流管理 [M]. 北京：机械工业出版社，2007.
[37] 伏建全. 怎样成为采购业中的王牌 [M]. 北京：中华工商联合出版社，2007.
[38] 张亚芬. 国际贸易实务与案例 [M]. 北京：高等教育出版社，2002.
[39] 杜红平，刘华. 国际采购实务 [M]. 北京：中国物资出版社，2003.
[40] 丁立言，张铎. 国际物流学 [M]. 北京：清华大学出版社，2004.
[41] 李左东. 国际贸易理论、政策与实务 [M]. 北京：高等教育出版社，2002.
[42] 温卫娟. 如何进行采购与供应商管理 [M]. 北京：北京大学出版社，2004.
[43] 朱新民，林敏晖. 物流采购管理. 北京：机械工业出版社，2003.
[44] 马士华，林勇. 供应链管理 [M]. 北京：机械工业出版社，2006.
[45] 杨晓雁. 供应链管理 [M]. 上海：复旦大学出版社，2005.
[46] 王昭凤. 供应链管理 [M]. 北京：电子工业出版社，2006.
[47] 钟复台. 企业招投标操作规范 [M]. 北京：中国经济出版社，2003.